Maurus Staubli

# Reich und arm mit Baumwolle

Beiträge zur Kolonial- und Überseegeschichte
herausgegeben von
Rudolf von Albertini und Eberhard Schmitt

Band 58

Verantwortlich für die Frühe Neuzeit: Eberhard Schmitt
Verantwortlich für die Neuere Neuzeit: Rudolf von Albertini

Maurus Staubli

# Reich und arm mit Baumwolle

Exportorientierte Landwirtschaft
und soziale Stratifikation
am Beispiel des Baumwollanbaus
im indischen Distrikt Khandesh (Dekkan)
1850–1914

Franz Steiner Verlag Stuttgart
1994

*Umschlagbild:* Baumwollbauer bei der Inspektion seines Feldes (Foto aus dem Archiv der Volkart AG, Winterthur, Schweiz).

Die vorliegende Arbeit wurde von der Philosophischen Fakultät I der Universität Zürich im Sommersemester 1992 auf Antrag von Prof. Dr. Rudolf von Albertini als Dissertation angenommen.

Die Deutsche Bibliothek - CIP-Einheitsaufnahme
**Staubli, Maurus:**
Reich und arm mit Baumwolle : exportorientierte Landwirtschaft und soziale Stratifikation am Beispiel des Baumwollanbaus im indischen Distrikt Khandesh (Dekkan); 1850 - 1914 / Maurus Staubli. - Stuttgart : Steiner, 1994
(Beiträge zur Kolonial- und Überseegeschichte ; Bd. 58)
Zugl.: Zürich, Univ., Diss., 1992
ISBN 3-515-06490-7
NE: GT

 Druck: Druckerei Proff, Eurasburg.
Printed in Germany

MEINEN ELTERN

# Dank

Mein Dank gilt an erster Stelle Professor Rudolf von Albertini für seine verständnisvolle und persönliche Betreuung sowie die kritischen Bemerkungen, mit denen er diese Arbeit angeregt und begleitet hat. Danken möchte ich aber auch Dr. Konrad Specker, der mir damals in seiner Funktion als Assistent bzw. Oberassistent am Historischen Seminar bei der Wahl des Themas behilflich war und mir mit zahlreichen praktischen Ratschlägen die Archiv- und Quellenarbeit erleichterte. Beide haben es verstanden, die Studenten für Fragen und Probleme der Kolonialgeschichte und der Dritten Welt zu sensibilisieren und gleichzeitig zu kritischer Distanz und Unvoreingenommenheit anzuhalten.

Bedanken möchte ich mich aber auch bei den Verantwortlichen des India Office in London, insbesondere bei Mr. Jackson. Sein unermüdlicher Einsatz und seine grosse Erfahrung im Umgang mit den Archivbeständen der britischen Kolonialverwaltung waren mir eine äusserst wertvolle Hilfe.

Meinen Eltern sowie meiner Frau danke ich herzlich für alles, was sie für mich getan haben.

# Inhalt


| | | |
|---|---|---|
| Verzeichnis der Tabellen und Karten | | 10 |
| Masse, Gewichte, Währungen | | 12 |
| Abkürzungen | | 13 |
| Einleitung | | 15 |
| 1. | Organisation der Kolonialherrschaft | 22 |
| 1.1 | Geographische und klimatische Voraussetzungen | 23 |
| 1.2 | Politische und historische Entwicklung | 33 |
| 1.3 | Steuersystem und Bodenrecht | 35 |
| 2. | Transport- und Verkehrswesen | 44 |
| 2.1 | Ausbau des Strassennetzes | 45 |
| 2.2 | Entwicklung des Fuhrwerkbestandes | 49 |
| 2.3 | Erschliessung durch die Eisenbahn | 53 |
| 3. | Handel und Kredit | 60 |
| 3.1 | Baumwollexporte und indischer Aussenhandel im 19. Jahrhundert | 60 |
| 3.2 | Organisation des Handels | 67 |
| 3.3 | Finanzierung der Agrarproduktion und Verschuldungsproblematik | 73 |
| 4. | Demographische Entwicklung | 83 |
| 4.1 | Bevölkerungswachstum | 83 |
| 4.2 | Verteilung der Bevölkerung | 87 |
| 4.3 | Fertilität und Mortalität | 89 |
| 4.4 | Urbanisierung | 94 |
| 5. | Agrarsektor | 101 |
| 5.1 | Bodenbeschaffenheit | 101 |
| 5.2 | Methoden und Techniken | 103 |
| 5.3 | Expansion der Kulturfläche | 106 |
| 5.4 | Nahrungsmittel- und Rohstoffanbau | 111 |
| 6. | Soziale Auswirkungen der Kommerzialisierung | 121 |
| 6.1 | Bauernaufstand von 1852 | 121 |
| 6.2 | Bodenbesitz und Grundstückmarkt | 127 |
| 6.3 | Migrationsverhalten und Wanderarbeit | 143 |
| 6.4 | Soziale Stratifikation und Lebensumstände | 156 |
| Schlusswort | | 175 |
| Anhang | | 191 |
| Bibliographie | | 270 |
| Bildnachweis | | 279 |

Verzeichnis der Tabellen und Karten


| | | |
|---|---|---|
| Tabelle 1 | Einführung des Bombay-Survey-System in Khandesh | 38 |
| Tabelle 2 | Verwendungszweck von Fuhrwerken in ausgew. Bezirken Khandeshs | 52 |
| Tabelle 3 | Eisenbahnnetz in Khandesh: 1852-1925 | 58 |
| Tabelle 4 | Rohbaumwollexporte Britisch-Indiens: 1861-72 | 66 |
| Tabelle 5 | Baumwolltransaktionen nach Verkaufsorten | 74 |
| Tabelle 6 | Zusammensetzung des Inlandmarktes | 75 |
| Tabelle 7 | Frachtverkehr in Khandesh: 1868-78 | 76 |
| Tabelle 8 | Verschuldung in Khandesh: ca. 1870-75 | 81 |
| Tabelle 9 | Bevölkerungswachstum im Dekkan: 1872-1931 | 85 |
| Tabelle 10 | Bevölkerungsdichte in Bombay: 1872-1921 | 88 |
| Tabelle 11 | Veränderung der Bevölkerungsdichte in ausgew. Bezirken Khandeshs | 89 |
| Tabelle 12 | Ländliche und städtische Bevölkerung in Khandesh: 1901-1921 | 96 |
| Tabelle 13 | Anteil ländliche und städtische Bevölkerung in Khandesh: 1901-1921 | 97 |
| Tabelle 14 | Ausdehnung der Kulturfläche in Khandesh: 1818-1922 | 108 |
| Tabelle 15 | Ausdehnung der Kulturfläche im Dekkan: 1818-1922 | 109 |
| Tabelle 16 | Kulturfläche in Khandesh: 1880 | 110 |
| Tabelle 17 | Kulturfläche pro Kopf der Bevölkerung: 1872-1921 | 111 |
| Tabelle 18 | Kulturfläche pro Kopf der Bevölkerung in ausgew. Bezirken Khandeshs | 112 |
| Tabelle 19 | Anbaufläche ausgew. Produkte in Khandesh: 1891-1914 | 114 |
| Tabelle 20 | Pro-Kopf-Werte ausgew. Agrarprodukte in Khandesh: 1871-1912 | 118 |
| Tabelle 21 | Anteile ausgew. Agrarprodukte in einzelnen Bezirken Khandeshs: 1880 | 119 |
| Tabelle 22 | Kulturfläche pro Kopf ausgew. Produkte in Bezirken Khandeshs: 1880 | 119 |
| Tabelle 23 | Anzahl und Fläche landwirtschaftlicher Betriebe im Dekkan: ca. 1880 | 128 |
| Tabelle 24 | Anzahl und Fläche landwirtschaftlicher Betriebe in Bezirken Khandeshs | 132 |
| Tabelle 25 | Grundbesitz von Bauern und Sektorfremden in ausgew. Bezirken | 143 |
| Tabelle 26 | Migrationsbilanz zwischen Khandesh und ausgew. Distrikten/Provinzen | 150 |
| Tabelle 27 | Ein- und Auswanderung in Bombay: 1881-1911 | 152 |
| Tabelle 28 | Anteil der Bhils an der Gesamtbevölkerung in Khandesh: 1872 | 155 |
| Tabelle A1 | Ackerfläche und Steuerertrag in Khandesh: 1818-1880 | 192 |
| Tabelle A2 | Index der Ackerfläche und des Steuerertrags in Khandesh | 194 |
| Tabelle A3 | Bevölkerungsdichte in ausgew. Bezirken Khandeshs: 1872-1911 | 196 |
| Tabelle A4 | Verstädterung im Dekkan: absolut und relativ | 198 |
| Tabelle A5 | Verstädterung in Khandesh: absolut und relativ | 199 |
| Tabelle A6 | Einwohnerzahl und Rangierung von Städten in Khandesh: 1872-1921 | 200 |
| Tabelle A7 | Ausdehnung der Kulturfläche in Khandesh: 1818-1922 | 201 |
| Tabelle A8 | Ausdehnung der Kulturfläche in Chalisgaon: 1818-1862 | 203 |
| Tabelle A9 | Ausdehnung der Kulturfläche in Chalisgaon: 1852-1894 | 204 |
| Tabelle A10 | Ausdehnung der Kulturfläche in Jalgaon (Nasirabad): 1818-1859 | 205 |
| Tabelle A11 | Ausdehnung der Kulturfläche in Jalgaon (Nasirabad): 1852-1891 | 206 |
| Tabelle A12 | Ausdehnung der Kulturfläche in Jamner: 1818-1863 | 207 |
| Tabelle A13 | Ausdehnung der Kulturfläche in Pimpalner: 1858-1899 | 208 |
| Tabelle A14 | Kulturfläche pro Kopf der Bevölkerung im Dekkan: 1872-1921 | 209 |
| Tabelle A15 | Index ausgew. Agrarprodukte in Khandesh: 1861-1914 | 210 |

| | | |
|---|---|---|
| Tabelle A16 | Anbaufläche von Baumwolle im Dekkan: 1861-1914 | 212 |
| Tabelle A17 | Anbaufläche von Weizen im Dekkan: 1861-1914 | 214 |
| Tabelle A18 | Anbaufläche von Bajra im Dekkan: 1861-1914 | 216 |
| Tabelle A19 | Anbaufläche von Jowar im Dekkan: 1861-1914 | 218 |
| Tabelle A20 | Flächenanteil ausgew. Agrarprodukte in Khandesh: 1885-1914 | 220 |
| Tabelle A21 | Flächenanteil ausgew. Agrarprodukte in einzelnen Bezirken Khandeshs | 221 |
| Tabelle A22 | Landwirtschaftsbetriebe in einzlnen Bezirken Khandeshs nach Grössenklassen: 1905-1920 | 228 |
| Tabelle A23 | Landwirtschaftsbetriebe in einzelnen Bezirken Khandeshs nach Grössenklassen: 1880-1920 | 229 |
| Tabelle A24 | Landbesitz von Bauern und Sektorfremden in Khandesh | 231 |
| Tabelle A25 | Landverkauf in Khandesh: Erandol | 232 |
| Tabelle A26 | Landverkauf in Khandesh: Chopda | 234 |
| Tabelle A27 | Landverkauf in Khandesh: Shirpur | 236 |
| Tabelle A28 | Einwanderung nach Khandesh: 1881-1911 | 238 |
| Tabelle A29 | Landwirtschaftliche Strukturdaten nach Dorfklassen: Savda | 239 |
| Tabelle A30 | Landwirtschaftliche Strukturdaten nach Dorfklassen: Chopda | 240 |
| Tabelle A31 | Landwirtschaftliche Strukturdaten nach Dorfklassen: Amalner | 241 |
| Tabelle A32 | Landwirtschaftliche Strukturdaten nach Dorfklassen: Bhusaval | 242 |
| Tabelle A33 | Landwirtschaftliche Strukturdaten nach Dorfklassen: Jamner | 243 |
| Tabelle A34 | Landwirtschaftliche Strukturdaten nach Dorfklassen: Pimpalner | 244 |
| Tabelle A35 | Landwirtschaftliche Strukturdaten nach Dorfklassen: Sindkheda | 245 |
| Tabelle A36 | Produktepreise in einzelnen Bezirken Khandeshs: Amalner | 246 |
| Tabelle A37 | Produktepreise in einzelnen Bezirken Khandeshs: Bhusaval | 248 |
| Tabelle A38 | Produktepreise in einzelnen Bezirken Khandeshs: Chalisgaon | 250 |
| Tabelle A39 | Produktepreise in einzelnen Bezirken Khandeshs: Chopda | 251 |
| Tabelle A40 | Produktepreise in einzelnen Bezirken Khandeshs: Dhulia | 253 |
| Tabelle A41 | Produktepreise in einzelnen Bezirken Khandeshs: Erandol | 255 |
| Tabelle A42 | Produktepreise in einzelnen Bezirken Khandeshs: Jalgaon | 257 |
| Tabelle A43 | Produktepreise in einzelnen Bezirken Khandeshs: Jamner | 259 |
| Tabelle A44 | Produktepreise in einzelnen Bezirken Khandeshs: Pimpalner | 261 |
| Tabelle A45 | Produktepreise in einzelnen Bezirken Khandeshs: Savda | 262 |
| Tabelle A46 | Produktepreise in einzelnen Bezirken Khandeshs: Shahada | 263 |
| Tabelle A47 | Produktepreise in einzelnen Bezirken Khandeshs: Shirpur | 264 |
| Tabelle A48 | Produktepreise in einzelnen Bezirken Khandeshs: Taloda | 266 |
| Tabelle A49 | Produktepreise in Khandesh | 268 |

| | | |
|---|---|---|
| Karte 1 | Topographie Khandeshs | 25 |
| Karte 2 | Niederschläge in Khandesh | 30 |
| Karte 3 | Variabilität der Niederschläge in Khandesh | 30 |
| Karte 4 | Provinz Bombay: Distrikteinteilung | 34 |
| Karte 5 | Politische Einteilung in Khandesh: 1872, 1902, 1911 | 36 |
| Karte 6 | Verkehrsnetz in Khandesh | 47 |
| Karte 7 | Bevölkerungsdichte in Khandesh: 1872 [E/Total A.] | 91 |
| Karte 8 | Bevölkerungsdichte in Khandesh: 1872 [E/Kult. A.] | 91 |
| Karte 9 | Bevölkerungsdichte in Khandesh: 1901 [E/Total A.] | 92 |
| Karte 10 | Bevölkerungsdichte in Khandesh: 1901 [E/Kult. A.] | 92 |
| Karte 11 | Bevölkerungsdichte in Khandesh: 1911 [E/Total A.] | 93 |
| Karte 12 | Bevölkerungsdichte in Khandesh: 1911 [E/Kult. A.] | 93 |
| Karte 13 | Grad der Verstädterung in Khandesh: 1901, 1911, 1921 | 98 |
| Karte 14 | Städte in Khandesh: 1872, 1891, 1911, 1921 | 99 |
| Karte 15 | Bodenqualität in Khandesh | 102 |


Masse, Gewichte, Währungen

| | |
|---|---|
| 1 Acre | 4840 Square Yards = 1 1/3 Bighas = 40.47 Aren |
| 1 Bigha | 0.75 Acre |
| 1 Guntha | 121 Square Yards = 1/40 acres; 40 Gunthas = 1 Acre;<br>30 Gunthas = 1 Bigha |
| 1 Inch | 2.54 cm |
| 1 Mile | 1.609 km |
| 1 Seer | 80 Tolas = 2 lbs. 1 oz. |
| 1 Sq. Mile | 640 Acres = 258.99 ha |
| 1 Tola | 1/80 Seer |
| 1 Rupie | 1 Shilling 4 Pence; 15 Rupien = 1£ |

## Abkürzungen

| | |
|---|---|
| A | Area/Fläche |
| Adm. Rep. | Administration Report of the ... |
| AH | *Agricultural History* |
| BAS | *Bibliography of Asian Studies* |
| BLRP | Bombay Land Revenue Proceedings |
| DAI | *Dissertation Abstracts International* |
| DRC | Deccan Riots Committee |
| EEH | *Exploration in Economic History* |
| EHR | *Economic History Review* |
| EIC | East India Company |
| EJ | *Economic Journal* |
| EPW | *Economic and Political Weekly* |
| FEQ | *Far Eastern Quarterly* |
| GBP | Gazetteer of the Bombay Presidency |
| HC | House of Commons |
| IESHR | *Indian Economic and Social History Review* |
| Ins. | Inches |
| IOL | India Office Library (London) |
| IOR | India Office Records (London) |
| JAS | *Journal of Asian Studies* |
| JDS | *Journal of Development Studies* |
| JEH | *Journal of Economic History* |
| JPS | *Journal of Peasant Studies* |
| JRAS | *Journal of the Royal Asiatic Society of Great Britain and Ireland* |
| K.A. | Keine Angaben |
| Lbs. | Pounds |
| MAS | *Modern Asian Studies* |
| N.S. | New Series (betrifft: SRGB) |
| O.S | Old Series (betrifft: SRGB) |
| PP | Parliamentary Papers |
| SRGB | Selections from the Record of the Government of Bombay |
| Sqm. | Square miles |
| SS | *Social Sientist* |

Zitierweise: Tabellen mit Grossbuchstabe A vor der Bezeichnungsnummer sind im Anhang abgedruckt.

# Einleitung

Die indische Landwirtschaft hat viele Gesichter. Auf der einen Seite dominierten auch im 19. Jahrhundert noch archaische Methoden und Techniken; anderseits kontrastiert dieses Bild mit der Tatsache, dass Indien unter britischer Herrschaft zu einem bedeutenden Rohstoffexporteur aufstieg und der gesamte primäre Sektor des Subkontinentes trotz teilweise ungünstiger Voraussetzungen nach 1850 ein imposantes Wachstum an den Tag legte. Dies braucht allerdings kein Widerspruch zu sein, denn die Erhöhung der Produktion kann unter Umständen nicht nur durch höhere Erträge, sondern ebenso durch die Ausdehnung der Anbaufläche zustande kommen. Solange zudem unbegrenzt ackerfähiges Neuland unter den Pflug genommen werden kann und genügend Arbeitskräfte zur Verfügung stehen, ist kein Anlass zu einem effizienteren Mitteleinsatz gegeben.

Die Expansion im Agrarbereich kann nahezu lückenlos mit Zahlenmaterial belegt werden - alle diesbezüglichen Kennziffern sprechen eine deutliche Sprache. Es wäre indessen verfehlt, die Veränderungen nur auf ihren quantitativen Aspekt reduzieren zu wollen. Vielmehr muss von einem schwungvollen und tiefgreifenden Strukturwandel ausgegangen werden, der in seinen Auswirkungen zahlreiche Bereiche des wirtschaftlichen und gesellschaftlichen Lebens der indischen Bauerngesellschaft erfasste. Die Errichtung der britischen Herrschaft in Indien hatte nicht nur politisch-militärische Konsequenzen, sondern zeigte auch im wirtschaftlichen Bereich Folgen: Die Integration des indischen Subkontinentes in den Weltmarkt war nahezu total. Im Gegensatz zu den Portugiesen, in gewisser Weise auch noch zu den Holländern, die mit ihren asiatischen Kolonien mehr bilaterale Kontakte gepflegt hatten, gelang es den Briten im 18. und frühen 19. Jahrhundert, mittels sogenannter Dreiecks- oder Mehrfachbeziehungen ein multilaterales Handelsnetz über den gesamten Globus zu spannen. Funktional gesehen kam dabei der maritimen asiatischen Peripherie einerseits die Rolle des Rohstofflieferanten zu; anderseits entsprach es der Logik, ja der Notwendigkeit des Systems, dass im industrialisierten Zentrum gefertigte Manufakturwaren wieder den Weg in die kolonialen Absatzmärkte fanden. Anhand der britisch-indischen Handelsbeziehungen im allgemeinen und des Baumwollanbaus im besonderen lässt sich exemplarisch nachvollziehen, wie sich eine einstmals führende asiatische Wirtschaftsmacht mit Handelskontakten über den ganzen maritimen Raum Asiens zum Steigbügelhalter der Kolonialmacht wandelte.

Ganze Teile der britischen Volkswirtschaft, insbesonders natürlich die Textilindustrie und das ihr vor- und nachgelagerte Gewerbe, waren auf eine regelmässige und kontinuierliche Versorgung mit dem "weissen Gold" angewiesen. Solange keine ernsthaften Versorgungsprobleme auftraten, machte sich die grosse strukturelle Abhängigkeit der britischen Wirtschaft kaum bemerkbar. Missernten in den amerikanischen Südstaaten, dem traditionellen Hauptlieferanten, veranlassten die interessierten Kreise aber schon früh, jedoch wenig entschlossen, nach alternativen Nachschubquellen Ausschau zu halten. Erst der Ausfall der amerikanischen Sendungen während des Sezessionskrieges, womit auf einen Schlag drei Viertel des britischen Importbedarfs fehlten, löste in Indien einen eigentlichen Baumwollboom aus. Ein Boom, der trotz seiner begrenzten Dauer nachhaltige Folgen haben sollte. In kurzer Zeit nahmen die gesamtindischen Rohbaumwollausfuhren von rund 200'000'000 *lbs.* auf nahezu 900'000'000 *lbs.* zu. Die Normalisierung der Situation nach Mitte der sechziger Jahre führte wohl zu einem Rückgang der Exporte; die Produktion blieb jedoch auch danach weit über dem Vorkriegsniveau von 1861. Einen derartigen "volkswirtschaftlichen Quantensprung" allein mit einer erhöhten Nachfrage erklären zu wollen, käme einer groben Vereinfachung der Materie gleich. Als Exportgut *par excellence* hat Baumwolle zwar die Funktion eines Katalysators übernommen, doch kann die Entwicklung nicht vollends nachvollzogen werden, wenn sich der Blick nur auf ein einziges Produkt beschränkt. Vielmehr sollte der Horizont sowohl zeitlich als auch thematisch erweitert werden. Einerseits interessiert die Frage, wie der lange Zeit in mancher Hinsicht stagnierende Argrarsektor innert weniger Jahrzehnte zum dynamischen Wirtschaftsbereich avancieren konnte; welches waren die exogenen und endogenen Antriebskräfte dieser Wirtschaftsentwicklung? Anderseits kommt man nicht darum herum, auch die sozio-ökonomischen Auswirkungen der Marktintegration auf die Agrargesellschaft zu untersuchen.

Der Wandel von der Subsistenzwirtschaft zur exportorientierten Argrarwirtschaft kam nicht von einem Tag auf den andern zustande, sondern ist das Resultat eines langdauernden Prozesses. Im Grunde genommen reichen dessen Wurzeln schon in vorbritische Zeit zurück. Bereits ab dem 16. Jahrhundert finden sich nämlich sowohl im arabischen als auch südostasiatischen Raum sowie in Fernost Spuren indischer Grosskaufleute. Koloniale Formen, was Volumen und Struktur anbelangt, nahm der indische Aussenhandel jedoch erst im 19. Jahrhundert an. Mit dem Verlust des Monopols durch die *East India Company* im Jahre 1813 und der folgenden Oeffnung des Subkontinentes für private britische Freihändler machten sich die ersten Anzeichen eines Umbruchs bemerkbar, der weit über eine rein mengenmässige Zunahme des Handels hinausgeht.

Im Zentrum der vorliegenden Arbeit steht die Integration der indischen Volkswirtschaft in den Weltmarkt. Anhand des Baumwollanbaus sollen die sozio-ökonomischen Folgen exportorientierter Rohstoffproduktion auf die Agrargesellschaft im Distrikt Khandesh (Dekkan) untersucht werden. Im Bewusstsein, dass die Kommerzialisierung der Landwirtschaft nur in einem bestimmten historischen, gesellschaftlichen und volkswirtschaftlichen Umfeld stattfinden konnte, werden die Rahmenbedingungen des primären Sektors ausführlich gewürdigt. Von besonderem Interesse wird aber auch das Verhältnis von Rohstoffproduktion und Nahrungsmittelanbau zueinander sein. Vor dem Hintergrund der weltweiten Arbeitsteilung zeichnete sich nämlich auch in Indien nach den Gesetzmässigkeiten der komparativen Standortvorteile eine ausgeprägte Spezialisierung auf einzelne Produkte ab. Dies musste im Agrarbereich zwangsläufig zu neuen Anbaumustern führen. Die Ausrichtung auf den Markt hat aber nicht nur im eigentlichen landwirtschaftlichen Bereich zu Veränderungen geführt, sondern darüber hinaus auch den mit ihm eng verbundenen gesellschaftlichen Kosmos tangiert. Besonders, wenn wie in unserm Fall die überwiegende Mehrheit der Menschen direkt oder zumindest indirekt mit dem Agrarsektor verbunden ist, werden auch die Folgen der regionalen und lokalen Spezialisierung eine ausgesprochen breite Wirkung gehabt haben. Ob sich die Versorgungslage der einheimischen Bevölkerung mit der stärkern Hinwendung zur Exportwirtschaft tatsächlich verschlechterte, wie dies angesichts der sich gegen Ende des letzten Jahrhunderts häufenden Hungerkrisen von Vertretern der nationalistischen Schule behauptet worden ist, muss zuerst nachgewiesen werden. Ebenso unvoreingenommen gilt es aber auch die liberale These am konkreten Gegenstand zu prüfen, wonach die Integration in den Weltmarkt und die Intensivierung des Freihandels allen Beteiligten zwangsläufig mehr Wohlstand gebracht haben soll und letztlich Anstoss zu einer gesamtwirtschaftlichen Entwicklung gewesen sei. Dass die Kommerzialisierung der indischen Landwirtschaft einen beachtlichen Wachstumsprozess auslöste, ist nicht von der Hand zu weisen. Nicht bagatellisiert werden sollten aber deshalb Anzeichen einer zunehmenden gesellschaftlichen Stratifikation, wie sie in der Ueberlieferung immer wieder auftauchen. Ob der Graben zwischen Arm und Reich erst im Lauf der britischen Kolonialzeit und insbesondere vor dem Hintergrund des Baumwollanbaus tiefer und breiter wurde, wird Gegenstand der vorliegenden Arbeit sein.

Neuere Publikationen von Harnetty und McAlpin haben anhand breit angelegter Untersuchungen zwar klipp und klar nachgewiesen, dass die Ausweitung der Rohstoffproduktion in der zweiten Hälfte des 19. Jahrhunderts nicht auf Kosten der Nahrungsmittel zustande kam, da gesamtindisch beide Anteile mehr oder weniger im gleichen Verhältnis zulegten. Methodisch vermag diese Beweisführung allerdings nicht zu überzeugen, auch wenn mit einer Fülle von Zahlen und elaborierter Statistiken operiert wird. In Anbetracht der Tatsache, dass die Integration in den Weltmarkt auf dem Subkontinent eindeutig zu einer regionalen Arbeitsteilung führte, ist es nichts als folgerichtig, den Strukturwandel im Agrarsektor in erster Linie als kleinräumig - eben regional - wirksames Phänomen zu verstehen. Es kann daher nicht, oder nur teilweise zum Ziel führen, auf der nationalen Ebene nach Beweisen für Hypothesen zu suchen; vielmehr muss versucht werden, die Kommerzialisierung der Agrarwirtschaft aus der Perspektive der lokalen und regionalen Ebene zu rekonstruieren.

Wenn sich die vorliegende Arbeit deshalb auf einen einzigen Distrikt konzentriert, so soll damit diesen methodischen und inhaltlichen Kritikpunkten Rechnung getragen werden. Die geographische Beschränkung erlaubt es in der Regel, die Genese der Exportwirtschaftsstrukturen aus unmittelbarer Nähe zu verfolgen. Dies einerseits, weil das vorhandene Quellenmaterial, zu einem guten Teil Zahlen und Statistiken, auf dieser Stufe noch in Rohform verfügbar ist. Anderseits hat die Wahl der Untersuchungsmethode bis zu einem gewissen Grad auch auf die Ergebnisse Einfluss. Khandesh, im Hochland des Dekkan gelegen und Teil der alten *Bombay Presidency*, gehörte zu jenen Distrikten, die sich im Lauf der Jahre voll und ganz auf den Anbau von Baumwolle spezialisierten. Mit einer Fläche von rund 27'000 qkm ist Khandesh etwas mehr als halb so gross wie die Schweiz. Uebereinstimmung herrscht in den Quellen darin, dass der Distrikt in bezug auf seine primären und sekundären Standortvorteile die Nachbarschaft weit übertraf. Vor allem die klimatischen und geologischen Vorzüge, aber auch die grossen Landreserven sowie die anfänglich noch vergleichsweise dünne Besiedlung, verhalfen Khandesh zu einer hervorragenden Ausgangslage.

Dass die Wahl auf Khandesh fiel, hat aber nicht nur mit dessen interessanten Voraussetzungen zu tun, sondern hängt natürlich auch mit der relativ dichten Quellenlage zusammen. Festzuhalten gilt es dazu, dass die britische Administration eine Unmenge von Schriftstücken produzierte und der Historiker im allgemeinen nicht unter einem Mangel an Dokumenten zu leiden hat - im Gegenteil. Eine der Schwierigkeiten liegt nämlich gerade in der fast unüberblickbaren Fülle von Informationen. Die Auswahl fiel deshalb nicht immer leicht. Zum Zuge kamen in Anbetracht der Fragestellung weniger Papiere, die bereits durch die Forschung ausgewertet sind, als vielmehr jenes Material, das unverarbeitete und bisher wenig beachtete Daten enthält. Ganz allgemein ist zu sagen, dass alle Aufzeichnungen der Briten in erster Linie der Verwaltung, insbesondere der Steuerbehörde, und nicht der Geschichtswissenschaft dienen sollten. Aus der Sicht des Historikers sind in diesem Sinne viele Erhebungen nicht von unmittelbarem Wert, während anderseits wünschenswerte Angaben nicht, oder aber nur teilweise vorliegen. Mit wenigen Ausnahmen stützt sich diese Arbeit trotzdem auf die Quellen der Administration. Auch wo dies nicht der Fall ist, etwa bei Petitionen oder andern schriftlichen Eingaben der lokalen Bauernschaft, wurde auf deren englische Uebersetzung zurückgegriffen.

Die sogenannten *Settlement Reports* waren für die vorliegende Arbeit am ergiebigsten. Gleichzeitig gehören diese Berichte, auf die keine Lokalstudie verzichten kann, aber auch zu den problematischsten Quellen der indischen Geschichte. Die diversen Reporte beinhalten für jeden einzelnen Bezirk des Distrikts eine vollständige Bestandesaufnahme all jener Bereiche, die für die Fixierung des Steuersatzes einer Gegend wichtig waren. Die periodische Anpassung dieser Sätze durch den Fiskus - in Bombay geschah dies im Mittel alle dreissig Jahre - zog zwangsläufig auch jedes Mal eine Neuauflage der Reporte nach sich. Um zwischen *Status quo* und *Status ante* vergleichen zu können, hatte sich Aufbau und Inhalt nach einem vorgegebenen Schema zu richten, das im Laufe der Jahre nur unwesentlich modifiziert wurde. Einerseits erleichtert dies zwar den diachronen Langzeitvergleich. Anderseits erweist sich der schematische Charakter der Aufzeichnungen manchmal als Nachteil. Mit den Jahren dehnte sich die britische

Steuerhoheit schrittweise vom Distriktzentrum ins Hinterland aus, womit die Datenbasis der einzelnen Reporte erheblich variieren konnte; hingegen fanden aktuelle Phänomene wie beispielsweise die Konzentration von Grund und Boden oder die zunehmende gesellschaftliche Stratifikation keine adäquate Behandlung. Eine wertvolle Momentaufnahme aus den fünfziger Jahren des 19. Jahrhunderts stellt *Wingates Report* über Khandesh dar. Darin wird der Distrikt Mitte des Jahrhunderts, also noch vor der Konsolidierung der britischen Herrschaft, ausführlich beschrieben. Ebenso nützlich und aufschlussreich sind die in einem regelmässigen Rhythmus veröffentlichten *District Gazetteers*, wenn auch die spätern Jahrgänge in bezug auf ihre Qualität nicht mehr mit der ersten Serie aus den achtziger Jahren konkurrieren können. Verwendung fanden vor allem die Ausgaben von 1880, 1905, 1914 und 1926. Wertvoll bleiben die *Gazetteers* trotz ihrer Schwachstellen, weil sie auf Stufe Distrikt und Bezirk detailliertes Zahlenmaterial enthalten, das zumindest anfangs auch noch in einem ausführlichen Textteil kommentiert wurde. Nicht über den eigentlichen Agrarbereich hinaus gehen dagegen die ab Mitte der achtziger Jahre publizierten Jahresrapporte der für unser Thema in Betracht kommenden Departemente, die *Annual Reports*, *Administration Reports* oder *Season Reports*. Nach Distrikten aufgeschlüsselt enthalten sie für die gesamte Provinz Bombay mehrheitlich statistische Angaben zur Verbreitung und Stellung einzelner Produkte sowie zur Ausdehnung von Kultur- und Brachflächen. Bei der Interpretation der Statistiken muss dem Umstand Rechnung getragen werden, dass die Vermessung des Landes mit relativ bescheidenen technischen Hilfsmitteln bewerkstelligt wurde, Ungenauigkeiten und Fehler deshalb nicht auszuschliessen sind. Die erstmals 1872, ab 1881 dann im Abstand von zehn Jahren verfassten *Census of India* spielen in dieser Arbeit keine zentrale Rolle. Aufgrund ihrer konzeptionellen Anlage auf den gesamten Subkontinent ausgerichtet, ist die Verwendbarkeit für eine Distriktstudie eher beschränkt. Immerhin liefern die Zensusbände für eine ganze Reihe von Themen, insbesondere für demographische Fragen, umfangreiches Datenmaterial. Im Verlauf der britischen Kolonialherrschaft haben aufgrund bestimmter Vorfälle oder Situationen wiederholt Expertenkommissionen im Auftrag der Regierung Einzelstudien verfasst, die in ihrem Gehalt die zum ordentlichen Pflichtenheft der Verwaltung gehörenden Departementsberichte übertrafen. Den zahlreichen *Reports of the Committees and Commissions* haftet jedoch der Makel an, dass sie sich sowohl thematisch als auch räumlich auf bestimmte Fragen konzentrieren und die Dinge *ex post* beurteilen. Da die Geschichte unseres Distriktes in diesem Sinne wenig für spektakuläre, negative Schlagzeilen besorgt war, taucht der Name Khandesh in diesen Publikationen deshalb nur am Rande auf.

Die Zahl der darstellenden Werke zur britisch-indischen Wirtschafts- und Sozialgeschichte nimmt schier unüberblickbare Ausmasse an. Schon in der damaligen Zeit selber befassten sich zeitgenössische Autoren wie Cassels, Dutt, Eames, Ellison, Mann, Royle u.a. mit den ökonomischen Aspekten der Kolonialgeschichte. Während die ältern Darstellungen ihr Hauptgewicht vielfach nur auf die reine Dokumentation verlegen, nimmt in jüngeren Veröffentlichungen die analytische Betrachtung mehr Platz ein. K.N. Chaudhuri, einer der besten Kenner des südasiatischen Raumes, Boxer, Furber, Rothermund, Saul und Steensgaard, sind unerlässlich für die Frühphase der Kontakte zwischen Orient und Okzident. Für die vorliegende Arbeit wichtig waren vor allem die agrargeschichtlichen Werke von Mann, Choksey, Charlesworth, Harnetty und McAlpin, die jedoch nicht nur Zustimmung fanden, sondern teilweise auch offenen Widerspruch hervorriefen. Grundlegend für Fragen der Agrargeographie und Demographie des Subkontinentes sind nach wie vor Spate und Davis. Das umfangreiche und auch inhaltlich interessante Datenmaterial von Blyn und Narain konnte dagegen in dieser Arbeit nicht berücksichtigt werden, da beide Autoren ihr Augenmerk auf das zwanzigste Jahrhundert legen und zudem die gesamte Halbinsel im Visier haben. Bis heute liegen relativ wenig Distriktstudien zur Agrargeschichte vor - für Bombay meines Wissens keine einzige. Dies mag auf ein antiquiertes Geschichtsverständnis zurückzuführen sein, das sich mehr für die übergeordneten Eckdaten der Volkswirtschaft als für deren Zustandekommen auf lokaler Ebene interessiert. Aber gerade in unserem Fall zeigt sich, dass Genese und Mechanik der regionalen Spezialisierung und deren Folgen nur im kleinen Rahmen erfasst werden können. Aussagen, die auf der nationalen Ebene durchaus ihre Richtigkeit haben können, verlieren nämlich auf der lokalen Ebene schnell einmal ihre absolute Gültigkeit.

Dass die lokale Standortqualität von Gegend zu Gegend stark variieren konnte, wie dies im ersten Kapitel gezeigt wird, hängt hauptsächlich mit den unterschiedlichen geographischen und klimatischen Voraussetzungen innerhalb der Halbinsel zusammen. Aber auch Fragen des Steuersystems und des Bodenrechts sind für die landwirtschaftliche Produktion von Bedeutung. Zu optimalen Rahmenbedingungen gehört aber nicht nur eine tragbare Belastung durch den Fiskus, sondern auch ein leitstungsfähiges Transport- und Verkehrsystem. Im zweiten Kapitel soll deshalb das Schwergewicht auf die Erschliessung der Provinz und des Distriktes gelegt werden. Eine relative konstante Nachfrage nach dem "weissen Gold" durch die britische und kontinentaleuropäische Textilindustrie verhalf dem indischen Handel, wie Kapitel drei zeigt, zu grossem Wachstum. Wegen des hohen Preises und der Struktur des Aussenhandels war Baumwolle für einen wesentlichen Teil des Volkseinkommens massgebend. In einer vorwiegend mit archaischen Methoden operierenden Landwirtschaft kommt der menschlichen Arbeitskraft, wie dies in Kapitel vier gezeigt wird, beträchtliche Bedeutung zu. Vielfach liegt im vermehrten Einsatz von billigen Arbeitskräften der einzige Weg zu höherer Produktion. Lässt sich ein Zusammenhang zwischen demographischer und ökonomischer Entwicklung erkennen? Kapitel fünf befasst sich mit den technischen Aspekten der Landwirtschaft und geht vor diesem Hintergrund der Frage nach, wie die enorme Zunahme des Baumwollanbaus überhaupt zustande kommen konnte. Dass die Integration in den Weltmarkt und die Veränderungen in der Landwirtschaft auch Verteilungsprobleme nach sich zogen, braucht nicht speziell erwähnt zu werden. Am Beispiel von Khandesh wird deshalb im letzten Kapitel die soziale Dimension des Strukturwandels und die gesellschaftliche Stratifikation untersucht.

## 1. Organisation der Kolonialherrschaft

Neben den geographischen und physischen Gegebenheiten gehören die politischen und fiskalischen Rahmenbedingungen zu den wichtigsten volkswirtschaftlichen Voraussetzungen im Agrarsektor. Diese gilt es bei Khandesh umso mehr im Blick zu behalten, als es sich um einen Distrikt handelt, der sich voll und ganz auf den Anbau, teilweise auch auf die Aufbereitung des primären Rohstoffs Baumwolle konzentrierte. Obwohl der Distrikt wegen seiner günstigen Verkehrslage an traditionsreichen Verbindungswegen schon früh von der Möglichkeit Gebrauch machte, seine Produkte entweder ins Hinterland oder aber an die Küste und nach Uebersee auszuführen, erfolgte die extreme Ausrichtung der Agrarproduktion auf exportierbare Rohprodukte erst in britischer Zeit. Es ist somit von besonderem Interesse, die Politik der Kolonialmacht im Hinblick auf die Ausprägung struktureller Merkmale innerhalb, aber auch ausserhalb des Agrarbereichs zu untersuchen. Noch Ende der fünfziger Jahre betrug beispielsweise das Volumen der gesamtindischen Rohbaumwollexporte bescheidene 218'000'000 *lbs.*[1] Wie konnte sich dieser Wert nur fünf Jahre später (1865/66) bereits auf 893'000'000 *lbs.* belaufen?[2]

Zu den exogenen Faktoren, die wie allgemein anerkannt bei der Integration des indischen Subkontinentes in die Weltwirtschaft eine grosse Rolle gespielt haben, muss es zwangsläufig auch ein endogenes Spiegelbild geben, das für die dynamische Entwicklung des Agrarbereiches in der zweiten Hälfte des 19. Jahrhunderts ebenso verantwortlich ist. Solange dieses Gegenstück nicht berücksichtigt wird, muss sich jeder Erklärungsversuch den Vorwurf gefallen lassen, zu einseitig aus der Optik der industrialisierten Länder zu argumentieren.[3] Ein Weg, der bisher allerdings nur selten beschritten wurde, ist in der Beschränkung auf die regionale und lokale Ebene zu sehen. Wie die Expansion im gesamtindischen Aussenhandel überhaupt möglich wurde und welche Auswirkungen dies auf die Agrargesellschaft hatte, lässt sich am besten mit einer Distriktstudie belegen. Am konkreten Beispiel ist unmittelbarer nachvollziehbar, inwiefern die Theorie der klassischen Handels- und Wirtschaftslehre von Smith, Ricardo und Mill mit der Realität übereinstimmt. Vereinfacht gesagt spezialisieren sich gemäss diesem liberalen Glaubensbekenntnis die am Tausch Beteiligten entsprechend ihren komparativen Vorteilen, was zu einem höheren Rhythmus der Volkswirtschaft führen soll. Schliesslich würden in Form grösserer Handelsgewinne beide Parteien profitieren, was Wohlfahrt und Entwicklung bedeute. In ihrem Grundsatz geht die Lehre also davon aus, dass die internationale Arbeitsteilung ein even-

---

1 A. Mann, 1860 [repr. 1968], p. 103; auf ganze Mio. abgerundet.

2 *Statistical Abstract Relating to British India*, 1863-72, in: P.P. LXIX (1873), C.870, zit. in: P. Harnetty 1972, p. 56.

3 Dies trifft auch für Keller zu, der zwar die Bedürfnisse der Metropole darstellt, endogene Bedingungen aber zu wenig berücksichtigt.

W. Keller, 1977, p. 160.

tuell vorhandenes Wohlstandsgefälle überwinden helfe und somit ausgleichende Wirkung besitze.

Unter diesen Voraussetzungen ist es äusserst reizvoll, die Folgen der Marktintegration für die Agrargesellschaft zu untersuchen. Khandesh bietet sich für dieses Vorhaben aus mehreren Gründen an, wovon der wichtigste vor allem in der einzigartigen Stellung der Baumwolle im Distrikt zu sehen ist. Erschliessung durch Strasse und Eisenbahn sowie der Baumwollboom der sechziger Jahre beschleunigten zudem die regionale Spezialisierung, was vor dem Hintergrund der Nahrungsmittelversorgung der Region und des gesamten Subkontinentes eine Reihe von Fragen aufwirft, die in diesem Zusammenhang immer wieder gestellt werden: Ist die starke Zunahme der Baumwollfläche auf Kosten der Nahrungsmittel zustande gekommen? Hat sich im Lauf der Zeit eine regionale Spezialisierung ergeben? Führte die Spezialisierung im Agrarsektor zu einem Strukturwandel, der die soziale Stratifikation begünstigte oder gar zwangsläufig nach sich zog? Welches waren deren Auswirkungen auf die Versorgung der Bevölkerung?

Was die Landwirtschaft betrifft, so scheint in Khandesh aufgrund der eindeutigen Dominanz der Baumwolle das Gesetz der komparativen Kostenvorteile durchaus seine Gültigkeit zu besitzen, denn unser Distrikt besass offenbar die nötigen Voraussetzungen für den Anbau eines Exportproduktes wie Baumwolle. Offen bleibt allerdings vorerst, ob die Verteilung der positiven Effekte ebenfalls nach dem Muster des liberalen Lehrsatzes ablief.

## 1.1 Geographische und klimatische Voraussetzungen

Noch Ende des 19. Jahrhunderts lagen für die Briten sowohl der Ursprung als auch die Bedeutung des Wortes *Khandesh* oder *Candeish* völlig im Dunkeln. Die Palette der in der *Gazetteer*[4] aufgeführten Erklärungen ist äusserst farbenreich. Ist der fragliche Begriff auf den höfischen Ehrentitel *Khan* zurückzuführen? Befinden wir uns gar in *Kanhades*, dem Land Krishnas? Oder ist das schlichte Wort *khandò* bzw. *khindò*, was soviel wie Pass oder Durchgang heisst, die Lösung des Rätsels? Diese Frage kann natürlich umso mehr vernachlässigt werden, als deren Beantwortung für die hier vorliegende Arbeit nicht von unmittelbarer Bedeutung ist. Auffallend ist jedoch, dass der Begriff Khandesh in keinem Beispiel ein politisches oder administratives Gebilde bezeichnete. Als eigenständige Verwaltungseinheit scheint der Distrikt erst seit der Kolonialzeit zu existieren. Im Zug der britischen Eroberungen auf dem Dekkan erhielt Khandesh 1817 sein vorläufiges Gesicht, das bis in dieses Jahrhundert erhalten blieb. Dies ist vor allem auf die Tatsache zurückzuführen, dass unser Distrikt sowohl im N als auch grösstenteils im S natürliche Grenzen aufweist. Administrative Transaktionen beschränkten sich deshalb in der Regel auf Um- und Neueinteilungen einzelner Bezirke[5] innerhalb Khandeshs.

---

[4] GBP, Vol. XII (1880), Khandesh, p. 1.

Wir haben es also mit einem Distrikt zu tun, dessen administrative Grenzen stark den örtlichen Gegebenheiten angepasst wurden.[6] Weder topographische noch politische Merkmale allein reichen aber aus, um damit bereits hinreichend einen Landschaftsraum im geographischen Sinn bestimmen zu können. Dieses Unterfangen setzt eine mehrdimensionale Betrachtungsweise voraus, was naturgemäss zu unterschiedlichen Resultaten führen kann. Unbestritten, wenn auch manchmal verschieden benannt, blieb in dieser Hinsicht bis heute die grossräumige Gliederung der Halbinsel in den Hochgebirgsrahmen des Himalaya, die nordindischen Tiefebenen und die Dekkan-Halbinsel.[7] Differenzen ergeben sich hingegen in der kleinräumigen Unterteilung. Basierten die ersten Gliederungsversuche noch vor allem auf klimatischen Untersuchungen, so kamen mit der Zeit tektonische, topographische sowie kultur- und wirtschaftsgeographische Kriterien hinzu. Dank diesem methodischen Ansatz sind die Arbeiten von Baker und Stamp grundlegend, jene von Spate im grossen und ganzen bis heute unübertroffen geblieben.[8]

---

5 Terminologie: Provinz (*presidency*), Distrikt (*district*), Bezirk (*sub-division* oder *taluka*).

6 "As soon as military operations came to an end and peace was established Khandesh was formed into a district well marked by natural limits [...]."

GBP, Vol. XII (1880), Khandesh, p. 273.

7 Für die bisherigen Gliederungsversuche vgl.: Max Herresthal, 1976, pp. 14-26 & Karten 1-9.

8 O.H.K. Spate, 1957[2], *India and Pakistan. A General and Regional Geography*, London.

Karte 1: Topographie Khandeshs

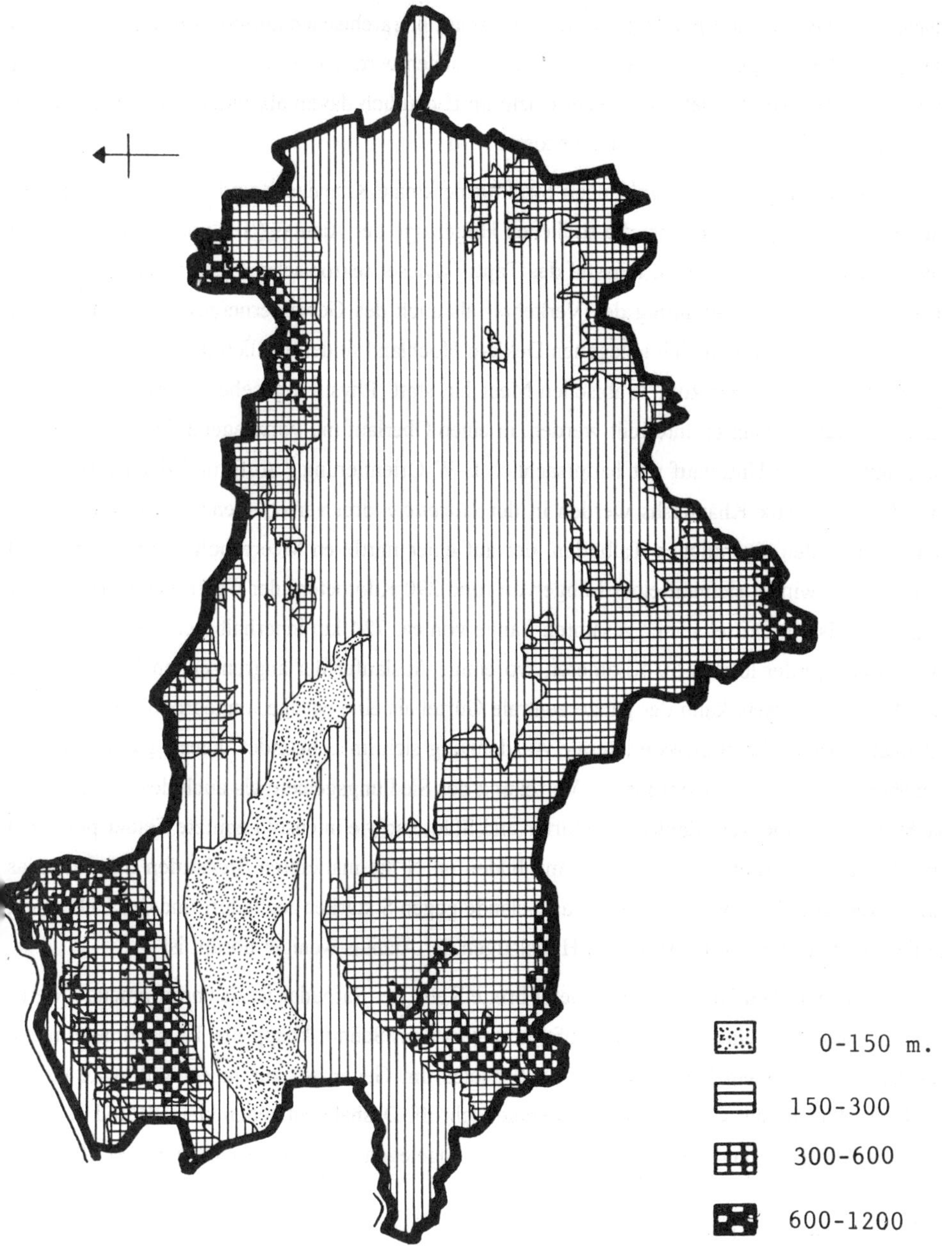

Innerhalb dieser Dreigliederung ist Khandesh ganz offensichtlich dem peninsularen Teil Indiens zuzuordnen, wobei Spate[9] das zur Diskussion stehende Gebiet als Uebergangszone zwischen der Dekkanscholle im S und den zentralen Teilen im N bezeichnet. Interessant ist die Beobachtung, dass Khandesh auch bei einer ausgeprägt hierarchischen Differenzierung in fast allen Fällen als selbständiger Landschaftsraum ausgeschieden wird. Dieser ist fast deckungsgleich mit dem administrativen Gebiet und weicht einzig im E deutlich davon ab, indem das Purna-Tal als Fortsetzung des Tapti-Grabens miteinbezogen wird.

Die wichtigsten geographischen Strukturmerkmale Khandeshs sind eindeutig die nördliche Gebirgskette der Satpudas, die südlichen Hügelzüge der Ajantas (SE) und Sahyadris (SW) sowie das dazwischenliegende Flusstal des Tapti.[10] Dieser tektonische Bruch ist so ausgeprägt, dass er sowohl die Ausrichtung des Verkehrs- als auch des Gewässernetzes bestimmt hat. Im Gegensatz zum weiter südlich gelegenen Dekkan-Hochland findet nämlich die gesamte Entwässerung des Tapti-Raums zum Arabischen Meer hin statt. Physisch gesehen muss der erwähnte Raum in zwei Abschnitte unterteilt werden: in einen Oberlauf mit vorwiegend NE-SW Ausrichtung und in einen Unterlauf mit hauptsächlich E-W Orientierung.[11] Aufgrund der landschaftlichen Charakteristik Khandeshs werden in der *Gazetteer* drei verschiedene Zonen unterschieden.[12] Durch den eigentlichen Talboden, der auf einer mittleren Meereshöhe von 150 bis 300 Metern liegt, windet sich auf einer Länge von rund 290 Kilometern der Tapti westwärts. Damit liegt mehr als ein Drittel seiner gesamten Länge von ca. 724 km innerhalb der Distriktgrenzen. Mit Ausnahme der letzten 50 Kilometer, wo einige Ausläufer der angrenzenden Bergketten in die Ebene vorstossen, kann der ganze zentrale Gürtel als eine einzige, ungebrochene Ebene bezeichnet werden, deren grösste laterale Ausdehnung sich im E befindet. Diese geographischen Gegebenheiten haben sowohl für die Verteilung der Siedlungsgebiete als auch des Kulturlandes wichtige Konsequenzen. Zahlreiche Dörfer und Städte sowie intensiv genutzte Felder prägen in dieser Ebene das Bild. Parallel zum Tapti bilden im N die markanten Steilstufen der Satpudas die Begrenzung der Ebene, während das Gelände gegen S stärker gegliedert und der Uebergang zu den etwas weiter zurückliegenden Hügelzügen der Ajantas weniger abrupt ist.

Die zwischen 30 und 50 Kilometer breite Kette der Satpudas ist das bestimmende Merkmal des nördlichen Gürtels. Deren Gipfel übertreffen im Schnitt knapp die Tausendmetermarke und sind nur in einem Fall höher als 1'300 Meter. Im Gegensatz zur jähen Südflanke ist der nördliche Abhang des Gebirgsrückens weniger schroff. Deshalb entstehen kleinere und grössere Plateaus. Die Bevölkerungsdichte war in diesen abgelegenen Gebieten weit geringer als in der

---

9 O.H.K. Spate, 1957², p. 646.

10 Solange keine Sinnentstellung entsteht, werden die damaligen (einheimischen) Ausdrücke verwendet.

11 O.H.K. Spate, 1957², p. 539.

12 GBP, Vol. XII (1880), Khandesh, pp. 2ff

Talsohle, der praktizierte Ackerbau dem Wander- oder Rodungsfeldbau ähnlich.[13] Einzig das im äussersten W gelegene Akrani-Hochland wird als "blühendes" und "gut genutztes" Gebiet beschrieben.[14] Weitaus typischer sind aber Beschreibungen vereinzelter Weiler, verlassener oder zerstörter Dörfer, was insgesamt auf Störungen des strukturellen Gleichgewichts hindeutet. Allgemein lässt sich sagen, dass dieser nördliche Streifen schon infolge der topographischen Voraussetzungen, der ungünstigen verkehrstechnischen Erschliessung sowie der schlechtern Bodenbeschaffenheit zu den relativ benachteiligten Gegenden des Distriktes gehörte.

Der südliche Gürtel ist in mancher Hinsicht eine Verbindung der zwei vorher beschriebenen Zonen. Flaches und gebirgiges Gelände wechseln sich ebenso ab wie bewaldete und kahle Stellen oder fruchtbare und unproduktive Gebiete. Im SE erheben sich die Ajantas oder Satmalas und trennen das Tal des Tapti vom eigentlichen Hochland des Dekkan. Im Unterschied zu den Satpudas im N liegt der Hauptkamm der Ajanta-Kette bis auf wenige Kilometer aber nicht innerhalb Khandeshs, sondern bildet die Begrenzung des Distrikts. Dessen südwestliche Ecke wird von den Sahyadris, die bereits zu den West-Ghats gerechnet werden, dominiert. Mehr oder weniger im rechten Winkel zum zentralen Grat verlaufen hintereinander gestaffelt Ausläufer von West nach Ost und bilden unzählige, gleich orientierte Täler. Die höchsten Erhebungen des erwähnten Massivs erreichen in einigen Fällen mehr als 1'300 Meter, doch liegen diese Punkte alle ausserhalb des Distrikts. Das ändert aber nichts an der Tatsache, dass diese Gegend im SW als die zerklüftetste und am stärksten gegliederte Region Khandeshs bezeichnet wird.[15] Fast das gesamte kultivierbare Land ist deshalb hier in den Talsohlen zu beiden Seiten der zahlreichen grössern und kleinern Wasserläufe zu finden. Markante Gegensätze auf kleinstem Raum prägen diese Gegend. Aufgrund der vorliegenden Informationen ist es angebracht, den südlichen Gürtel in zwei Hälften zu teilen, deren Trennlinie der Fluss Bori bildet. Der östliche Teil schneidet bei einem Vergleich in praktisch allen für die Agrarwirtschaft relevanten Bereichen besser ab als der westliche Abschnitt. Trotz vereinzelter Beschreibungen blühender Dörfer und Talschaften muss mindestens die Südwestecke im doppelten Sinn des Worts zur Peripherie des Distrikts gezählt werden.

Die Ausrichtung des Gewässernetzes ist eindeutig durch den markanten, von Ost nach West verlaufenden Grabenbruch bestimmt, worin der Tapti infolge seines geringen Gefälls in unzähligen Windungen westwärts fliesst. In geringen Abständen münden auf der gesamten Strecke zahlreiche kleinere und grössere Flüsse in den Hauptlauf. Die rechtsufrigen Zubringer haben ihren Ursprung alle in den Satpudas und sind wegen der topographischen Gegebenheiten weitaus kürzer und unbedeutender als die linksufrigen. Diese entspringen nämlich fast aus-

---

13 GBP, Vol. XII (1880), Khandesh, p. 3; vgl. auch: M. Herresthal, 1976, p. 110.

14 GBP, Vol. XII (1880), Khandesh, pp. 3ff.

15 GBP, Vol. XII (1880), Khandesh, pp. 5ff., pp. 363ff., pp. 396ff.

schliesslich in den Sahyadris, einem Ausläufer der West-Ghats. Die nach E orientierten Täler bestimmen somit zunächst auch den Kurs der Flüsse, die erst nordwärts drehen und dem Tapti zufliessen, nachdem sie die Ebene erreicht haben. Insgesamt verfügt der Distrikt über ein dichtes und gleichmässig verteiltes Gewässernetz; die meisten Flüsse führen jedoch nicht das ganze Jahr oder auf der gesamten Länge Wasser. Trotzdem wird in der *Gazetteer* die Versorgung mit Oberflächenwasser als erfreulich bezeichnet.[16]

Im Vergleich zu den andern Distrikten des Dekkan würde Khandesh also in dieser Hinsicht über gute Voraussetzungen für die Bewässerung der Felder verfügen. Mit wenigen Ausnahmen im W, wo die Niederschläge geringer ausfielen, machten alle Gegenden des Distrikts in beschränktem Ausmass auch von dieser Möglichkeit Gebrauch. Es zeichnen sich allerdings gewisse örtliche Schwerpunkte ab. So waren zum Beispiel künstliche Dämme, Stauwehre oder Kanäle häufiger in der Südhälfte, da wiederum im Bereich der Flussoberläufe zu finden. In der Ebene erschwerten oder verunmöglichten jedoch teilweise meterhohe Uferbänke solche Irrigationsbauwerke. Dies galt besonders für die Flussläufe des Tapti und Purna, deren Bett um einiges tiefer als das Umgebungsniveau lag. Mit den traditionellen technischen Mitteln und begrenztem finanziellem Aufwand war es dort unmöglich, erfolgreiche Projekte zu realisieren. In Wingates erstem Report[17] heisst es dazu:

> "Irrigation is more extensively practised in Khandesh than in the Deccan or southern Mahratta Country.[...] The flatness of the land, and its very gentle slope in the direction of the course of the river, adopts it admirably for irrigation, and in the case of all the bhundharas [i.e. Mauerdämme] I have seen there is much greater extent of land admitting of being overflooded than the supply of water suffices to irrigate.[...] The river beds become gradually deeper as they approach the Taptee, and so unfavorable for the construction of dams. The Taptee itself flows in a channel of extraordinary depth, depressed at least a hundred feet below the level of the plain through which it flows, and its waters are, therefore, not available for irrigation in any part of their passage through Khandesh."

Zahlreiche Hinweise in den britischen Verwaltungsberichten deuten jedoch darauf hin, dass der Zustand der wenigen vorhandenen Anlagen mehrheitlich zu wünschen übrig liess und viele Dämme reparaturbedürftig waren.[18]

Im Gegensatz zu andern Regionen des Dekkan müssen die Rahmenbedingungen für Bewässerungsprojekte in Khandesh gesamthaft aber als äusserst günstig bezeichnet werden.[19] Haben diese Standortvorteile auch praktische Auswirkungen hervorgebracht? Angesichts des auch in den siebziger Jahren noch bescheidenen Totals der bewässerten Fläche wird man nicht davon ausgehen können.[20] Auf jeden Fall spielte der auf Bewässerung gestützte Ackerbau eine völlig

---

16 GBP, Vol. XII (1880), Khandesh, pp. 10ff.

17 SRGB O.S., Nr. 1, *Report of Captain Wingate, Revenue Survey Commissioner, on the Plan of Survey and assessment most suitable to the province of Khandesh and also the instructions issued on the subject by Government*, 29th March 1852, paras. 6-8; vgl. auch in: GBP, Vol. XII (1880), Khandesh, pp. 139-40.

18 GBP, Vol. XII (1880), Khandesh, pp. 139ff.

19 Vgl.: E. Withcombe, 1983, in: CEHI II, p. 707, p. 721.

untergeordnete Rolle und beschränkte sich im wesentlichen auf sogenannte Gartenprodukte, Gemüse, Zuckerrohr und Opium. Die für den Exportsektor wichtigen Rohstoffe wie Weizen, Hülsenfrüchte, Indigo und natürlich Baumwolle wurden hauptsächlich ohne künstliche Irrigation angebaut.[21] Ob die Bemühungen der Briten in dieser Hinsicht den Erfordernissen der indischen Landwirtschaft gerecht wurden, bleibt umstritten. Man darf in diesem Zusammenhang nicht vergessen, dass sowohl das Erstellen als auch der Unterhalt derartiger Bewässerungsanlagen durch die öffentliche Hand arbeits- und kostenintensive Aufgaben darstellten. Dies hätte zwar die finanziellen Möglichkeiten der Kolonialverwaltung nicht überstiegen, aber wohl kaum die Bereitschaft der betroffenen Bevölkerungsteile gefunden, solange eine direkte Motivation, beispielsweise hohe Baumwollpreise, fehlte.[22] Folglich waren für die Landwirtschaft des Subkontinentes die zur Verfügung stehenden Niederschläge von grösster Bedeutung. Diese konnten nicht unmittelbar beeinflusst werden und waren allein vom Klima und Rhythmus des Monsuns abhängig.[23] Mit weitern Reservoirs oder Stauwehren wäre es wohl möglich gewesen, Schwankungen der Niederschläge kurzfristig auszugleichen. Die Leistungsfähigkeit und somit der Nutzen solcher Anlagen wird aber ebenfalls in Frage gestellt, wenn der Regen länger ausbleibt. Entstehung und Mechanismus dieser klimatischen Vorgänge müssen nicht im Detail dargelegt werden - es genügt hier ein Hinweis auf die Fachliteratur[24] und die Auswirkungen der Monsunwinde auf die Landwirtschaft.

Das Regime des Monsuns bestimmt nicht nur den Ablauf der Jahreszeiten, sondern auch den gesamten landwirtschaftlichen Kalender sowie viele Situationen des gewöhnlichen Alltags. Sowohl die Grösse als auch die Lage des Subkontinentes, aber auch dessen physische Gestalt verleihen dem indischen Monsunsystem eine gewisse Eigenständigkeit innerhalb Asiens.[25] Ein Vergleich der Niederschlagsmengen bringt enorme regionale Unterschiede zu Tage. Wüstenartige Gebiete im NW der indischen Halbinsel mit weniger als fünf *inches* pro Jahr stehen in auffälligem Kontrast zu Gegenden in Bengalen, wo im Durchschnitt mehr als 80 *ins.* zu verzeichnen sind und Landstriche mit einem Jahresmittel von mehr als 400 *ins.* nichts Ungewöhnliches darstellen.[26] Wenn die regionale Verteilung der Niederschläge alles andere als gleichmässig aus-

---

20 Gemäss dem zuständigen Departement (*Bombay Irrigation Report, 1876-77*) betrug die bewässerte Fläche nur 1678 *acres*. Auch wenn dazu einige Fragezeichen zu machen sind, so fällt ein Vergleich mit dem ackerfähigen (3'582'073 *acres*) und dem tatsächlich bebauten Land (2'603'073 *acres*) immer noch deutlich aus.

GBP, Vol. XII (1880), Khandesh, p. 137, p. 140.

21 SRGB O.S., Nr. 1, *Report of Captain Wingate,* para. 8.

22 GBP, Vol. XII (1880), Khandesh, p. 140.

23 In beschränktem Umfang konnte Regenwasser in sogenannten *tanks* aufgefangen oder mit Brunnenschächten Grundwasser erreicht werden, was kostenintensiv war und deshalb nicht für alle in Betracht kam.

24 K. Davis, p. 10; M.B. McAlpin, 1983, pp. 21-9; O.H.K. Spate, 1957[2], Kap. 2.

25 O.H.K. Spate, 1957[2], pp. 40ff.

Karte 2: Niederschläge in Khandesh

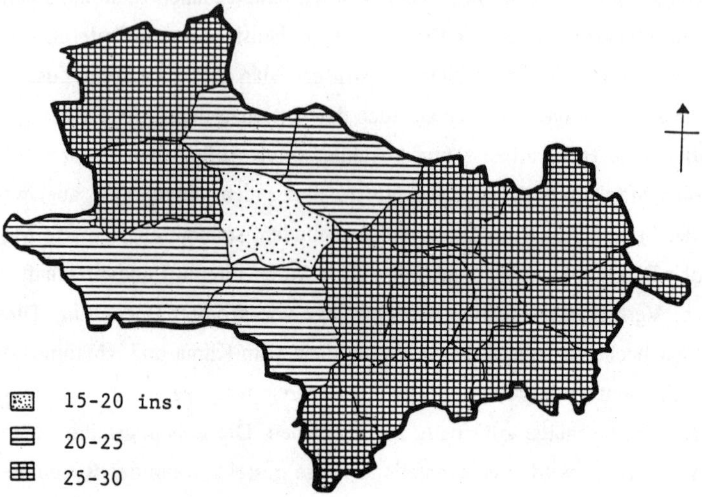


Karte 3: Variabilität der Niederschläge in Khandesh

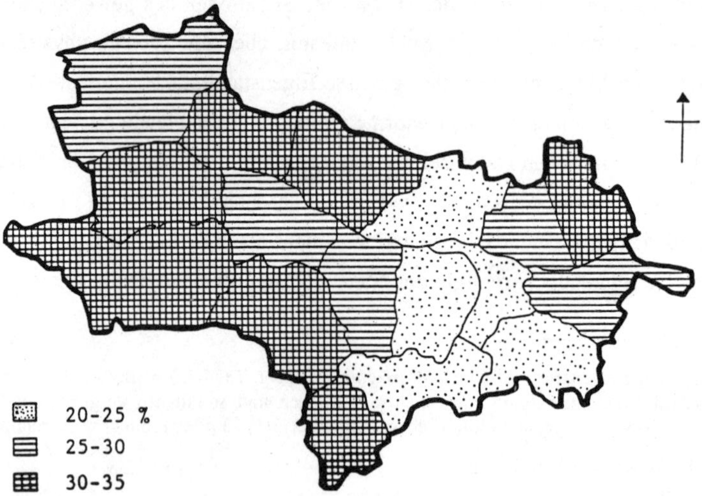


Quellen: GBP (Khandesh), 1880, 1905, 1914; SRGB N.S., Nr. 239, App., zit. in: M.B. McAlpin, 1983, pp. 200ff; SRGB N.S., Nr. 595, App. A., p.21.

fällt, erfolgen sie doch fast überall im selben Rhythmus. Acht bis neun Zehntel der Gesamtmenge bringen die Regenfälle während der Sommermonate Juni bis September. Mit ziemlicher Sicherheit kann auch beim Rückzug des SW-Monsuns, also im Oktober und November, noch mit etwas Regen gerechnet werden. Der Rest verteilt sich auf die Wintermonate. Dieses Wechselspiel der Monsunwinde bietet sich für die Dreiteilung des Jahres in eine kalte (Januar-Februar) und eine warme Jahreszeit (März-Mai) sowie in eine Regenperiode (Juni-September) geradewegs an.

Eine Niederschlagskarte für das ganze Jahr ist deshalb nahezu mit einer solchen für die regenreiche Phase identisch. Diese Aussage gilt ohne Vorbehalt auch für Khandesh. Zwar liegt der Distrikt im Regenschatten der West-Ghats und erhält deutlich weniger Niederschlag als der westliche Küstenstreifen selber. Etwas ausgeglichen wird dieser Nachteil dadurch, dass der SW-Monsun ungehindert durch die zur Arabischen See hin offenen Flusstäler des Tapti und Narbada gelangen kann. Khandesh erhält trotzdem durchschnittlich kaum mehr als rund 25-30 *ins.* pro Jahr, was im Vergleich mit andern Distrikten der Gegend aber im üblichen Rahmen ist. Khandesh liegt somit auf einer dreiteiligen Skala an der Schwelle der gemässigten zur kritischen Zone.[27] Stellt man diesen Werten jedoch Zahlen aus den Regionen Gujarat oder Konkan gegenüber, die alle um ein Vielfaches höher sind, so kristallisiert sich das Hochland des Dekkan schnell einmal als anfälligster Landstrich der ganzen Provinz heraus. In gewisser Weise, so bemerkt Spate[28], seien solche Gegenden sogar schlimmer als die eigentlichen Trockengebiete dran:

> "Areas with, say, 25-30 ins. are worse off than the really arid NW, since the rainfall is usually, but only precariously, adequate for crops. In such marginal regions agriculture is indeed balanced on a knife-edge; there may be more good years than bad, but a run of two or three deficit seasons may spell complete disaster, and even a well-to-do peasant may have to sell his draugth bullocks."

Bei genauerem Hinsehen existieren auch innerhalb Khandeshs noch beträchtliche Unterschiede. Die ganze östliche Hälfte und die Nordwestecke des Distrikts erhielten während der untersuchten Zeitspanne von 1861 bis 1911 im Mittel deutlich mehr Niederschlag (>25 *ins.*) als die zentralen Teile des westlichen Abschnitts und der südwestliche Zipfel. Ein identisches Bild entsteht beim Vergleich der Extremwerte. Diese unterscheiden sich im Mittel um rund 20 *ins.*, wobei sich Minima und Maxima nach besagtem Grundmuster über den Distrikt verteilten.

Ausser Frage steht, dass zwischen den Niederschlagswerten und der landwirtschaftlichen Produktion ein Zusammenhang existiert. Ob die Erträge zufriedenstellend sind oder mit einer Missernte zu rechnen ist, hängt jedoch nicht allein von der absoluten Regenmenge ab. Ebenso ins Gewicht fällt unter den gegebenen Umständen, wie regelmässig die Niederschläge über

---

26 K. Davis, 1951, p. 11; O.H.K. Spate, 1957², p. 40, p. 51.

27 Vgl.: N.V. Kanitkar, 1960², pp. 20-1.

28 O.H.K. Spate, 1957², pp. 57-8.

längere Zeit ausfallen. An sich schon trockene Gebiete sind also nochmals anfälliger als feuchte.[29] Die zentralen Teile sowie der Dekkan gehören in dieser Hinsicht zu den wenig beneidenswerten Regionen, die zwar stets etwas Niederschlag erhalten, aber auch mit jährlichen Fluktuationen von 20-30% rechnen müssen. Ein Blick auf die im Moment zur Verfügung stehenden Zahlen für den Distrikt bestätigt: Die Variabilität der Regenfälle war in den Gegenden mit den geringsten Niederschlägen am grössten, wobei die Spanne von 22-34% reicht. Es ist davon auszugehen, dass diese Werte noch nach oben korrigiert werden müssten, wenn mehr Daten vorlägen.[30]

Khandesh folgt auch hinsichtlich der Temperaturwerte mehr oder weniger dem nationalen Muster. Dezember und Januar sind die kältesten Monate und weisen mittlere Tiefstwerte von etwas mehr als 50° F auf. In der heissesten Periode, im Monat Mai, klettert das Thermometer auf über 100° F, was zu Höchstwerten von rund 106° F führt.[31] Die Extrema können für die beiden Perioden allerdings beträchtlich vom Durchschnitt abweichen. Am deutlichsten ist dieser Kontrast in den Monaten November bis Januar, also in der kalten Zeit. Minimum und Maximum liegen in diesen Tagen rund 40-50° F auseinander. Als heisseste Gegend wird in der *Gazetteer* das Tapti-Tal, besonders dessen östliche Hälfte, bezeichnet, während in höher gelegenen und bewaldeten Bergregionen im N und SW immer mit etwas kühlendem Wind gerechnet werden könne.

Insgesamt zeigt sich deutlich, dass Khandesh in bezug auf seine primären Standortvorteile die andern Distrikte des Dekkan übertraf. Anderseits waren grosse Unterschiede von *taluka* zu *taluka* an der Tagesordnung. Ob in einem Bezirk oder in einem Dorf schliesslich ein profitables Exportprodukt wie Baumwolle angepflanzt wurde, hing somit nicht zuletzt vom physischen Kapital ab. Dies gilt es zu berücksichtigen, wenn die Auswirkungen der Marktintegration und der britischen Wirtschaftspolitik beurteilt werden sollen.

---

29 K. Davis, 1951, p. 11; O.H.K. Spate, $1957^2$, pp. 57-8.

30 Jene zwei Bezirke, für die mehr als 50 Jahresdaten vorliegen, weisen tatsächlich höhere Variabilitätswerte auf: Erandol 30%, Dhulia 36%.

Vgl. auch: M.B. McAlpin, 1983, p. 28, pp. 220ff.

31 GBP, Vol. XII (1880), Khandesh, p. 14.

## 1.2 Politische und historische Entwicklung

In einer noch weitgehend vom primären Sektor abhängigen Gesellschaft sind neben den physischen Voraussetzungen auch Fragen des Bodenrechtes und der Landbesteuerung von grosser Bedeutung. Die Provinz Bombay, zu der Khandesh gehörte, war kein historisch gewachsenes politisches Gebilde, sondern ein Produkt der britischen Verwaltung. Auf den ersten Blick bestehen kaum geographische und sozio-kulturelle Gemeinsamkeiten zwischen den verschiedenen Regionen.[32] Für die Gestalt der Provinz war hauptsächlich der Gang militärischer Eroberungen, Annexionen und Verträge ausschlaggebend gewesen. Anfangs des 19. Jahrhunderts wurden auf diese Weise in zwei Etappen die wichtigsten Gebiete der späteren *Bombay Presidency* zum britischen Kolonialreich geschlagen: Gujarat in den Jahren 1802-03, grosse Teile des Konkan und Dekkan 1817-18; Sind wurde 1843 annektiert. Dass die verschiedenen Glieder des Marathenbundes unter sich uneinig waren, förderte auch in Khandesh die politische Instabilität. Dessen Schicksal änderte in jenen Jahren wie die Fahne im Winde.[33] Teile des späteren britischen Distrikts wechselten in der zweiten Hälfte des 18. Jahrhunderts mehrmals ihren Besitzer, bevor das Gebiet 1817-18 endgültig in britische Hand geriet.[34] In den nächsten 30 Jahren richteten sich laut der *Gazetteer* immer wieder kleinere Aufstände gegen die britische Herrschaft. Für uns ist aber nur jene Rebellion von Interesse, die sich anfangs der fünfziger Jahre in Khandesh ausdrücklich gegen die Einführung der amtlichen Landvermessung und Bodenbesteuerung richtete.

Wenn die eigene Expansion nach Uebersee von britischer Seite nicht nur mit rein wirtschaftlichen Ueberlegungen, sondern ebenso mit entwicklungspolitischen Zielsetzungen begründet wurde, so entsprach dies durchaus dem Zeitgeist. Die führenden Kreise vertrauten relativ unkritisch auf die positiven Effekte des globalen Freihandels. Voraussetzung für diesen Wohlstandstransfer waren aber die strukturelle Integration der maritimen Peripherie ins weltweite Handelsnetz sowie der Aufbau einer effizienten Kolonialverwaltung im Land. Eine der wichtigsten Grundlagen für dieses Vorhaben war die Vermessung und Verwaltung des Landes. Zu diesem Zweck wurde die Provinz in insgesamt 18 Distrikte eingeteilt, welche ihrerseits in Bezirke,

---

32 Weil Gebiete wie Aden auf der Arabischen Halbinsel, Sind und Gujarat mit Teilen des Dekkan zu einer administrativen Einheit zusammengefasst wurden, wird Bombay häufig als die heterogenste aller britischen Provinzen bezeichnet. *Bombay proper*, Aden und Sind also ausgeschlossen, besitzt aber einige strukturelle Gemeinsamkeiten. Charlesworth dazu: "This, then, is the justification for studying the province: common political traditions - though the force and impact of Maratha rule varied widely from locality and provides a major reason for variations in social history - and some social cohesion, completed, of course, by the British creation of one united political and administrative entity. Otherwise, there is diversity and the opportunity to examine the impact of a common administrative and revenue organisation on regions different geographically and agriculturally."

N. Charlesworth, 1985, pp. 11-2.

33 GBP, Vol. XII (1880), Khandesh, Kap. 7.

34 GBP, Vol. XII (1880), Khandesh, pp. 254-7.

Karte 4: Provinz Bombay: Distrikteinteilung

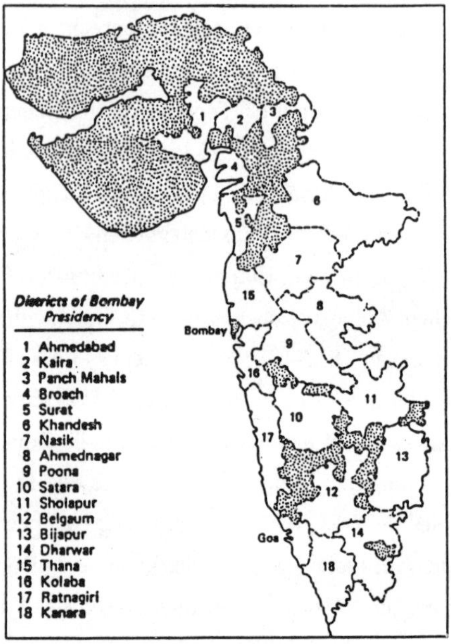


Quelle: M.B. McAlpin, 1983, p. 118.

*sub-divisions* oder *talukas*, zerfielen. Dieses hierarchische System bot die Gewähr für einen möglichst intensiven Kontakt der zuständigen lokalen Behörden mit dem entsprechenden Gebiet. Die einmal vorgenommene Einteilung brauchte jedoch nicht endgültig zu sein, sondern konnte den Erfordernissen der Zeit angepasst werden. Transaktionen ganzer Bezirke oder einzelner Dörfer sind denn auch keine Seltenheit. Zudem gerieten nicht alle Gebiete gleichzeitig unter britische Hoheit. Die zur Verfügung stehenden Daten sind somit vielfach nicht homogen und folglich schwierig zu vergleichen, besonders wenn sich im Lauf der Zeit die statistische Praxis noch änderte.[35]

Mit all diesen Schwierigkeiten wird man bei Khandesh konfrontiert. An seinen äusseren Grenzen änderte sich nach 1868-69 nur noch wenig, nachdem in jenem Jahr drei ganze Bezirke an den neu gebildeten Nachbardistrikt Nasik abgetreten worden waren.[36] Anders sah es im Innern aus. Die administrative Kontrolle wurde im Lauf der Zeit straffer, die grundbuchamtliche

[35] Um die statistischen Unebenheiten zu glätten, wurde mit Hilfe eines Ausgleichfaktors operiert. Ob es allerdings zweckmässig ist, wie dies McAlpin tut, nur das Verhältnis der von Report zu Report variierenden Anzahl erfasster Dörfer als Multiplikator einzusetzen, bleibt fraglich.

Vgl. dazu: M.B. McAlpin, 1983, App. C, p. 248.

[36] GBP, Vol. XII (1880), Khandesh, p. 273.

Vermessung sowie die Besteuerung des Landes schritten weiter fort. Es bleibt mit andern Worten immer abzuklären, wieweit sich hinter der absoluten Zu- oder Abnahme volkswirtschaftlich wichtiger Grössen reale oder eben nur nominelle Veränderungen verbergen. Besonders in der ersten Phase, also etwa bis 1865-70, dürfte es nicht immer leicht sein, diese Unterscheidung einwandfrei vorzunehmen.

Khandesh bestand 1872 aus insgesamt 16 Bezirken, kurz nach der Jahrhundertwende waren es 17, und auch nach der Trennung in einen westlichen und östlichen Teil im Jahre 1906 blieb diese Zahl bis 1917/18 bestehen.[37] Die Gesamtfläche des Distriktes schrumpfte 1879 infolge territorialer Konzessionen an die Fürstenfamilie der Holkar von 10'431 *sqm* auf 10'071 *sqm*, was einer Differenz von 360 *sqm* oder drei Prozenten entsprach.[38] Was jedoch weitaus grössere Sorgen bereitet, sind die unzähligen kleinen Veränderungen innerhalb der verschiedenen *talukas*.

## 1.3 Steuersystem und Bodenrecht

Im Vordergrund stand für die britischen Stellen die Einführung der Bodenbesteuerung, welche dem Staat regelmässige Einkünfte versprach, anderseits Wachstum und Entwicklung im Bereich der Landwirtschaft bewirken sollte. Die Einführung eigentlicher Marktmechanismen, wie dies angestrebt wurde, setzte seitens der Bauernschaft zuerst einmal eine mentalitätsmässige Veränderung voraus. Häufig erwiesen sich Hoffnungen, der indische *ryot* werde die Rolle eines unternehmerisch denkenden Produzenten übernehmen, als Trugschluss, da häufig nicht nur rationale Ueberlegungen, sondern soziale Konventionen oder Normen seine Entscheidungen beeinflussten. Die Einführung der individuellen Bodenbesteuerung im Rahmen des sogenannten *Bombay-Survey-System* hat denn auch keineswegs überall dieselben Auswirkungen zur Folge gehabt. Während in Distrikten wie Khandesh das anvisierte Ziel erreicht wurde, mussten in Poona die negativen Resultate des *ryotwari-settlement* zur Kenntnis genommen werden. Die dortigen schweren Unruhen von 1875, die *Deccan Riots*, sind nach Kumar vor allem vor dem Hintergrund der veränderten Rolle der städtischen Geldverleiher zu sehen.[39]

---

[37] GBP, Vol. XII (1880), Khandesh, p. 2; GBP, Vol. XII-B (1905), Khandesh, pp. 1-2; GBP, Vol. XII-B (1914), Khandesh, pp. i-ii.

Die wichtigsten Mutationen betrafen den NE des Distriktes, wo aus dem einstigen Savda mit seinen Unterbezirken Raver und Yavul zwei selbständige Bezirke entstanden. Ebenfalls in der zweiten Jahrhunderthälfte wurde der bisher zu Pimpalner gehörende Unterbezirk Navapur dem im N gelegenen Bezirk Nandurbar zugeteilt. Ohne Bedeutung sind dagegen reine Namensänderungen wie im Fall von Nasirabad und Virdel, die in den Quellen im Lauf der Zeit als Jalgaon bzw. Sindkheda auftauchen.

[38] GBP, Vol. XII-B (1905), Khandesh, p. 1.

[39] Vgl. dazu: R. Kumar, 1968, pp. 152ff.

Karte 5: Politische Einteilung: Khandesh 1872

Khandesh 1902:

Khandesh 1911:

Quellen: GBP, Khandesh, 1880, 1905, 1914.

Wie sah nun dieses *Bombay-Survey-System* aus, dessen Bestimmungen für die Steuerveranlagung des Bodens in der Provinz Bombay verbindlich waren? Als die konkrete Ausgestaltung eines Modells 1818 für den Dekkan aktuell wurde, beschäftigten Fragen der Bodenbesteuerung Behörden und Fachleute schon seit langem. Keines der zum damaligen Zeitpunkt bereits existierenden Vorbilder, weder das bengalische noch das nordindische, hatten die Erwartungen der britischen Agrarpolitik in vollem Umfang erfüllt. Für Bombay, eine wirtschaftlich äusserst leistungsfähige Region, schien ein *ryotwari-settlement* am ehesten praktizierbar zu sein. Positive Erfahrungen mit dem System der individuellen Besteuerung des einzelnen Bauern hatte die Verwaltung bereits in Madras gesammelt. Wenn sich die Landveranlagung in Madras und Bombay denn auch im Grundsatz glich, so unterschied sie sich im Detail.[40] In den zwanziger und dreissiger Jahren waren unter Elphinstone und Chaplin sowie Pringle erste Versuche auf dem Dekkan-Hochland gescheitert. Erst die Bemühungen von Wingate und Goldsmid führten schliesslich 1835 zum Durchbruch.[41] Die Ankurbelung des landwirtschaftlichen Sektors war eines der Hauptziele der britischen Agrarpolitik. Aber genau dieses Anliegen war bisher kaum in die Tat umgesetzt worden, ja es stellten sich bisweilen empfindliche Rückschläge ein, wie das Beispiel von Indapur in Poona beweist.[42] Statt dass die kultivierte Fläche zunahm, wurde dort infolge der grossen fiskalischen Belastung weniger Boden unter den Pflug genommen.

Im Gegensatz zu ihren Vorläufern schlugen Wingate und Partner eine pragmatische Linie ein. Unter anderm drückte sich dies darin aus, dass der Steuersatz nicht mehr auf einem fixen, zum voraus bestimmten Teil des Nettoertrags (*rental value*) beruhte, sondern von der gesamtwirtschaftlichen Situation der betreffenden Gegend ausging und auch die bis anhin erbrachten Steuerleistungen für die Bemessung des künftigen Betrags in Betracht zog.[43] Nicht zu übersehen sind trotz Rücksichtnahme auf die örtlichen und regionalen Verhältnisse die marktwirt-

---

[40] B.H. Baden-Powell, 1982 [repr. 1972], p. 197; dazu auch: D. Rothermund, 1970, in: R.v. Albertini, 1970, Hrsg., p. 297.

[41] Die verschiedenen Modelle samt Steuersätzen werden diskutiert in: R. Kumar, 1968, Kap. III; vgl. ibid.: Tabelle C, p. 105, Tabelle D, p. 118.

[42] Das im Jahre 1830 im Bezirk Indapur (Poona) eingeführte Steuermodell von Pringle sah eine Belastung von 55% des Nettoertrags vor. Im Detail war die Vorlage zu wenig ausgearbeitet, wie in der Literatur übereinstimmend bemerkt wird. Unzählige Landstücke wurden aufgegeben. Eine Landflucht erheblichen Ausmasses setzte ein, worauf der Versuch schliesslich abgebrochen wurde.

Vgl. dazu: R.C. Dutt, 1906², pp. 374-5; H. Fukazawa, 1983, in: CEHI II, pp. 184-5; M.B. McAlpin, 1983, pp. 103-10.

[43] Fukazawa zum *Bombay-Survey-System*: "In reaction to Pringle, the assessment was now to be made on no fixed principle, neither as a share of the gross produce, the net produce or the rental value. The only *rule*, if something so vague can be called a rule, was that the assessment should not exceed the cultivator's ability to pay. In practice, the settlement officer first fixed the assessment for the whole region, taking in account what it actually paid in the recent past, and expected increases in prices, and output over the thirty years during the rates would remain fixed, and irrigation, the type of soil, its proximities to the market and so forth."

H. Fukazawa, 1983, in: CEHI II, p. 185.

Tabelle 1: Einführung des Bombay-Survey-System in Khandesh:

| Taluka | Einführung | 1. Revision | 2. Revision |
|---|---|---|---|
| Amalner | 1857-59 | 1889-93 | 1920-21 |
| | 1863-68 | | |
| Parola | 1920-21 | | |
| Erandol | 1857-66 | 1890-92 | 1920-21 |
| Jamner | 1859-65 | 1891-92 | 1920-21 |
| Bhusaval | 1854-65 | 1891-92 | 1921-22 |
| Jalgaon | 1859-65 | 1892-93 | 1922-23 |
| Pachora | 1862-66 | 1893-94 | 1923-24 |
| Chalisgaon | 1862-66 | 1896-97 | 1925-26 |
| | 1870-71 | | |
| Chopda | 1856-57 | 1888-89 | 1918-19 |
| | | 1893-99 | |
| Sindkheda | 1857-62 | 1893-94 | 1922-23 |
| | 1868-69 | | |
| Dhulia | 1857-63 | 1899-1900 | 1918-19 |
| Pimpalner | 1868-70 | 1904-05 | 1934-35 |
| Taloda[1] | 1863-66 | 1899-1900 | |
| | 1869-71 | | |
| | 1903-04 | not revised | |
| | 1903-04 | not revised | |
| Nandurbar[2] | 1860-73 | 1896-97 | |
| | 1903-04 | not revised | |
| Shirpur[3] | 1856-57 | 1899-1902 | |
| | 1865-66 | | |
| | 1901-02 | not revised | |

Legende:

[1] Taloda 1863-66, 1869-71: 81 Dörfer; 1903-04: 33 Dörfer; 1903-04: 9 Dörfer.

[2] Nandurbar 1860-73: 127 Dörfer; 1903-04: 114 Dörfer.

[3] Shirpur 1856-57, 1865-66: 103 Dörfer; 1901-02: 17 Dörfer.

Quellen: GBP, Vol. XII-B (1905), Khandesh, pp. 20-21; GBP, Vol. XII-B (1926), Khandesh, pp. 18-19.

schaftlichen Elemente: Ein Bauer hatte fortan das Recht, ohne vorherige Konsultationen der Behörden seinen Boden zu veräussern; im Lauf der Zeit auf eigene Kosten vorgenommene Verbesserungen wurden für die verbleibenden Jahre der Veranlagungsperiode nicht nachbesteuert, was als Innovationsanreiz dienen sollte; der Besitzanspruch erlosch mit der Zahlungsunfähigkeit des Eigentümers. Grund und Boden erhielten auf diese Weise den Charakter einer käuflichen und handelbaren Ware, welche ohne behördlichen Vorbehalt transferiert werden konnten.[44] In dieselbe Richtung zielte auch die Bestimmung, wonach nicht der gegenwärtige, sondern der potentielle Ertrag des Bodens als Basis für die Besteuerung galt. Davon erhoffte sich die Verwaltung längerfristig eine effizientere Nutzung der kultivierten oder kultivierbaren Felder sowie der übrigen Ressourcen, aber auch die Uebertragung von Grundstücken an innovative Bauern. Dass solche Massnahmen auch negative Begleiterscheinungen hervorrufen konnten, wurde im Laufe der Zeit klar und führte nach 1875 zu ersten Reaktionen des Gesetzgebers.

In der Praxis spielte sich die Einführung des Steuersystems jeweils in drei identischen Phasen ab: Als erstes musste eine komplette Bestandesaufnahme der einzelnen Felder durch das Vermessungsamt, das *Survey Department*, vorgenommen werden. In einer zweiten Etappe galt es, die mittlere Bodenqualität eines Grundstücks anhand eines vorher ausgearbeiteten, abgestuften Schemas zu bestimmen. Und schliesslich beantragte der verantwortliche Beamte des *Revenue Department* die verschiedenen Steuersätze, wobei die allgemeinen volkswirtschaftlichen Merkmale eines jeweiligen Bezirkes mitbewertet wurden. Die so festgelegten Fiskalabgaben galten normalerweise für die Dauer von 30 Jahren, auf jeden Fall aber bis zur nächsten Revision. Infolge des aufwendigen dreistufigen Verfahrens dauerte es bis in die späten sechziger Jahre, bis das neue Regelwerk in allen Teilen der Provinz Bombay zur Anwendung kam.

In Khandesh, einem der flächenmässig grössten Distrikte der Provinz, begannen die entsprechenden Vorarbeiten bereits 1852. Die vorgefundenen Verhältnisse unterschieden sich aber in mancher Hinsicht von denjenigen anderer Regionen und erforderten eine Anpassung des Verfahrens. Rückblickend heisst es dazu in der *Gazetteer* kurz und bündig: "The Deccan Districts into which the survey was first introduced were in many respects very different, and it was felt that Khandesh would require special treatment."[45] Unter diesen Umständen erhielt Wingate, der schon früher massgeblich an der Gestaltung des Steuersystems für die Provinz Bombay mitgewirkt hatte, den Auftrag, einen detaillierten Report über den Distrikt zu erstellen.[46] Seine wichtigsten Argumente für eine Spezialbehandlung Khandeshs waren vor allem die grosse Mannigfaltigkeit hinsichtlich der physischen Merkmale, des Klimas und der demographischen Situation. Aber auch der unterschiedliche Grad der Kultivierung in einzelnen Gegenden spielte eine Rolle.

---

[44] Vgl. auch: G. Keatinge, 1912, pp. 20ff.

[45] GBP, Vol. XII (1880), Khandesh, pp. 289-90.

[46] SRGB O.S., Nr. 1, *Report of Captain Wingate*, pp. 1-24.

Während seiner Mission durch den Distrikt nahm Wingate nicht nur eine ausführliche Bestandesaufnahme, sondern auch eine Bewertung der lokalen Bedingungen vor.[47] Dieser Bericht ist besonders interessant, weil er den Stand der Dinge um die Jahrhundertwende wiedergibt, also noch vor der ersten "Eisenbahnwelle" und dem Baumwollboom der sechziger Jahre. Darin wird Khandesh einerseits als ein materiell "blühender", anderseits im grossen und ganzen als vergleichsweise "rückständiger" Distrikt beschrieben.[48]

Eines der grössten Hindernisse für eine Anwendung der sonst üblichen Bestimmungen war der Umstand, dass nur ein kleiner Teil der fruchtbaren Fläche des Distriktes bestellt wurde. Wingate schätzte diesen Wert auf bescheidene 14%, wobei die Spannweite von 36% im Osten und im Zentrum bis zu 5% im äussersten Südwesten reichte.[49] Ins gleiche Bild passt auch die vergleichsweise tiefe Bevölkerungszahl, welche damals mit insgesamt rund 765'000 die wirtschaftliche Leistungsfähigkeit des Gebiets in keiner Art und Weise überstieg. Vor allem der Mangel an Arbeitskräften war es, der gemäss den Verantwortlichen einer Ausbreitung der Kulturfläche im Wege stand.[50] Dass in dieser Situation überhaupt eine Nachfrage nach Ackerland bestand, ist nicht anzunehmen. Im Gegenteil - immer wieder wird auf den grossen Anteil von Brachland, *waste*, hingewiesen: Für die vielen Zugtiere stand Weideland im Ueberfluss zur Verfügung; als Kulturland dienten nur die besten Böden.[51] In diesem Bereich deutet somit alles auf eine entspannte Lage hin, was sich für die Bauern positiv bemerkbar gemacht haben musste.

Auch wenn die allgemeinen Lebensbedingungen der Landbevölkerung im Vergleich mit andern Regionen des Dekkan als günstig und vorteilhaft beschrieben werden, fällt schon zum damaligen Zeitpunkt eine gewisse lokale Konzentration des Entwicklungspotentials auf. Land- und Bevölkerungsdruck waren dort relativ am grössten - absolut gesehen immer noch bedeutungslos - wo die natürlichen Voraussetzungen, die verkehrstechnische Erschliessung und Integration in den Markt am vorteilhaftesten waren. Dieser Steckbrief traf auf die Flussebene

---

47 Wingate's Report wird teilweise auch in der ersten Ausgabe der *Gazetteer* diskutiert; vgl. dazu: GBP, Vol. XII (1880), Khandesh, pp. 290ff.

48 SRGB O.S., Nr. 1, *Report of Captain Wingate,* paras. 4-5, 10, 14, 52, 55; GBP, Vol. XII (1880), Khandesh, pp. 289-90.

49 Gemessen am ackerfähigen Land betrug der Anteil der damals genutzten Fläche in Savda ca. 36%, Nasirabad (Jalgaon) 34%, Erandol 32%, Chopda 10%, Nandurbar 9% und Pimpalner 5%.

Vgl.: SRGB O.S., Nr. 1, *Report of Captain Wingate,* para. 19; GBP, Vol. XII (1880), Khandesh, p. 290.

50 "There, with easier rates, tillage would quickly spread. But in most places the great difficulty was the want of people. Able to support in comfort a population of two or three millions, the district had only 756'000 souls or an average density of sixty-three to the square mile. For a century, at least, there was no prospect that the population would be enough to occupy the whole of the district."

GBP, Vol. XII (1880), Khandesh, p. 290.

51 SRGB O.S., Nr. 1, *Report of Captain Wingate,* paras. 11, 20, 33, 52; GBP, Vol. XII (1880), Khandesh, p. 290.

des Tapti sowie die zentralen und östlichen Teile des Distriktes zu. Wingate in seinem Report[52] dazu:

> "The exception to which I have alluded is the upper part of the fine rich plain of the Taptee, which for some miles on both sides of the river in the Talooks of Sowda, Yawul, part of Chopra, Nusserabad, Errundole, and part of Amulnair, is cleared of jungle, and for the most part under cultivation. This is the best-peopled and richest portion of land, many say, the only part of the Collectorate that looks like an old country, all the rest has more the aspect of a newly-peopled colony. [...] Excepting, then, the well cultivated portion of the Taptee plain above referred to, the whole of Khandesh may be viewed as only very partially reclaimed from a state of nature."

In Anbetracht der vorherrschenden Bedingungen schien es Wingate vorerst ratsam, auf eine komplette Vermessung des Distriktes ebenso wie auf eine vollständige Parzellierung des ackerfähigen Landes zu verzichten. Statt dessen wurden gewisse abgelegene Gegenden im Norden von Anfang an weggelassen. Beim restlichen Gebiet beschränkte man sich mit den exakten Ermittlungen auf das zum damaligen Zeitpunkt bebaute Land. Jedes Dorf erhielt zudem eine bestimmte Reserve zugeteilt, für welche nur eine pauschale Steuer erhoben wurde. Wer schriftlich bei den zuständigen Behörden mehr Land begehrte, war so im voraus über die zu entrichtenden Abgaben informiert.[53]

Hat sich die Einführung dieses massgeschneiderten Steuerkostüms in der Praxis bezahlt gemacht? In den britischen Amtsstuben konnte diese Frage vorbehaltlos positiv beantwortet werden. Statistische Untersuchungen belegen einwandfrei, dass hinsichtlich aller massgebenden Schlüsselwerte[54] für die 30 Jahre der ersten Steuerperiode, also 1858-1890, markante positive Veränderungen zu beobachten waren, während sich die entsprechenden Komplementärgrössen[55] umgekehrt verhielten. In den Bezirken Amalner und Erandol, die wegen ihrer vergleichsweise überdurchschnittlichen Voraussetzungen als nicht repräsentativ gelten, nahm beispielsweise die Bevölkerungszahl in der fraglichen Periode nominell um ca. 50% (Amalner 47%, Erandol 57%) zu, die besteuerte bzw. bebaute Regierungsfläche wuchs dagegen um mehr als das Doppelte (Amalner 142%, Erandol 110%). Die Brutto-Kulturfläche[56] des Distriktes dehnte sich im selben Zeitraum um mehr als vier Fünftel[57] (87%) aus, während der Vergleichswert für das tatsächlich

---

52 SRGB O.S., Nr. 1, *Report of Captain Wingate,* paras. 13, 14, 20.

53 Die insgesamt 7 Spezialbestimmungen des Verfahrens für Khandesh finden sich in SRGB O.S., Nr. 1, *Report of Captain Wingate,* para. 32; vgl. auch eine Zusammenfassung in: GBP, Vol. XII (1880), Khandesh, pp. 292-3.

54 In diesem Zusammenhang vor allem: Steuerertrag, Bevölkerungszahl, besetztes (d.h. besteuertes) Regierungsland, kultivierte Fläche, Ackervieh, Karren, Brunnen, Häuser etc.

Vgl. dazu: M.B. McAlpin, 1983, Tabelle 4.2, p. 128.

55 Die Zahl für Weidevieh (*other than agricultural cattle*) ging zum Beispiel parallel zur Aktivierung von Brachland zurück; mit der wachsenden Zahl von qualitativ guten Häusern (*superior*) schrumpfte jene für weniger solide (*inferior*).

Vgl. dazu auch: M.B. McAlpin, 1983, Tabelle 4.2, p. 128.

56 Damit ist die Brutto-Kulturfläche (*gross sown area + current fallows*) gemeint.

bebaute Ackerland um drei Viertel[58] (75%) anstieg. Eine ähnliche Expansionsbewegung wird in der Fachliteratur nur noch für einzelne Distrikte des Konkan nachgewiesen.[59]

Mit diesen wenigen Bemerkungen lassen sich bereits einige Fixpunkte im Koordinatensystem der gesellschaftlichen und wirtschaftlichen Entwicklung Khandeshs bestimmen. Die Einführung des neuen Steuermodus um 1852 schlug sich sowohl in einer beachtlichen Zunahme des finanziellen Ertrags als auch der gepachteten sowie kultivierten Fläche nieder. Dieser Trend hatte sich überraschenderweise schon in den vierziger Jahren bemerkbar gemacht. Obgleich sich auch für die gesamte Provinz Bombay ein vergleichbarer Prozess nachweisen lässt[60], Khandesh in dieser Hinsicht also kein Einzelfall war, muss doch auf jene besonderen Dimensionen hingewiesen werden. Die Vorzeichen waren zwar für den ganzen Subkontinent identisch, doch ist es ein Unterschied, ob für die Expansion der Rohstoff- oder Nahrungsmittelsektor verantwortlich war. Während die Rohstoffe in der Anfangsphase zur Hauptsache nach den industrialisierten Ländern gelangten, dieser Zweig der Exportwirtschaft deshalb stark mit dem internationalen Markt verflochten war, spielten im Bereich der Nahrungsmittel vor allem regionale und nationale Vorgänge eine wichtige Rolle. Bis zu einem gewissen Grad waren beide Bereiche auch voneinander abhängig, indem - wie noch im Detail nachzuweisen sein wird - spezialisierte Zonen entstanden oder sich die Produktepreise gegenseitig beeinflussten.[61] Ein wichtiges Anliegen Wingates war die Abstimmung der Steuersätze auf das lokale Umfeld, was er als beste Voraussetzung für künftiges Wachstum in der Landwirtschaft betrachtete.[62] Gewissermassen erhoffte sich die Administration davon auch positive Auswirkungen auf das Sparpotential und innovative Verhalten des einzelnen. Ob allerdings eine Mehrheit der Bauern in der Lage war, Ueberschüsse zu erzielen und Kapital zu akkumulieren, wie sich dies die Briten vorstellten, hing nicht allein von einer verantwortungsbewussten Politik des Fiskus ab.

---

57 Vgl. dazu: M.B. McAlpin, 1983, Tabelle 4.2, p. 128.

58 Wert für 1858-1880; vgl. dazu Tabelle A1.

59 Dazu M.B. McAlpin, 1983, Tabelle 4.2, p. 128. In der besagten Region nahm im Distrikt Dharwar die Baumwollökonomie ebenfalls eine dominierende Stellung ein. Dort glückte der Anbau langfaseriger Baumwollsorten (Dharwar-American) besser als anderswo. Die Zuwachsrate von 270% an besteuertem resp. belegtem Regierungsland (*Gov. Occup. Lands*) während der ersten Steuerperiode dürfte vor allem darauf zurückzuführen sein.

60 Vgl. dazu auch Charlesworth: "From about 1840 a substantial expansion of the cultivated acreage, particularly in the Deccan, began. By July 1852 alone, Wingate was claiming that thanks to his new surveys, well over a million acres of land in the just four districts of Poona, Ahmednagar, Sholapur and Dharwar had been newly brought under the plough."

N. Charlesworth, 1985, p. 43.

61 Vgl. zum Thema der spezialisierten Zonen und der regionalen Interdependenz die Arbeiten von C. Bates.

62 "They [the talukas of the Taptee plain] have vast capabilities for the production of cotton, and most of other valuable exports of Khandesh; but the development of these capabilities is now greatly hindered by the high rates of Assessment with which the land is burthened."

SRGB O.S., Nr. 1, *Report of Captain Wingate,* para. 45; vgl. auch: Ibid. para. 54.

Die reale Last der Steuern konnte sich entweder infolge einer allgemeinen Reduktion der Abgaben oder aber wegen steigender resp. fallender Marktpreise für Handelsprodukte in die eine oder andere Richtung verändern. Aufgrund der Entwicklung im 19. Jahrhundert muss man davon ausgehen, dass im Sog des wirtschaftlichen Aufschwungs der sechziger Jahre die Preise für Baumwolle bedeutend stärker als jene für Getreide anstiegen.[63] Deshalb ist es wahrscheinlich, dass in einem Distrikt wie Khandesh die Bürde der Steuern vorübergehend in zweifacher Hinsicht abgenommen hat. Diese Aussage trifft zumindest für die unmittelbaren Boomjahre[64] zu, doch in einer Periode des konjunkturellen Einbruchs konnte sich der einstige Vorteil ausgeprägter Marktverbundenheit auch als Nachteil erweisen. So wurde anfangs der achtziger Jahre anlässlich der in Khandesh fälligen Revision der Steuersätze deren kräftige Erhöhung mit der guten Wirtschaftslage vergangener Dekaden begründet, obwohl der Konjunkturverlauf wieder schwächer war.[65]

Das neue Steuermodell hat also Veränderungen im wirtschaftlichen Bereich bewirkt, obwohl das Pendel nicht in allen Teilen des Dekkan gleich stark ausschlug. In Khandesh war der Boden für die Reform zweifellos günstiger als anderswo. Der Exportmarkt des Distriktes besass schon vor jenem Datum eine grosse Bedeutung, die Bauern konnten problemlos all ihre Güter zu Geld machen, und Arbeit wurde schon damals bar entlöhnt, heisst es in den Quellen.[66] Anderseits blieb jener Wandel natürlich nicht nur auf den wirtschaftlichen Sektor beschränkt, sondern wirkte sich ebenso auf den gesamten gesellschaftlichen Bereich aus. Im Extremfall konnte dieses Spannungsfeld sogar zum Konflikt mit der Kolonialverwaltung führen, wie der Bauernaufstand von 1852 zeigt.

---

63 In den zehn Jahren von 1860/61-1869/70 stieg der Preisindex für Baumwolle von 100 Punkten im Ausgangsjahr auf 232 im Schlussjahr, jener von Weizen auf 192, jener von *Jowar* auf 147 Punkte.

Vgl. Zahlen in: P. Harnetty, 1971, in: EHR 24, Tabelle 5, p. 418.

64 "However, when we look at the value of revenue collections per acre [...], we see that while the changes in the revenue system resulted in some decrease in the tax burden (nominal collection per acre), rising prices further reduced the tax burden (real collections per acre) in all of the talukas studied [Khandesh: Amalner, Erandol; Ahmednagar: Ahmednagar, Shevgaon; Bijapur: Bagalkov, Badami; Dharwar: Kod, Ron]. Reductions in the real burden of revenue collections in acre are particularly striking in the quinquennium of 1861-65, when speculation on cotton [...] led to rising prices throughout the agricultural sector."

M.B. McAlpin, 1983, p. 123; vgl. auch: N. Charlesworth, 1985, p. 49.

65 Nirgends im Dekkan wurden die durchschnittlichen Steuersätze wie in Khandesh um 30% angehoben: Nasik 23%, Ahmednagar 14%, Poona 20%, Sholapur 26%, Satara 12%.

Zahlen abgedruckt in: G. Keatinge, 1912, p. 25.

66 SRGB O.S., Nr. 1, *Report of Captain Windgate,* paras. 52, 54, 55; GBP, Vol. XII (1880), Khandesh, p. 290.

## 2. Transport- und Verkehrswesen

Damit einerseits die in Grossbritannien hergestellten Textilien und andern Güter in Indien auf den Markt gelangen, anderseits die dort verfügbaren Ressourcen abgezogen werden konnten, war die Erschliessung des indischen Binnenmarktes mit leistungsfähigen Verkehrsmitteln eine notwendige Voraussetzung. Nur wenige Regionen, etwa Bengalen und Teile Gujarats, verfügten anfangs des 19. Jahrhunderts über ein Netz schiffbarer Wasserwege und Kanäle. Befestigte Strassen mit künstlichem Unterbau, sogenannte *metalled roads*, waren noch bis in die vierziger und fünfziger Jahre eine Seltenheit. Während der Regenmonate war deshalb die Benutzung der Verkehrsrouten oder gar der Transport von Waren verunmöglicht oder doch zumindest stark eingeschränkt.[1] Solange kein gemeinsamer überregionaler Binnenmarkt existierte, der zudem über den Rohstoffhandel mit dem Weltmarkt verflochten war, hatte auch gar kein Grund für einen Ausbau des Netzes bestanden.

Erst die Nachfrage nach industriellen Rohstoffen liess die bestehende Situation in den Augen der Kolonialmacht als ungenügend erscheinen. Wer sich die Beschreibungen von Packtiertransporten zu Gemüte führt, kann die regelmässigen Klagen über diese Art des Güterverkehrs nicht überhören: Unwegsames Gelände, häufige Flussdurchquerungen und andere widrige Umstände wirkten sich nicht nur auf die Transportdauer, sondern ebenso auf das Frachtgut negativ aus, was letztlich die Konkurrenzfähigkeit der indischen Güter beeinflusste.[2] Einzelne Verbesserungsmassnahmen wie die Modifikation des traditionellen Ochsenkarrens - das typischste aller indischen Transportmittel - durch einen britischen Verwaltungsoffizier in den dreissiger Jahren des 19. Jahrhunderts, zeigten innerhalb gewisser Grenzen durchaus Resultate.[3] Aber erst die nach 1850 einsetzende Erschliessung mittels befestigter, ganzjährig befahrbarer Strassen und vor allem durch Eisenbahnen, brachte eine erhebliche Zunahme der Förderkapazität.

Als notwendiges Gegenstück entstand in dieser Zeit auch in Europa ein immer leistungsfähigeres Verkehrsnetz, welches die schnelle und kostengünstige Verteilung von Rohstoffen an den Bestimmungsort ermöglichte. Höhepunkt der Erschliessung des asiatischen und afrikanischen Wirtschaftsraums war unter diesem Blickwinkel der Bau des Suezkanals (1859-1869). Sinkende Frachtraten für Schiff und Eisenbahn waren die Folge. So erscheint es nur logisch und zwingend, dass der längere Weg um das Kap gegenüber der attraktiveren Kanalroute an Boden verlor.[4]

---

1 Für den Dekkan: R.D. Choksey, 1960, pp. 202-12; ders., 1968, pp. 235-45.

2 Solche Kommentare sind immer anzutreffen, wenn es um die Beurteilung der Marktchancen indischer Rohbaumwolle ging. Dazu: J.F. Royle, 1851, p. 71.

3 Vgl.: N. Charlesworth, 1978, in: C.J. Dewey et al., 1978, p. 106; V.D. Divekar, 1983, in: CEHI II, p. 339.

4 Für Grossbritannien brachte der Kanal aber auch einen bemerkenswerten Nachteil: Der Direkthandel zwischen Kontinentaleuropa und Indien stieg zwar an, doch verzeichnete das einst starke Re-Exportgeschäft

## 2.1 Ausbau des Strassennetzes

Die Disposition Khandeshs bezüglich seiner Kommunikationsmittel ist einerseits von Interesse, weil deren Anteil an der ausgeprägten Exportorientierung des Distriktes untersucht werden soll, anderseits es die Bedeutung der Verkehrserschliessung an der internen Entwicklung des Distrikts abzuschätzen gilt. Verglichen mit dem Ueberseehandel war der interregionale Güteraustausch innerhalb des Subkontinentes ja noch bis weit ins 19. Jahrhundert unbedeutend. Baumwolle und Opium waren die einzigen Produkte, die schon früh in grossem Stil nach Europa und China ausgeführt wurden. Für die meisten andern landwirtschaftlichen Produkte existierte hingegen lange nur ein lokaler Markt.

Diese Konstellation prägte das indische Transportsystem schon vor der Kolonialzeit. Die Exportzentren am Meer waren durch Zubringer mit dem Hinterland verbunden, während für die Durchdringung des Binnenbereichs vorderhand überhaupt kein Anlass bestand. Erst die Entstehung spezialisierter Agrarzonen, in denen *cash crops* dominierten, die v.a. ins Ausland exportiert wurden, liess nach 1850 auf nationaler Ebene eine breite, komplementäre Nachfrage nach Lebensmitteln entstehen.

Unter solchen Umständen konnte die wirtschaftliche Kraft einer Gegend stark von ihrer geo-strategischen Lage abhängig sein. Verlagerte sich der Schwerpunkt der Aktivitäten an der Küste, musste dies zwangsläufig für das Einzugsgebiet im Landesinnern Konsequenzen haben. Khandesh, ein traditionsreiches Durchgangsland, schien in dieser Hinsicht besonders gefährdet zu sein. Im 17. und noch in der ersten Hälfte des 18. Jahrhunderts führte die wichtige Handelsstrasse, welche das Hinterland um Burhandpur mit dem damals bedeutendsten Umschlagplatz Surat verband, durch den Distrikt. Nachdem aber Bombay zum ersten Handelsplatz der Westküste aufgestiegen war, verlor jene Route an Gewicht. Anstatt wie bis anhin flussabwärts durch den Distrikt zu verlaufen, durchquerte nun im 19. Jahrhundert eine der zwei wichtigen Hauptverkehrsachsen Khandesh mehr diagonal. Der östliche Teil lag damit noch voll und ganz in deren Einzugsgebiet, die westliche Hälfte befand sich nun im kommerziellen Abseits.

Wie fast überall auf dem Subkontinent, so wickelte sich auch in Khandesh lange Zeit aller Güterverkehr auf dem Landweg ab. Die vielen kleinern Flüsse, aber auch der Tapti, waren aus verschiedenen Gründen nicht schiffbar.[5] Für den Warentransport über lange Strecken mussten Packtiere in grosser Zahl eingesetzt werden. Dieses System war offensichtlich für Massengüter nur begrenzt tauglich, die Qualität empfindlicher Güter konnte auf einer solchen Reise Schaden nehmen, wie die folgenden Auesserungen[6] eines Beamten belegen:

---

der Briten mit dem europäischen Festland Einbussen.

Vgl. dazu: K.N. Chaudhuri, 1983, in: CEHI II, p. 863.

5 GBP, Vol. XII (1880), Khandesh, p. 7.

6 A.F. Davidson to S. Mansfield, Nr. 206, 23rd December 1854, in: SRGB N.S., Nr. 93 (Savda & Yavul),

"Part of the cotton grown in these districts [Savda, Yavul] is conveyed to the coast on bullocks, but generally on carts with low wheels and altogether of primitive construction. The nature of the unmetalled roads generating dust to an undescribable degree, the cotton bales soon become thickly covered with it, and in state the laden carts or pack bullocks [...] are driven through the water sufficient to cause a large portion of the lower bales to be under water, [...] a large quantity of cotton has time to become impregnated with water, and is in consequence discoloured beyound recovery."

Bis in die dreissiger und vierziger Jahre war der Ausbau der Verkehrswege im Dekkan bescheiden. Die britischen Amtsstellen bezeichneten diese Situation, ganz im Sinne der interessierten Wirtschaftskreise im Mutterland, als ungenügend. Richtigerweise wird in der Fachliteratur auf solche und ähnliche Feststellungen mit der pointierten Frage "Ungenügend wofür?" reagiert.[7] Noch 1850 waren im westlichen Teil Indiens, einem rund 350'000 qkm grossen Gebiet mit 16 Millionen Einwohnern, höchstens 2000 km der Verkerswege für Karren geeignet.[8] Obwohl diese Vehikel bereits 1836 verkehrstüchtiger gemacht worden waren, blieb ihre Verbreitung im Hochland wegen der geringen Streckenlänge und des schlechten Strassenzustandes begrenzt.

Zu Beginn der britischen Herrschaft (1818) existierten auch in Khandesh selber keine künstlich angelegten und befestigten Verkehrswege. Die Quellen weisen nicht ohne Zynismus auf den desolaten Zustand des Transportsystems hin.[9] Die wichtigsten Routen gingen 1826 sternförmig von Dhulia aus und reichten weit über die Distriktgrenzen hinaus. Diese Stadt verdankte ihre Bedeutung vor allem dem Umstand, dass sie im Schnittpunkt zweier grosser, überregionaler Handelsstrassen lag. In den Jahren 1853-54 kamen laut der *Gazetteer*[10] weitere 160 km an Querverbindungen innerhalb Khandeshs hinzu. Allerdings muss man davon ausgehen, dass damals die Mehrzahl aller Strecken nur in der Trockenzeit benutzbar war. Als solche müssen sie sich jedoch in ausgezeichnetem Zustand befunden haben.[11]

Eine zentral gelegene und mit keinen nennenswerten topographischen Besonderheiten ausgestattete *taluka* wie Nasirabad (Jalgaon) verfügte beispielsweise noch 1860 über keine befestigten Verkehrswege. Dies, obwohl mit der Region um Berar rege Handelskontakte bestanden, viele der grossen Häuser Bombays hier ihre Niederlassungen unterhielten und der Bezirk

Bombay 1865, p. 7.

7 O.H.K. Spate, 1957², pp. 316-17.

8 Zahlen aus: V.D. Divekar, 1983, in: CEHI II, pp. 339-40; Nach Guha waren um 1850 lediglich 600 km mit dem Ochsenwagen befahrbar.

Vgl.: A. Guha, 1972, in: IESHR 9, p. 20.

9 "At the beginning of British rule there were no made roads. The tracks were ill-apointed and deficient in everything but discomfort and danger. Few and far between were the miserable hamlets, and the mountain passes were as rugged and impracticable as their fierce possessors."

GBP, Vol. XII (1880), Khandesh, p. 207.

10 GBP, Vol. XII (1880), Khandesh, p. 207.

11 "The roads of the district are all fair-weather roads, and, as such, are excellent."

A. Cowper to S. Mansfield, Nr. 18, 30th January 1856, in: SRGB N.S., Nr. 93 (Ravere Petta of Savda), Bombay 1865, p. 127.

Karte 6: Verkehrsnetz in Khandesh

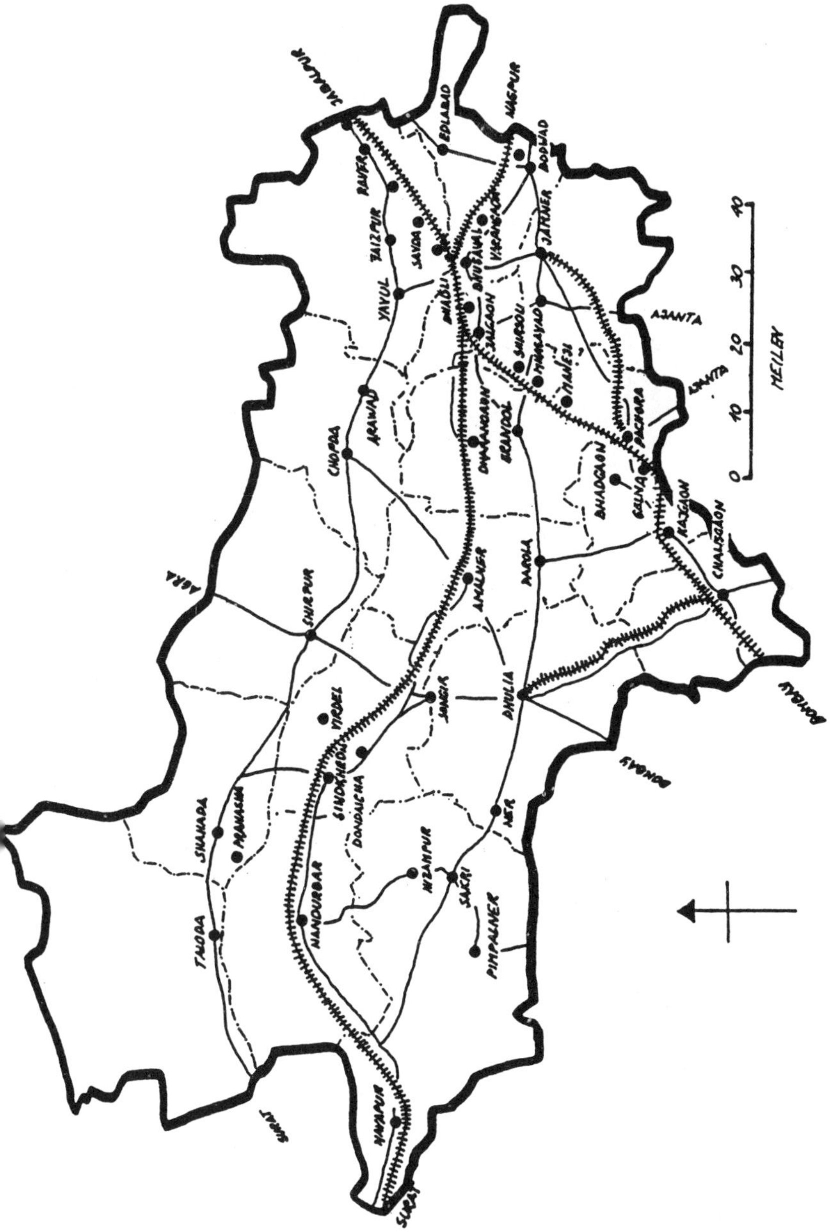

Legende:

| | |
|---|---|
| Bombay-Agra | 1852 |
| Dhulia-Chinpada | 1864-191? |
| Dhulia-Chalisgaon-Aurangbad | 1867-1868 |
| Dhulia-Bhusaval | Keine Angaben |
| Sakri-Pimpalner | 1873 |
| Kajgaon-Parola | 1875 |
| Songir-Taloda | 1878-1904 |
| Songir-Nandurbar | 1878-1890 |
| Dhulia-Amalner | 1885-1894 |
| Dhulia-Pimpalner | 1885 |
| Dharangaon-Jalgaon | 1885 |
| Dhondaicha-Kethia | 1891-1904 |
| Yavul-Tapti | 1892 |
| Dhondaicha-Shahada | 1898 |
| Neri-Ajanta | 1898 |
| Amalner-Tapti-Shindkheda | 1898 |
| Shirpur-Raver | 1909-1910 |
| Shirpur-Chopda | 1909-1910 |
| Nandurbar-Sakri | 1911-1920 |
| Nandurbar-Nizampur (1st sect.) | 1911-1912 |
| Yavul-Raver | 1913-1914 |
| Bhadgaon-Chalisgaon | 1915-1916 |
| Jamner-Pachora | 1915-1916 |
| Jamner-Bhusaval | 1915-1916 |
| Navapur-Borzar | 1916-1918 |
| Yavul-Chopda | 1916-1917 |
| Khandesh-Nizam's frontier | 1920 |
| Shindkheda-Gorana | 1907 |
| Shindkheda-Vikran | 1915 |
| | |
| G.I.P. Hauptlinie | 1861-1865 |
| Jalgaon-Amalner | 1900 |
| Chalisgaon-Dhulia | 1900 |
| Amalner-[Surat] | 1900 |
| Pachora-Jamner | 1918 |

Quellen: GBP, Vol. XII (1880), Khandesh, pp. 210ff.; GBP, Vol. XII-B (1905), Khandesh, pp. 2-3; GBP, Vol. XII-B (1914), Khandesh, pp. i-ii; GBP, Vol. XII-B (1926), Khandesh, pp. i-ii, p. 58.

als "einer der reichsten und besten"[12] des ganzen Tals bezeichnet wird. Ein ähnliches Bild herrschte damals in den *talukas* Erandol, Jamner und Pimpalner vor.[13] Regelmässigen Unterhalt genoss laut den Ueberlieferungen einzig die traditionelle Ueberlandverbindung von Bombay über Dhulia nach Agra, die ja als eine der wenigen kurz nach 1840 für Ochsenkarren ausgebaut wurde.

Im Sog des Eisenbahnbaus musste logischerweise auch das lokale Strassennetz ausgebaut und erweitert werden, denn ohne wetterfeste Zubringer schien der Warentransport zu den Bahnstationen nicht optimal möglich. Eine erste Meliorationsphase feierte in den achtziger und neunziger Jahren ihren Höhepunkt. Sie erschloss vor allem die fruchtbaren Landstriche im Einzugsgebiet der Eisenbahn. Die folgende Etappe, zwischen 1910 und 1920, legte das Schwergewicht auf die lateralen Verbindungen in west-östlicher Richtung. Gesamthaft standen damals bereits mehr als 2'000 km Strassen zur Verfügung, wovon die Mehrzahl als befestigt und ganzjährig befahrbar gelten darf.[14] Khandesh besass damit bereits um die Jahrhundertwende ein ausserordentlich dichtes Verkehrsnetz, welches das Zentrum und den Osten eindeutig bevorzugte, den Westen aber nicht ganz vernachlässigte.

## 2.2 Entwicklung des Fuhrwerkbestandes

Wenn man davon ausgeht, dass innerhalb einer Agrargesellschaft auch ein einfaches Mittel wie der Ochsenkarren eine wichtige Funktion erfüllt, so kann der Bestand des Fuhrparkes als Barometer der Kommerzialisierung angesehen werden. Gemäss Angaben der *Deccan Riots Commission* war der gesamte Besitz eines typischen Kleinbauern, Grund und Boden sowie die stehende Ernte einmal ausgenommen, höchstens *Rs.* 200 wert.[15] So gesehen konnte die Anschaffung eines solchen Gefährtes den Geldbeutel des einzelnen arg strapazieren, wenn nicht sogar seine finanziellen Möglichkeiten übersteigen.

Die Kosten für einen derartigen Wagen werden je nach Region und Modell variiert haben. Guha[16] nennt für 1821 einen Betrag von nahezu *Rs.* 40 für einen einigermassen "guten und stabilen" Karren, während Charlesworth[17] für die neunziger Jahre den Preis für ein

---

12 A.F. Davidson to A.D. Robertson, Nr. 59 of 1860, in: SRGB N.S., Nr. 93 (Nasirabad), Bombay 1865, pp. 365-66.

13 A.F. Davidson to S. Mansfield, Nr. 206, 9th March 1860, in: SRGB N.S., Nr. 93 (Erandol), Bombay 1865, p. 306; From the Superintendent Land Records and Agriculture, C.D. to the Collector of Khandesh, Nr. S-61, 23rd January 1900, in: SRGB N.S., Nr. 422 (Pimpalner), Bombay 1904, p. 5; A.F. Davidson to L.A. Ashburner, Nr. 221 of 1864, in: SRGB N.S., Nr. 250 (Jamner), Bombay 1891, App. S, para. 7.

14 Diese Strecken wurden entweder vom *Public Work Department* oder von einem sogenannten *Local Board* finanziell unterhalten (*maintained*). In den *Gazetteers* wird ab 1914 nicht mehr zwischen Schönwetter- und Allwetterstrassen unterschieden.

15 Zit. in: N. Charlesworth, 1978, in: C. Dewey & A.G. Hopkins, p. 106 & Anm. 41.

16 A. Guha, 1972, in: IESHR 9, p. 21.

"Gaisford-Modell" zwischen *Rs*. 60 und 80 veranschlagt. Der Leiter des *Revenue Survey* in Khandesh, Davidson, bezifferte den fraglichen Wert um 1860 mit rund *Rs*. 15-20.[18] Es ist allerdings anzunehmen, dass sich jene Summe mit den Jahren dem allgemeinen Lohn- und Preisniveau des Distriktes anpasste. Genau zwanzig Jahre später hatte man für ein Fuhrwerk denn auch schon *Rs*. 20-40 zu bezahlen.

Der individuelle Besitz eines Wagens ist unter solchen Umständen als Zeichen eines bescheidenen Wohlstandes zu deuten. Von Khandesh wird, in auffälligem Kontrast zu Poona, berichtet, dass solche Gespanne bereits um die Jahrhundertmitte in sehr grosser Zahl auf den Strassen zirkuliert hätten[19]:

> "Light two-bullock carts are to be found in great numbers in almost every village of Khandesh and almost every cultivator possesses one or more. In addition to these the wealthier cultivators and the traders generally keep light pleasure carts, in which they drive to the market, or wherever they have to go."

Dieser Sachverhalt lässt sich teilweise mit der günstigen Verkehrslage Khandeshs erklären. Die meisten der Fuhrwerke wurden, soweit es das Gelände erlaubte, auf einem rund 180 Meilen langen Teilstück der Ueberlandroute von Berar nach Bombay eingesetzt. Wingate, ein Kenner unseres Distriktes, beschrieb schon 1852 Bauern in Khandesh, die nach der Erntezeit jeweils mehrere Wochen im Transportgeschäft ein Auskommen fanden[20]:

> "The vast traffic passing through the Province to Bombay, has since the improvement [...] brought a great accession of employment to the population of Khandesh. Independent of agriculture, nearly all the carts used in bringing down cotton and other produce from Berar and Khandesh to Bhewndy belong to Khandesh, and are mostly owned by cultivators there. As soon as the harvest is got in, many of the cultivators either start off for Khamgaon in Berar, or look about at home for a fare to Bhewndy, from which they seldom return with their carts empty."

Wie weiter berichtet wird, blieben am Ende einer solchen mehrwöchigen Fahrt nach Abzug aller Unkosten rund *Rs*. 20 bis 25 in den Taschen eines *ryots* zurück. Das heisst nichts anderes, als dass die für einen Karren getätigten Investitionen theoretisch bereits mit wenigen Einsätzen amortisiert waren. Es bedeutet ebenfalls, dass der Handel, auch wenn er Exportprodukte betraf, in gewissen Gegenden für zusätzliche Arbeits- und Verdienstmöglichkeit sorgte. Es ist aber kaum anzunehmen, dass von dieser Entwicklung alle Bauern gleichermassen profitierten, da die objektiven und wohl auch die subjektiven Voraussetzungen zu unterschiedlich waren.

---

17 N. Charlesworth, 1978, in: C. Dewey & A.G. Hopkins, pp. 104ff.

18 A.F. Davidson to S. Mansfield, Nr. 37, 10th April 1858, in: SRGB N.S., Nr. 93 (Amalner), Bombay 1865, p. 220; vgl. auch GBP, Vol. XII (1880), Khandesh, p. 237.

19 SRGB O.S. Nr. 1, *Report of Captain Wingate*, para 55.

20 Zitat: SRGB O.S., Nr. 1, *Report of Captain Wingate*, para. 55; vgl. dazu auch Details zur erwähnten Nebenbeschäftigung einzelner Bauern als Transporteure in: GBP, Vol. XII (1880), Khandesh, p. 237.

Die regionale Verteilung solcher Transportmittel steht in einem gewissen Zusammenhang mit der wirtschaftlichen Potenz einer Gegend. Und diese wiederum ist selber nichts anderes als die Summe der komparativen Vorteile der betreffenden Region über allfällige Konkurrenten. Unter diesen Vorzeichen gilt es auch die absolute und relative Zunahme von Fuhrwerken zu interpretieren, wobei die jeweilige Ausgangslage natürlich von ebenso grosser Bedeutung wie der entsprechende Zuwachs ist. Der im südlichen Dekkan gelegene Distrikt Satara wies beispielsweise für den Zeitraum von 1860 bis 1890 phänomenale Steigerungsraten auf. Im Mittel waren diese grösser als 200%, konnten aber für einzelne *talukas* noch weit höher und im Extremfall sogar über der Marke von 500% liegen.[21]

Die Vergleichswerte für unsern Distrikt fallen weniger spektakulär aus, obwohl auch hier in einem Fall (Chalisgaon) eine Verfünffachung des Fahrzeugbestandes vorlag. Für die Mehrzahl der Bezirke Khandeshs war dagegen eine Zunahme von rund 100% zu beobachten. Interessant ist es in diesem Zusammenhang auch, einen Blick auf die absoluten Grössen zu werfen. Als 1860 das neue Steuerregime im Distrikt Satara in Kraft trat, standen dort insgesamt 5'500 Karren im Einsatz. Dreissig Jahre später waren es knapp 17'500. In Khandesh verkehrten aber bereits in den sechziger Jahren mehr als 40'000 solcher Transportmittel, deren Zahl sich in der zur Diskussion stehenden Periode mehr als verdoppelte.[22] Wenn sich Khandesh mit 27'000 qkm und Satara mit 12'000 qkm von der Fläche her gesehen etwa wie David und Goliath unterschieden, so wiesen die beiden Distrikte für die achtziger Jahre nahezu die gleiche Bevölkerungszahl auf, nämlich etwas mehr als eine Million.[23] Bildlich gesprochen waren zum Zeitpunkt der ersten Steuerrevision, also um 1890, in Satara 60 Personen zusammengepfercht auf einem Wagen, während sich die Lage in Khandesh mit nur 12 Passagieren schon gemütlicher ausnahm.

Die vergleichsweise unauffällige Entwicklung des Bestandes in Khandesh sollte aber nicht als Signal einer konjunkturellen Flaute gedeutet werden. Die Ausgangslage im nördlichsten Distrikt des Dekkan ist nämlich in mancherlei Hinsicht nicht mit dem südlichen Gegenstück zu vergleichen. In Khandesh waren, wie Wingates Beobachtungen zeigen, Karren und Gespanne bereits vor 1860 eine alltägliche Erscheinung. Auch wenn es von *taluka* zu *taluka* gewisse Unterschiede in der Verbreitung gab, so bestätigen die dortigen hohen absoluten Zahlen[24] einmal mehr folgendes: Schon um die Jahrhundertmitte scheint der landwirtschaftliche

---

21 Charlesworth hat die entsprechenden *Settlement Reports* des Distrikts ausgewertet. Zahlen sowie Quellenangaben in: N. Charlesworth, 1985, p. 146; vgl. für Khandesh die verschiedenen SRGB, N.S.

22 Die gestaffelte Einführung des neuen Steuersystems und die schrittweise Ausdehnung des Gültigkeitsbereichs erschwert Vergleiche. *Talukas*, in denen sich die Datenbasis zu stark veränderte, wurden deshalb nicht berücksichtigt. Die diesbezüglich angeführten Zahlen sind Mindestwerte. Korrekturen nach oben dürften sich nach eigenen Schätzungen innerhalb von 5-15% bewegen.

23 Zahlen: GBP, Vol. XIX (1885), Satara, p. 1; GBP, Vol. XII (1880), Khandesh, p. 1.

24 Guha beziffert den Karrenbestand für 1846 in Khandesh auf rund 37'000, dreissig Jahre später auf rund

Tabelle 2: Verwendungszweck von Fuhrwerken in ausgew. Bezirken Khandeshs

| Taluka | Personen | Güter | Total |
|---|---|---|---|
| Pimpalner (161 Dörfer) | *1'744 | *858 | *2'602 |
| | 1'224 | 3'522 | 4'746 |
| Taloda (81 Dörfer) | *565 | *156 | *721 |
| | 480 | 1'241 | 1'721 |

Legende: Asteriks: Einführung Steuerregime; ohne Asteriks: 1. Revision Steuerregime.
Quellen: Pimpalner: SRGB N.S., Nr. 422 (1904), p. 10; Taloda: SRGB N.S., Nr. 387 (1899), p. 17.

Sektor Khandeshs in hohem Grad kommerzialisiert und von beträchtlichem Kapital durchdrungen gewesen zu sein.

Vor dem Hintergrund der Bevölkerungsentwicklung in Khandesh verliert das Profil der Zuwachsraten für die verschiedenen Bezirke etwas an Konturen. Trotz teilweise beachtlicher Unterschiede, sowohl bei den absoluten als auch bei den relativen Zahlen, verlief die Zunahme des Fuhrwerkbestandes in vielen Fällen parallel zum demographischen Wachstum. Einzig in *talukas* wie Chalisgaon, Bhusaval, Dhulia und Jamner veränderte sich in der fraglichen Periode das Verhältnis von Einwohner pro Wagen markant.[25] Anderseits wurde im Lauf der Zeit die Bandbreite zwischen Minimal- und Maximalwerten zunehmend kleiner, ohne dass sich allerdings das interne Gefüge grundlegend wandelte. Auch Bezirke wie Pimpalner und Taloda, die ja abseits der namhaftesten Exportzentren in Khandesh lagen, trugen auf ihre Weise zur Expansion im Bereich der Transportmittel bei. Der Anteil der für Waren geeigneten Karren nahm in der zweiten Hälfte des 19. Jahrhunderts dort auf Kosten der reinen Personenvehikel überproportional zu, was auf eine erhöhte Aktivität im ökonomischen Bereich hindeutet.[26]

64'000 Stück. Damit nimmt der Distrikt im Vergleich mit Ahmednagar (14'000 bzw. 25'000), Poona (10'000 bzw. 21'000), Sholapur (2'000 bzw. 10'000) und auch Dharwar (14'000 bzw. 41'000) die Spitzenstellung ein. Von den total 77'000 Fuhrwerken 1846 verkehrten folglich fast die Hälfte auf seinen Strassen. 1876 hatten die erwähnten Distrikte etwas aufgeholt, doch machte der Anteil Khandeshs an den 161'000 Gefährten noch mehr als ein Drittel aus.

S. Guha, 1981, ibid. Tabelle 3.2.

25 Die Aussagekraft des Fuhrwerkbestandes ist isoliert betrachtet gering. Ebenso sollte auch ein Vergleich von Bevölkerung und Karrenzahl nicht überbewertet werden, sondern nur als *ein* Indikator von vielen hinzugezogen werden. Mishra schlägt seinerseits vor, eine Beziehung zwischen *Output* (*Gross cultivated area*) und der Anzahl Karren herzustellen.

S.C. Mishra, 1982, in: JPS 10, p. 22.

26 Leider liegen für die Mehrheit der *talukas* in der Frühphase der Kolonialherrschaft keine Angaben vor, die nach Typus und Verwendungszweck der Fuhrwerke unterscheiden. Erst in den *Settlement Reports* der zweiten Steuerrevision wird in der Regel differenziert.

## 2.3 Erschliessung durch die Eisenbahn

Ohne den gezielten Ausbau des Strassen- und Schienennetzes wäre das ungebrochene, in gewissen Jahren und Bereichen sogar stürmische Wachstum des indischen Aussenhandels nicht möglich gewesen. Als Motive für diese Infrastrukturleistungen werden in der Literatur ökonomische, militärische, ja zuweilen auch humanitäre Ueberlegungen angeführt, wenngleich die beiden ersten mehr Gewicht und Raum erhalten.[27] Tatsächlich kann der Einfluss der britischen Baumwollobby auf die meisten Eisenbahnprojekte nachgewiesen werden.[28] Anderseits sollte nicht verschwiegen werden, dass der Ausbau des Eisenbahnnetzes nach der Meuterei von 1857 in eine Phase der militärischen Konsolidierung fiel.

Strategischen und operationellen Beweggründen kamen in jener Zeit zweifellos besondere Bedeutung zu. Eine genaue Prüfung der regionalen Verteilung des Linien und v.a. der Routenwahl legt aber auch den Gedanken nahe, dass für die Frühphase zwischen 1853 und 1870 kommerzielle Ueberlegungen ein wesentliches Element ausmachten. Dass der Rohstoff Baumwolle unter diesem Aspekt wichtig war, vermag folgende offizielle Erklärung des Staatssekretärs[29] aus dem Jahre 1861 zu verdeutlichen: "Unzweifelhaft ist es eine der vordringlichsten Aufgaben der Regierung, den Abtransport von Baumwolle zu erleichtern, was im Rahmen der finanziellen Möglichkeiten dieser Regierung nicht vernachlässigt werden wird."

Die Hauptachsen wurden praktisch in zwanzig Jahren fertiggestellt und verknüpften die wichtigen Exporthäfen Bombay (1853), Kalkutta (1854) und Madras (1856) mit ihrem Hinterland. Schon 1858 konnte Poona mit Eisenbahnen erreicht werden. Nur ein Jahr später wurde die Linie von Kalkutta nach Allahabad bzw. Cawnpore eröffnet. Gujarat und der Dekkan, beides wirtschaftlich bedeutende Regionen, waren Mitte der sechziger Jahre via Bombay mit dem Weltmarkt verbunden, während die Gebiete im Süden auf Madras ausgerichtet wurden. Streckenabschnitte im Norden, welche die Weizenregionen des Punjab mit Kalkutta, später auch mit Karachi (1878) verbanden, vervollständigten das Puzzle. Gemäss dem Zensus von 1872 waren im Jahre 1867 neunzehn der zwanzig bevölkerungsreichsten Städte per Bahn erreichbar; 1885

---

27 R.M Stephenson, Eisenbahnpionier in Indien, gibt den damaligen Zeitgeist mit folgenden Worten wieder: "The first consideration is as a military measure for the better security with less outlay, of the entire territory, the second is a commercial point of view, in which the chief object is to provide means of conveyance from the interior to the nearest shipping ports of the rich and varied productions of the country, and to transmit back manufactured goods of Great Britain, salt, etc., in exchange."

Vgl.: J. Hurd II, 1975, in: EEH 12, pp. 263-88; J.M. Hurd, 1983, in: CEHI II, pp. 737-62; M.B. McAlpin, 1980, in: EEH 17, pp. 27-47; dies., 1983, pp. 161-190; W.J. MacPherson, 1955, in: EHR 8, pp. 177-185; S.B.Saul, 1960, p. 210.

28 P. Harnetty, 1972, pp. 59-81; W.J. MacPherson, 1955, in: EHR 8, p. 184; D. Thorner, 1950, Kap. 4-6.

29 "To facilitate the transport of cotton is a duty which undoubtedly devolves mainly on the Government and [...] so far as the financial resources of the Government will admit, it shall not be neglected."

*Accounts and Papers, 1863, XLIV, 83*, para. 12, zit. in: W.J. MacPherson, 1955, in: EHR 8, p. 179.

waren es alle vierzig grössten Ansiedlungen, was das bereits dargelegte Motivationsmuster des Eisenbahnbaus bestätigt.[30]

Parallel zur Verdichtung wuchs die Länge des Schienennetzes. Bei der Eröffnung der ersten zwei Linien im Jahre 1853/54 waren bescheidene 71 Meilen in Betrieb, 1860 hingegen schon 838 Meilen dem Verkehr übergeben. Zehn Jahre später betrug die Streckenlänge bereits 4'771 Meilen, 1890 war sie gar auf 16'401 angestiegen und erreichte 1920 den beachtlichen Wert von 37'029. Indien konnte sich, zumindest was die Ausdehnung seines Schienennetzes betraf, mit jedem andern Land messen und lag hinter den USA, Deutschland und dem europäischen Teil Russlands an vierter Stelle.[31]

Trotz dieser imposanten Zahlen wird heute kritisch bemerkt, sowohl die Wahl der Routen als auch die Tarif- und Frachtpolitik hätten einseitig die Ausfuhr von Rohstoffen begünstigt, und das Eisenbahnnetz sei zu stark auf die vier grossen Hafenstädte ausgerichtet worden. Laterale Bewegungen und interregionaler Austausch im Landesinnern blieben dagegen weiterhin schwierig und wurden zudem durch äusserst komplexe Besitzverhältnisse im Verkehrswesen sowie unterschiedliche Betriebsführung und Frachtansätze zusätzlich erschwert.[32] Der Bau des Eisenbahnnetzes - an sich eine günstige Voraussetzung - löste jedoch in der Volkswirtschaft des Subkontinentes keinen direkten Wachstumsschub aus, obwohl einheimische Kohle und Stahl zur Verfügung gestanden hätten, sondern hatte höchstens einen zeitlich begrenzten Beschäftigungseffekt zur Folge.[33]

Obwohl sich also die direkten Effekte des Eisenbahnbaus nicht einstellten, wird niemand der Ansicht sein, diese grundlegenden Umwälzungen im Transportwesen hätten keine indirekten Auswirkungen nach sich gezogen. Insbesondere nahm das per Eisenbahn beförderte Volumen an Fracht und Personen im Rahmen der allgemeinen Expansion kräftig zu.[34] Ein Vergleich der Anteile von Binnen- und Aussenhandel legt nahe, dass für diese Zunahme im Güter-

---

[30] Die Zensusangaben sind zusammengefasst in: J. Hurd II, 1975, in: EEH 12, App. 3, pp. 278-9.

[31] Zahlen: J. Hurd II, 1975, in: EEH 12, App. 2, p. 278; M.B. McAlpin, 1973, App. A, pp. 146-7.

[32] Einige Linien waren in staatlicher Hand, wurden aber von privaten Gesellschaften geführt, andere befanden sich in Regierungsbesitz und wurden auch vom Staat geleitet; wieder andere geschäfteten noch nach dem Garantiesystem, welches wiederum auf anderen Strecken längst abgeschafft war. Noch 1902 betrieben nicht weniger als 33 einzelne Verwaltungsgremien das indische Netz; darunter 24 Linien in privatem, vier in öffentlichem und fünf in fürstlichem Besitz.

Vgl.: R.v. Albertini, 1985², p. 56; J. Hurd II, 1975, in: EEH 12, p. 267; J.M. Hurd, 1983, in: CEHI II, p. 739.

[33] Die Verkürzung des Seewegs durch den Suezkanal ermöglichte die kostengünstige Einfuhr aller notwendigen Güter. Lokomotiven aus indischer Fabrikation wurden zwar bereits 1865 vereinzelt eingesetzt, doch blieb die Eigenproduktion bis 1911 mit nur 700 Stück bescheiden. Dagegen belief sich gleichzeitig die Zahl der von britischen Firmen ausgelieferten Zugmaschinen auf rund 12'000.

Vgl.: J.M. Hurd, 1983, in: CEHI II, pp. 749-50; D. Rothermund, 1985, p. 48.

[34] Zahlen zum Personen- und Güterverkehr: J.M. Hurd, 1983, in: CEHI II, p. 745.

verkehr damals noch vor allem die Märkte in Uebersee verantwortlich waren. Die Erschliessung des Landesinnern mit leistungsfähigen und relativ günstigen Verkehrsträgern verbesserte die Wettbewerbsfähigkeit der ausgeführten Artikel und insgesamt Indiens Stellung im internationalen Handel. Im Gegensatz zu früher wuchs aber im Eisenbahnzeitalter nicht nur die Menge der exportierten Rohstoffe, der Anteil der ausgeführten Grundnahrungsmittel vergrösserte sich ebenfalls. Rund ein Viertel der britischen Weizenimporte stammte zum Beispiel 1886 aus den indischen Kornkammern. Hungersnöte in einzelnen Regionen des Subkontinentes änderten daran auch in den folgenden Jahren nichts.[35]

Im Gegensatz zum Aussenhandel, wo man die Auswirkungen des Eisenbahnbaus eher als quantitative Veränderung bereits bestehender Tendenzen bezeichnen kann, wurden im Binnenhandel neue Strukturen geschaffen.[36] Bisher spielten sich dort die wirtschaftlichen Aktivitäten auf einer lokalen und regionalen Ebene ab. In den räumlich getrennten Märkten waren erhebliche Unterschiede im Preisniveau und -gefüge für vergleichbare Erzeugnisse die Regel. Diese konnten sich, wie am Beispiel der Grundnahrungsmittel Getreide und Reis nachgewiesen wurde, in einzelnen Distrikten um den Faktor acht bis zehn unterscheiden.[37] Erst durch den Ausbau des Schienennetzes und die Verbreitung technischer Neuheiten wie des Telegraphen entstand ein gemeinsamer Markt an Gütern und Informationen.

Die Verknüpfung bisher isolierter Räume sollte gemäss der Theorie eine ausgegeglichene Verteilung der Waren ermöglichen, gleichzeitig aber auch für eine Nivellierung des Preisgefüges sorgen. Tatsächlich konvergierten gesamtindisch die Preise für Nahrungsmittel und Rohstoffe im Laufe der Zeit, doch kletterten diese gleichzeitig kräftig in die Höhe.[38] Die Tendenz zur Annäherung war bei Distrikten, die ans Eisenbahnnetz angeschlossen waren, in der Regel noch ausgeprägter.[39] Mit dem Schienennetz verbunden zu sein, bot der betreffenden Region natürlich auch die Möglichkeit, ihre Produkte zu einem relativ stabilen und bis zu einem gewissen Grad kalkulierbaren Erlös abzusetzen. Auf der andern Seite hatte die Integration in den Weltmarkt auch zur Folge, dass der Wert der gesamten Agrarproduktion zunahm. Insgesamt musste sich deshalb Ackerland einer grossen Nachfrage erfreuen, doch können - wie das Beispiel

---

[35] Der Anteil der exportierten Nahrungsmittel betrug von 1864-1914 regelmässig zwischen 10 und 20% des gesamten Exportwertes, in Spitzenjahren wie 1891/2 und 1904/5 sogar 26%. Noch 1902/3 stammten rund 18% der britischen Weizenimporte aus Indien. Zahlen: K.N. Chaudhuri, 1983, in: CEHI II, p. 850; J.M. Hurd, 1983, in: CEHI II, p. 745.

[36] J. Hurd II, 1975, in: EEH 12, pp. 264-8.

[37] J. Hurd II, 1975, in: EEH 12, p. 265 & App. pp. 7-8.

[38] Untersuchungen für ausgewählte Bezirke Bengalens zeigen, dass die lokalen Reispreise nach dem Anschluss des jeweiligen Distriktes an die Eisenbahn um rund ein Drittel höher als vorher waren. Preisschwankungen zwischen guten und schlechten Erntejahren reduzierten sich dagegen auf etwa die Hälfte.

M. Mukherjee, 1980, *Railways and the Impact on Bengal's Economy*, zit. in: D. Rothermund, 1985, pp. 48-9.

[39] J. Hurd II, 1975, in: EEH 12, p. 274.

Khandesh zeigen wird - regionale und lokale Eigenheiten zu einer unterschiedlich starken Ausprägung führen. Fukazawa[40] ist zwar der Meinung, der konjunkturelle Aufwärtstrend in der zweiten Jahrhunderthälfte habe lange genug angehalten, um sich für breite Kreise positiv bemerkbar gemacht zu haben. Dem ist entgegenzuhalten, dass es sich beim Problem der Stratifikation nicht in erster Linie um ein zeitliches, sondern um ein strukturelles Phänomen handelt. Ob alle Schichten von der erwähnten Entwicklung betroffen waren oder davon profitierten, bleibt vorderhand offen.[41]

Das Verkehrsdispositiv unseres Distriktes veränderte sich erst durch den Bau der *Great Indian Peninsula* (G.I.P.) Eisenbahn grundlegend, die etappenweise zwischen 1861 und 1865 eröffnet wurde.[42] In Bhusaval teilte sich die G.I.P. in eine nördliche Linie nach Jabalpur und in eine südliche nach Nagpur. Ende des Jahrhunderts (1900) verfügten auch die Orte Dhulia und Amalner über einen eigenen Bahnanschluss, nur ein Jahr später wurde die *Taptee Valley Railway* dem Verkehr übergeben. Insgesamt waren nun innerhalb der Distriktgrenzen fast 500 km an Schienen verlegt. Damit waren die "grössten und besten Baumwollgebiete"[43] des zentralen Hochlandes und Khandesh mit den beiden grossen Hafenstädten Surat und vor allem mit Bombay verbunden. Wie unterschiedlich die Auswirkungen der verkehrsmässigen Veränderungen schon im kleinen Rahmen sein können, zeigt einmal mehr der hier zur Diskussion stehende Distrikt. Mit Nachdruck weisen die Briten in ihren Rechenschaftsberichten immer wieder auf die Vorteile der Schiene hin, wie die folgenden Worte über den Bezirk Jalgaon (früher Nasirabad) verdeutlichen[44]:

> "Traversed through its centre by the railway, which is accesible throughout the year and has for stations within the limits of the Talooka, Jalgaon is perhaps better off for communications than any Talooka of Khandesh. The country is, moreover, everywhere level and easy to travel and good cart tracks are numerous. [...] but the great addition to communications made since the settlement consists in the completion of the railway."

---

40 Aber auch er nimmt Einschränkungen vor: "The first to benefit from the boom were the traders and moneylenders, but it lasted long enough to help at least some of the cultivators too. Many of them were able to repay their debts, and so were free to bargain for better selling prices. A significant sign of the widespread prosperity is that numbers of cultivators who formerly had to borrow seed could now sow their own. District after district reported increases in cultivation, and in the numbers of ploughs, carts and livestock over the twenty or thirty years up to 1870."

H. Fukazawa, 1983, in: CEHI II, pp. 193-4.

41 Vgl.: P. Harnetty, in: EHR 24, pp. 416-8; J.M. Hurd, 1983, in: CEHI II, p. 747, p. 759; M.B. McAlpin, 1983, pp. 144-58.

42 GBP, Vol. XII (1880), Khandesh, p. 210.

43 "This branch [Nagpur-Linie] has been of special importance as it connects Bombay with one of the largest and best cotton-growing districts."

GBP, Vol. XII (1880), Khandesh, p. 211.

44 W.M. Fletcher to the Collector of Khandesh, Nr. 75 of 1892, in: SRGB N.S., Nr. 262 (Jalgaon), Bombay 1892, para. 10.

Für *talukas* wie Savda, Bhusaval, Jalgaon oder Chalisgaon, die alle im direkten Einzugsgebiet der Bahn lagen, eröffneten sich durch die Verbindung mit Bombay zweifellos neue Chancen. Zahlreiche Kommentare in den *Settlement Reports*[45] betonen regelmässig den Aspekt des Marktzuganges. Stellvertretend hier ein Beispiel für den Bezirk Savda im Nordosten Khandeshs[46]:

> "In the matter of communications nothing short of a revolution has come about since the date of the original settlement. Though even in those days a great traffic passed through the heart of the district. [...] The same stream of traffic, but vastly increased in volume, is now borne by the rail. [...] when it is remembered that in 2/3 rds of the whole area under report [i.e. Savda] the produce exported is actually grown within 10 miles of the railway, while the most remote village is not more than 25 miles distant from a station, the drawbacks arising from difficult transit during the monsoon months will be seen to loose much of their importance."

Anderseits mussten sich konsequenterweise fehlende Exportfazilitäten ebenso bemerkbar machen. Das im äussersten Südwesten gelegene Pimpalner verfügte zum Beispiel nicht nur über relativ weniger Niederschlag und schlechtern Ackerboden als andere *talukas*, die Gegend zeichnete sich ebenso durch unwegsames Gelände aus. Noch um die Jahrhundertwende wird der Bezirk als "einer der rückständigsten von ganz Khandesh" beschrieben und auf den Bau der in Reichweite verlaufenden *Taptee Valley Railway* vertraut.[47] *Talukas* wie Pimpalner gerieten so mit jedem weitern Kilometer Strasse und Eisenbahn, die anderswo entstanden, noch mehr ins Hintertreffen.

In den sechziger Jahren vergrösserte sich infolge der Baumwollkonjunktur das bereits bestehende Gefälle. Die Bezirke Pachora, Jamner, Bhusaval und Nasirabad (Jalgaon) begannen

45 Zitate aus *Settlement Reports*: Bhusaval: "[...] and the favourable advantages that all its villages enjoy with regard to the railway may be briefly summed up by stating that not one is at longer distance than 12 miles from it."

W.S. Turnball to the Collector of Khandesh, Nr. 110, 7th March 1891, in: SRGB N.S., Nr. 249 (Bhusaval), Bombay 1891, p. 4.

Chalisgaon: "The talooka has the great advantage of communication by rail with Bombay and intermediate places. [...] The facilities thus afforded for the export of the produce of the district is of the greatest importance to the cultivators."

A.F. Davidson to L.R. Ashburner, Nr. 270, 11th October 1865, in: SRGB N.S., Nr. 97, Letters Relating to the Assessment of Lohara and Wurrungaum Pergunnas and Nine Villages in Chalisgaum Talooka, Bombay 1866, para. 6.

Chalisgaon: "The talooka has easy communication by rail with all the surrounding districts, and for purposes of export of cotton has the direct line to Bombay."

C.H. Bristow to the Collector of East Khandesh, Nr. S.R.V. 367, 26th March 1925, in: SRGB N.S., Nr. 614 (Chalisgaon), Bombay 1927, p. 8.

46 W.M. Fletcher to T.H. Stewart, Nr. 252, 23rd February 1886, in: SRGB N.S., Nr. 186 (Savda), Bombay 1886, paras. 19-20.

47 "[...] but it must be borne in mind that Pimpalner is one of the most backward Talukas in the Central Divisions; the advent of the Tapti Valley Railway, however, will before long bring about a marked improvement in this respect [i.e. husbandry] and also in the condition of the cultivators."

From the Superintendent Land Records and Agriculture, C.D. to the Collector of Khandesh, Nr. S-61, 23rd January 1900, in: SRGB N.S., Nr. 422 (Pimpalner), Bombay 1904, para. 13.

Tabelle 3: Eisenbahnnetz in Khandesh: 1850-1925 (in Meilen)

| Linie | Länge innerhalb Khandeshs | Eröffnungsjahr |
|---|---|---|
| G.I.P. Hauptlinie | 142 | 1861-65 |
| Jalgaon-Amalner | 34 | 1900 |
| Chalisgaon-Dhulia | 35 | 1900 |
| Amalner-(Surat) | 94 | 1901 |
| Pachora-Jamner | ca. 35 | 1918 |
| Total | 335 | |

Quellen: GBP,Vol. XII (1880) Khandesh, pp. 206ff.; Vol. XII-B (1905), Khandesh, p.3; Vol. XII-B (1914), p. ii; Vol. XII-B (1926), p. ii, pp. 57-8.

sich damals auf den Anbau von Baumwolle zu konzentrieren. Diese belegte dort bereits 1868/69 im Mittel mehr als ein Viertel der bebauten Ackerfläche, während derselbe Anteil in Pimpalner mit nur einem winzigen Prozent praktisch vernachlässigt werden kann. Umgekehrt wuchs auf mehr als einem Drittel der Felder (38%) die Getreideart *Bajra*, was dreimal soviel wie in Jamner (12%) ist.[48] Pimpalner und andere abgelegene Teile im Nordwesten Khandeshs profitierten vom hohen Baumwollpreis der Jahre 1860-70 höchstens indirekt. Die Parameter der Kommerzialisierung unterschieden sich folglich von *taluka* zu *taluka*. Es ist deshalb nicht auszuschliessen, dass auch die Wohlstandseffekte asymetrisch verteilt wurden und sich der Abstand zwischen Reich und Arm vergrössern konnte. Die Erschliessung der Region durch die Eisenbahn konnte in abgelegenen Gebieten die bereits bestehenden Strukturschwächen verstärken. Anderseits verbesserte sich durch die Verbindung nach Bombay theoretisch die Wettbewerbsstellung der Produzenten. Setzt eine asymetrische Verteilung des Kuchens nicht auch voraus, dass überhaupt erst einmal ein solcher vorhanden sein muss? Es gilt mit andern Worten zu berücksichtigen, welche Richtung die Entwicklung ohne diese Infrastrukturen eingeschlagen hätte.

Praktisch alle grössern Ortschaften und nahezu das gesamte fruchtbare Gebiet der östlichen Distrikthälfte lagen schon 1862 im Einzugsgebiet der Eisenbahn. Wer beispielsweise im Bezirk Nasirabad ein Stück Land sein eigen nennen konnte, auf dem auch noch etwas *Bajra* und Baumwolle gediehen, der war in zweierlei Hinsicht privilegiert: Erstens galt die dortige Bodenqualität im ganzen Distrikt als unübertroffen, zweitens erreichten seine Produkte schneller und billiger einen grössern Markt.[49] Allerdings zieht der problemlose Zugang zum Export-

[48] Zahlen: *Statistical Return of the Khandesh Collectorate Revenue Survey, Table III*, Gov. of Bombay (Rev. Surv. Dept.), Bombay 1873.

[49] Charlesworth betont u.a. den Aspekt des Marktzuganges: "The advent of these railways [i.e. zwischen 1881-1891] in a locality provided the opportunity not only to reach wider markets more cheaply and efficiently, but also to cut the extent of participation by the range of middlemen, hence potentially increasing the proportion of the returns secured by the agriculturist. Conveying produce to the railhead might offer significant gains over selling within the village, but this required acces to some means of conveyance, usually

markt sowie ein dichtes Netz von kommerziellen Fazilitäten nicht automatisch eine gesellschaftspolitisch wünschenswerte Verteilung des Sozialproduktes nach sich. Es scheint im Gegenteil nicht von der Hand zu weisen, dass sich bestehende Asymmetrien unter gewissen Voraussetzungen unter dem Druck der Kommerzialisierung verstärken konnten.

---

a bullock cart. [...] Wider ownership of carts enabled more peasants to reach the larger local markets as well as the railheads."

N. Charlesworth, 1985, p. 145.

# 3. Handel und Kredit

Wer sich mit indischer Wirtschaftsgeschichte befasst, richtet sein Augenmerk zwangsläufig auf das 19. Jahrhundert, denn in diesem Zeitraum sind zahlreiche Anzeichen eines bemerkenswerten Strukturwandels festzustellen. Gemeint ist damit, ohne der Gefahr der Idealisierung vorkolonialer Zustände zu unterliegen, der Uebergang von der Subsistenzwirtschaft zur marktorientierten Oekonomie mit internationalem Handel. Die Integration in das britische Wirtschaftssystem kann aber auch als Strukturanpassung einer ehemals bedeutenden asiatischen Handelsmacht zum Rohstofflieferanten der industrialisierenden Länder Europas verstanden werden.[1]

## 3.1 Baumwollexporte und indischer Aussenhandel im 19. Jahrhundert

In der Tat wies der indische Aussenhandel im 19. Jahrhundert sowohl für Ein- als auch Ausfuhren bemerkenswerte Zuwachsraten auf. Diese waren um einiges grösser als vergleichbare Kennziffern der übrigen Volkswirtschaft. Schon damals beanspruchten diese Vorgänge in der Auseinandersetzung der verschiedenen Interessengruppen breiten Raum; Probleme des Aussenhandels dominierten das Gedankengut von Politik und Lehre. Heute steht nicht mehr die Frage im Zentrum, ob sich die Intensivierung der Kontakte mit Grossbritannien auch für Indien positiv bemerkbar machte. Von Interesse ist vielmehr, wieweit es sich dabei um einen Prozess der integralen Entwicklung oder nur um ein begrenztes Wachstum einzelner Sektoren und Wirtschaftszweige handelte.

Die Errichtung der politischen und wirtschaftlichen Vorherrschaft der EIC in Bengalen im Jahre 1756/57 sowie die Uebernahme der dortigen Steuerverwaltung (1765) sind Ereignisse mit Folgen: Bedeutende Segmente des Binnen- und Aussenhandels gerieten so unter die Kontrolle einer privaten Handelsgesellschaft.[2] Die Entwicklung des indischen Aussenhandels war in jenen Jahren eindeutig: Volumen sowie Werte der Ein- und Ausfuhren verzeichneten ein beachtliches Wachstum. Bemerkenswert sind aber doch die auftretenden jährlichen Schwankungen, die zusammen mit andern Symptomen als Relikte traditioneller Wirtschaftsformen zu interpretieren sind.[3]

---

1 Vgl.: K.N. Chaudhuri, 1966, in: EHR 19, p. 349; ders., 1968, in: MAS 2, pp. 32-3; ders., 1983, in: CEHI II, pp. 806-7.

2 Ihre Gegner wiesen wiederholt darauf hin, dass die EIC als Monopolgesellschaft nicht in der Lage sei, den gesamten Handel der Region abzuwickeln. Nach Zugeständnissen wurde die *charter* der EIC für Indien 1813 ganz abgeschafft und der Handel *de jure* für Private geöffnet.

Memorandum an den *Board of Control* in: *Home Miscellaneous Series*, Vol. 399; Zahlen aus: K N. Chaudhuri, 1983, in: CEHI II, p. 817.

3 "In other words, the speculativ element, so typical a characteristic of premodern trade and itself the result of wide separation of markets, high transport costs, and large price-differences, could still exercice a certain amount of influence."

Obwohl also einerseits eine Zunahme des Volumens, anderseits um die Jahrhundertwende auch bereits erste Signale eines strukturellen Umbruchs im indischen Aussenhandel festzustellen sind, muss die Zeit von 1757-1813 insgesamt noch als Phase der Kontinuität bezeichnet werden. Zum selben Schluss führt auch eine Bewertung weiterer Indikatoren wie etwa des Verhältnisses von Ein- und Ausfuhren zueinander, der Zusammensetzung des Handelsstroms nach Warenkategorien oder der geographischen Richtung des Handels. Während sich Indien im Verlauf der Kolonialherrschaft von einer traditionell exportorientierten Wirtschaftsmacht zu einem der wichtigsten Importeure britischer Produkte wandelte, wies der Subkontinent in der genannten frühen Zeitspanne noch einen Exportüberschuss auf. Ebenso dem hergebrachten Muster entsprach die Zusammensetzung der ausgeführten Waren. Rohstoffe wie Indigo, Opium und Rohbaumwolle wurden zwar bereits nach Uebersee gehandelt, doch führten auch noch 1812 die für Indien typischen Textilprodukte die Exportrangliste an.[4] Der Monopolverlust der EIC und die Liberalisierung des Indienhandels 1813 belebten den Aussenhandel des Subkontinentes in grossem Masse. Vor allem nahmen in der Folge die Importe überproportional stark zu. Von besonderer Bedeutung sind die vier Jahrzehnte von 1813 bis 1850, weil sich in jener Zeit einerseits der bestehende Wachstumstrend bestätigte, anderseits sich ein struktureller Wandel abzuzeichnen begann, dessen Merkmale bis zu Beginn des 20. Jahrhunderts bestehen blieben. Dieser Umbruch äusserte sich in einer Veränderung der Warenzusammensetzung, die ihrerseits auch eine neue geographische Verteilung des Güterstroms nach sich zog.[5] Der Anteil der indischen Stoffprodukte oder *piece-goods* am Gesamtwert der Ausfuhren schmolz von einem Drittel (1812) auf rund 4% (1851) zusammen, parallel dazu nahm dagegen der Wert der Rohstoffe zu.[6] Im selben Mass wie die Ausfuhren mehr und mehr von den Primärprodukten dominiert wurden, stieg auch der britische Anteil, der 1828 auf ungefähr 50 Volumenprozente geklettert war. Neben China, das im gleichen Jahr rund ein Viertel der indischen Exporte aufnahm, wurde Grossbritannien zum wichtigsten Markt des Subkontinentes.[7]

---

K.N. Chaudhuri, 1983, in: CEHI II, p. 824.

4 "But the far more important characteristic of the half a century follwing the revolution of 1757 was the fact that Indian trade still continued to flow along the *traditional channels* and its composition based on a exchange of fine textiles, foodstuffs, and other raw materials for precious metals and certain manufactured products" [Hervorhebung M.S.].

K.N. Chaudhuri, 1983, in: CEHI II, p. 806.

5 "The importance [...] stems from the fact that during these years certain fundamental structural changes took place in the commoditiy composition of Indian trade. [...] India was gradually transformed from being an exporter of manufactured products - largely textiles - into a supplier of primary commodities, importing finished consumer goods and certain intermediate industrial goods as well in return."

K.N. Chaudhuri, 1966, in: EHR 19, p. 349; ders., 1983, in: CEHI II, p. 806.

6 Vgl.: Chaudhuri, 1983, in: CEHI II, p. 842.

7 Vgl.: K.N. Chaudhuri, 1966, in: EHR 19, p. 348; ders., 1971, p. 25, in: D. Rothermund, 1985, p. 36.

Ein Blick auf die Zusammensetzung der Einfuhren bestätigt die Erkenntnis, dass sich die indische Volkswirtschaft zu einem guten Teil den Bedürfnissen der Kolonialmacht anpasste. Sowohl die aus Asien wie aus Europa stammenden Güter waren bisher eindeutig der Kategorie der Luxusartikel zuzuordnen. Die anvisierte Käuferschicht musste sich folglich auf ansässige Europäer und wohlhabende Inder beschränken. Dies liess sich von den maschinell hergestellten Baumwolltextilien wohl nicht mehr sagen, die nun den indischen Markt überschwemmten. Ihr Anteil am Gesamtwert der Einfuhren stieg von Null auf ungefähr 30% im Jahre 1840 und erreichte dreissig Jahre später mit 47% eine Höchstmarke. Mehr und mehr wurde Indien für die Bekleidung seiner Massen von vornehmlich britischer Kleiderfabrikation abhängig, die aufgrund der Umstände im indischen Binnenmarkt ohne grosse Konkurrenz blieb. Absolute als auch relative Kennziffern der Ein- und Ausfuhren behielten in der zweiten Jahrhunderthälfte die eingeschlagene Richtung bei, d.h. sie nahmen weiter zu. Für diese Entwicklung war vor allem der grosse Rohstoffbedarf Europas und der Vereinigten Staaten, später auch Japans, verantwortlich; politische Ereignisse, wie z.B. der Krimkrieg oder der Amerikanische Bürgerkrieg (1861-65) unterstrichen dabei einmal mehr die Bedeutung Indiens als Rohstoffkammer. Bei keinem andern Produkt trat diese Konstellation so deutlich zu Tage wie bei Baumwolle. Als für einige Jahre aus den amerikanischen Südstaaten, dem bevorzugten britischen Lieferanten, keine Sendungen mehr nach Grossbritannien gelangten, machten sich dort die ersten Krisensymptome bemerkbar.

Die starke Position der Primärprodukte im indischen Aussenhandel, die auf Kosten der traditionellen Textilprodukte zustande gekommen war, zog zwangsläufig auch Veränderungen in der geographischen Verteilung der Waren nach sich. Noch 1828 ging wertmässig fast die Hälfte (48%) aller Ausfuhren nach Grossbritannien. Nur China nahm, was die Exporte anbelangt, eine vergleichbare Stellung ein. Die restlichen Abnehmer, die Länder am persischen Golf (7%), jene der südostasiatischen Kronkolonie oder *Straits Settlements* und Frankreich (je 6%) sowie die Vereinigten Staaten (3%), blieben damals allesamt noch unter der Marke von 10%.[8]

Werden die indischen Ein- und Ausfuhren nach dem Grad ihrer Verarbeitung bewertet, wird offensichtlich, dass Wachstum nicht ohne weiteres mit einer integralen volkswirtschaftlichen Entwicklung gleichzusetzen ist. Sowohl bei den Primärprodukten als auch bei den semiindustriell und industriell gefertigten Waren zeigte sich, dass der Anteil der eingeführten Industriegüter rund 90% des gesamten Importwertes ausmachte. Im selben Zeitraum, von 1870-1914, wurden dagegen mehr als vier Fünftel des gesamten Exporterlöses mit Agrarprodukten und Rohstoffen verdient. Obwohl sich in Indien seit den fünfziger Jahren eine einheimische Textilfabrikation zu etablieren begann und sich dadurch der Wert der exportierten Jute- und Baumwollprodukte verfünffachte, weist Keller auf die strukturelle Veralterung jener Bran-

[8] K.N. Chaudhuri, 1971, p. 31.

chen hin.[9] Rothermund betont in diesem Zusammenhang die Bedeutung der relativ kontinuierlichen Baumwollausfuhren für die Region Bombay. Im Gegensatz zu Indigo seien diese für die Anhäufung von Handelskapital, das später in Industriekapital umgewandelt wurde und zum Teil in die ansässige Textilindustrie floss, von grosser Bedeutung gewesen.[10] Im Zuge dieser Ablösung vom traditionell wichtigsten Handelspartner verminderte sich der britische Wertanteil am Export des Subkontinentes bei gleichzeitig wachsendem Gesamtwert des Aussenhandels. Wie erwähnt betrug Grossbritanniens Anteil im Jahre 1828 noch rund 48%, sank aber bis 1850 um drei Zähler und betrug um die Jahrhundertwende nur noch 30%. Umgekehrt verhielt es sich dagegen mit Italien, Frankreich, Deutschland, den Vereinigten Staaten und Japan. In diese Länder ging 1900 wertmässig schon rund ein Viertel aller indischen Exporte. Der Trend zur Diversifikation bestätigt sich auch, wenn nach einzelnen Produkten differenziert wird. Ein für die indische Volkswirtschaft so wichtiger Rohstoff wie Baumwolle, der dank seines hohen Marktpreises für einen guten Teil des Exporterlöses verantwortlich war, wurde bereits 1913-14 fast zur Hälfte (45%) nach Japan ausgeführt. Damit war das Reich der aufgehende Sonne der wichtigste Einzelabnehmer und behielt diesen Platz bis um 1914.[11]

Indien wird immer wieder als die Heimat der Baumwolle bezeichnet. Sowohl in vorkolonialer Zeit als auch in den ersten Jahren der britischen Herrschaft verliessen jedoch nur unbedeutende Rohstoffmengen das Land. In den Jahren von 1833 bis 1846 beliefen sich zum Beispiel die jährlichen Exporte im Durchschnitt auf ca. 153 Mio. *lbs.*, für die Periode von 1850 bis 1860 waren es im Mittel pro Jahr 225 Mio. *lbs.*[12] Trotz steigender Ausfuhren blieb Indien im internationalen Vergleich weiterhin ein relativ unbedeutender Baumwollexporteur. Noch bis gegen Ende des 18. Jahrhunderts besass der indische Baumwollhandel vorwiegend interregionalen Charakter: Was nicht in den jeweiligen Anbaugebieten, den zentralen und westlichen Teilen des Subkontinentes, verarbeitet werden konnte, wurde auf dem Seeweg nach Sind, Madras und Bengalen ausgeführt.[13] In den sechziger Jahren des 19. Jahrhunderts spielte Indien hingegen für die Versorgung der britischen Textilindustrie eine äusserst wichtige Rolle. Gesamthaft gesehen war jener Abschnitt zwar ein eher atypisches Zwischenspiel, das aber weitreichende Konsequenzen hatte.[14] Dass im Laufe der Zeit überhaupt Baumwolle exportiert und das traditionelle Ausfuhrmuster durchbrochen werden konnte, ist vor allem auf eine relativ sinkende Binnennachfrage zurückzuführen. Sowohl Menge und Ertrag des Anbaus dürften sich im besagten Zeitraum nur unwesentlich verändert haben, gleichzeitig begann sich im Ausland, an-

---

[9] W. Keller, 1977, p. 155, p. 158.

[10] D. Rothermund, 1985, pp. 40-1ff.

[11] K.N. Chaudhuri, 1983, in: CEHI II, pp. 849-50; S.B. Saul, 1960, pp. 191-2.

[12] P. Harnetty, 1971, in: EHR 24, p. 414.

[13] Vgl.: A. Guha, 1972, in: IESHR 9, p. 6; K.N. Chaudhuri, 1983, in: CEHI II, p. 848.

[14] Vgl.: S.B. Saul, 1960, p. 205.

fänglich vor allem in Grossbritannien, ein grösserer Bedarf abzuzeichnen. Die Vorstellung, künftig aus Indien billiges Rohmaterial zu erhalten, rief in britischen Industriellenkreisen verständlicherweise (vorerst) nur positive Reaktionen hervor. Noch 1806 betrugen die britischen Baumwolleinfuhren aus Indien unbedeutende 2.7 Mio. *lbs*. Dieser Wert verzehnfachte sich innert nur vier Jahren und betrug 1810 bereits 27.8 Mio. *lbs*. Nach einer kurzen Rückwärtsbewegung stand die Marke 1818 mit 86.5 Mio. auf dem vorläufigen Höchststand und wurde erst nach 1841 übertroffen.[15] Trotz dieser imposanten Zuwachsraten scheint aber bis um die Jahrhundertmitte der chinesische Anteil den britischen noch übertroffen zu haben und der Ferne Osten die Hauptrichtung der indischen Baumwollexporte gewesen zu sein.

Die vorhandenen Angaben stimmen nicht bis ins Detail überein, doch lässt sich auch so erkennen, dass jeweils mehr als die Hälfte der für China bestimmten Menge aus den Anbaugebieten der Provinz Bombay stammte.[16] Gegenwärtig unmöglich ist es, verlässliche Aussagen über das Verhältnis von Aussen- und Binnenmarkt zu machen, doch fällt die frühe Exportorientierung von Bombay auf. Im Gegensatz zum einheimischen Markt erwiesen sich die chinesische wie die britische Nachfrage in dieser Frühphase noch als relativ unregelmässig und zyklisch. Es zeigt sich jedoch das komplementäre Muster der chinesischen und britischen Exportanteile. Die anfängliche Begeisterung in Grossbritannien verflog angesichts der kurzfaserigen und maschinell nur schlecht verarbeitbaren indischen Qualität rasch. Sollte Indien als Alternative zu Amerika bestehen können, so mussten nicht nur die qualitativen Nachteile der indischen Spezies, sondern auch die unbefriedigende Situation im Transportbereich nachhaltig korrigiert werden. Sogenannte Baumwollprogramme, die schon von der Kompanie, später von der Krone, an die Hand genommen wurden, endeten jedoch in der Regel mit einem Fehlschlag.[17] Ziel all jener Anstrengungen war es immer gewesen, die Baumwollfläche zu vergrössern, Anbau- und Erntemethoden zu verbessern und die indische Sorte durch amerikanische Langfaserarten zu ersetzen. Weder Geld noch Aufwand wurden gescheut, doch entsprachen die Resultate, abgesehen von wenigen Ausnahmen, kaum den Erwartungen. Wieso schlugen die zwischen 1830 und 1860 getroffenen Fördermassnahmen weitgehend fehl oder zeigten zumindest keine direkte Wirkung? Eine der Ursachen scheint v.a. darin zu liegen, dass man sich in den meisten Fällen auf einen Technologietransfer beschränkte, was an sich noch keine Gewähr für Verhaltensänderungen ist. Und wenn sich, wie in unserem Beispiel, die Beweggründe für solche Aktionen

---

15 J.F. Royle, 1851, p. 81; Vergleichszahlen in: J.A. Mann, 1860 [repr. 1968], Tab. 12, p. 112.

16 A. Guha, 1972, in: IESHR 9, pp. 6-10; J.A. Mann, 1860 [repr. 1968], p. 61, pp. 102-3; A.W. Silver, 1966, pp. 30-1.

17 Wenn wegen einer Missernte in den amerikanischen Südstaaten oder anderer Einflüsse die britische Versorgung nicht gesichert schien, machten in Grossbritannien Stimmen auf die wachsende Abhängigkeit aufmerksam. Dadurch erhielten Baumwollkampagnen immer wieder neuen Aufwind. Ausführliche Informationen zu den Baumwollprogrammen in: R.D. Choksey, 1963, pp. 103-7; ders., 1968, pp. 132-40; P. Harnetty, 1972, pp. 82-122; S. Leacock & D.G. Mandelbaum, 1955, in: *Economic Development and Cultural Change III (4)*, pp. 334-351; J.F. Royle, 1851, pp. 236-427; A.W. Silver, 1966, pp. 33-43.

darauf reduzieren lassen, in möglichst kurzer Zeit möglichst viel Rohmaterial zu möglichst niedrigem Preis in die eigenen Fabriken zu leiten, so ist der Misserfolg weitgehend vorprogrammiert.

Oftmals mussten die auf den Subkontinent geholten amerikanischen Pflanzer resignierend feststellen, dass die vorgefundenen Anbaumethoden keineswegs minderwertig waren, wie die Briten immer wieder meinten, sondern unter den in Indien vorherrschenden Bedingungen für alle am Produktionsprozess und der Vermarktung Beteiligten sehr zweckmässig waren, wie schon ein fachmännischer Kommentar eines Zeitgenossen zeigt: "[...] it may be stated, that all the American planters who were sent out to this country to conduct experiments in cotton cultivation began by despising the primitive, and apparently rude, system of Indian agriculture and ended by adopting it."[18]

Erst der Baumwollboom der sechziger Jahre veränderte die Situation grundlegend. Für eine Periode von fünf Jahren war der Export aus den amerikanischen Südstaaten völlig unterbrochen, was in Grossbritannien negative Auswirkungen auf die Produktion und die Beschäftigungslage zu haben drohte: rund drei Viertel des britischen Bedarfs wurden nämlich regelmässig mit amerikanischer Baumwolle gedeckt.[19] Einzig und allein die Erhöhung der indischen Exporte schien, trotz aller qualitativen Vorbehalte, die ernsten Auswirkungen eines möglichen amerikanischen Lieferstops zu mildern. Der von den verschiedenen Lobbies ausgeübte politische Druck auf die zuständigen Amtsstellen war nichts Neues. Schon nach der amerikanischen Missernte von 1846/47 wurde zum ersten Mal die Forderung nach der Erschliessung Indiens mittels Eisenbahnen erhoben. Gegen solche Pläne wandten sich wiederum jene, welche in die Waagschale warfen, Indien werde Amerika niemals ersetzen können, weshalb Zurückhaltung am Platze sei. Jahr für Jahr nahmen die indischen Ausfuhren vor diesem Hintergrund zu und erreichten 1865 mit rund 890 Mio. *lbs.* den vorläufigen Höchstwert. In der Folge verloren sie zwar an Boden, pendelten sich aber nach 1870 mit 500-600 Mio. *lbs.* im Jahresmittel auf einer Marke ein, die das Vorkriegsniveau um einiges überstieg. Mit dem Ende des Kriegs in den Vereinigten Staaten gewann Amerika seine dominierende Stellung als Rohbaumwollieferant schnell zurück; und die britische Textilindustrie sah sich ebenso rasch wieder mit dem alten Problem der einseitigen Abhängigkeit konfrontiert.[20] Einerseits ist von Bedeutung, wie diese dramatische Zunahme der Ausfuhren überhaupt zustande kam. Nicht minder von Interesse ist

---

[18] Vgl.: W.R. Cassels, 1862, p. 288, zit. in: S. Leacock & D.G. Mandelbaum, 1955, in: *Economic and Cultural Change III (4)*, p. 345.

[19] Vgl.: T. Ellison, 1886 [repr. 1986], p. 86.

[20] Ob der Baumwollhunger, wie die Krise auch genannt wird, auf Versorgungsengpässe zurückgeführt werden kann, wird heute angesichts hoher Lagerbestände bezweifelt. Als mögliche Gründe werden die dem Abschwung vorangegangene Ueberproduktion (1858-61), eine allzu optimistische Beurteilung des fernöstlichen und kontinentaleuropäischen Marktes sowie das spekulative Verhalten des Handels genannt.

Vgl.: E.A. Brady, 1963, in: AH 37; D.A. Farnie, 1979, pp. 134-70.

Tabelle 4: Rohbaumwollexporte Britisch-Indien: 1861-72

| Jahr | Menge (lb.) | Jahr | Menge (lb.) |
|---|---|---|---|
| 1861-62 | 392 700 000 | 1867-68 | 614 056 049 |
| 1862-63 | 473 678 421 | 1868-69 | 697 630 796 |
| 1863-64 | 550 126 402 | 1869-70 | 554 834 522 |
| 1864-65 | 525 052 876 | 1870-71 | 577 600 764 |
| 1865-66 | 893 150 424 | 1871-72 | 800 246 087 |
| 1866-67 | 425 568 892 | | |

Quellen: Stat. Abstr. Rel. to British India, 1863-72, in P.P. LXIX (1873), C.870, Tab. 24 für 1862-63 bis 1871-72. Wert für 1861-62: India, Dept. of Revenue and Agriculture, Note on Indian cotton (Simla, 1888), p. 9; abgedruckt in: P. Harnetty, 1972, p. 56.

aber auch der Umstand, dass die Produktion nach 1870 mehr oder weniger den *Status quo* aufrecht halten konnte, auch nachdem die britischen Bezüge wieder rückläufig waren. Zwar bestätigen die vorliegenden Informationen, dass eine Verlagerung vom Binnenbereich zum Aussenmarkt stattgefunden haben musste. Fraglich ist jedoch, ob die ungewohnte Baumwollkonjunktur während und nach den eigentlichen Boomjahren nur auf den Aspekt der Umverteilung innerhalb der betreffenden Märkte reduziert werden kann.

Die hierzu vorliegenden Untersuchungen weisen alle auf eine Erhöhung der Inlandproduktion hin. Für die zur Diskussion stehende zehnjährige Periode hat beispielsweise Harnetty[21] aufgezeigt, dass sich die Anbaufläche für Baumwolle in den wichtigsten Zentren (Bombay, Berar, Madras, *Central Provinces* und *North Western Provinces*) rund verdoppelten. War dies möglich, indem einfach Neuland unter den Pflug gebracht wurde? Oder kam die Expansion auf Kosten der Nahrungsmittelproduktion zustande? Können regionale Unterschiede ausgemacht werden? Wie verhielt sich ein Distrikt wie Khandesh, der schon in den dreissiger und vierziger Jahren rege Wirtschaftskontakte über seine Grenzen hinaus unterhalten hatte? All diese Fragen sind von erheblicher Bedeutung, denn sie geben nicht nur über quantitative, sondern auch über strukturelle Veränderungen der indischen Volkswirtschaft Auskunft.

---

[21] P. Harnetty, 1972, p. 54.

## 3.2 Organisation des Handels

Zum institutionellen Rahmen der Landwirtschaft in Khandesh gehört neben der Verwaltung und Besteuerung des Bodens sowie der Erschliessung der Region auch die Abwicklung des Handels. Die Finanzierung des Handels lässt sich kaum von der Struktur des Warenverkehrs und letztlich auch nicht von der Produktion der betreffenden Güter trennen. Nachdem sich der indische Aussenhandel in den ersten fünf, sechs Dezennien des 19. Jahrhunderts grundlegend verändert hatte, scheint es nur die logische Konsequenz zu sein, dass sich auch das Marketing der Baumwolle den neuen Gegebenheiten anzupassen hatte.[22] Zunächst ging mit den Umwälzungen im Transportwesen eine teilweise Neuorientierung des Warenstroms einher. Der Niedergang Surats und parallel dazu Bombays Aufstieg zur bedeutendsten Drehscheibe der ganzen Westküste sind Zeugen jener Vorgänge. In den folgenden Jahren nahm das per Bahn transportierte Frachtvolumen zu, während der Anteil der Packtiere oder Fuhrwerke am Langstreckenhandel konstant schrumpfte. Ein für den täglichen Gebrauch wichtiger Artikel wie Salz gelangte nun nicht mehr mit Karawanen durch das Tal des Tapti nach Khandesh, sondern erreichte unsern Distrikt von Bombay aus innert weniger Tage in Eisenbahnwaggons.[23] Auf dieselbe Weise trafen auch alle andern wichtigen Güter in Khandesh ein oder gelangten umgekehrt an die Küste. Allerdings gab es auch in den späten siebziger Jahren noch Gegenden, an denen das Eisenbahnzeitalter nahezu spurlos vorübergegangen zu sein schien. *Talukas* im Nordwesten wie Shahada, Taloda und Nandurbar, in deren Einzugsgebiet damals noch keine Bahnstation lag, standen auch 1876 noch auf traditionelle Weise mit der Küstenregion Gujarat in Kontakt. Schätzungen bezifferten den Wert der Transaktionen auf rund £ 40'000 (*Rs.* 400'000). Die Zahl der dabei engagierten Packtiere wird mit 20'000-40'000, jene der Fuhrwerke mit 1'000-1'200 angegeben.[24] Auf der Liste der gehandelten Waren standen Getreide, Oele, Färbemittel und Kleider, also hauptsächlich Güter für den Heimverbrauch.

Hausierer und berufsmässige Spediteure waren als erste von den Veränderungen im Verkehrswesen betroffen. Wandernde Kleinkaufleute, die bestenfalls über einige wenige Lasttiere verfügten, mit denen sie die Feinverteilung von Gütern innerhalb des Distriktes besorgten, wurden zuerst von den aufkommenden Karren, später von den Lokomotiven buchstäblich überrollt. In Khandesh waren jene fliegenden Krämer um 1880, wie es in der *Gazetteer* heisst,

---

22 Die Veränderungen im Baumwollhandel stellt Vicziany dar.

M. Vicziany, 1979, *Bombay Merchants and Structural Changes in the Export Community, 1850 to 1880*, in: *Economy and Society: Essays in Indian Economic and Social History*, hrsg. v. K.N. Chaudhuri & C.J. Dewey, Oxford.

23 "Salt was formerly brought entirely by pack bullocks from Surat. Some small quantity still reaches the western districts [i.e. talukas] in this way, but almost the whole supply comes from Bombay by rail."

GBP, Vol. XII (1880), Khandesh, p. 219.

24 GBP, Vol. XII (1880), Khandesh, p. 216.

nur noch in den relativ abgelegenen Winkeln des Nordens und Westens anzutreffen.[25] Innerhalb der Hierarchie standen die Ladenbesitzer oder *village shopkeepers* auf der nächst höhern Stufe. Sie verschafften sich ihren Grundstock gewöhnlich in einem grössern Zentrum und versorgten zuhause ihre Kundschaft mit den Notwendigkeiten des täglichen Bedarfes wie Oel, Zucker, Getreide, Salz und andern Lebensmitteln. Nicht selten, so wird berichtet, hätten solche Individuen ihre Tätigkeiten auch auf den Bereich des Kleinkreditwesens ausgedehnt, was ihre Bedeutung gegenüber den Klienten nochmals erhöhte.[26]

Die einschneidendsten Veränderungen waren jedoch im Langstreckenhandel vom Inland an die Küste und nach Uebersee zu beobachten. Sein Umfeld hatte sich ja in den ersten fünfzig, sechzig Jahren des 19. Jahrhunderts stark gewandelt. Diese Strukturanpassung betraf sowohl die europäischen als auch indischen Protagonisten, wobei die Auswirkungen nur für letztere als schmerzlich bezeichnet werden müssen.[27] Ein Merkmal des traditionellen Handels mit Baumwolle war die führende Rolle der einheimischen Kaufleute vor 1870.[28] Europäische Handelsfirmen waren zwar auch schon damals in jenen wichtigen Sektor des Exportmarktes involviert, doch agierten sie lange hauptsächlich nur als Vermittler für Inder. In dieser Funktion traten die europäischen *agency houses* erst als letztes Glied einer langen Kette in Erscheinung.[29] Bevor die Fracht in Bombay schliesslich im Laderaum eines der ankernden Schiffe verschwand, war sie vom Inland bis an die Küste ganz in indischen Händen. In den jeweiligen Anbaugebieten, so auch in Khandesh, besorgten die fliegenden Händler, entweder im Auftrag oder auf eigene Rechnung, den Ankauf von kleinen und kleinsten Mengen. Von Dorf zu Dorf versuchten sie, mit möglichen Lieferanten ins Geschäft zu kommen. Wenn auf diese Weise respektable Sendungen zusammengekommen waren, übernahmen die in den grössern Städten ansässigen Exportkaufleute die Lieferung. Sie besassen in der Regel das erforderliche kommerzielle *Know-how*, verfügten über die nötigen Beziehungen und das unerlässliche "Kleingeld". Die Mehrheit der lokalen Handelsmetropolen in Khandesh lag vorwiegend im Einzugsgebiet der neuen Eisenbahn und hatte sogar einen eigenen Bahnhof. Einzig Nandurbar im Westen sowie Parola und Dhulia im Zentrum besassen selber attraktive Märkte. In der *Gazetteer*[30] heisst es dazu:

---

[25] GBP, Vol. XII (1880), Khandesh, p. 218.

[26] GBP, Vol. XII (1880), Khandesh, pp. 193-4.

[27] Detailliert bei: M. Vicziany, 1979, pp. 163-196.

[28] M. Vicziany, 1979, p. 163.

[29] Nur wenige indische Firmen besassen eigene Kontaktleute in London. Gemäss Vicziany soll nach dem Verlad der Sendung im Hafen von Bombay der grösste Teil der Lieferungen über europäische Firmen abgewikkelt worden sein.

M. Vicziany, 1979, Anm. 2, p. 189.

[30] GBP, Vol. XII, (1880), Khandesh, p. 217.

"The chief agencies for spreading imports and for gathering exports are, trade centres, markets, fairs, village shops, and peddlar's packs. Except Dhulia, Nandurbar, and Parola, all the chief local centres of trade, Bhusaval, Chalisgaon, Faizpur, Jalgaon, Maheji, Raver, and Savda, are either on or close to the line of rail. Their leading merchants are Bhatias, Vanis, and Bohoras, with capitals of from £ 500 to £ 3'000 (Rs. 5'000 - Rs. 30'000), who deal direct with Bombay and other large markets, collecting and exporting cotton, grain, and other local produce, and importing hardware and cotton goods."

Nur wenige indische Häuser waren selber in der Lage, Transaktionen nach Uebersee ohne die Kooperation mit europäischen Firmen auszuführen. Diese übernahmen die gesamte Verantwortung für die Ladung und deren Vermarktung in Liverpool. Zahlreiche kleinere indische Unternehmen, die weder ausreichende Branchenkenntnisse noch genügend Kapital besassen, konnten sich wohl nur dank dieser Geschäftspraxis im Exporthandel behaupten.[31] Der Absender einer Baumwollsendung, in unserm Fall beispielsweise ein Kaufmann aus Bombay, verpfändete in gewisser Hinsicht seinen Besitz an ein *agency house* und erhielt dafür bis zu zwei Drittel des vermutlichen Verkaufswertes im voraus ausbezahlt. Mit dem erhaltenen Geld bereitete er den nächsten Abschluss vor oder überwies es seinen Zulieferanten und Gläubigern. Vicziany stellt die Frage, ob nicht im *consignment system* einer der Gründe für den äusserst spekulativen Charakter des Baumwollhandels in den fünfziger und sechziger Jahren des 19. Jahrhunderts gelegen habe.[32] Mit ebenso gutem Grund könnte man den rhetorischen Spiess auch umdrehen und die stark fluktuierende Nachfrage auf dem Baumwollmarkt für die Entstehung und das Ueberleben jenes "Vorschussystems" verantwortlich machen.

Auf jeden Fall waren sowohl die indischen als auch die europäischen Kaufleute und Handelsfirmen in der zweiten Hälfte des 19. Jahrhunderts mit einem neuen kommerziellen Umfeld konfrontiert. Als Folge konvergierender Produktepreise waren schrumpfende Gewinnmargen zu beobachten. Die Reaktion der betroffenen Handelsfirmen bestand laut Vicziany hauptsächlich in Einsparungen auf der Kostenseite; die Umsetzung dieses Gebots konnte jedoch unterschiedlich vorgenommen werden.[33] Die grossen europäischen Unternehmungen stellten sich der Herausforderung, indem sie ab den siebziger Jahren im Hinterland von Bombay, u.a. in Khandesh, ein Netz von eigenen Niederlassungen aufzubauen begannen, wo Rohbaumwolle an Ort und Stelle gereinigt, verpackt und zu handlichen Ballen gepresst wurde. Interessant ist dabei, dass mit den *Volkart Bros.* auch ein schweizerisches Haus direkt und mittels finanzieller Beteiligung an andern Gesellschaften auch indirekt engagiert war.[34] Durch diese Massnahmen reduzierten sich für die grossen europäischen Handelshäuser die Kosten, gleichzeititg brachen sie damit aber in die Domäne jener indischen Händler ein, die entweder die *agency houses* belieferten oder aber auf eigene Rechnung nach Uebersee verschickten. Allerdings sind regionale

---

31 M. Vicziany, 1979, p. 175.

32 M. Vicziany, 1979, p. 177.

33 M. Viczinay, 1979, p. 177.

34 Dazu: M. Vicziany, 1979, pp. 183-5; M.L. Dantwala, 1937, p. 22.

Unterschiede festzustellen. Sowohl mittelgrosse Zulieferanten als auch selbständige indische Firmen suchten und fanden nach 1870 in der Versorgung des Binnenbereichs mit Rohbaumwolle und andern Gütern ein neues Betätigungsfeld. Zusätzlich zu diesem Rollentausch war eine gewisse Tendenz zur Konzentration innerhalb des Exportsektors zu beobachten. Während noch in der Mitte des Jahrhunderts Kleinhändler die Ausfuhr von Baumwolle dominierten, nahm ab 1861 die Bedeutung von Grosskaufleuten auf dem Platz Bombay erheblich zu. Nach 1875 fand sich beispielsweise unter den führenden Häusern gerade noch eine einzige einheimische Gesellschaft. Die Kontrolle über jenen wichtigen Sektor des Aussenhandels war somit in die Hände von Europäern gelangt.[35] Wieweit der Konkurrenzdruck durch ausländische Exporteure diese Entwicklung beeinflusste, ist aus den Quellen nicht ersichtlich. So ist im Bericht einer Untersuchungskommission keine Erklärung dafür zu finden, wieso sich der damals grösste Baumwollaufkäufer in Khandesh, Mooljee Jeatha, nach und nach ganz auf den Importhandel verlegte.[36]

Entsprach die Situation in unserm Distrikt dem allgemeinen Trend oder muss auch in diesem Bereich vom Sonderfall Khandesh gesprochen werden? Die Antwort lautet Ja und Nein. Hier wie andernorts, etwa in Poona und Ahmednagar[37] gingen die meisten landwirtschaftlichen und handwerklichen Produkte durch unzählige Hände, bevor sie zum Endverbraucher gelangten. Dieser Grundsatz galt aber für Baumwolle etwa ab der Jahrhundertmitte nicht mehr.[38] Mit den modernen Kommunikationsmitteln hielten auch im Bereich des Handels neue Praktiken Einzug: "Ein typisches Merkmal des neuen Geschäftsstils", so heisst es in der *Gazetteer*[39], "besteht darin, den Exporteur so oft wie möglich in direkte Verhandlungen mit dem Pro-

---

[35] Vicziany dazu: "Against this background we can conclude two things [...]: first, that until the 1870's the bulk of Bombay's raw cotton export trade was in the hands of Indian merchants and second, that the trend of growing concentration in the export sector was characterized by European firms acquiring a position of dominance as the owners of export consignments. By 1875 the relative roles and importance of these two sections of Bombay's merchant community had been reversed. Until the turn of the century the European firms continued to dominate Bombay's export trade while the indigenous merchants were limited to inland commerce."

M. Vicziany, 1979, p. 172.

[36] *Report of the Commissions to Inquire into the Working of the Cotton Frauds Act (IX of 1863), with Minutes of Evidence*, Bombay 1873, pp. 88-93, zit. in: M. Vicziany, 1979, pp. 186-7.

[37] J. Banaji, 1972, in: EPW 52, p. 1385.

[38] "Except cotton, which, by a system of advances, the export traders or their subordinates collect from the growers, most produce passes through the hands of several middlemen. [...] Similarly, imported articles generally pass through several hands, between the merchant who brings them into the district and the countryman who buys, either at his village shop or at some fair or market booth."

GBP, Vol. XII (1880), Khandesh, p. 217.

[39] "Again, one marked feature of the present style of business is to bring the exporter as nearly as possible into direct dealing with the grower, and by this means the places and profits of several middlemen have been swallowed up."

GBP, Vol. XII (1880), Khandesh, p. 194.

duzenten zu bringen [...]". Viele dieser Kaufleute, die in Khandesh im Namen einer Firma aus Bombay tätig waren, liessen sich in Städten wie Chalisgaon, Jalgaon, Amalner, Nandurbar oder ähnlichen Knotenpunkten nieder. Im Gegensatz zu den aus dem Distrikt selber stammenden Händlern, so wird 1880 berichtet[40], seien jene wahre Meister im Gebrauch von "Schiene und Draht" gewesen:

> "It is also true, that the Khandesh trader has during the last fifty years had to fight against two sets of very dangerous rivals, Vanis from Marvad and Bhatias from Bombay. The Marvad Vanis, stronger, more active, and perhaps even more frugal and less scrupulous than the local Vani and Brahman, have drawn to themselves a very great share of the district moneylending; and the Bombay Bhatias, larger minded, stronger, and harder working than the local traders, and unlike them masters of the new systems of trade by rail and wire, enjoy the bulk of the profits made from the very large exports and imports [...]".

Die Verdrängung der kleinen, aus der Gegend stammenden Baumwollhändler durch Grosskaufleute aus Bombay entsprach dem bekannten Muster: "Viele der einheimischen Händler aus Savda, Faizpur und Raver", bemerkte Davidson schon 1854, "kaufen [nun] im Auftrag von Firmen in Bombay im Distrikt Hosingabad Baumwolle."[41] Anzufügen ist, dass die erwähnte Gegend rund 100 Meilen von der Ostgrenze Khandeshs entfernt liegt. Aehnlich präsentierte sich die Lage in der *taluka* Amalner, wo sich die einheimischen Kaufleute, die nach eigenen Worten früher "ein Monopol"[42] besassen, nur noch als "Vorkoster" der grossen Exporteure betätigen konnten[43]:

> "[...] the native merchants of the district [...] simply purchase the articles for exportation from the ryots and resell them almost immediately to some agents of Bombay native merchants, several of whom reside in Amulnair and whose sole business appears to be the purchase and exportation to Bombay cotton, linseed, tillee and coriander seed."

In welchem Ausmass diese Kaufleute oder Agenten direkt mit den Bauern ihre Geschäfte abwickelten, wird später noch genau zu beziffern sein. Im Bezirk Nandurbar, der ja nun nicht zu den wirtschaftlich stärksten des Distriktes gehörte, nahmen die Direkt-Transaktionen aber schon 1852 einen "sehr beträchtlichen Umfang" an.[44] In den achtziger Jahren schien jene Art der Geschäftsabwicklung im Exporthandel bereits die Regel gewesen zu sein, wie Berichte

---

[40] GBP, Vol. XII (1880), Khandesh, p. 194.

[41] "Many of the native merchants resident in the towns of Sowda, Faizpur, and Ravere purchase cotton in the Hosingabad districts under consignment for houses in Bombay."

A.F. Davidson to S. Mansfield, Nr. 206, 23rd December 1854, in: SRGB N.S., Nr. 93 (Savda & Yavul), Bombay 1865, p. 8.

[42] GBP, Vol. XII (1880), Khandesh, p. 194.

[43] P.A. Elphinstone to Davidson, 21st January 1858, in: SRGB N.S., Nr. 93, (Amalner), Bombay 1865, p. 278, zit. in: J. Banaji, 1972, in: EPW 52, p. 1385.

[44] "Several Bombay merchants have agents here, who transact business with the ryots themselves on a very extensive scale, buying up the crops as soon as they are brought in, which enables them to make their purchases without much competition, and in many cases to fix their own prices a transaction profitable no doubt to the merchant, but not so, I should say, in every case to the poor ryot."

P.A. Elphinstone to R. Ashburner, Nr. 21 of 1852, in: SRGB N.S., Nr. 93, (Nandurbar), Bombay 1865, p. 474.

aus der *taluka* Chopda bestätigen.[45] Dantwala liefert zur Frage des Marketings weitere Angaben, überlässt aber die Chronologie allzu oft dem Leser.[46]

Ob ein Produzent im Dorf selber mit einem Aufkäufer verhandelte oder den "freien Auktionsmarkt" im nächstgelegenen Zentrum aufsuchte, hing von vielen Faktoren ab. Einen starken Einfluss auf diese Entscheidung wird aber ein allfälliger Preisunterschied für das Rohmaterial zwischen Stadt und Dorf gehabt haben. Die fortschreitende Verknüpfung der regionalen Märkte hob diese Differenzen im Lauf der Jahre mehr und mehr auf. Es ist deshalb durchaus folgerichtig, dass der Anteil der Dorf-Verkäufe mit den Jahren trotz besserer Erschliessung des Nahbereiches zunahm. Bereits um die Mitte des letzten Jahrhunderts, so die Quellen, sei der Umfang solcher Dorf-Geschäfte "sehr beträchtlich" gewesen. Knapp sechzig bis siebzig Jahre später, also etwa um 1920-30, wechselten laut Dantwala im Schnitt schon drei Viertel des gesamten Baumwollvolumens auf dem Land die Hand.[47] Schlüsselt man die Verkäufe nach der Anzahl der beteiligten Produzenten auf, so bestätigt sich: Eine Mehrheit unter den Bauern verkaufte zu Beginn des 20. Jahrhunderts im eigenen Dorf! Mit andern Worten spiegelte sich in diesem Verhalten bis zu einem gewissen Grad wohl ein ausgeglicheneres Preisniveau innerhalb des Distriktes. Anderseits wäre es interessant, mehr über jenes Viertel des Kontingentes zu erfahren, welches auch nach 1900 noch immer in die nächste Marktstadt gekarrt wurde. Welche Schicht der Bauernschaft nahm mit einem Fuhrwerk einen Weg von 20-30 Meilen in Kauf, um ein paar Rupien mehr zu lösen? Beschränkten sich derartige Abschlüsse vor allem auf die weniger kommerzialisierten Regionen? Dominierten kleine Einzellieferungen oder grosse Massensendungen die städtische Marktszene? Leider schweigen die Quellen dazu.[48]

Schliesslich bleibt noch die Binsenwahrheit anzufügen, dass in der fraglichen Zeitspanne sowohl der Personen- als auch der Güterverkehr kräftig zulegten.[49] So verdreifachte sich

---

45 "The export trade of the district [i.e. Chopda] does not appear in its markets, but is conducted through Dalals who travel from village to village, and buy either for merchants in Dharangaon or Dhulia, or for Bombay firms. The main export is cotton [...]".

W.M. Fletcher to the Collector of Khandesh, Nr. 1098, 12th December 1887, in: SRGB N.S., Nr. 221 (Chopda), Bombay 1888, para. 15.

46 M.L. Dantwala, 1937, pp. 32-41.

47 Der im Osten Khandeshs liegende Distrikt Berar - das eigentliche Zentrum des Baumwollanbaus - wies ein nahezu umgekehrtes Verhältnis der beiden Anteile auf. U.a. war dies der 1897 eingeführten Kontrolle des Marktes (*Berar Cotton and Grain Markets Law*) zuzuschreiben.

Vgl.: M.L. Dantwala, 1937, p. 32, p. 37.

48 Banaji schätzt die Unabhängigkeit des Produzenten in Khandesh höher als andernorts ein. Die zunehmende Durchdringung des Hinterlandes mit europäischem Kapital habe zur Loslösung der Bauernschaft von indischen Geldgebern beigetragen.

J. Banaji, 1977, in: EPW 12 (Special Number 33 & 34), p. 1385.

49 Die Quellensituation ist unbefriedigend. Die *Gazetteers* weisen kaum Zahlenmaterial auf. Die jährlichen *Railway Reports* offerieren nur Daten, die nach sogenannten *railway blocks* zusammengefasst sind und nicht einzel aufgeschlüsselte Distrikte umfassen.

nach der Eröffnung der G.I.P. Bahnlinie innert weniger Jahre das Volumen der spedierten Fracht. Die Zunahme von rund 43'000 auf über 110'000 Tonnen ist umso bemerkenswerter, als sie ja nach dem Boom der sechziger Jahre, also in einer Periode des gebremsten Wachstums, zustande kam.[50] Stationen wie Chalisgaon, Pachora, Jalgaon, Bhadli, Raver oder Varangaon konnten nicht zuletzt dank der Schiene für ihr jeweiliges Hinterland eine Art Zentrumsfunktion übernehmen. Von Amalner, einer zentralen *taluka* des Distriktes, berichteten die Quellen um die Jahrhundertwende gar, die Stadt besitze wegen der Eisenbahn, ihrer Baumwollpressen sowie der Kleiderfabriken einen "Hauch lärmiger Modernität". Im gleichen Atemzug wird aber der nur wenige Meilen weiter südlich gelegene Flecken Parola als Relikt vergangener Zeiten beschrieben.[51] Die Stellung von *talukas* wie Bhusaval, Nasirabad (Jalgaon) und Chalisgaon lässt sich u.a. auch in der Prosperität des örtlichen Wochenmarktes ablesen, der neben den periodisch abgehaltenen Messen das wichtigste Instrument zur Verteilung der Güter war. Nicht selten konnten 1892 in Jalgaon an einem einzigen Tag für rund *Rs*. 12'400 Waren die Hand wechseln.[52] Aber auch ein Bezirk wie Nandurbar im Westen, dessen Agrarproduktion alles andere als auf den Anbau von Rohstoffen ausgerichtet war, profitierte vom Eisenbahnbau, was einmal mehr die wirtschaftliche Bedeutung eines leistungsfähigen Verkehrs- und Transportsystems unterstreicht.[53] Noch 1896, vor der Eröffnung der Tapti-Linie, wurden auf dem dortigen Markt vor allem mit Holz pro Tag *Rs*. 3'000 erzielt; bis 1912 stieg der Betrag auf *Rs*. 20'000.[54]

## 3.3 Finanzierung der Agrarproduktion und Verschuldungsproblematik

Ebenso zentral wie die Organisation des Handels ist für eine Region mit vorwiegend ländlichem Charakter und starkem primären Sektor die Finanzierung der Agrarproduktion. Aufgrund ihrer besonderen Struktur lassen sich die beiden Bereiche aber nicht immer unterscheiden. Eine klare Trennlinie zwischen Handel und Kapital, zwischen einem Kaufmann und einem Bankier, ist erst in einem System mit ausgeprägter vertikaler Arbeitsteilung möglich. Ob-

---

[50] Werte: *Summe* der per Bahn transportierten Fracht, somit umfassen sie die ein- *und* ausgeführten Produkte.

[51] "Amalner with its railway, its cotton gins and cloth mill has an aspect of noisy modernism strangely in conflict with the sleepy old world appearance of Parola though the latter also has its gins."

J. Abbott to the Settlement Commissioner, 16th August 1918, in: SRGB N.S., Nr. 585 (Amalner & Parola), Bombay 1921, p. 10.

[52] *Papers relating to the Revision Survey Settlement of the Jalgaon Taluka of the Khandesh Collectorate*, in: SRGB N.S., Nr. 262, App. C, pp. 13-4, Bombay 1892; 1927 betrug der vergleichbare Wochenumsatz des Marktes in Chalisgaon *Rs*. 45'000. Dazu: R. Choksey, 1955, pp. 166-7.

[53] "Mr. Maconochie's prophecy [...] that with the advent of the Railway the trade of the bazars near the stations would increase very largely has been remarkably fullfilled, with the result that all trade has practically concentrated in Nandurbar, Visarwadi and Navapur. The chief item is of course timber [...]".

H.B. Clayton to the Collector of Khandesh, Nr. 2243, 23rd September 1908, in: SRGB N.S., Nr. 510 (Nandurbar), Bombay 1912, p. 4.

[54] R. Choksey, 1955, p. 166.

Tabelle 5: Baumwolltransaktionen nach Verkaufsorten [Volumenprozente]

| Distrikt | Anteile Dorf-Verkäufe | Anteile Stadt-Verkäufe |
|---|---|---|
| Berar | 32 | 68 |
| Khandesh | 81 | 19 |
| Middle Gujarat | 51 | 49 |
| Sind | 79 | 21 |
| Punjab | 81 | 19 |
| Madras | 87 | 13 |

Legende: Mit *Stadt* ist das nächstgelegene Distriktzentrum gemeint; alle Werte für ca. 1930.
Quelle: M.L. Dantwala, 1937, p. 37; ibid. vollst. Quellenangaben.

wohl zum Beispiel im landwirtschaftlichen Sektor, so auch in Khandesh, bereits ab der Jahrhundertmitte erste Anzeichen einer Spezialisierung auf bestimmte Produkte erkennbar waren, traf dies erstaunlicherweise für den Kapital- und Kreditmarkt nicht in gleichem Mass zu. "Dieselbe Person", so heisst es in der *Gazetteer* von 1880, "betätigt sich in der Regel als Händler, Geldverleiher und Vermittler". Einzig in Jalgaon, der wichtigsten Drehscheibe des ganzen Distriktes, hatten sich damals bereits spezialisierte Geschäftshäuser etabliert.[55] Um 1880, als das Städtchen erst knapp 10'000 Einwohner besass, waren dort bereits 17 einheimische und zwei europäische Exportfirmen, 20 Geldverleiher und drei Bankiers anzutreffen.[56] Wo immer die Kommerzialisierung aber weniger ausgeprägt war, etwa in den ländlichen Gegenden des Westteils, bereitete den Behörden die Klassifizierung nach Beruf und Beschäftigung erheblich mehr Mühe. Zur bevölkerungsmässigen Stärke der betreffenden Segmente liegen in den Quellen zwar Angaben vor, doch sind sie mit grosser Vorsicht zu geniessen. Laut Schätzungen lag der Anteil des "kommerziellen" Sektors zwischen maximal 4 und 10% der gesamten Bevölkerung.[57] So soll im Jahre 1872 in Khandesh für etwa 9'000 Personen das Geldgeschäft die Hauptbetätigung dargestellt haben.[58] Anderseits war mit dem Kriterium "hauptamtlich" oder *main occupation* nur ein kleiner Teil des ganzen Kreditwesens erfasst. Besonders die sogenannten *well-to-do* oder wohlhabenden Bauern, die sich im Lauf der Zeit immer mehr in diesem Bereich engagierten, blieben so nicht im statistischen Netz der Verwaltung hängen. Charlesworth trifft den Nagel auf den Kopf, wenn er im Geldverleihen von relativ kleinen Summen damals die einzige Investitionsmöglichkeit sieht. Ein Darlehen zu gewähren sei ebenso verbreitet

55 "The trading population is not divided into distinctly marked classes. The same man is often a merchant, a moneylender, and a broker. At Jalgaon alone is there trade enough to allow of firms confinig themselves to fixed branches of business."

GBP, Vol. XII (1880), Khandesh, p. 191.

56 GBP, Vol. XII (1880), Khandesh, p. 191.

57 J. Banaji, 1977, in: EPW 12 (Special Number 33 & 34), pp. 1379-80.

58 GBP, Vol. XII (1880), Khandesh, pp. 191-2; *Census of the Bombay Presidency, 1872, Part II*, Bombay 1875, p. 174.

Tabelle 6: Zusammensetzung des Inlandmarktes [in % der gesamten Geschäftstätigkeit]

| | einheimische Kaufleute | Gesellschaften aus Bombay | ausländische Firmen |
|---|---|---|---|
| Chalisgaon | 40/50 | 20/25 | 20/25 |
| Chopda | 15/25 | 25/35 | 50 |
| Shirpur | 20 | 20 | 60 |
| Dhulia | 10 | 30/40 | 50/60 |
| Jalgaon | 25/30 | K.A. | 60/75 |

Legende: Alle Werte für ca. 1930.
Quelle: M.L. Dantwala, 1937, App. III, pp. 40-1.

gewesen, wie eines zu beanspruchen, Schuldner und Gläubiger in vielen Fällen kaum auseinanderzuhalten.[59]

Die Tatsache, dass breite Teile der ländlichen Bevölkerung sowohl für die Bestellung der Felder als auch für den täglichen Lebensunterhalt auf finanzielle Unterstützung Dritter angewiesen waren, gibt immer wieder Anlass zu Kontroversen. Im Mittelpunkt steht dabei die Frage, welche Auswirkungen die britische Agrarpolitik auf die materiellen Umstände der Agrarproduzenten gehabt habe. Aus den Aufzeichnungen der Administration geht in dieser Beziehung kein klares Bild hervor. Einerseits wird, fast stereotyp, regelmässig auf die generelle Verbesserung der Situation seit der ersten Steuerveranlagung hingewiesen. Anderseits ist in den gleichen Berichten auch kritisch angemerkt, dass unter Umständen das allgemeine Wohl für den einzelnen bedeutungslos sein könne.[60] In Kontrast zu den positiven Aeusserungen stehen bisweilen aber Meldungen, wonach eine Mehrheit der Bauern nach wie vor in der Hand sogenannter *moneylenders* gewesen sei[61]:

> "The state and condition of the ryots of these two talookas [i.e. Savda & Yavul] are not such as to a casual observer would appear to be the case.[...] On my first visit to these talookas in 1852-53 I formed an impression that, judging from apparent outward appearances, there was little to ameliorate in the condition of the cultivating classes [...] but with regard to their real means, it was not until I set steadily about the task of instituting inquiries into individual cases that I arrived at the truth, which is that these ryots as a body are just as deeply enthralled in the bonds of the moneylenders, and even more securely fixed in their snares and devices, than their brethren of Deccan."

59 N. Charlesworth, 1985, pp. 86-7.

60 "The above statistics show a very great material progress in the taluka [Shirpur]. It does not necessarily follow that the individual is prosperous in the same ratio as the mass of population [...]."

A.B. Fforde to the Collector of Khandesh, Nr. 1244, 21st November 1896, in: SRGB N.S., Nr. 373 (Shirpur), Bombay 1898, para. 24.

61 A.F. Davidson to S. Mansfield, Nr. 206, 23rd December 1854, in: SRGB N.S., Nr. 93 (Savda & Yavul), Bombay 1865, para. 23.

Tabelle 7: Frachtverkehr in Khandesh: 1868-78 [Tonnen]

| Bahnstation | 1868 | 1873 | 1878 |
|---|---|---|---|
| Chalisgaon | 1'705 | 5'370 | 12'164 |
| Kajgaon | 4'659 | 3'002 | 8'947 |
| Pachora | 3'263 | 4'490 | 12'352 |
| Maheji | 3'045 | 1'415 | 3'775 |
| Mhasavad | 2'329 | 1'409 | 4'652 |
| Shirsoli | | 108 | 507 |
| Jalgaon | 15'310 | 21'079 | 47'003 |
| Bhadli (Nasirabad) | 882 | 1'197 | 6'003 |
| Bhusaval Junction | 4'056 | 3'522 | 1'955 |
| Raver | | 966 | 1'339 |
| Savda | | 2'100 | 4'664 |
| Varangaon | 1'051 | 609 | 5'988 |
| Total* | 43'121 | 48'096 | 114'540 |

Legende: Nicht alle Stationen aufgeführt; * entspricht dem Total aller Stationen in Khandesh.
Quelle: GBP, Vol. XII (1880) Khandesh, p. 215

Davidson, der Verfasser dieser Zeilen, unterscheidet in seinen Aeusserungen also zwischen dem vermeintlichen Eindruck und den tatsächlichen Gegebenheiten. Wieweit sich die Spezialisierung auf bestimmte Exportprodukte auch auf die materielle Situation der Agrargesellschaft positiv auswirkte, bleibt noch zu zeigen. Vieles deutet darauf hin, dass gewisse Wohlstandserscheinungen[62] beobachtet werden konnten; es fragt sich jedoch, wie sie verteilt waren. Dies zeigt sich u.a. darin, dass ein Teil der Bauernschaft mit dem akkumulierten Kapital ins Geldverleihgeschäft einstieg.

Das Thema "Verschuldung" besitzt nicht zuletzt deshalb eine gewisse Brisanz, weil Grad und Höhe der allgemeinen und individuellen Verschuldung unter britischer Herrschaft beunruhigende Ausmasse angenommen hatten. Kredite zu erteilen war allerdings keine Erfindung der Briten, sondern schon zu Zeiten der Maharaten ein weitverbreitetes Phänomen. Trotz der Besorgnis über die geringe ökonomische Mobilität der Bauernschaft im ländlichen Indien, bezeichnet Charlesworth die hohe Verschuldung breiter Kreise nicht als Produkt der britischen Kolonialjahre, sondern apostrophiert jene Erscheinung als weltweites und grundsätzliches Merkmal einer Agrargesellschaft. Sowohl im Deutschland des 17. und Sizilien des 19. Jahrhunderts als auch im vorindustriellen England habe es, so Charlesworth, ein ausgebautes und allseits beanspruchtes Kreditnetz gegeben.[63] Die Existenz eines vergleichbaren Geld- und Kredit-

[62] Als Index werden die Anzahl solider Häuser, Brunnen oder der Vieh- und Fuhrwerkbestand genommen.

[63] Vgl.: N. Charlesworth, 1985, pp. 83-5; interessant sind auch die Schlussfolgerungen der *Famine Commission*, die sich mit dem Thema Schulden befasste: "We have found no reason to believe that the agricultural population of India has at any known period of their history been generally free from debt, although individuals or classes may have fallen into deeper embarrassments under the British rule than was common under the Native dynasties which preceeded it."

marktes in Teilen Europas und Indiens bedeutete aber noch nicht, dass auch das volkswirtschaftliche Umfeld der beiden Kontinente vergleichbar war. Der konkrete Schuldenalltag unterschied sich hier und dort einmal in den objektiven Voraussetzungen, aber auch in seiner subjektiven Wirklichkeit. Beträchtliche Differenzen hinsichtlich Art und Ausbildungsgrad des ganzen Kreditwesens sowie der Höhe der individuellen Belastung traten schon innerhalb einzelner Regionen des indischen Subkontinentes auf. Im Distrikt Poona soll es 1875 beispielsweise Personen gegeben haben, die dem Staat zwischen *Rs.* 10 und 20 jährlich an Steuern zu entrichten hatten, gleichzeitig mit dem zehnfachen Betrag bei privaten Geldverleihern in der Kreide standen. Insgesamt übertraf der gesamte Agrarschuldenberg der Provinz Bombay 1920 das eigene Steueraufkommen um den Faktor fünfzehn. Rund 75% aller Bauern in Bombay, so stellte die *Famine Commission* 1880 fest, waren verschuldet, davon etwa die Hälfte so hoffnungslos, dass sie ihren Verpflichtungen aus eigener Kraft kaum mehr nachkommen konnten.[64] Was die Situation in Khandesh anbelangte, so lässt die geringe Informationsdichte keine abschliessenden Aussagen zu. Auch im Bericht der *Deccan Riots Commission* (DRC), welche die Unruhen von 1875 untersuchte, wird unser Distrikt nur am Rande erwähnt. Danach soll das Verhältnis von durchschnittlicher Schulden- und Steuerlast etwa 15:1 gewesen sein. In absoluten Zahlen gesprochen betrug die jährliche Fiskalabgabe im Mittel knapp *Rs.* 30, während die Verpflichtungen *Rs.* 160-782 ausmachen konnten und durchschnittlich bei etwas mehr als *Rs.* 440 lagen.[65]

Wie das Beispiel eines Kleinbauern aus Khandesh wohl stellvertretend für alle andern Fälle zeigt, konnte wegen der hohen Zinsen aus einem einmaligen Darlehen von *Rs.* 25 innert 15 Jahren eine Gesamtschuld von annähernd *Rs.* 260 entstehen, und dies trotz Rückzahlungen von *Rs.* 70 in derselben Periode.[66] In den späten zwanziger Jahren dieses Jahrhunderts kam eine spezielle Untersuchungskommission zum Schluss, dass in Gujarat und Khandesh mindestens 70% aller Baumwollpflanzer im Mittel mehr als *Rs.* 100 Fremdkapital einsetzten.[67] Wo lagen die Gründe für diese Entwicklung? In welchem Masse kann die Freihandelspolitik der Briten dafür verantwortlich gemacht werden? War die hohe Verschuldung der Preis für die systematische Integration in den Weltmarkt? Ohne Zweifel handelt es sich bei dieser Erscheinung um ein komplexes Wechselspiel verschiedener Kräfte. In ihrem Report resümierte die DRC, dass die Ursachen für den Missstand einerseits institutioneller Art seien und damit mehr oder weniger

*Report of the Indian Famine Commission, Vol. 2, Measures of Protection and Prevention*, pp. 130ff., in: PP, HC 1880, Vol. 52 (East India).

64 *Report of the Indian Famine Commission, Vol. 2, Measures of Protection and Prevention*, p. 133, in: PP, HC 1880, Vol. 52 (East India); vgl. für Poona: N. Charlesworth, 1985, p. 83.

65 *Report of the Committee on the Riots in Poona and Ahmednagar, 1875*, Bombay 1876, para. 24.

66 *Report of the Committee on the Riots in Poona and Ahmednagar, 1875*, Bombay 1876, App. C, p. 240.

67 *The Indian Central Cotton Committee, General Report on Eight Inquiries into the Finance and Marketing of Cultivator's Cotton, 1925-28*, Bombay 1929, Table 7, zit. in: N. Charlesworth, 1985, p. 85.

ausserhalb der Kontrolle des einzelnen lagen, anderseits aber auch häufig persönliches Verschulden eine Quelle des Uebels darstelle. In erster Linie wurde die unglückliche Verquickung von Armut, unproduktivem Ackerboden und klimatischen Eigenheiten der Region als Hauptursache genannt. Neben einem Verweis auf die teilweise unbedachten Konsumgewohnheiten vieler Bauern, beurteilte die Kommission die Rolle der Briten erstaunlich kritisch. Insbesonders wies man auf die gläubigerfreundliche Gesetzgebung und Rechtssprechung hin. Gleichzeitig wurde auch die Frage aufgeworfen, inwiefern die Praxis der ein für allemal bzw. für mindestens dreissig Jahre festgelegten Steuerveranlagung geeignet sei, saisonale und konjunkturelle Einkommenseinbussen in der Landwirtschaft auszugleichen.[68]

In ihren grundsätzlichen Aspekten trafen die Ansichten der DRC nicht nur auf Poona und Ahmednagar zu, sondern besassen für weite Teile des indischen Subkontinentes Gültigkeit. Sowohl der Kapitalbedarf als auch die Kreditwürdigkeit eines Bauern können nicht losgelöst von jenem Prozess betrachtet werden, den man mit Begriffen wie "Expansion" oder "Kommerzialisierung" des Agrarsektors bezeichnet. Die Ausrichtung des Anbaus auf exportierbare Rohstoffe wie Baumwolle, war auf allen Ebenen mit dem Einsatz grosser finanzieller Mittel verbunden. Unter diesem Blickwinkel muss die Urproduktion in einem Distrikt wie Khandesh als kapitalintensiv bezeichnet werden, während umgekehrt aber die Verdienstmöglichkeiten infolge der vergleichsweise günstigen volkswirtschaftlichen Rahmenbedingungen wahrscheinlich ebenso über dem Durchschnitt lagen. Ob die Höhe des Schuldenberges ein Anzeichen für materielle Not oder paradoxerweise bis zu einem gewissen Grad als Wohlstandsindex zu werten ist, kann in dieser Konstellation nicht von vornherein entschieden werden. Zum grossen Erstaunen des *Banking Enquiry Committee* war nämlich der Bewirtschafter eines kleinen Grundstücks nicht stärker verschuldet als jener mit viel Landbesitz, ja bisweilen konnte sogar das Gegenteil der Fall sein.[69] Oekonomisches Denken und Handeln wird ja bekanntlich von der Einschätzung der Gegenwart und der Bewertung der Zukunft beeinflusst. Die Gewährung oder eben Verweigerung eines Darlehens ist somit der sichtbare Ausdruck dieser Beurteilung durch den Gläubiger. Solange nun nicht einwandfrei feststeht, wer auch immer aus welcher Absicht Schulden machte oder machen musste, darf die Aufnahme von Krediten aber nicht zwangsläufig als positives Zeichen gewertet werden, obwohl die Beziehung zwischen Schulden und Kreditwürdigkeit durchaus einleuchtet. Wie wäre sonst der Umstand zu erklären, dass noch nach 1920 mehr als die Hälfte aller Baumwollpflanzer (54%) in Khandesh ihren jährlichen Bedarf an Saatgut nicht ohne fremde Finanzhilfe decken konnten![70]

---

[68] *Report of the Committee on the Riots in Poona and Ahmednagar, 1875*, Bombay 1876, para. 67.

[69] *Report of the Bombay Provincial Banking Enquiry Committee, 1929-30*, para. 53, zit. in: N. Charlesworth, 1985, p. 85.

[70] *The Indian Central Cotton Committee, General Report on Eight Enquiries into the Finance and Marketing of Cultivator's Cotton, 1925-28*, p. 10, zit. in: N. Charlesworth, 1985, p. 86.

Als Kredit- und Geldgeber tauchen in den Quellen der Administration immer wieder drei Kategorien auf.[71] Entsprechend ihrer sozialen Herkunft und Zugehörigkeit sowie ihrer Funktion im wirtschaftlichen Kreislauf handelte es sich strikt genommen aber nur um zwei grundlegend verschiedene Klassen. Zum einen stammte ein grosser Teil der Involvierten - in sich allerdings keineswegs eine homogene Gruppe - aus dem traditionellen Handels- und Bankensektor. Zum andern betätigten sich im Lauf der Zeit mehr und mehr zu Wohlstand gelangte Bauern in diesem Bereich.[72] Diese beiden Personenkreise unterschieden sich hinsichtlich der ihnen zur Verfügung stehenden Ressourcen, des bevorzugten Standortes ihrer Tätigkeit, des kommerziellen Aktionsradius sowie der Klientele. Von Bedeutung war für potentielle Schuldner, in unserm Fall viele Kleinbauern, Handwerker und selbst kleinere Händler, wie gross das Gesamtvolumen des nach Anlage strebenden Kapitals war, aber auch, in wievielen Händen dieses lag. Insofern sorgte der Wachstumsschub im Exportsektor trotz schwankender Rohstoffpreise für steigende Einnahmen und damit für eine Belebung und Oeffnung des Kreditmarktes. In dieses Bild passen auch Angaben aus Satara, einem ganz im Süden des Dekkan gelegenen Distriktes. Danach hatten rund 40% der dort 1875 aktiven Geldverleiher ihre Geschäfte erst in den vergangenen zwanzig Jahren aufgenommen.[73] Bei vielen dieser Neulinge handelte es sich um Verleiher aus Gujarat und Marvad, die in den ersten drei bis vier Jahrzehnten des 19. Jahrhunderts in der Region ein lukratives Betätigungsfeld fanden. Bekanntlich waren ja die innerdörflichen Spannungen, aus denen sich schliesslich im Hinterland des Dekkan die Unruhen von 1875 entwickelten, u.a. eine Folge dieser Migration. In dasselbe Horn stiessen auch in Khandesh die örtlichen Händler und *moneylenders*, die den Verlust ihrer einstigen Vorrechte bedauerten[74]:

> "»Fifty years ago«, they say, »we had a monopoly; we knew about exchange, and from the uncertain state of the currency, made large sums by exchange, and we realised high profits in gold, silver, and precious stones, then the only form of investment.[...] Thirty years later (1860-65), during the demand caused by the American war, and when great sums were spent in making the railway, we became rich. Our old debts were recovered; great profits were gained in all branches of business; and new loans were issued at high rates of interest. Then the turn came. Many of our ventures turned out badly, and when we tried to recover the sums lent at interest, we found that the people had spent almost all their gains, and in the fall of prices were not able to pay us. In taking them into court and forcing them to pay, both we and our debtors lost heavily.«"

Aus der Sicht der etablierten lokalen Geldgeber äusserte sich die Integration des Binnenbereichs in den Weltmarkt in erster Linie, wie die zitierte Passage zeigt, in einer Verschärfung des Konkurrenzkampfes. Auf der andern Seite bleibt es dennoch fraglich, ob die Verbreiterung der Kreditbasis auch tatsächlich für alle potentiellen Schuldner spürbare Erleichterungen

71 Sinclair to the Collector of Ahmednagar, Nr. 342, 6th September 1875, in: *Report of the Committee on the Riots in Poona and Ahmednagar, 1875*, Bombay 1876, App. A, pp. 24ff.

72 Vgl.: J. Banaji, 1977, in: EPW 12 (Special Number 33 & 34), p. 1384; N. Charlesworth, 1985, p. 90.

73 *Revenue Department*, Vol. 8, 1875, pp. 239-90, zit. in: J. Banaji, 1977, in: EPW 12 (Special Number 33 & 34 ) pp. 1384.

74 GBP, Vol. XII (1880), Khandesh, p. 194.

mit sich brachte. Charlesworth ist der Meinung, dass unter den Gläubigern fortan sowohl wegen ihrer beträchtlichen Zahl als auch ihrer Verschiedenartigkeit ein gewisses Mass an Wettbewerb herrschte.[75] Choksey hingegen sieht gerade in der fehlenden Koordination der verschiedenen Quellen eine neue Gefahr für den Kleinschuldner. Infolge der grossen Nachfrage habe sich dieser Druck im Baumwollsektor noch stärker als in andern Sparten ausgeprägt.

Ein unscharfes Bild entsteht, wenn die praktischen Auswirkungen für den Schuldner untersucht werden sollen. Besonders nachteilig hat sich vermutlich die Abhängigkeit von fremdem Geld für jene Kleinbauern erwiesen, die als Sicherheit die eigene Ernte verpfänden mussten, bevor diese überhaupt in den Feldern stand. Von selbst versteht sich, dass bei solchen Vertragsabschlüssen, auch *jalap* genannt, der vom Geldverleiher diktierte Preis tiefer als der zu erwartende Marktwert lag[76]:

> "According to the common practice, from September to the end of April, growers and petty dealers got to the exporters, and contract a certain quantity of cotton within a given period. These time contracts are generally of two kinds. The contract known as *jalap* is entered into when the plant is not even in the pot. It is somewhat risky, but the value of the cotton is calculated at about fourteen per cent [...] less than current rates."

Wer immer als Bauer sein Land unter derartigen Umständen bestellen musste, war wohl kaum in der Lage, von konjunkturellen Schwankungen profitieren zu können. Davidson[77] beschrieb in der Mitte der fünfziger Jahre jene *merchants cum moneylenders*, die damals noch die Kontrolle über die gesamte Produktion der Gegend ausübten, mit folgenden Worten:

> "In this manner these sowcars hold direct control over the greater portion of the produce raised, which they secure on favourable terms and at the season when grain is cheapest. I may with safety then say that with exception of that raised by those of the second grade, who being in independent circumstances cultivate their fields and dispose of their produce to suit themselves, the cultivation of the whole district [i.e. Savda & Yavul] is conducted by the influential individuals composing the first class. They thus secure both the grain and the monopoly of the market, and also by these means prevent any great fluctuation in the prices, and in consequence many of them have accumulated vast fortunes."

Die starke Ausrichtung der Landwirtschaft auf den Export brachte Khandesh allem Anschein nach mehr materielle Vorteile als andern Distrikten. Ein weiterer Hinweis dafür ist auch der Umstand, dass die Methode der Erntepfändung im Lauf der Jahre im Verschwinden

---

[75] "Thus, when Western observers comment of Bombay rural trade that »the dealer is almost a moneylender«, the implication is not necessarily that local commerce was the monopoly of a few. The diversity and number of creditors, in turn, suggests that lenders could heardly impose monopolist terms on their debtors. [...] In midnineteenth-century western India, genuine competition for lending business must have existed, in many villages, between, say, professional shopkeepers and those with traditional social or tenurial status. [...] In practice, too, control over marketing was by no means always a condition of the regular supply of credit. Some cultivators always had the freedom of action, born, it seems, of ownership of resources or social status, to borrow heavily with very few strings attached."

N. Charlesworth, 1985, pp. 90-1; dazu auch: R.D. Choksey, 1955, p. 205.

[76] GBP, Vol. XII (1880), Khandesh, p. 221

[77] Davidson to Mansfield, Nr. 206, 23rd December 1854, in: SRGB N.S., Nr. 93 (Savda & Yavul), Bombay 1865, p. 17.

Tabelle 8: Verschuldung in Khandesh: ca. 1870-75 [ausgewählte Bezirke, in *Rs.*]

| Taluka | Anzahl Dörfer | Anzahl Familien | Steuer-betrag | Schulden-betrag |
|---|---|---|---|---|
| Savda | 5 | 459 | 6'959 | 217'367 |
| Chopda | 4 | 559 | 17'411 | 437'628 |
| Nasirabad | 5 | 547 | 19'317 | 165'247 |
| Jamner | 4 | 474 | 16'162 | 76'293 |
| Total | 18 | 2'039 | 59'851 | 896'535 |

Quelle: Report of the Committee on the Riots in Poona and Ahmednagar, 1875, Bombay 1876, para. 24.

begriffen war. Vor allem in den prosperierenden Distriktzentren und deren Umgebung verschaffte wohl die Baumwollhochkonjunktur vielen *ryots* eine gewisse ökonomische Ellbogenfreiheit. Aus Chalisgaon, dem südlichsten Bezirk Khandeshs, wird berichtet, dass sich vor der Jahrhundertwende nur noch die ärmern Bauern auf unvorteilhafte Terminverträge einliessen[78]:

> "Major Elphinstone mentions also that at the time of his writing his report [i.e. ca. 1863] the ryots did not appear to have profited much by high prices of cotton, the native merchants »who on such occasion generally speaking collect the interests due to them in *kind* being the only parties who really are the gainers; «this evidently refers to the system of 'Jalap' which is a time contract [...] this I have found by enquiry is not much in practice now and is only had recourse to by the poorer ryots who being in want of a small amount of money for present occasions have no choice but to take it to the terms dictated by the Savkar [...] In many villages I was told that none of the ryots had entered into such time contracts, and in a few others that only the poor ryots had done so, and that not to the extent of the whole of their crop but only to the amount required to pay of their debt."

Ebenfalls als Ausdruck eines gewissen materiellen Wohlstandes werteten die Briten die Tatsache, dass die im grossen Hungerjahr von 1900 organisierten Hilfseinrichtungen in Khandesh praktisch unbenutzt blieben.[79] Anderseits wird aber auch darauf hingewiesen, dass die Einkommensverteilung innerhalb des Distriktes sowohl horizontal als auch vertikal unausgeglichen war. In den Quellen finden sich derartige Hinweise praktisch in jedem Bezirks-Report, was deutlich auf eine gewisse Stratifikation der Agrargesellschaft hindeutet. Stellvertretend hier Auszüge aus dem Bericht über den Bezirk Chopda[80] im Nordosten Khandeshs:

> "There is no doubt a good deal of indebtedness, especially in many villages near the hills and in the east, and there are many well-to-do cultivators, more in the west than elsewhere. In some of the villages near the hills the houses are poor, and the cultivation is rather rough. The people moved and took

[78] W.S. Turnball to the Collector of Khandesh, Nr. 121, 27th January 1896, in: SRGB N.S., Nr. 350 (Chalisgaon), Bombay 1896, para.17.

[79] "The agriculturist is now well able to pay off his Land Revenue dues very easily and is in a position to tide over the difficulties of bad season without going to relief work. This is proved sufficiently during the last 8 months, when though looking to the poor condition of crops and the past experience in the famine of 1900, we expected these men to ask for relief works, still in fact none were found to be necessary. It is well known that these men gereally pay back their debts punctually and there are very few civil suits [...]."

McKelkar to the Collector of East Khandesh, Nr. R.S.20, 3rd September 1919, in: SRGB N.S., Nr. 595 (Erandol), Bombay 1923, p. 11.

[80] Letter from the Collector of Khandesh to the Commissioner, C.D., Nr. 845, 3rd February 1888, p. 8, in: SRGB N.S., Nr. 221 (Chopda), Bombay 1888, p. 86.

up new land on borrowed capital, I fancy, in many cases, and have not been able to clear themselves yet."

Die Briten leiteten zwar einiges in die Wege, um das Los der Schwächsten zu mildern. In vielen Fällen wurde mit Dekreten auf bestehende Missstände reagiert, selten aber präventiv agiert. Allzu stark richteten die Kolonialbehörden, was Baumwollle betrifft, ihre Bemühungen auf die Erhöhung von Produktion und Ertrag aus, ohne dass dabei die Finanzierung des Anbaus und die Vermarktung der Güter ebenso energisch angegangen wurde. In diesem Sinn müssen auch Aeusserungen aus den Reihen der Baumwollpflanzer interpretiert werden, die auf Zustände vor der Integration des Binnenbereichs hinweisen[81]:

"The only way in which this class [i.e. the poorer] could be benefited to any extent would be by a system under which advances could be made to them on less usurious terms. On this point it may be interesting to recall the time when the Firm of Ritchie, Stuart, and Co. had agencies at Dhurungaum [Erandol] and the principal cotton centres on the north-east of Khandesh, from 1850 to 1857, I believe. It is like a tradition now [1868] amongst the natives, whose account I am only able to quote. They say that at that time, it was the custom of the Firm to supply them with enough money for their requirements before the sowing season, and when the crop was ready, to give them the balance of its value at the market rate. If this was the case, it is natural that they should look back with regret to that time."

81 Letter from the Cotton Inspector for Khandesh to the officiating Inspector-in-chief, Cotton Dept., Nr. 128, 13th May 1869, in: *Adm. Rep. of the Cotton Dept. for the Year 1868/69*, App. K., p. 6; vgl. Zahlenangaben in: A. Guha, 1972, in: IESHR, p. 9, p. 17.

# 4. Demographische Entwicklung

Allgemein wird davon ausgegangen, dass zwischen der wirtschaftlichen Produktion und der demographischen Entwicklung ein Zusammenhang besteht. Weitgehend unklar ist aber, in welcher Weise sich das Wachstum der Bevölkerung auf die Entwicklung der gesamten Volkswirtschaft und die materiellen Aussichten des einzelnen auswirken. Diese Beziehung kann mit Hilfe eines Indexes ausgedrückt werden, der beide Aspekte berücksichtigt. Als erstrebenswert wird dabei ein Zustand bezeichnet, in dem sich die wirtschaftliche Kapazität gemessen am Stand der Bevölkerung in möglichst hohen Pro-Kopf-Werten des Einkommens, des Nahrungsmittelverbrauchs oder anderer relevanter Grössen niederschlägt. Bewegen sich diese Werte nach unten, und nimmt auch gleichzeitig die Zahl der Menschen ab, so liegt es nahe, von einer Unterbevölkerung zu sprechen. Werden hingegen fallende Wohlstandsziffern von einer Zunahme der Bevölkerung begleitet, so deutet dies auf eine Uebernutzung der vorhandenen Ressourcen hin. Davis macht aber geltend, dass eine Veränderung ökonomischer Schlüsselwerte in der Regel nicht nur auf demographische Tatsachen zurückgeführt werden kann. Denn Konjunkturschwankungen seien naturgemäss von kurzlebiger Art, während für die Herausbildung neuer Bevölkerungstrends gerade das Umgekehrte gelte.[1]

Trotz dieser Vorbehalte ist davon auszugehen, dass demographische Bewegungen Auswirkungen auf das ökonomische System haben. Damit ihnen als mögliche volkswirtschaftliche Triebfedern überhaupt ein Einfluss zugesprochen werden kann, muss die untersuchte Periode genügend lang sein. Im folgenden Kapitel soll die Situation in Khandesh vor dem Hintergrund der indischen Bevölkerungsgeschichte zur Sprache kommen. Entspricht das regionale Bild dem Gesamteindruck, oder weicht es von diesem in gewissen Bereichen ab? Sind allfällige Unterschiede auf die besondere, exportorientierte Agrarstruktur des Distriktes zurückzuführen oder eher von zufälliger Natur?

## 4.1 Bevölkerungswachstum

Indien ist mit mehr als 800 Millionen Einwohnern hinter der Volksrepublik China das bevölkerungsreichste Land der Erde. Alle Hoffnungen, die Bevölkerungszunahme in den Griff zu bekommen, haben sich in den letzten zwei Jahrzehnten zerschlagen. Anlass zu pessimistischen Prognosen gibt aber nicht der Umstand, dass gegenwärtig bereits jeder siebte Mensch

1 "In short the two variables - population and economic production - are to a certain degree independent of each other in their movements. Population trends arise from family institutions, health measures, popular customs, etc., as well as from economic conditions.[...] Economic trends (related of course to the factor of resources) arise from business institutions, market opportunity, political control, technological invention, etc., as well as from population trends. [...] With its mutual independence and difference in tempo, it is dangerous to interpret a change in a per capita economic index as due to population."

K. Davis, 1951, p. 205.

auf dem Subkontinent lebt, sondern vor allem das hohe Reproduktionstempo der Bevölkerung. In den vier Jahrzehnten seit der Unabhängigkeit hat sich die Bevölkerung ziemlich genau verdoppelt. Damit leben gegenwärtig rund 15% der gesamten Weltbevölkerung im Dreieck zwischen dem Himalaya sowie den Flüssen Indus und Brahmaputra. Indien liegt somit noch weit vor den USA (4.8%), der ehemaligen Sowjetunion (5.6%) oder allen EG-Staaten zusammen (6.6%).[2] Diese Entwicklung wird sich somit auch morgen unmittelbar auf die Beschäftigungsmöglichkeiten und die materiellen Aussichten der Bevölkerung auswirken. Während man für die Zeit der Kompanie und früher auf mehr oder weniger zuverlässige Schätzungen angewiesen bleibt, liefern die ab 1867 bzw. 1871 in zehnjährigem Abstand erhobenen *Census* konkretes Zahlenmaterial und genauere Berechnungen.

Im Gegensatz zur vorbritischen Zeit, in der die Einwohnerzahl im wesentlichen über Jahrhunderte konstant geblieben war, nahm diese in den 150 Jahren der Kolonialherrschaft um mehr als das Dreifache oder rund 270 Mio. zu. Bei dieser Wachstumsentwicklung handelte es sich jedoch um ein Phänomen, das weltweit zu beobachten war und sich letztlich auf die Veränderung des sozio-ökonomischen Umfeldes durch die Industrialisierung zurückführen lässt.[3] In Europa waren bereits um 1750 erste Anzeichen eines starken Bevölkerungszuwachses festzustellen; auf der indischen Halbinsel waren hingegen erst rund hundert Jahre später vergleichbare Entwicklungen zu bemerken. Die zeitliche Verzögerung ist mit der schrittweisen Ausbreitung von Industrie und Handel über den Erdball zu begründen. Berücksichtigt man zudem den zeitlichen Aspekt demographischer Vorgänge, so fällt der Anstieg der jährlichen Zuwachsrate mit der Etablierung der *Pax Britannica* zusammen.

Auffallend ist, dass die indische Bevölkerung in jener kolonialen Phase zwar stark zunahm, ihr Wachstum laut den Zensusdaten aber äusserst unregelmässig verlief und hauptsächlich zwischen 1845-1871 und nach 1921 zustandekam. Der sporadische Charakter dieses Wandels, der bei einer Gliederung nach einzelnen Dekaden noch besser zutage tritt, ist allerdings als traditionelles Muster der indischen Bevölkerungsgeschichte zu bezeichnen. Neu war jedoch in der zweiten Hälfte des 19. Jahrhunderts, dass auf eine Phase des absoluten Wachstums keine gegenläufige Bewegung, sondern nur noch eine Periode des relativen Rückganges folgte. Dies führte unter dem Strich unweigerlich zu einem Anstieg der betreffenden Werte. Ein Vergleich im globalen Rahmen relativiert jedoch die indischen Dimensionen. Im selben Zeitraum, von 1870-1940, verzeichneten z.B. Deutschland, Japan, Chile und die USA ein deutlich höheres prozentuales Wachstum.[4] Wenngleich also die indischen Prozentzahlen im globalen Vergleich noch übertroffen wurden, so ist mit diesen nationalen Werten nichts über die Bevölkerungsent-

---

2 Der Fischer Weltalmanach 1990, Frankfurt a.M. 1989, p. 287, p. 750; Handbuch der Dritten Welt, hrsg. v. D. Nohlen & F. Nuscheler, Bd. 7, Ludwigsburg 1983², pp. 123-4.

3 K. Davis, 1951, p. 28.

4 K. Davis, 1951, p. 18, p. 27.

Tabelle 9: Bevölkerungswachstum im Dekkan: 1872-1931

Bevölkerungsbestand 1872-1931

| Jahr | Khandesh | Ahmednagar | Nasik | Poona | Satara | Sholapur |
|---|---|---|---|---|---|---|
| 1872 | 1'032'000 | 777'000 | 736'000 | 922'000 | 1'061'000 | 721'000 |
| 1881 | 1'239'000 | 750'000 | 779'000 | 902'000 | 1'061'000 | 584'000 |
| 1891 | 1'437'000 | 889'000 | 842'000 | 1'068'000 | 1'225'000 | 752'000 |
| 1901 | 1'429'000 | 838'000 | 815'000 | 995'000 | 1'145'000 | 722'000 |
| 1911 | 1'616'000 | 945'000 | 905'000 | 1'072'000 | 1'081'000 | 768'000 |
| 1921 | 1'718'000 | 732'000 | 833'000 | 1'009'000 | 1'025'000 | 744'000 |
| 1931 | 1'978'000 | 988'000 | 1'000'000 | 1'170'000 | 1'180'000 | 878'000 |

Zuwachsraten pro Dekade in % der Vorperiode, 1872-1931

| Dekade | Khandesh | Ahmednagar | Nasik | Poona | Satara | Sholapur |
|---|---|---|---|---|---|---|
| 1872-1881 | 20 | -3 | 6 | -2 | 0 | -19 |
| 1881-1891 | 16 | 19 | 8 | 18 | 15 | 29 |
| 1891-1901 | -1 | -6 | -3 | -7 | -7 | -4 |
| 1901-1911 | 13 | 13 | 11 | 8 | -6 | 6 |
| 1911-1921 | 6 | -23 | -8 | -6 | -5 | -3 |
| 1921-1931 | 15 | 35 | 20 | 16 | 15 | 18 |

Index des Bevölkerungswachstums im Dekkan (1872=100)

| Jahr | Khandesh | Ahmednagar | Nasik | Poona | Satara | Sholapur |
|---|---|---|---|---|---|---|
| 1872 | 100 | 100 | 100 | 100 | 100 | 100 |
| 1881 | 120 | 97 | 106 | 98 | 100 | 81 |
| 1891 | 139 | 114 | 114 | 116 | 115 | 104 |
| 1901 | 138 | 108 | 111 | 108 | 108 | 100 |
| 1911 | 157 | 122 | 123 | 116 | 102 | 107 |
| 1921 | 166 | 94 | 113 | 109 | 97 | 103 |
| 1931 | 192 | 127 | 136 | 127 | 111 | 122 |

Legende: Auf Tausend gerundet.

Quellen: Census of India, 1911, Bombay, Vol. VIII, Part 2, Imperial Table II; Census of India, 1931, Bombay, Vol. VIII, Part 2, Imperial Table II; GBP, Khandesh (div. Jahrgänge).

wicklung auf regionaler und lokaler Stufe ausgesagt. Zudem gilt es das unterschiedliche volkswirtschaftliche Umfeld der demographischen Entwicklung in Asien und Europa im Auge zu behalten.

Was nun unsern Distrikt anbelangt, so fällt in bezug auf seine allgemeine demographische Entwicklung folgendes auf: Mit dem subkontinentalen bzw. grossräumigen Verhalten hatte Khandesh nur noch die eingeschlagene Richtung gemeinsam, was nichts anderes als eine langfristige Zunahme seiner Bevölkerung bedeutete. 1872 war die Millionengrenze überschritten und nur sechzig Jahre später hatte sich diese Zahl fast verdoppelt. Für die Anfangsjahre der britischen Herrschaft in Bombay, also etwa für die Zeit von 1800-1850, liegen dagegen keine verlässlichen Zahlenangaben zur Demographie vor. Erst mit der amtlichen Vermessung und der Einführung der allgemeinen Steuerpflicht um 1850 waren die verwaltungstechnischen Grundlagen für eine systematische Erfassung der Bevölkerung gegeben. Die britische Steuerhoheit dehnte sich jedoch bis in die siebziger Jahre schrittweise auf weitere Gebiete aus, womit die ersten Zahlen eher nominelle als reale Veränderungen repräsentieren. Weitaus zuverlässiger sind dagegen in dieser Hinsicht die Resultate der ab 1872 zur Verfügung stehenden Volkszählungen. Eine Gegenüberstellung der verschiedenen Distrikte des Dekkan zeigt einmal mehr, dass Khandesh auch in dieser Hinsicht als Ausnahmeerscheinung zu bezeichnen ist. Die Bevölkerungszahlen wiesen zwar bei allen fünf Distrikten nach oben, doch blieb der gesamte Zuwachs - im Gegensatz zu Khandesh - in äusserst bescheidenem Rahmen.

Zur Klärung mancher Fragen tragen nicht nur die absoluten und relativen Kennziffern des Bevölkerungswachstums, sondern auch die Art und Weise ihres Zustandekommens bei. Bezeichnend war für Indien ja (auch) in britischer Zeit der stete Wechsel von markanter und diskreter Zunahme der Bevölkerung. Diesem nationalen Vorbild entsprach in etwa auch der Dekkan, wobei sich allerdings eine regionale Variante ausprägte: Klimatische Unregelmässigkeiten mussten sich natürlich in einer ausschliesslich von der Landwirtschaft abhängigen Zone besonders stark bemerkbar machen. Wenn unter diesen Vorzeichen die Zuwachsraten im nationalen Durchschnitt beispielsweise bescheiden ausfielen, so konnten diese im Dekkan aufgrund der beschriebenen Umstände bereits negativ zu Buche schlagen.

In Khandesh - und dies ist auch als Ausdruck der vergleichsweise günstigen geographischen Voraussetzungen aufzufassen - kam das Wachstum der Bevölkerung nicht in mehreren Schüben, sondern äusserst konstant und regelmässig zustande. Sogar in den kritischen Tagen und Monaten der Hungerjahre um die Jahrhundertwende sowie während der grossen epidemischen Grippe von 1918 war diese Bewegung nicht rückläufig. Sie kam allenfalls vorübergehend zum Stillstand, um danach wieder ihren alten Wachstumspfad aufzunehmen. Die Zeit des grössten prozentualen Zuwachses fiel in unserm Distrikt in die Dekade von 1872-1881. Berücksichtigt man zudem, dass die kultivierte Fläche in Khandesh im Zeitraum von 1845-1880 rapide zunahm, kann daraus geschlossen werden, dass sich auch auf die entsprechenden Pro-Kopf-Werte verbessert haben mussten.

Zu Beginn des zwanzigsten Jahrhunderts schien sich das Zentrum der Bevölkerungsexpansion nicht mehr nur auf unsern Distrikt zu beschränken, sondern verteilte sich gleichmässiger auf die ganze Region. Nicht zu übersehen ist aber, dass Khandesh als einziger Distrikt des Dekkan in der Krise von 1911-1921, als überall Tausende an der tödlichen Grippewelle starben, ein Wachstum von rund 6% aufwies. Gerade diese für die Region und die Umstände aussergewöhnliche Kontinuität der demographischen Entwicklung in Khandesh verdient unsere Aufmerksamkeit, wenn es um eine Beurteilung des gesellschaftlichen und wirtschaftlichen Strukturwandels im Agrarbereich geht.

## 4.2 Verteilung der Bevölkerung

Was sich schon mehr als einmal gezeigt hat - ein erhebliches Entwicklungsgefälle von Ost nach West - spiegelt sich, allerdings raffinierter, auch in den Daten zur Bevölkerungsdichte. Im wesentlichen war sie in der fruchtbaren Flussebene des Tapti und in den unmittelbar angrenzenden, in der Regel flachen Gebieten der östlichen Distrikthälfte hoch, im gebirgigen Nord- und Südwesten dagegen tief. Im Mittel lag die Dichte in Khandesh 1941 bei 460 Personen pro Quadratmeile, was fast doppelt so hoch wie die Vergleichswerte für den gesamten Subkontinent (246 E/Sqm.) und die Provinz Bombay (273 E/Sqm.) war.[5] Dies ist umso erstaunlicher, als Khandesh praktisch von Beginn der britischen Herrschaft bis anfangs des zwanzigsten Jahrhunderts stets eine geringere Dichte als die Region (Dekkan) und die Provinz (Bombay) aufwies.[6] Khandesh galt noch zu Wingates Zeiten als äusserst spärlich bevölkert. Nur rund ein Zehntel des ackerfähigen Bodens sollen um 1852 auch tatsächlich bebaut gewesen sein; viele Dörfer wurden als verlassen beschrieben.[7] Zu Beginn des neuen Jahrhunderts schnellten die entsprechenden Werte für unsern Distrikt in die Höhe und übertrafen zum ersten Mal seit mehr als sechzig Jahren jene der ganzen Region. Wie kam es zur Umkehrung der demographischen Vorzeichen?

Der Zensus von 1911 führte diese Entwicklung vor allem auf die Aufwertung der westlichen Hälfte durch die Eröffnung der *Taptee Valley Railway* (1900) zurück, welche der Gegend zu neuem Schwung verholfen habe.[8] Einzelne Ereignisse können wohl einen gewissen Einfluss ausüben, doch muss gerade bei demographischen Entwicklungen vor monokausalen Erklärungsversuchen gewarnt werden. Zudem bleiben nackte Zahlen, wie etwa die Bevölkerungsdichte, weitgehend arithmetische Rhetorik, solange sie sich nur auf die Gesamtfläche eines Gebiets beziehen. Gerade in ländlichen Gegenden, in denen sich die Bewohner ihren Lebensunterhalt zum grossen Teil mit der Bearbeitung des Bodens verdienen, vermag eine solche Korrelation kein angemessenes Bild der Situation zu entwerfen. Der Wirklichkeit näher kommt

---

5 Zahlen für Khandesh in: R.D. Choksey, 1955, p. 47; für Indien in: K. Davis, 1951, p. 18.

6 Choksey gibt für Khandesh als mittlere Dichte für 1901 und 1911 die Zahl von 287 bzw. 334 an.

R.C. Choksey, 1955, p. 47; vgl. auch: *Census of India, 1901, Bombay, Vol. IX, Part I*, Bombay 1902, pp. 16-17.

7 SRGB O.S., Nr. 1, *Report of Captain Wingate*, paras. 10, 11, 13.

8 "Khandesh West shows the largest increase of any district in the Province. With a fertile soil it used to be a populous country but was devastated by Holkars's army in 1802 and became overgrown with jungle. With the advent of British rule and the keeping in check of marauding Bhils, it has steadily risen and the opening of the Tapti Valley Railway in 1900, combined with the reaction after famine [...] has resulted in a large expansion of cultivation. East Khandesh has been more settled for some considerable time, but it owes its present increase to cotton cultivation and its accompanying mill industry.[...] Immigration into both these districts has risen 70 per cent since 1901."

*Census of India, 1911, Bombay, Vol. VII, Part I*, Bombay 1912, p. 30, para. 72.

Tabelle 10: Bevölkerungsdichte in Bombay: 1872-1921

| | 1872 | 1881 | 1891 | 1901 | 1911 | 1921 |
|---|---|---|---|---|---|---|
| Khandesh E | 152 | 183 | 203 | 211 | 227 | 23 |
| Khandesh W | 55 | 67 | 84 | 76 | 94 | 10 |
| Nasik | 125 | 133 | 143 | 139 | 154 | 14 |
| Ahmednagar | 118 | 113 | 134 | 127 | 143 | 11 |
| Poona | 172 | 168 | 199 | 185 | 200 | 18 |
| Sholapur | 158 | 128 | 165 | 158 | 169 | 16 |
| Satara | 220 | 220 | 254 | 238 | 224 | 20 |
| Dekkan | 138 | 139 | 163 | 156 | 168 | 15 |
| Konkan | 191 | 198 | 217 | 222 | 227 | 22 |
| Karnatak | 184 | 160 | 192 | 190 | 190 | 18 |
| Gujarat | 277 | 282 | 305 | 266 | 276 | 29 |

Legende: Dichte pro Sqm. der Gesamtfläche.
Quellen: Census of India, 1921, Bombay, Vol. VIII, Part 1, Bombay 1922, p. 37.

unter diesen Umständen ein Vergleich von Bevölkerungszahl und fruchtbarem bzw. kultiviertem Boden.

*Talukas* wie Nasirabad (Jalgaon), Dhulia und Amalner besassen 1872, was das Verhältnis von Einwohnern und verfügbarem Boden betraf, theoretisch die besten Startbedingungen. Allerdings fällt auch auf, dass hier das altbekannte Muster des Ost-West-Gefälles für einmal nicht so klar zum Ausdruck kommt. Insofern ist es nicht erstaunlich, wenn die Abhängigkeit von der Landwirtschaft dort am stärksten war, wo die besten natürlichen Voraussetzungen herrschten und sich anderseits das Verhältnis von Ackerfläche und Bevölkerungszahl ungünstig ausnahm. Die *talukas* Taloda in der Nordwestecke und Chalisgaon im Südosten vertraten um 1872 je einen dieser beiden Typen, wobei der erstgenannte Bezirk insgesamt zu den benachteiligten, der andere eindeutig zu den bevorzugten gehört.

Nach der Jahrhundertwende nahm die Bevölkerungsdichte hinsichtlich aller Bezugsgrössen stetig zu. Im Laufe der Jahre - hier etwas früher, dort ein bisschen später - hatte jedoch die Ausdehnung der Kulturfläche in den meisten *talukas* die Grenzen einer möglichen Expansion erreicht, oder sie konnte mit dem Personenzuwachs nicht mehr Schritt halten. Nasirabad (Jalgaon), das innerhalb des Distriktes ja schon sehr früh über ausgezeichnete Rahmenbedingungen verfügte, wurde von diesem Sättigungseffekt schon recht bald betroffen. In den rund 40 Jahren nach 1872 wuchs dort die Dichte um 107 Personen pro Quadratmeile der Gesamtfläche, während der Quotient aus Bevölkerungszahl und kultivierter Fläche, der als Gradmesser für den Landdruck dienen kann, auf 252 anstieg. Dies entspricht mehr als dem doppelten Ausgangswert.[9] Stabiler schienen die Verhältnisse, was die erwähnten Bezugsgrössen (E pro ge-

[9] Diese Aussage ist zu relativieren; Nasirabad (Jalgaon) war einer der wenigen Bezirke, wo sich die verarbeitende Baumwollindustrie ansiedelte. Die Abhängigkeit von der Landwirtschaft war trotzdem sehr hoch.

Tabelle 11: Veränderung der Bevölkerungsdichte in ausgewählten Bezirken Khandeshs

| Bezirk | E/A 1872-1911 | E/KA 1872-1911 |
|---|---|---|
| Amalner | 96 | 252 |
| Bhusaval | 74 | 34 |
| Chalisgaon | 109 | 109 |
| Chopda | 63 | 65 |
| Dhulia | 62 | 80 |
| Erandol | 77 | 62 |
| Jamner | 53 | 4 |
| Nasirabad | 107 | 252 |
| Pachora | 85 | -189 |
| Shahada | 96 | -30 |
| Shirpur | 31 | 22 |
| Taloda | 10 | -18 |
| Virdel | 51 | 17 |

Legende: E Einwohnerzahl; A Gesamtfläche; KA Kultivierte Area.
Quelle: Tab. A3.

samte, bzw. kultivierte Fläche) anbelangt, in den *talukas* Chalisgaon, Dhulia und Chopda gewesen zu sein. Dagegen muss der Landdruck in Bezirken wie Erandol, Virdel, Jamner und Bhusaval leicht zurückgegangen sein; in Taloda und Shahada, aber auch in Pachora schien sich die Situation dagegen im zwanzigsten Jahrhundert spürbar entspannt zu haben.

## 4.3 Fertilität und Mortalität

Das markante Bevölkerungswachstum im 19. Jahrhundert gehört zu den auffälligsten demographischen Merkmalen des Subkontinentes. Unabhängig vom spezifischen Hintergrund kann die Zunahme der Einwohnerzahl auf drei Faktoren zurückgeführt werden, die entweder einzeln oder gemeinsam die demographische Entwicklung zu beeinflussen vermögen: Fruchtbarkeit, Sterblichkeit und Wanderungen. Laut Davis können für Indien Migrationen über die Landesgrenzen hinaus als Ursachen praktisch ausgeschlossen werden, weil sie zahlenmässig nicht ins Gewicht fallen.[10]

Hingegen ist nicht von der Hand zu weisen, dass Binnenbewegungen im kleinen Rahmen eine gewisse Rolle spielten. Die hierzu vorliegenden Informationen sind mit grosser Vorsicht zu geniessen. Mehr als in andern Bereichen war die Kolonialverwaltung zur Erfassung von Geburten und Todesfällen auf die Zusammenarbeit der Bevölkerung angewiesen. Schätzungen gehen dahin, dass die in den Quellen verzeichneten Angaben nur etwa 50-75% aller tat-

[10] K. Davis, 1951, pp. 28-9; M.B. McAlpin, 1983, p. 49.

sächlich eingetretenen Ereignisse abdecken, was die Aussagekraft der amtlichen Statistiken entsprechend relativiert.[11] Diese Vorbehalte, wie sie im Fall von Indien immer wieder anzubringen sind, treffen wohl vor allem zu, wenn es um die Berechnung von Daten auf der nationalen Ebene geht. Die Kontrolle der Bürokratie war aber je nach Verfahren und Region unterschiedlich. Das sogenannte *Bombay Survey Settlement System*, welches in unserer Gegend zur Anwendung gelangte, gehörte wohl zu den straffsten Verwaltungsmethoden. Es ist deshalb davon auszugehen, dass die aus der Provinz Bombay vorliegenden Angaben zu Fertilität und Mortalität vergleichsweise zuverlässig sind.[12]

Rein demographisch gesehen lässt sich die Zunahme der indischen Bevölkerung in den letzten 100 Jahren ganz allein mit der sinkenden Mortalität und nicht etwa mit einer steigenden Fertilität erklären. Sowohl die Geburts- als auch die Todesrate nahmen nach der Jahrhundertwende ab, wobei sich in der Folge ein ausgeprägter Geburtenüberschuss bemerkbar machte. Für die ersten Jahrzehnte der britischen Herrschaft liegen auch hierzu nur fragmentarische Informationen vor. Bis etwa um 1870 muss deshalb weitgehend auf Schätzungen vertraut werden.[13] Immerhin ist es möglich, das Umfeld der Bevölkerungsentwicklung ab der Jahrhundertmitte einigermassen genau auszuloten.

Ein Faktor, der die Bevölkerungsentwicklung kurzzeitig in starkem Mass beeinflusste, waren die Launen des Monsunklimas. Die Agrarproduktion und die Versorgung mit Nahrungsmitteln konnte vorübergehend Schaden erleiden, was sich letztlich auch demographisch bemerkbar machte. Mehr als die andern drei Regionen der Provinz Bombay wurde der Karnatak von ernsten Hungersnöten verschont. Diese Situation schlug sich gemäss McAlpin in den tiefsten Sterbeziffern der ganzen Provinz Bombay nieder, die in der Zeit von 1891-1930 im Mittel bei 28 pro Tausend Einwohnern lag. Aus dieser Argumentation geht allerdings nicht hervor, wieso die Zahl der Geburten (32 pro Tausend E) bei günstigen Voraussetzungen tiefer als der regionale Durchschnitt war.[14] Bemerkenswert ist, dass die mittlere Sterberate in unserm Distrikt - 40 pro Tausend Einwohner - leicht über dem regionalen und nationalen Durchschnitt lag, die Geburtenziffer aber um einiges höher als anderswo war. Keine der vier geographischen Zonen der Provinz Bombay erreichte in der Zeit von 1891-1930 ähnliche Werte.[15] Werden die-

---

[11] K. Davis, 1951, p. 34, pp. 67-8.

[12] Vgl.: M.B. McAlpin, 1983, p. 50.

[13] Ein Beispiel für die grossen Schwierigkeiten der Datenerfassung liefert die *Gazetteer* von 1880. Aus den vorgelegten Daten wird nur eines klar: trotz steigender Bevölkerungszahl übertrifft die Anzahl der Sterbefälle jene der Geburten. Diesen Umstand führen die Behörden aber nicht auf grössere Wanderbewegungen, sondern auf die mangelnde Qualität der Informationen zurück.

GBP, Vol. XII (1880), Khandesh, p. 341.

[14] Vgl. dazu die nach Regionen gegliederte Tabelle 3.3 in: M.B. McAlpin, 1983, p. 55.

[15] Mittlere Geburtsraten für 1893-1930: Gujarat: 36.6; Karnatak: 37.3; Konkan: 32.0; Dekkan: 39.9. Abgedr. in: M.B. McAlpin, 1983, p. 55.

Karte 7: Bevölkerungsdichte in Khandesh: 1872 [E/Total A.]

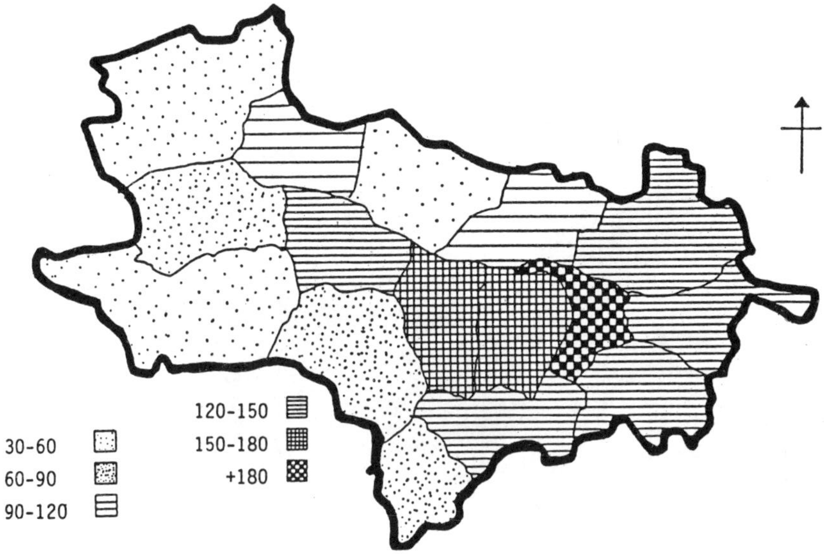


Karte 8: Bevölkerungsdichte in Khandesh: 1872 [E/Kult. A.]

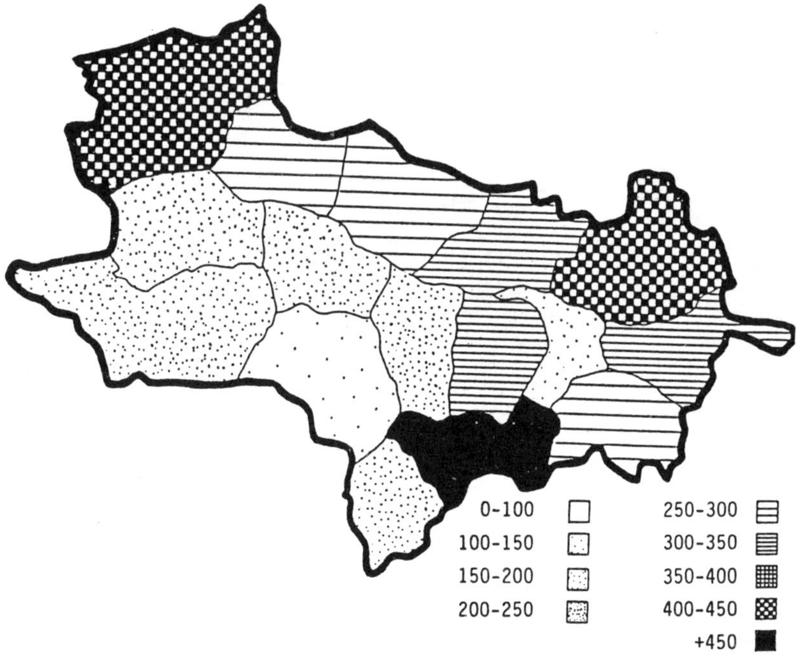


Quellen: Tab. A3

Karte 9: Bevölkerungsdichte in Khandesh: 1901 [E/Total A.]

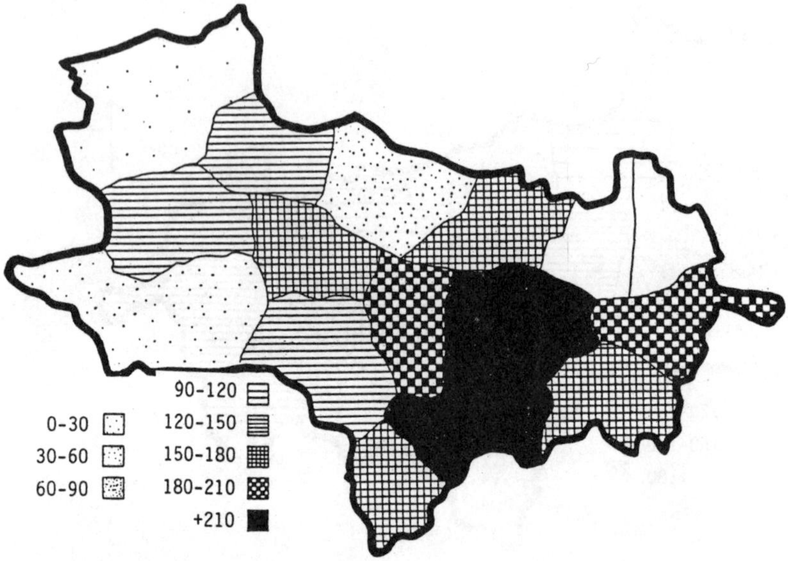


Karte 10: Bevölkerungsdichte in Khandesh: 1901 [E/Kult. A.]

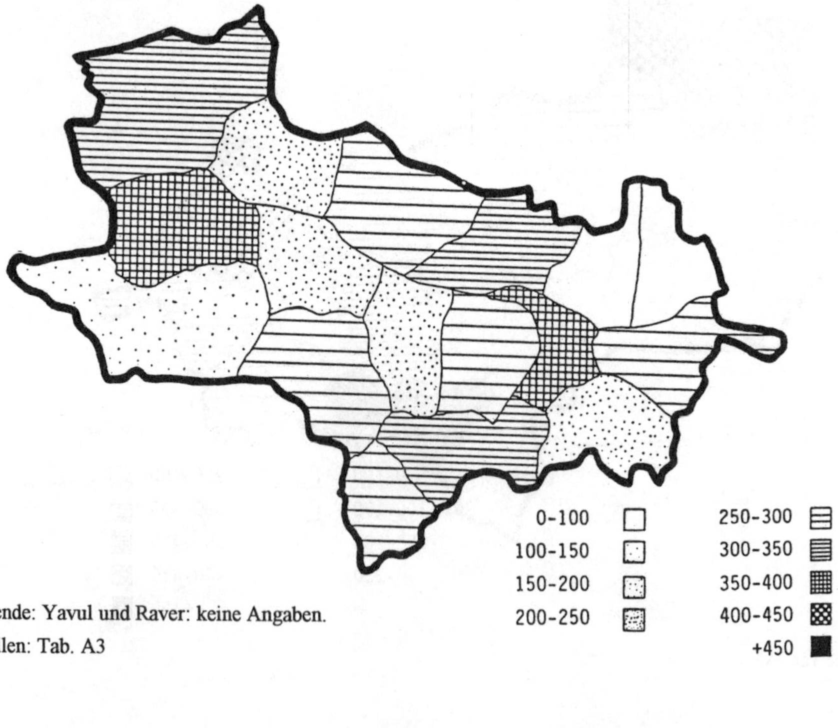


Legende: Yavul und Raver: keine Angaben.

Quellen: Tab. A3

Karte 11: Bevölkerungsdichte in Khandesh: 1911 [E/Total A.]

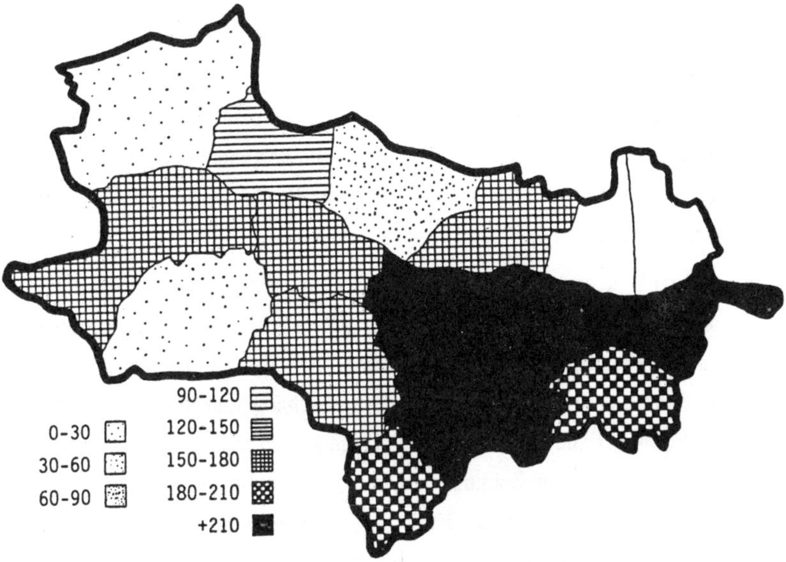


Karte 12: Bevölkerungsdichte in Khandesh: 1911 [E/Kult. A.]

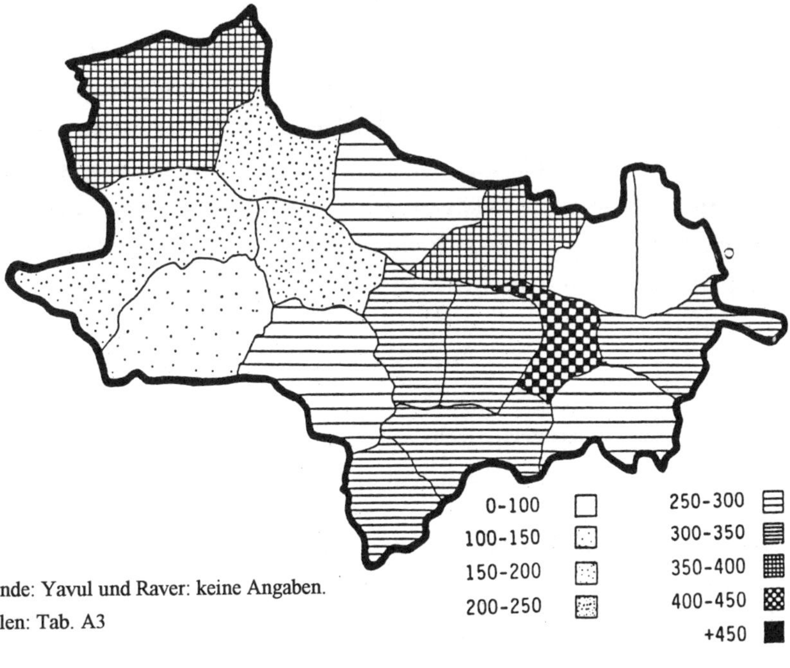


Legende: Yavul und Raver: keine Angaben.

Quellen: Tab. A3

se vier Dekaden nach Jahren aufgeschlüsselt, so erhält unser Bild schärfere Konturen: Sowohl bei den Geburten als auch bei den Sterbefällen waren in Khandesh die jährlichen Abweichungen vom Durchschnitt grösser, als dies in der Umgebung der Fall war.

Solche Fluktuationen können rechnerisch mit einem Variationskoeffizienten (VK) beschrieben werden.[16] Ein tiefer Wert deutet demnach auf eine gewisse Beständigkeit hin. Anderseits erlauben vergleichsweise hohe Zahlen, wie wir sie in den Jahren 1893-1921 für Khandesh beobachten können, Rückschlüsse auf die Lage um die Jahrhundertwende. Diese Werte betrugen, was die Mortalität anbelangt, mehr als 45 bzw. mehr als 13 für die Fertilität.[17] Bestätigen diese Angaben unsere Vorstellungen?

Obwohl unser Distrikt schon sehr früh über eine leistungsfähige Infrastruktur im Kommunikations- und Transportsektor verfügte, sich mehrere kleinstädtische Zentren bildeten, eine rudimentäre medizinische Versorgung der Bevölkerung zur Verfügung stand, ein enges Handels- und Wirtschaftsnetz weite Teile von Khandesh durchzog und sowohl der landwirtschaftliche als auch der kommerzielle Sektor in den globalen Kreislauf integriert waren, obwohl also viele Ansätze einer integralen Entwicklung bemerkbar waren, blieben Schwankungen der Geburten- als auch der Sterberate an der Tagesordnung. Mit andern Worten bewirkte der zunehmende Organisationsgrad der privaten und öffentlichen Sphäre sowie der gesamten Volkswirtschaft in diesem Bereich nur eine mässige Tendenz zur Stabilisierung. Diese zeigte sich wohl in langfristig sinkenden Mortalitäts- und Fertilitätskurven, doch war die Tragfähigkeit dieser Entwicklung anfänglich noch schwach. Weiterhin konnten in Khandesh Einzelereignisse den langfristigen Trend vorübergehend beeinflussen.

Die Integration des Subkontinentes war aber keineswegs ein isoliertes und einmaliges Ereignis, sondern ein weiterer Schritt auf dem Weg zu einer weltweiten Arbeitsteilung in horizontalem und vertikalem Sinne. Auf der einen Seite profitierten solche Prozesse ja u.a. von unterschiedlichen Standort- und Marktbedingungen, auf der andern Seite basierten sie auf der Ausnutzung von Spezialisierungs- und Grössenvorteilen (*economies of scale*). Allerdings ist nicht zu verkennen, dass die Verknüpfung der bisher getrennten Räume ihren Preis forderte, der je nach den spezifischen Voraussetzungen unterschiedlich hoch ausfallen konnte.

## 4.4 Urbanisierung

Eine europäische Stadt unterschied sich damals zwar in vielerlei Hinsicht von einer asiatischen und im besonderen von einer indischen, aber es bestanden auch unverkennbare Gemein-

---

[16] Der Variationskoeffizient (VK) gibt die Standardabweichung in Prozenten des Mittelwertes an.

[17] Mittlerer Variationskoeffizient der Fertilität (F) sowie der Mortalität (M) für 1883-1921: Gujarat: F 13, M 59; Dekkan: F 11, M 40; Karnatak: F 10, M 40; Konkan: F 10, M 29; Die Berechnung basiert auf den Zensusdaten. Zahlenmaterial abgedr. in: M.B. McAlpin, 1983, pp. 238-41.

samkeiten: keine Stadt ohne Spezialisierung und keine halbwegs fortgeschrittene Arbeitsteilung ohne die Einwirkung einer Stadt; kein Zentrum ohne einen Markt und keine regionalen oder landesweiten Märkte ohne urbane Zentren.[18] Man muss hier allerdings einräumen, dass in vorbritischer Zeit die strategisch-politische Bedeutung städtischer Siedlungen oftmals grösser als ihr ökonomisches Gewicht war. Erst mit der Integration des Subkontinentes in das globale Wirtschaftssystem war das Umfeld für den Aufstieg der Städte geschaffen; ein Umfeld, das seinerseits eine weitere Verstädterung begünstigte. So spiegeln sich denn im Wachstum der Städte nicht nur demographische, sondern ebenso wirtschaftliche Vorgänge. Wenn wir in der Folge die Expansion der Städte samt ihrer Rolle als Transformatoren innerhalb der Volkswirtschaft etwas genauer unter die Lupe nehmen, so kommt damit zwangsläufig auch die Entwicklung des Hinterlandes zur Sprache.

Städte entstehen bekanntlich nicht von heute auf morgen. Im Gegenteil setzt ihr Aufkommen eine ganze Reihe "realer Gegebenheiten und regelmässig ablaufender Prozesse"[19] voraus. Grad und Tempo ihrer Verbreitung geben demnach auch über die wirtschaftliche und soziale Entwicklung einer Gesellschaft Aufschluss. Zweifellos nahm die Verstädterung im Zuge der britischen Kolonialpolitik zu, was seit 1891 auch mit statistischem Material belegt werden kann. Der Anteil der urbanen Bevölkerung[20] stieg von damals etwas mehr als 9% im gesamtindischen Mittel auf knapp 13% im Jahre 1941. Diese vergleichsweise niedrigen Werte wurden jedoch im Hochland des Dekkan weit übertroffen. Poona, Sholapur und auch Khandesh gehörten zu jenen Distrikten, in denen bereits zwischen einem Fünftel und einem Viertel aller Menschen in städtischen Siedlungen von mehr als 5'000 Einwohnern lebte. Ob man trotzdem mit Choksey[21] der Meinung sein kann, die zunehmende Urbanisierung sei für die zur Diskussion stehende Region bis in die zwanziger Jahre des heutigen Jahrhunderts kein Thema, darf bezweifelt werden. In einzelnen Bezirken unseres Distriktes hielt sich nämlich zwischen 1901 und 1921 - dieser Zeitraum steht hier zur Diskussion - bereits jeder Dritte in einer als Stadt bezeichneten Siedlung[22] auf. Im Fall von Jalgaon kletterte dieser Wert sogar über die Marke von 40%. Anderseits gab es auch damals noch *talukas* wie Pimpalner oder Nandurbar[23], in denen sich das

[18] Dazu: F. Braudel, 1987a, p. 524; K. Davis, 1951, pp. 127-8.

[19] F. Braudel, 1987a, p. 524.

[20] Als *urban* galten Siedlungen mit mehr als 5'000 Einwohnern. Allerdings gab es zahlreiche Ausnahmen, die dem Umstand Rechnung tragen, dass für die Definition einer *Stadt* bzw. einer *städtischen Siedlung* neben statistischen weitere Merkmale von Bedeutung sein konnten.

Detaillierte Angaben zu definitorischen Fragen in: K. Davis, 1951, App. H., p. 249.

[21] R.D. Choksey, 1955, p. 50.

[22] Britische Statistiker wählten als minimale Grösse 5'000 Einwohner, was jedoch verhältnismässig hoch ist. Andere setzen diese Zahl tiefer an.

Vgl. dazu: F. Braudel, 1987a, pp. 525-7.

[23] Nawapur, das vormals zu Pimpalner gehörte, wurde 1917 in einen selbständigen Bezirk umgewandelt.

Tabelle 12: Ländliche und städtische Bevölkerung in Khandesh: 1901-1921

| | 1901 | | 1911 | | 1921 | |
|---|---|---|---|---|---|---|
| Taluka | Urban | Rural | Urban | Rural | Urban | Rural |
| Amalner | 23'762 | 87'531 | 27'409 | 103'372 | 17'072 | 74'400 |
| Bhusaval | 27'895 | 81'420 | 29'318 | 97'302 | 36'729 | 99'548 |
| Chalisgaon | 10'243 | 80'594 | 9'453 | 89'782 | 12'007 | 90'467 |
| Chopda | 24'595 | 50'955 | 23'223 | 59'465 | 22'467 | 60'340 |
| Dhulia | 29'029 | 75'923 | 35'168 | 93'979 | 30'605 | 106'003 |
| Erandol | 30'122 | 75'718 | 33'900 | 83'283 | 32'628 | 66'159 |
| Jamner | 12'880 | 78'859 | 13'422 | 84'901 | 15'362 | 87'714 |
| Nandurbar | 10'922 | 76'515 | 11'839 | 103'644 | 13'842 | 64'863 |
| Jalgaon | 28'435 | 56'716 | 36'241 | 57'800 | 41'457 | 56'507 |
| Pachora | 20'479 | 104'857 | 15'942 | 104'506 | 20'304 | 109'362 |
| Pimpalner | 0 | 56'638 | 0 | 73'053 | 0 | 59'596 |
| Shahada | 9'086 | 50'672 | 8'636 | 59'773 | 4'973 | 64'467 |
| Shirpur | 9'023 | 41'154 | 4'374 | 53'268 | 8'669 | 48'054 |
| Sindkheda | 9'035 | 67'776 | 9'434 | 79'720 | 9'670 | 82'032 |
| Taloda | 6'592 | 27'289 | 6'935 | 41'800 | 7'014 | 46'167 |
| Yavul | 21'629 | 60'670 | 16'296 | 68'973 | KA | KA |
| Raver | 16'590 | 63'778 | 14'052 | 66'246 | 16'590 | 67'100 |
| Parola | KA | KA | KA | KA | 12'079 | 48'184 |
| Nawapur | KA | KA | KA | KA | 0 | 67'310 |
| Total Khandesh | 290'317 | 1'137'065 | 294'742 | 1'321'867 | 321'435 | 1'396'252 |

Legende: KA Keine Angaben.
Quellen: Vgl.Tab. 13.

wirtschaftliche Leben noch zur Hauptsache auf der dörflichen Ebene abspielte. Es erstaunt deshalb nicht mehr, dass der Westen unseres Distriktes, wo eben die primären und sekundären Standortqualitäten relativ unvorteilhaft waren, eine ausgesprochen geringe Dichte an städtischen Siedlungen aufwies. Mit Ausnahme von Dhulia lagen alle überdurchschnittlich urbanisierten Bezirke im Osten.

Der Schwerpunkt der Dynamik verschob sich in den fünfzig Jahren nach 1872 eindeutig von Westen nach Osten. Die östliche Hälfte verfügte über ein engmaschiges Netz an grössern und kleinern Städten. Städte mit durchschnittlich 5'000-10'000 Menschen waren die Regel, solche mit mehr als 20'000 die Ausnahme. Urbane Zentren wie Jalgaon oder Bhusaval wurden von einem Kranz zweit- und drittrangiger Siedlungen umgeben, während sich im westlichen Teil des Distriktes keine ausgeprägte urbane Struktur abzeichnete. Einzig Dhulia, das Tor zum Südwesten Khandeshs und in dieser Eigenschaft die Handelsdrehscheibe der Gegend, wies in jenen Jahren ein überaus starkes Wachstum auf. Bereits 1881, also rund dreissig Jahre vor dem Anschluss an das Eisenbahnnetz, war es die bevölkerungsreichste Stadt im ganzen Distrikt. Ebenfalls von den Vorteilen der Schiene dürfte der im Westen gelegene Bezirkshauptort Nan-

GBP, Vol. XII-B (1926), Khandesh (East & West) and Mewas Estates, p. 57.

Tabelle 13: Anteil ländliche und städtische Bevölkerung in Khandesh: 1901-1921 (in %)

| | 1901 | | 1911 | | 1921 | |
|---|---|---|---|---|---|---|
| Taluka | Urban | Rural | Urban | Rural | Urban | Rural |
| Amalner | 21 | 79 | 21 | 79 | 19 | 81 |
| Bhusaval | 26 | 74 | 23 | 77 | 27 | 73 |
| Chalisgaon | 11 | 89 | 10 | 90 | 12 | 88 |
| Chopda | 33 | 67 | 28 | 72 | 27 | 73 |
| Dhulia | 28 | 72 | 27 | 73 | 22 | 78 |
| Erandol | 28 | 72 | 29 | 71 | 33 | 67 |
| Jamner | 14 | 86 | 14 | 86 | 15 | 85 |
| Nandurbar | 12 | 88 | 10 | 90 | 18 | 82 |
| Jalgaon | 33 | 67 | 39 | 61 | 42 | 58 |
| Pachora | 16 | 84 | 13 | 87 | 16 | 84 |
| Pimpalner | 0 | 100 | 0 | 100 | 0 | 100 |
| Shahada | 15 | 85 | 13 | 87 | 7 | 93 |
| Shirpur | 18 | 82 | 8 | 92 | 15 | 85 |
| Sindkheda | 12 | 88 | 11 | 89 | 11 | 89 |
| Taloda | 19 | 81 | 14 | 86 | 13 | 87 |
| Yavul | 26 | 74 | 19 | 81 | KA | KA |
| Raver | 21 | 79 | 17 | 83 | 20 | 80 |
| Parola | KA | KA | KA | KA | 20 | 80 |
| Nawapur | KA | KA | KA | KA | 0 | 100 |

Legende: KA Keine Angaben.

Quellen: Berechnet aus: 1881: Census of India, 1881, Bombay, Vol. II, Statistical Tables, App. A., p. 1; 1891: Census of India, 1891, Bombay, Vol. VIII, Part 2, Imperial Tables, p. 2; 1901: GBP, Vol. XII-B (1905), Khandesh and Mehwas Estates, p. 6; 1911: GBP, Vol. XII-B (1914), Khandesh and Mehwas Estates, pp. 1-2; 1921: GBP, Vol.XII-B (1926), Khandesh (East & West) and Mewas Estates, pp. 1, 61.

durbar profitiert haben, der im Lauf der Zeit, allerdings auf tieferem Niveau, seine Einwohnerzahl nahezu verdoppelte. Ein Vergleich der Rangfolge weist zudem auf die stabile Entwicklung der fünf bevölkerungsreichsten Städte sowie auf die ausgesprochen turbulente Geschichte der restlichen Siedlungen hin. Besonders der Aufstieg von Amalner, damit verquickt der Fall von Parola, aber auch die historische Biographie Jalgaons und Bhusavals zeigen, dass die Standortvorteile einer Stadt nicht ewig bestehen blieben, sondern hier wesentlich vom Transport- und Verkehrswesen abhängig waren.

Karten 13a-c: Grad der Verstädterung in Khandesh:

1901

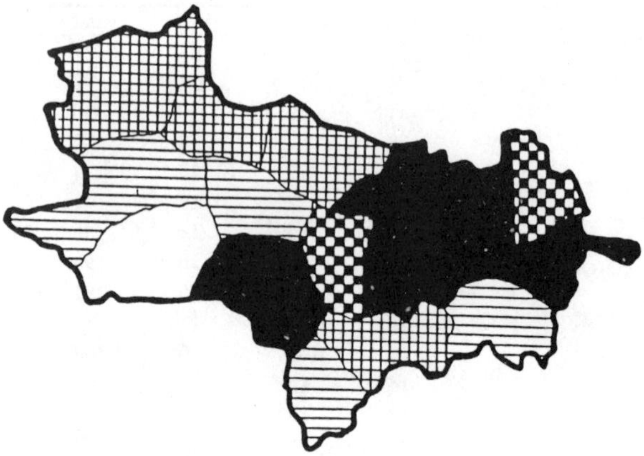

1911

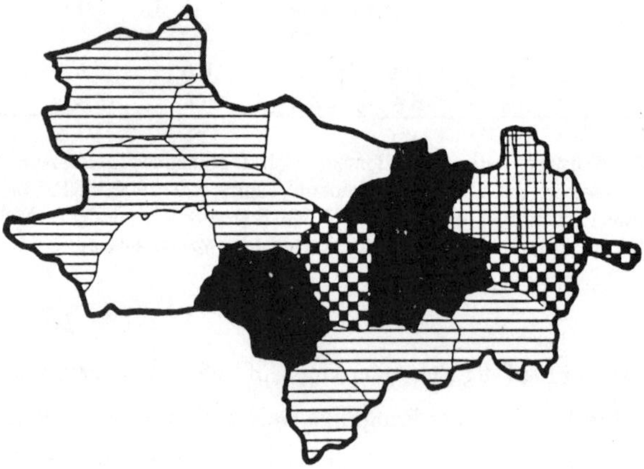

1921

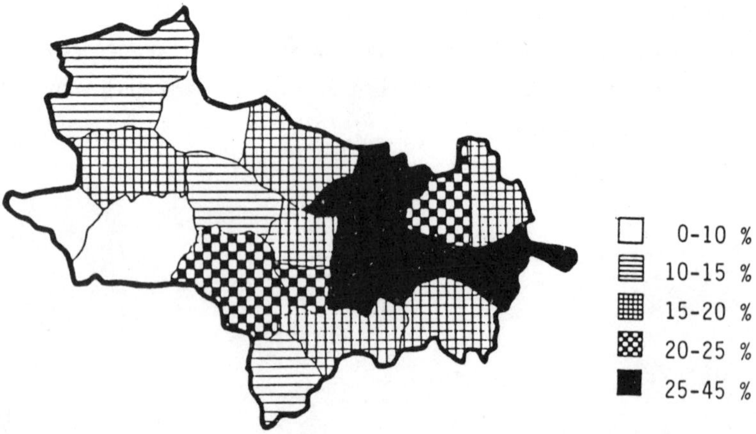


Quellen: Tab. A5a & b

Karten 14a-d: Städte in Khandesh: 1872-1921

1872

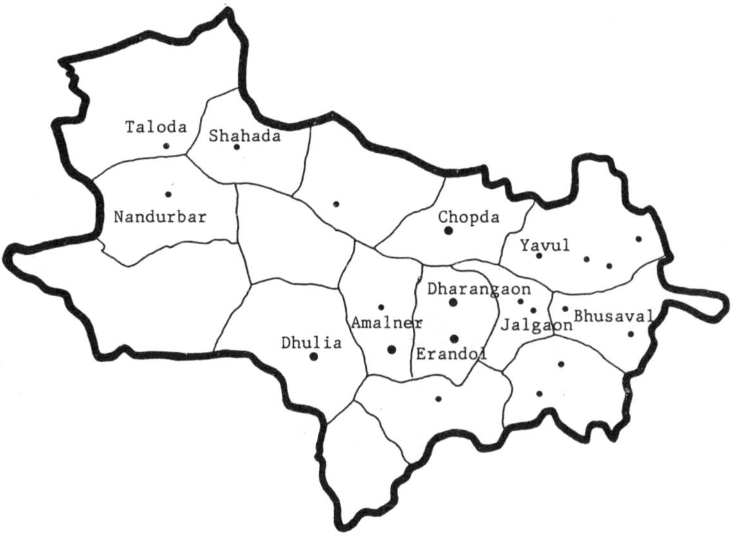


1891

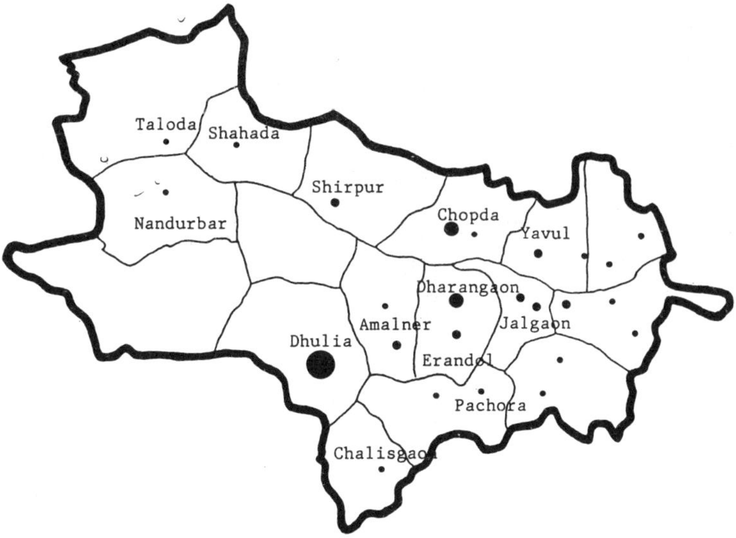

1911

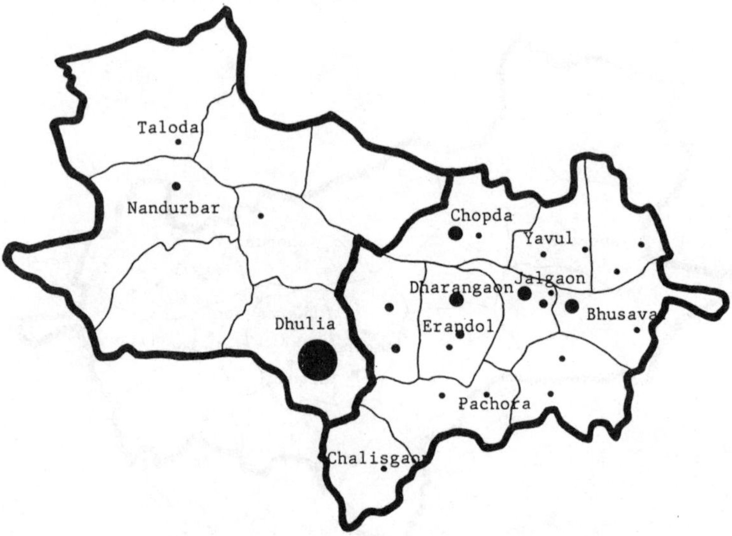
Taloda
Nandurbar
Chopda
Yavul
Jalgaon
Dharangaon
Dhulia
Erandol
Bhusava
Pachora
Chalisgaon

1921

Taloda
Nandurbar
Chopda
Yavul
Jalgaon
Dharangaon
Amalner
Erandol
Dhulia
Bhusaval
Pachora
Chalisgaon
5-10 Tausend
10-15
15-20
20-25
25-35

# 5. Agrarsektor

Die Konzentration der grössten und bedeutendsten Städte auf den Osten Khandeshs kann - wie bereits dargelegt - teilweise auf dessen primäre und sekundäre Standortvorteile zurückgeführt werden. Schon der relativ dichte Teppich von Siedlungen, noch mehr aber sein klar strukturiertes Muster grosser, mittlerer und kleiner Zentren, deutet auf eine funktionale Arbeitsteilung innerhalb der Gegend hin. Im Prinzip übernimmt eine Stadt dabei nach Braudel[1] "die Handelsfunktionen, die politische, wirtschaftliche und religiöse Führungsrolle sowie die Handwerkstätigkeit". Die Landschaft hingegen beschränkt sich normalerweise auf den Anbau der Grundnahrungsmittel und der agrarischen Rohstoffe. Ob Städte gewissermassen im Sog des Aufschwungs der ländlichen Produktion, oder zeitlich sogar noch vor, zumindest aber doch zusammen mit der Besiedlung des Landes entstanden, ist an dieser Stelle nur am Rande von Bedeutung. In unserm Beispiel fällt höchstens auf, dass die Profilierung einzelner Städte parallel zur markanten Zunahme der Kulturfläche nach 1850 verlief.

## 5.1 Bodenbeschaffenheit

In einer Region wie der unsern, die den Launen des Monsuns unterworfen ist, kommt der Qualität und der Beschaffenheit des Bodens grosse Bedeutung zu. Sowohl der Umfang der einzusetzenden Mittel als auch der resultierende Ertrag, aber auch die Art und Weise der agrarischen Produktion waren und sind davon abhängig. Das Flusstal des Tapti gehörte in dieser Hinsicht zu den fruchtbarsten Gebieten des Dekkan. Wingate, der aufgrund seiner ausgedehnten Reisetätigkeit die Region wie seine eigene Westentasche kannte, attestierte 1852 Khandesh eine besonders grosse Ertragskraft[2]:

> "[...] the soil of Khandesh is more fertile, and yields heavier crops than that of either the Deccan or Southern Mahratta Country, which, apparantly, is owing to some unexplained pecularity of climate, and to the soil being less exhausted by long-continued cultivation."

Was Wingate damals noch als "unerklärliche Besonderheit" bezeichnete, ist heute mit den Methoden der modernen Erdkunde ohne weiteres erklärbar.[3] Im Gegensatz zum restlichen Tafelland des Dekkan handelt es sich bei den Grabenbrüchen des Tapti und seines nördlichen Nachbarn Narbada um relativ junge geologische Formationen mit reichen Schwemmlandablagerungen.[4] Trotz der günstigen Bedingungen umfasste die Qualitätsskala in Khandesh alle andernorts auch vorkommenden Abstufungen; von der fruchtbaren, schwarzen Erde der tiefern Lagen bis hin zu den magern Typen rötlicher bzw. bräunlicher Farbe auf den Hügelzügen.[5] Der überwie-

---

1 F. Braudel, 1987a, p. 528.

2 SRGB O.S., Nr. 1, *Report of Captain Wingate*, paras. 4-5.

3 Zu den Problemen des Quellenmaterials: O.H.K. Spate, 1957$^2$, pp. 80-1.

4 K. Davis, 1951, p. 10; O.H.K. Spate, 1957$^2$, pp. 7, 9-10.

Karte 15: Bodenqualität in Khandesh

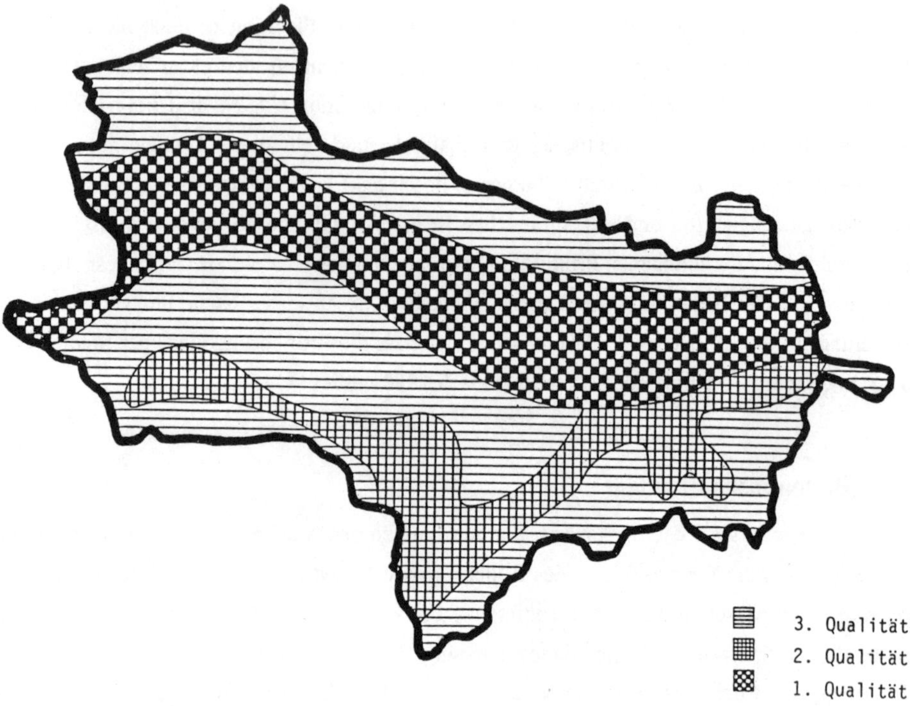


gende Teil des ackerfähigen Landes galt aber insgesamt als äusserst ertragreich, wenngleich auch nicht jeder Winkel des Distriktes gleichermassen damit ausgestattet war. Im Gegenteil ist den Schilderungen der Administration zu entnehmen, dass in Khandesh grösste Vielfalt auf kleinstem Raum immer und überall anzutreffen war. Das einzige kompakte Band erstklassigen Bodens erstreckte sich damals zu beiden Seiten des Tapti und umfasste somit die eigentliche Talsohle, wobei die Uebergänge gegen die Peripherie hin fliessend sein konnten. Ebenfalls noch gute Bedinungen konnten in den verschiedenen Flussniederungen des südlichen Gürtels angetroffen werden, allerdings mit dem Unterschied, dass die berühmte schwarze "Baumwollerde" dort seltener in reiner, dafür umso häufiger in Mischformen anzutreffen war.[6] Als Hauptmerkmal jenes klassischen Baumwoll-Typs gilt seine Fähigkeit, Feuchtigkeit über einen relativ langen Zeitraum zu speichern. Dieser Umstand spielt bei unregelmässiger Verteilung der Nieder-

---

5 GBP, Vol. XII (1880), Khandesh, pp. 11ff., pp. 138ff.

6 Informationen für die Bodenkarte: *Gazetteer* (1880) sowie *Settlement Reports*. Die Skala ist stark vereinfacht und trägt den komplexen Verhältnissen in den Randgebieten nur zum Teil Rechnung.

Vgl. die gesamtindische Uebersichtskarte in: O.H.K. Spate, 1957², p. 84.

schläge eine nicht unwesentliche Rolle. Es ist deshalb nicht verwunderlich, dass bei der damaligen Nachfrage und Preisentwicklung auf den besten Feldern die lukrativsten Erzeugnisse - meistens Baumwolle - gezogen wurden.[7] Baumwolle gedieh zwar auf den unterschiedlichsten Böden, doch werden Aufwand und Ertrag selten so gut wie auf den erstklassigen Grundstücken übereingestimmt haben.[8]

*Talukas* wie Savda und Yavul, deren "üppige Kulturen zur Erntezeit selbst den gewöhnlichsten Betrachter mächtig beeindrucken mussten"[9], besassen zwangsläufig ein anderes Entwicklungspotential als Bezirke wie Jamner, Taloda oder Pimpalner, wo das "bisschen guter Erde" in krassem Missverhältnis zum sonst kargen Boden stand.[10] Ebenso wahrscheinlich ist es deshalb, dass bereits diese äusserst unterschiedlichen Voraussetzungen in bezug auf einen der vier Produktionsfaktoren (Boden) einen Keim ungleicher Entwicklung in sich trugen.

## 5.2 Methoden und Techniken

Alle landwirtschaftlichen Tätigkeiten waren somit weitgehend, wenn auch nicht ausschliesslich, durch die Wechselwirkung von physischen und klimatischen Gegebenheiten bestimmt. Mit dem Einsetzen des Südwestmonsuns anfangs Sommer, der weitaus den grössten Teil der jährlichen Niederschläge mit sich brachte, wurden auch die wichtigsten Ackerfrüchte wie *Jowar* und *Bajra*, beides Hirsearten, sowie Baumwolle und einige andere Saaten in den Boden gebracht. Reifezeit waren die Herbstmonate. Vor allem Produkte, denen die Bauern weniger Bedeutung beimassen, etwa Weizen oder verschiedene Arten von Hülsenfrüchten, wurden jeweils drei bis vier Monate nach den Regenfällen in den Boden gebracht. Unter optimalen Bedingungen und mit etwas Winterregen konnte deren Ernte im darauffolgenden Frühjahr in Angriff genommen werden. Im indischen Sprachgebrauch wird dieser saisonale Zyklus mit den Worten *kharif* (Herbstprodukte) und *rabi* (Frühjahrsprodukte) umschrieben.[11] Wer dermassen stark der Unbill der Natur ausgesetzt war, musste als Landwirt zwangsläufig ein beträchtliches Risiko in Kauf nehmen. Auf der andern Seite machten ausgezeichnete Kenntnisse der regionalen und lokalen Verhältnisse sowie ein grosser Schatz eigener und überlieferter Erfahrungen

---

7 Die wichtigsten Baumwollgebiete sind noch heute in Zonen mit dem typischen schwarzen Humus oder *black regur* zu finden. Dazu: O.H.K. Spate, 1957², p. 83. Zum Anfoderungsprofil für Baumwolle: J.F. Royle, 1851, p. 68.

8 Dazu: J.F. Royle, 1851, pp. 188ff.

9 A.F. Davidson to S. Mansfield, Nr. 206, 23rd December 1854, in: SRGB N.S., Nr. 93 (Savda & Yavul), Bombay 1865, pp. 1-3.

10 M.C. Kelkar to Monteath, Nr. R.S. 33, 31st May 1920, in: SRGB N.S., Nr. 591 (Jamner), p. 2; From the Superintendent Land Records and Agriculture, C.D. to the Collector of Khandesh, Letter Nr. S.61, 23rd January 1900, in: SRGB N.S., Nr. 422 (Pimpalner), para. 13.

11 Zum landwirtschaftlichen Zyklus: B.H. Baden-Powell, 1892, p. 13; S. Guha, 1981, pp. 13-4; M.B. McAlpin, 1983, pp. 22-8; N.V. Kanitkar, 1960², pp. 24ff.; O.H.K. Spate, 1957², pp. 202-4, pp. 211-23.

diesen Nachteil wieder etwas wett. Dennoch ist es recht wahrscheinlich, dass jene besonderen Umstände bis zu einem gewissen Grad eine fatalistische Haltung hervorrufen oder begünstigen konnten. Ob der indische Bauer im Rahmen seiner Möglichkeiten als innovationsfreudig oder eben als konservativ zu gelten hat, ist immer auch vor diesem Hintergrund zu betrachten.

Das Urteil der britischen Beamten liess darüber keine Zweifel aufkommen, und auch heute noch ist die Mehrzahl der Kommentatoren der Meinung, Methoden und Techniken der indischen Landwirtschaft hätten sich im Lauf des 19. Jahrhunderts nicht grundlegend verändert.[12] Dies traf, soweit den betreffenden Berichten Glauben zu schenken ist, im grossen und ganzen auch für Khandesh zu. Ausführlich werden zwar verschiedentlich die "primitiven Werkzeuge" und die "nachlässigen Praktiken" der Einheimischen beschrieben. Weitgehend ausgeklammert bleibt jedoch die Tatsache, dass sich ein technischer Wandel im Agrarsektor gewöhnlich nicht von sich aus einstellt, sondern erst unter gewissen gesellschaftlichen und wirtschaftlichen Bedingungen zustande kommt. Welche Variabeln in diesem komplexen Wechselspiel eher eine unter- bzw. übergeordnete Rolle spielen, ist Gegenstand von Kontroversen. Boserup weist in ihrem Werk auf den Zusammenhang von Bevölkerungswachstum und Agrarproduktion hin. Sie betrachtet im Gegensatz zu der auf Malthus zurückgehenden klassischen liberalen Sicht der Dinge einen gewissen demographischen Druck als unabdingbare Voraussetzung für jede Modernisierung und Intensivierung der landwirtschaftlichen Produktion. Jede technologische Umwälzung gehe in der Regel auch mit einer veränderten Nutzung des Bodens einher. Der Uebergang von der Wald- und Buschbrache ziehe einen Wechsel von extensiver zu intensiver Produktion nach sich. Dies führe langfristig zu regelmässiger Rotation von Land und Produkt bis hin zu Mehrfachernten auf ein und demselben Boden.[13]

Lässt sich eine derartige Entwicklung, wie sie Boserup in sehr allgemeiner Form skizzierte, auch in Khandesh nachweisen? Hat die Spezialisierung auf exportierbare Produkte wie Baumwolle dort eine ähnliche Entwicklung ausgelöst? Zunächst fällt der anachronistische Grundton der in Frage kommenden Passagen in den Quellen auf.[14] Einerseits unterschieden sich die Methoden der landwirtschaftlichen Arbeitsweise in den einzelnen *talukas* des Distriktes im Prinzip kaum; anderseits wichen sie in so vielen Details voneinander ab, dass man schon eher von angepasster und differenzierter Technologie, als von einer auf Zufällen basierenden Ausprägung sprechen sollte. Zudem legt eine erste Bekanntschaft mit den Quellenbeispielen den Schluss nahe, dass der Grad der Bodennutzung von Gegend zu Gegend ein anderer war und in-

---

12 Vgl.: S. Guha, 1981, p. 299; N.V. Kanitkar, $1960^2$, pp. 23-4; O.H.K. Spate, $1957^2$, pp. 235ff.

13 Boserup ist allerdings nicht in der Lage, eine exakte Grösse des nach ihrer Ansicht notwendigen Bevölkerungsdruckes anzugeben; vgl.: E. Boserup, 1965, pp. 11-2, pp. 15ff., p. 34, pp. 23ff.

14 Am detailliertesten informieren neben der *Gazetteer* von 1880 vor allem die *Settlement Reports*. Sie haben den Vorteil, dass in einem Abstand von ca. dreissig Jahren, wenn die nächste Steuerveranlagung anstand, zu einer Vielzahl von Stichworten, darunter auch Methoden und Techniken der örtlichen Landwirtschaft, Angaben gemacht werden.

tensive und extensive Wirtschaftsformen lange Zeit nebeneinander vorkommen konnten.[15] So war der indische Pflug in Khandesh um die Jahrhundertmitte dort wohl bekannt, nicht aber in allen Teilen des Distriktes in Gebrauch. Dies ist nicht als Anzeichen einer rückständigen Landwirtschaft zu werten, denn mit Ausnahme des Flussoberlaufs schlummerten damals noch grosse Gebiete ungenutzt vor sich hin; mit andern Worten war der Landdruck damals extrem klein.[16] Für ein solches Instrument bestand deshalb nicht überall Bedarf. Vom Bezirk Chopda heisst es in diesem Zusammenhang, dass "einige Dörfer am Fuss der Berge den Pflug wohl ein ganzes Jahrhundert lang nicht gesehen" hätten.[17] Nur rund fünfzig Jahre später scheint sich jedoch im Grundsatz der Pflug in allen Winkeln des Distriktes, so auch in der erwähnten *taluka*, durchgesetzt zu haben. Mancherorts bearbeiteten die Bauern ihre Felder allerdings nicht mehr mit dem Pflug, sondern benützten dazu eine schwere Hacke, die von einem Ochsenpaar gezogen wurde.[18] Ist dies bereits als Rückfall in eine archaischere Form der Landwirtschaft anzusehen? Wohl kaum, denn in jüngster Zeit hat sich bewahrheitet, dass damals auf diese Weise die Ertragskraft des Bodens weit weniger in Mitleidenschaft gezogen wurde, als es das von den Briten immer wieder propagierte Vorbild eines westlichen Metallpflugs getan hätte.[19]

Solange in einigen Teilen des Distriktes noch genügend Neuland zur Verfügung stand oder ein Grundstück zeitweise brach liegen konnte, drängte sich die systematische Düngung des Kulturlandes nicht auf. Diese Notwendigkeit ergab sich vielmehr erst im Zuge der stärkern Belastung des Bodens durch eine intensivere Bearbeitung. In Khandesh passierte dies, wie bereits angetönt, nicht überall zum gleichen Zeitpunkt. Die *Gazetteer*[20] von 1880 weist zwar ausdrücklich darauf hin, dass "die Leute den Wert des Düngers verstünden und anerkannten". Aber es ist auch zu lesen, dass "nur die wohlhabendste Schicht in der Lage gewesen sei, ihre Felder anständig zu düngen, der Rest dafür weitgehend auf den eigenen Viehbestand angewiesen" geblieben sei.[21] Die Bevorzugung profitabler Exporterzeugnisse wie Baumwolle machte sich auch in Khandesh in einer markanten Zunahme des entsprechenden Flächenanteils bemerkbar und beeinflusste auch das Anbauverhalten der *ryots*. Der Brauch des Fruchtwechsels war

---

15 Vgl. zur Koexistenz der verschiedenen Produktionsformen die anfangs der siebziger Jahre geführte Debatte. Dazu: J. Banaji, 1972, in: EWP 52, p. 2499; P. Chattopadhyay, 1980, in: EWP (Juni); U. Patnaik, 1972, in: EWP (September).

16 SRGB O.S., Nr. 1, *Report of Captain Wingate*, paras. 10-14.

17 A.F. Davidson to S. Mansfield, Nr. 69, 11th March 1857, in: SRGB N.S., Nr. 93 (Chopda), p. 163.

18 Stellvertretend seien hier nur erwähnt: E.H.P. Jolly to the Collector of East-Khandesh, Nr. 32, 24th July 1915, in: SRGB N.S., Nr. 570 (Raver), p. 8; J. Abbott to the Settlement Commissioner, Poona, Letter dated the 16th August 1918, in: SRGB N.S., Nr. 585 (Amalner & Parola), p. 5; J. Abbott to the Settlement Officer, Letter dated the 26th December 1917, in: SRGB N.S., Nr. 568 (Shirpur), para. 10.

19 N.V. Kanitkar, 1960$^2$, p. 421, zit. in: S. Guha, 1981, p. 14. Zu den Vorstellungen der Briten: GBP, Vol. XII (1880), Khandesh, pp. 143-4.

20 GBP, Vol. XII (1880), Khandesh, p. 146.

21 GBP, Vol. XII (1880), Khandesh, p. 147.

zwar bekannt, doch schien die Rotation der Produkte keinen allzu strikten Regeln zu unterliegen. Ebenso richtungsgweisend, ist zu lesen, soll für die Bauern die jeweilige Marktlage gewesen sein.[22] Die Faustregel, *Jowar* oder *Bajra* im Wechsel mit Baumwolle anzupflanzen, konnte in Zeiten der guten Konjunktur in den Hintergrund treten.[23] Von Amalner[24] hiess es dazu:

> "At the time of the former settlement [i.e. 1858] the bulks of the crops in the north part of the taluka belonged to the late or rabi and in the south part to the early (kharif), but at present [i.e.1889] the early harvest seem to be much the most important; the reason of this is not hard to find, being the American war and the opening of the railway in 1865, has displaced the cultivation of cold weather crops even in the valley of the Tapti with its rich moist soil was especially suited to them."

Ein identisches Bild präsentierte sich auch im Bezirk Raver, wo sich "die Bauern bemühten, so viel ihres Grundbesitzes wie möglich mit Baumwolle"[25] zu belegen. Von Shirpur, das ebenfalls im fruchtbaren Gürtel lag, wurde gesagt, dass dort Baumwolle in speziellen Situationen "kontinuierlich auf dem gleichen Feld stehe"[26]. Dass dadurch möglicherweise der Ertrag unter die normale Marke fallen könnte, schien beispielsweise die Bauern von Jamner noch um das Jahr 1920 nicht zu kümmern.[27] Trotzdem weisen solche und ähnliche Bemerkungen auf ein Problem hin, das jede Intensivierung der Agrarproduktion mit sich bringt: die Auslaugung des Bodens. Wie stark diese Erscheinung auch in unserem Distrikt auftrat, ist nicht ganz klar. Die überdurchschnittliche Fruchtbarkeit des Ackerlandes sowie der noch in der Mitte des vorigen Jahrhunderts vergleichsweise hohe Anteil an Brache haben vermutlich die Lage etwas entschärft. Verhältnisse wie in der *taluka* Chopda, wo sich um 1855 die "Qualität des kultivierten kaum vom nicht kultivierten Boden" unterschied, wird man aber wohl zu Beginn des zwanzigsten Jahrhunderts nur noch äusserst selten angetroffen haben.[28]

## 5.3 Expansion der Kulturfläche

Die Vorgänge im 19. Jahrhundert besitzen neben der qualitativen auch eine quantitative Seite. Was unseren Distrikt anbelangt, äusserte sich dies in der aussgergewöhnlichen Zunahme der Anbaufläche. Selbst wenn wir berücksichtigen, dass die Landreserven in Khandesh grösser,

---

[22] GBP, Vol. XII (1880), Khandesh, p. 147.

[23] GBP, Vol. XII (1880), Khandesh, p. 147; vgl. auch: M.C. Kelkar to the Collector of East-Khandesh, Nr. R.S.-20, 3rd September 1919, in: SRGB N.S., Nr. 595 (Erandol), para. 10.

[24] W. Turnball to the Collector of Khandesh, Nr. 66, 13th February 1889, in: SRGB N.S., Nr. 229 (Amalner), p. 4.

[25] E.H.P. Jolly to the Collector of the East-Khandesh, Nr.32, 24th July 1915, in: SRGB N.S., Nr. 570 (Raver), para. 38.

[26] J. Abott to the Settlement Officer, Letter dated 26th December of 1917, in: SRGB N.S., Nr. 568 (Shirpur), para. 8.

[27] M.C. Kelkar to Monteath, Nr. R.S. 33, 31st May 1920, in: SRGB N.S. Nr. 591 (Jamner), para. 22.

[28] A.F. Davidson to S. Mansfield, Nr. 69, 11th March 1857, in: SRGB N.S., Nr. 93 (Chopda), p. 163; vgl. auch: S. Guha, 1981, pp. 92ff.

die Bevölkerungsdichte hingegen geringer als andernorts war, springt die ungestüme Entwicklung in diesem Bereich ins Auge. Die Ausdehnung des unter den Pflug genommenen Ackerlandes verlief in Khandesh in drei grossen Abschnitten: Eine erste Phase, die zumindest noch in die frühe Zeit der britischen Herrschaft fiel und etwa bis in die dreissiger Jahre dauerte, ist insgesamt als Periode der Stagnation zu bezeichnen. Daran ändert auch die Tatsache nichts, dass die Kulturfläche zwar auch damals minim zunahm, während sie in vielen andern Distrikten der Provinz Bombay zurückging.[29] Bereits 1832/33, im Vergleich mit den Nachbardistrikten also zu einem relativ frühen Zeitpunkt, zeigten sich die ersten Anzeichen der kommenden Expansion. Dieser Aufwärtstrend sollte mehr als ein halbes Jahrhundert andauern und erst von den Nachwehen des Baumwollbooms Ende der sechziger Jahre erschüttert werden. Das atemberaubende Tempo der Ausdehnung setzte also schon ein, bevor auch nur eine einzige Meile an Schienen auf indischem Boden verlegt war. Von 1818 bis 1861 - in jenem Jahr nahm die berühmte *Great Indian Peninsula* Bahn auf einem Teilstück ihren Betrieb auf - vervierfachte sich die kultivierte Fläche in Khandesh bereits und war von rund 450'000 auf etwas über 1'800'000 *acres* angestiegen.[30] Nach 1890 schwächte sich einerseits das Wachstum merklich ab, anderseits traten wiederholt starke Schwankungen auf. Teils sind diese Fluktuationen als bäuerliche Reaktion auf eine Serie niederschlagsarmer und ungünstiger Jahre zu werten; teils ist auch davon auszugehen, dass das Verhalten der Produktepreise eine Rolle gespielt hat.

War eine vergleichbare Entwicklung auch in andern Distrikten zu beobachten oder blieb Khandesh ein Einzelfall? Nach den verfügbaren Informationen[31] zu urteilen, scheint in der Zeit von 1870 bis 1910 nur das unmittelbar im Süden angrenzende Nasik, bis zu einem gewissen Grad noch Ahmednagar, einen ähnlich steilen Wachstumspfad eingeschlagen zu haben. Khandesh nahm damit nicht nur innerhalb der nähern, sondern auch weitern Umgebung eine Sonderstellung ein. Welcher andere Distrikt konnte sonst noch von sich sagen, im 19. Jahrhundert seine Kulturfläche um mehr als das Fünf- bzw. Siebenfache ausgedehnt zu haben? Aufgrund der bisherigen Erkenntnis ist davon auszugehen, dass dieses Resultat nicht zwangsläufig das Ergebnis einer integralen und umfassenden volkswirtschaftlichen Entwicklung war. Einige *talukas* nahmen voll daran teil, andere wiederum waren nur partiell davon betroffen.[32]

---

[29] Guha veröffentlichte für die erste Jahrhunderthälfte entsprechende Zahlen zur *belegten* (*occupied*), d.h. besteuerten Regierungsfläche.

Vgl.: S. Guha, 1981, p. 31.

[30] Es liegen keine detaillierten Informationen vor. Trotzdem ist anzunehmen, dass dafür u.a. die Baumwollexporte im Rahmen des sog. Dreieckhandels mit China eine wichtige Rolle spielten.

[31] Leider schweigen in der Regel die *Gazetteers* der einzelnen Distrikte, mit Ausnahme derjenigen von Khandesh, zur Entwicklung der Anbauflächen vor ihrem jeweiligen ersten Publikationsdatum. Fragmentarische Angaben sind in den verschiedenen *Settlement Reports* zu finden.

[32] Es ist unmöglich, diesen Vorgang für den ganzen Distrikt anhand der Bezirksdaten synchron und homogen zu dokumentieren.

Tabelle 14: Ausdehnung der Kulturfläche in Khandesh: 1818-1922

| (1) | (2) | (3) | (4) |
|---|---|---|---|
| Jahr | bebaute Ackerfläche | Index 1818=100 | Index 1820=100 |
| 1818-19 | 452'349 | 100 | |
| 1820-21 | 589'741 | 130 | 100 |
| 1830-31 | 615'444 | 136 | 104 |
| 1840-41 | 891'812 | 197 | 151 |
| 1850-51 | 1'017'606 | 225 | 173 |
| 1860-61 | 1'685'025 | 373 | 286 |
| 1870-71 | 2'385'605 | 527 | 405 |
| 1880-81 | 2'640'358 | 584 | 448 |
| 1890-91 | 3'001'298 | 663 | 509 |
| 1900-01 | 2'754'541 | 609 | 467 |
| 1910-11 | 3'284'980 | 726 | 557 |
| 1921-22 | 3'335'661 | 737 | 566 |

Bemerkungen: Flächenangaben in 'acres' und Nettowerte ('net area cropped'), d.h. ohne zwei- oder mehrmals pro Saison belegte Felder; im Jahre 1868-69 wurden vier Bezirke an Nasik abgetreten; Jahre 1910-11 bzw. 1911-12: Total Khandesh West (1910-11) und Khandesh Ost (1911-12).

Quellen: GBP, Vol. XII (1880), Khandesh, pp. 289 & 303; GBP, Vol. XII-B (1926), Khandesh (East & West) and Mewas Estates, pp. 10 & 68.

Die ganz im Süden Khandeshs gelegene *taluka* Chalisgaon, das eigentliche Tor nach Bombay, scheint die Anbaufläche in den ersten fünfzig bis sechzig Jahren des vergangenen Jahrhunderts mehr oder weniger mit einem durchschnittlichen Tempo ausgedehnt zu haben. Soweit für den genannten Bezirk überhaupt Aufzeichnungen vorliegen, weichen die entsprechenden Indexwerte vorerst bis in die späten dreissiger Jahren kaum voneinander ab. Im folgenden Jahrzehnt wurden dann allerdings in Chalisgaon überdurchschnittlich viele neue Felder urbar gemacht. Schon 1846/47 bebauten die dortigen Bauern dreimal soviele Felder wie 1818. Weniger dynamisch verlief in diesem Punkt die Entwicklung in den 123 Dörfern des Bezirkes Jalgaon. Bis dort die Anbaufläche doppelt so hoch war wie zu Beginn der britischen Herrschaft, dauerte es ganze vierzig Jahre. In absoluten Zahlen gemesssen wies aber die *taluka* bereits zu Beginn des 19. Jahrhunderts eine beachtliche Landwirtschaftsfläche auf und entwickelte sich im Lauf der Zeit zum führenden Finanz- und Handelsplatz von ganz Khandesh.[33] Die wohl lebhafteste Vergangenheit hat in dieser Hinsicht laut den Quellen der Bezirk Jamner hinter sich. In den ersten 45 Jahren unter britischer Herrschaft vergrösserte sich in 193 Dörfern der Kulturlandanteil von 9'691 *acres* im Jahr 1818/19 auf 130'954 *acres* 1862/63, was einem

[33] "The growth of the town Jalgaon [gleichnamiger Bezirkshauptort] is worthy of notice. In the year of settlement (1858) it numbered but 4'078 inhabitants, though even then it is spoken of as being the most important commercial town in Khandesh, and a centre from which Bombay firms purchased produce. Its population has now [1892] risen to 11'683, while all other heads show corresponding increases."

W.M Fletcher to the Collector of Khandesh, Nr. 75 of 1892, in: SRGB N.S., Nr. 262 (Jalgaon), para. 11.

Tabelle 15a-b: Ausdehnung der Kulturfläche im Dekkan: 1818-1922

| | (1) | (2) | (3) | (4) | (5) | (6) |
|---|---|---|---|---|---|---|
| Jahr | Khandesh | Nasik | Ahmednagar | Poona | Sholapur | Satara |
| 1818-19 | 452'349 | | | | | |
| 1820-21 | 589'741 | | | | | |
| 1830-31 | 615'444 | | | | | |
| 1840-41 | 891'812 | | | | | |
| 1850-51 | 1'017'606 | | | | | |
| 1860-61 | 1'685'025 | | | | | |
| 1870-71 | 2'385'605 | 1'593'342 | 2'427'135 | 1'842'769 | 1'879'587 | 1'646'840 |
| 1880-81 | 2'640'358 | 1'632'898 | 1'936'001 | 1'528'014 | 1'535'367 | 1'039'172 |
| 1890-91 | 3'001'298 | 2'000'249 | 2'744'114 | 2'091'172 | 2'157'681 | 1'798'944 |
| 1900-01 | 2'754'541 | 1'790'853 | 2'498'838 | 1'757'434 | 1'963'361 | 1'489'057 |
| 1910-11 | 3'284'980 | 1'993'226 | 2'743'034 | 1'872'630 | 1'989'818 | 1'480'064 |
| 1921-22 | 3'335'661 | | | | | |

Legende: Kulturfläche entspricht tatsächlich bebauter Fläche (in 'acres').

| 1870=100 | (1) | (2) | (3) | (4) | (5) | (6) |
|---|---|---|---|---|---|---|
| 1870-71 | 100 | 100 | 100 | 100 | 100 | 100 |
| 1880-81 | 111 | 102 | 80 | 83 | 82 | 63 |
| 1890-91 | 126 | 126 | 113 | 113 | 115 | 109 |
| 1900-01 | 115 | 112 | 103 | 95 | 104 | 90 |
| 1910-11 | 138 | 125 | 113 | 102 | 106 | 90 |
| 1921-22 | 140 | | | | | |

Quellen: GBP, Vol. XII (1880), Khandesh, pp. 289 & 303; GBP, Vol. XII-B (1926), Khandesh (East & West) and Mewas Estates, pp. 10 & 68.

Zuwachs von mehr als 1'300 % entspricht. Allein in den zwölf Monaten nach der Etablierung der Kolonialherrschaft verdreifachte sich das Acker- und Weidegebiet. Diese explosionsartige Zunahme wird nicht näher begründet. Sie kann aber teilweise mit einem extrem hohen Brachanteil, wie dies beispielsweise auch in Chopda[34] der Fall gewesen war, erklärt werden. Etwas weniger schwungvoll ging im allgemeinen die Erschliessung von Neuland in der zweiten Hälfte des 19. Jahrhunderts vor sich, wie die ausgewählten Beispiele zeigen. *Talukas* wie Jalgaon waren in dieser Zeitspanne kaum mehr in der Lage zu expandieren. Dagegen wiesen die betreffenden Kennziffern von Pimpalner darauf hin, dass in jener Epoche Randgebiete, wie sie eben vor allem im Westen des Distriktes zu finden waren, früher Versäumtes nachholten.

Die Anbaufläche hat sich in Khandesh unter den Briten zwar viervielfacht; in gewissen Teilen des Distriktes wurden sogar phänomenale Zuwachsraten an den Tag gelegt. Die ausser-

[34] "On the accession of the British in 1818-19, only four per cent of the arable land was under cultivation [...]. Large tracts of waste, covered with a more or less dense growth of underwood, overran the sub-division, enclosing patches of tilled land surrounded by formidable thorn fences. Scarcely a village was without a large area of waste."

GBP, Vol. XII (1880), Khandesh, p. 360.

Tabelle 16: Kulturfläche in Khandesh: 1880

| (1) Taluka | (2) Totale Fläche | (3) davon vermessen | (4) davon kultivierbar | (5) nicht kultivierbar von (3) | (6) kultivierbares Reg.-Land von (4) |
|---|---|---|---|---|---|
| Amalner | 338'560 | 338'560 | 275'979 | 43'555 | 258'913 |
| Bhusaval | 364'800 | 362'240 | 288'808 | 54'567 | 260'834 |
| Chalisgaon | 322'560 | 304'640 | 210'546 | 41'709 | 204'159 |
| Chopda | 317'440 | 188'800 | 160'248 | 19'155 | 148'287 |
| Dhulia | 485'760 | 485'760 | 345'520 | 115'082 | 336'145 |
| Erandol | 294'400 | 289'920 | 242'556 | 34'250 | 230'405 |
| Jamner | 336'000 | 333'400 | 218'003 | 38'261 | 209'369 |
| Nandurbar | 430'720 | 208'000 | 162'833 | 21'208 | 150'088 |
| Jalgaon | 204'160 | 203'520 | 158'089 | 32'129 | 145'328 |
| Pachora | 342'400 | 323'840 | 267'396 | 40'291 | 256'485 |
| Pimpalner | 801'920 | 603'520 | 330'063 | 56'382 | 322'967 |
| Savda | 554'240 | 303'360 | 257'661 | 22'354 | 227'795 |
| Shahada | 313'600 | 225'920 | 200'338 | 11'188 | 188'757 |
| Shirpur | 487'680 | 159'360 | 133'059 | 13'813 | 124'194 |
| Sindkheda | 324'480 | 324'480 | 258'435 | 43'877 | 227'386 |
| Taloda | 757'120 | 81'920 | 73'625 | 1'950 | 69'733 |
| | 6'675'840 | 4'737'240 | 3'583'159 | 589'771 | 3'360'845 |

Legende: (2) 'in detail surveyed'; (9) 1878-79; (11) Bevölkerungsstand 1875.
Quellen: GBP, Vol. XII (1880), Kap. XIII.

gewöhnliche Bevölkerungszunahme in den letzten drei, vier Dekaden des 19. Jahrhunderts bewirkte allerdings, dass der mittlere Pro-Kopf-Wert statistisch gesehen sogar leicht zurückging. Dieser bewegte sich in der Zeit von 1872 bis 1921 jeweils um die zwei *acres* herum, was etwas weniger als dem regionalen Schnitt (Dekkan) entsprach, aber immer noch rund das Doppelte des gesamtindischen Wertes ausmachte. Innerhalb des Dekkan existierten Distrikte wie Ahmednagar oder Sholapur, die regelmässig höhere Zahlen auswiesen, doch hat dies allein noch wenig zu bedeuten, wenn nicht in jedem einzelnen Fall das gesamtwirtschaftliche Umfeld einbezogen wird.

Einerseits ist es wahrscheinlich, dass leichte Produktivitätsfortschritte im Rahmen der regionalen Spezialisierung die sinkenden Flächenanteile etwas ausglichen. Anderseits spielte die Wahl des Saatguts, die den Bauern bis zu einem gewissen Grad von objektiven Kriterien diktiert wurde, eine Rolle. Und schliesslich sind bei der Interpretation der fraglichen Indizes auch eventuelle Veränderungen in der Beschäftigungsstruktur einer Gegend zu berücksichtigen, wie dies schon vorgeschlagen wurde.[35] Alle Vorbehalte gilt es nicht erst im Grossen, sondern bereits im Kleinen zu beachten, insbesondere, wenn es sich beim untersuchten Gegenstand um ein so vielgestaltiges Gebilde wie den Distrikt Khandesh handelt. Von 1880 bis 1922, wahrscheinlich schon früher, war es nichts Aussergewöhnliches, wenn sich Minimum und Maximum der

[35] R.v. Albertini, 1985$^2$, pp. 48-9.

Tabelle 17: Kulturfläche pro Kopf der Bevölkerung: 1872-1921

| (1) Jahr | (2) bebaute Ackerfläche Khandesh | (3) Bevölkerung Khandesh | (4) Anbaufläche pro Kopf Khandesh | (5) Anbaufläche pro Kopf Dekkan | (6) Anbaufläche pro Kopf Indien |
|---|---|---|---|---|---|
| 1872 | 2'003'633 | 1'031'746 | 1,94 | 2,24 | |
| 1881 | 2'640'358 | 1'239'078 | 2,13 | 2,48 | |
| 1891 | 3'081'298 | 1'436'741 | 2,14 | 2,13 | 1,04 |
| 1901 | 2'754'541 | 1'429'197 | 1,93 | 2,16 | 1,03 |
| 1911 | 3'284'980 | 1'615'609 | 2,03 | 2,15 | 1,09 |
| 1921 | 3'356'661 | 1'717'684 | 1,95 | | 1,11 |

Legende: (2) Werte für 1871-72, 1880-81 etc.; 1921: 1921-22; (5) Basis: 'gross sown acreage'.

Quellen: (2) Tab. A7; (3) Vgl. Tab. 9; (5) M.B. McAlpin, 1983, p. 147; (6) W. Mandelbaum, 1962 "Prospects for Indian Development", zit. in: R.v. Albertini, 1985, 2. Aufl., p. 48.

*per capita* Anbaufläche um rund 100% unterschieden. Mit wenigen Ausnahmen[36] wiesen in der Regel jene *talukas* unterdurchschnittliche Pro-Kopf-Werte auf, deren Bevölkerungsdichte über dem Mittel lagen.

## 5.4 Nahrungsmittel- und Rohstoffanbau

Nicht zur Diskussion steht, dass sich im Lauf des 19. Jahrhunderts das Anbauverhalten der indischen Bauern und somit auch der Flächenanteil der Produkte veränderte. Umstritten ist jedoch bis heute, welche konkreten Auswirkungen dies auf die Nahrungsmittelversorgung der Bevölkerung hatte. Bisher kaum beachtet wurde auch die soziale Sprengkraft der erwähnten Veränderungen. Da es an Lokalstudien mangelt, die sich mit diesen Fragen auseinandersetzen, ist man zum jetzigen Zeitpunkt weitgehend auf grossräumige, oft sogar gesamtindische Untersuchungen angewiesen. Gemäss der klassischen und zugleich älteren Sichtweise kann die starke Ausrichtung der indischen Landwirtschaft auf exportorientierte Erzeugnisse wie Baumwolle nur auf Kosten der Nahrungsmittel zustande gekommen sein. Diese auf zeitgenössische Historiker wie Marx, Dutt und Naoroji zurückgehende Interpretation der Dinge blieb für viele moderne Autoren wegweisend. Diese prononcierte Ansicht rief wiederum bei andern entschiedenen Widerspruch hervor. Harnetty kommt zum Beispiel in seiner breit angelegten Studie zum Schluss, *food crops* seien nicht durch *cash crops* ersetzt worden. Vielmehr seien die Getreidepreise in den Sog der hohen Baumwollpreise geraten, was damals jede Art von Landwirtschaft äusserst profitabel gemacht und zu einer allgemeinen Zunahme der Kulturfläche, nicht aber zu einer Spezialisierung geführt habe. Harnetty[37] dazu:

---

[36] Pachora im Jahr 1880 und Chalisgaon 1922; vgl. die entsprechende Tabelle zur Bevölkerungsdichte der einzelnen *talukas*.

Tabelle 18: Kulturfläche pro Kopf der Bevölkerung in ausgewählten Bezirken

| (1) | (2) | (3) | (4) | (5) | (6) | (7) | (8) | (9) | (10) |
|---|---|---|---|---|---|---|---|---|---|
| | 1880 | | | 1903 | | | 1922 | | |
| Taluka | Kulturfläche | Bevölkerung | pro Kopf | Kulturfläche | Bevölkerung | pro Kopf | Kulturfläche | Bevölkerung | pro Kopf |
| Amalner | 215'426 | 81'936 | 2,63 | 261'276 | 111'293 | 2,35 | 303'094 | 151'735 | 2 |
| Bhusaval | 171'810 | 85'587 | 2,01 | 241'361 | 109'306 | 2,21 | 234'912 | 136'277 | 1,72 |
| Chalisgaon | 134'265 | 47'021 | 2,86 | 194'307 | 90'837 | 2,14 | 231'753 | 102'474 | 2,26 |
| Chopda | 113'274 | 51'581 | 2,2 | 145'485 | 75'550 | 1,93 | 148'294 | 82'807 | 1,79 |
| Dhulia | 178'109 | 71'798 | 2,48 | 260'205 | 104'952 | 2,48 | 269'694 | 136'608 | 1,97 |
| Erandol | 193'256 | 76'689 | 2,52 | 234'029 | 105'840 | 2,21 | 189'155 | 98'787 | 1,91 |
| Jamner | 162'909 | 73'036 | 2,23 | 235'006 | 91'739 | 2,56 | 232'404 | 103'076 | 2,25 |
| Nandurbar | 108'113 | 45'984 | 2,35 | 158'023 | 87'437 | 1,81 | 182'791 | 78'705 | 2,32 |
| Jalgaon | 119'031 | 66'606 | 1,79 | 145'856 | 85'151 | 1,71 | 142'596 | 97'964 | 1,46 |
| Pachora | 212'505 | 85'558 | 2,48 | 248'160 | 125'336 | 1,98 | 248'014 | 129'666 | 1,91 |
| Pimpalner | 176'320 | 51'793 | 3,4 | 221'447 | 56'638 | 3,91 | 163'497 | 59'596 | 2,74 |
| Savda | 217'874 | 124'519 | 1,75 | | | | | | |
| Shahada | 112'379 | 41'133 | 2,73 | 173'177 | 59'758 | 2,9 | 175'419 | 69'440 | 2,53 |
| Shirpur | 87'635 | 33'583 | 2,61 | 127'115 | 50'177 | 2,53 | 113'981 | 56'723 | 2,01 |
| Sindkheda | 185'865 | 66'834 | 2,78 | 241'237 | 76'811 | 3,14 | 230'358 | 91'702 | 2,51 |
| Taloda | 54'677 | 30'151 | 1,81 | 64'277 | 33'881 | 1,9 | 74'101 | 53'181 | 1,39 |

Legende: (2) 1878-79; (3) 1875; (5) 1902-03; (6) 1901; (8) 1921-22 (West-Khandesh); (9) 1921; Flächenangaben in 'acres'; Kulturfläche: tatsächlich bebaute Fläche.
Quellen: (2), (3): GBP, Vol. XII (1880), Khandesh, Kap. XIII; (5), (6): GBP, Vol. XII-B (1905), Khandesh and Mehwas Estates, pp. 2, 6; (8), (9): GBP, Vol. XII-B (1926), Khandesh (East and West) and Mewas Estates, pp. i, 1, 57, 61.

> "In conclusion, it seems clear that [...] in the mid-nineteenth century the commercialization of agriculture did not result in the substitution of commercial for food crops.[...] In the 1860's Indian agriculture responded vigorously to external stimuli generated by the American Civil War. When the opportunity occured to enter the world market as a major supplier of raw cotton, the Indian agriculturist met the new situation by a remarkable extension of the area under cultivation. This [...] produced a permanent increase in the quantity of India's cotton exports, as well as an increase in the production of other crops, including food grains. [...] Such conclusions indicate a need for a revision of traditional views about the economic conditions of India in the mid-nineteenth century. An essential step in such a revision is the gathering and analysis of new statistical evidence [...]."

Laut Harnetty hielt unter dem Strich der Anbau von Nahrungsmitteln durchaus mit demjenigen von Baumwolle Schritt.[38] Abgesehen von wenigen Ausnahmen soll danach in den grossen Baumwollgebieten Bombay, Madras und Berar die jährliche Zunahme der gesamten landwirtschaftlich genutzten Fläche um einiges über dem vergleichbaren Wert für Baumwolle gelegen haben. Aus einem andern Blickwinkel gelangt McAlpin[39] zum selben Schluss. Ihr Feldzug richtet sich hauptsächlich gegen die nationalistische Schule, die zwischen Hungersnöten und dem forcierten Anbau von Exportprodukten in Indien einen unmittelbaren Zusammenhang sieht. Mit

[37] P. Harnetty, 1971, in: EHR 24, p. 427.

[38] P. Harnetty, 1972, pp. 415-18.

[39] M.B. McAlpin, 1973 & 1983.

1 Aussaat der Baumwolle: Durch die Hohlstäbe gelangt die Saat in den Boden

2 Unkrautentfernung auf einem Baumwollfeld

3 Baumwollpflanze

4 Baumwollernte

5 Baumwolltransport nach den Stapelplätzen im Inland

6 Selektion und Verwiegen von Baumwolle auf einem Lagerplatz der Gebr. Volkart

7 Baumwolltransport zur nächsten Bahnstation

8 Verlad von gepressten Baumwollballen nach Bombay

elaborierten statistischen Rechenverfahren zeigt McAlpin, dass sich in der zweiten Hälfte des 19. Jahrhunderts das Verhältnis von Baumwoll- und Getreidefläche nur unwesentlich zugunsten des Rohstoffs verschoben hat.[40] Zweifellos ist schon allein das Sammeln und Bereitstellen des äusserst umfangreichen Zahlenmaterials ein verdienstvolles Unterfangen. Doch sollte man deswegen nicht vergessen, dass manche Veränderungen durch die Maschen des statistischen Netzes schlüpfen konnten. Zudem scheint es methodisch fragwürdig - was auch zurecht kritisiert wurde - wenn nationale oder regionale Daten zur Beschreibung der lokalen Ebene herhalten müssen.[41]

Aufgrund der vorgelegten Zahlen kann mit Sicherheit davon ausgegangen werden, dass sich der Agrarsektor in den untersuchten Gebieten nach 1860 keineswegs nur auf *cash crops* beschränkte. Ist die Aussagekraft dieses rein rechnerisch ermittelten Resultats aber nicht in unzulässiger Weise überstrapaziert, wenn davon kategorisch abgeleitet wird, eine Substitution von Nahrungsmitteln habe nicht stattgefunden? Oder geben etwa gleichbleibende Werte der Anbaufläche pro Kopf Auskunft über veränderte Anbaumuster oder wechselnde Besitzverhältnisse? Die erwähnten Arbeiten von Harnetty und McAlpin sind in mancher Hinsicht bemerkenswert; sie vermögen aber auf die von ihnen selber gestellten Fragen keine endgültigen Antworten anzubieten. Fügt sich unser Distrikt lückenlos in das entworfene Bild ein, oder fällt er einmal mehr aus der Rolle? Das Beispiel Khandesh zeigt stellvertretend für andere, dass statistische Mittelwerte nur auf dem Papier existieren. Wer sich nur auf sie abstützt, wird Gefahr laufen, ein verzerrtes Bild der Realität zu erhalten. Das Urbarmachen von fruchtbarem Boden war in Khandesh, wie bereits dargelegt, schon vor der Jahrhundertmitte weit vorangeschritten und sah seine dynamischsten Momente in der Zeit von 1850 bis 1870; danach schwächte sich die Neulandbelegung ab. In den vierzig Jahren nach 1861 nahm die effektiv unter den Pflug genommene Kulturfläche nämlich nur von 1'814'000 *acres* auf etwas mehr als 3'341'000 *acres* zu, was anders ausgedrückt einer Steigerung von 100 auf 184 Indexpunkte entsprach. Alle drei wichtigen Getreidearten, Weizen, *Jowar* und *Bajra*, wiesen hingegen im selben Zeitraum nur ein sehr bescheidenes, wenn nicht sogar negatives Wachstum auf.

Im Unterschied dazu vermochte Baumwolle ihren Anteil von 344'000 auf 1'465'000 *acres* zu vervierfachen. Zum erstem Mal 1873/74, dann zwei Jahre später erneut und nach 1881 in unablässiger Folge, belegte sie damit die grösste Einzelfläche und figurierte noch vor dem wichtigen Grundnahrungsmittel Hirse oder *Bajra*. Bemerkenswert ist auch, dass der Anbau von Baumwolle in Khandesh nicht nur während der sechziger Jahre stark expandierte, wie dies andernorts geschah[42], sondern auch danach ihren Aufwärtstrend fortsetzte. Nachdem sich

---

[40] M.B. McAlpin, 1973, pp. 156-79; dies., 1983, p. 146.

[41] U.a.: D. Arnold, 1985, in: JPS 12, pp. 132-35.

[42] Vgl. die Zahlen der wichtigsten Baumwollanbaugebiete bei P. Harnetty, 1971, in: EHR 24, pp. 416-7.

Tabellen 19a-b: Anbaufläche ausgewählter Produkte in Khandesh: 1891-1914

| (1) | (2) | (3) | (4) | (5) | (6) | (7) | (8) | (9) |
|---|---|---|---|---|---|---|---|---|
| Jahr | kultiviert | Jowar | Bajra | Wheat | Pulses | Sugar | Oilseeds | Cotton |
| 1861-62 | 1'814'289 | 464'967 | 585'819 | 176'144 | | | | 344'258 |
| 1862-63 | 1'896'831 | 481'446 | 656'463 | 227'726 | | | | 337'124 |
| 1863-64 | 2'084'869 | | | | | | | |
| 1864-65 | 2'336'112 | 442'508 | 593'196 | 199'398 | | | | 439'904 |
| 1865-66 | 2'431'579 | 501'251 | 730'702 | 220'484 | | | | 261'356 |
| 1866-67 | 2'471'186 | 414'563 | 646'344 | 230'557 | | | | 405'346 |
| 1867-68 | 2'518'549 | 465'198 | 714'477 | 223'202 | | | | 450'383 |
| 1868-69 | 2'601'065 | 402'257 | 520'653 | 182'757 | | | | 426'639 |
| 1869-70 | 2'249'673 | 469'412 | 605'337 | 148'956 | | | | 540'808 |
| 1870-71 | 2'385'605 | | | | | | | 611'031 |
| 1871-72 | 2'003'633 | 310'045 | 710'256 | 132'567 | 157'702 | | | 428'460 |
| 1872-73 | 1'876'948 | 496'729 | 631'332 | 127'405 | | | | 536'882 |
| 1873-74 | 2'361'834 | 446'227 | 565'665 | 163'353 | 126'108 | | 115'549 | 632'914 |
| 1874-75 | 2'375'945 | 427'466 | 558'249 | 129'651 | 129'192 | | | 602'924 |
| 1875-76 | 2'415'638 | | 549'964 | 137'109 | | | | 669'635 |
| 1876-77 | 2'274'254 | 382'281 | 666'593 | 143'969 | | | | 534'802 |
| 1877-78 | 2'365'378 | 461'079 | 851'891 | 142'970 | | | | 475'307 |
| 1878-79 | 2'440'546 | 587'995 | 700'635 | 155'084 | | | | 590'703 |
| 1879-80 | 2'499'569 | 599'970 | 649'635 | 168'180 | | | | 628'346 |
| 1880-81 | 2'640'358 | 542'180 | 711'950 | 247'590 | | | | 579'364 |
| 1881-82 | 2'681'947 | 520'241 | 623'097 | 183'740 | | | | 758'135 |
| 1882-83 | 2'693'256 | 441'507 | 582'768 | 259'480 | | | | 880'228 |
| 1883-84 | 3'010'556 | 473'634 | 578'495 | 382'470 | | | | 1'012'291 |
| 1884-85 | 3'026'433 | 552'881 | 623'508 | 269'605 | | | | 848'432 |
| 1885-86 | 2'893'688 | 546'607 | 647'896 | 347'671 | 196'195 | 3'447 | 390'784 | 668'206 |
| 1886-87 | 2'870'325 | 515'481 | 560'391 | 313'134 | 186'149 | 2'705 | 270'386 | 941'659 |
| 1887-88 | 2'851'112 | 480'054 | 563'058 | 398'594 | 207'945 | 2'694 | 191'335 | 918'791 |
| 1888-89 | 2'836'836 | 533'564 | 604'977 | 333'119 | 185'165 | 2'911 | 161'269 | 922'863 |
| 1889-90 | 3'081'298 | | | | | | | |
| 1890-91 | 3'081'298 | 524'173 | 707'992 | 211'335 | 193'693 | 1'539 | 117'035 | 1'147'738 |
| 1891-92 | 3'045'863 | 536'587 | 709'749 | 264'528 | 200'898 | 1'939 | 142'227 | 1'096'829 |
| 1892-93 | 3'052'298 | 535'802 | 671'995 | 262'704 | 280'286 | 2'416 | 148'993 | 1'074'824 |
| 1893-94 | 3'036'001 | 475'168 | 602'221 | 266'479 | 297'568 | 3'295 | 225'002 | 1'064'891 |
| 1894-95 | 3'038'577 | 513'241 | 625'987 | 268'589 | 325'133 | 3'841 | 227'809 | 985'752 |
| 1895-96 | 3'031'900 | 486'709 | 625'846 | 253'826 | 324'014 | 3'853 | 327'457 | 924'714 |
| 1896-97 | 2'864'078 | 472'101 | 631'745 | 161'425 | 279'173 | 2'327 | 171'994 | 1'073'272 |
| 1897-98 | 3'004'057 | 628'336 | 820'693 | 150'459 | 333'989 | 2'409 | 147'524 | 845'860 |
| 1898-99 | 2'963'209 | 438'126 | 593'027 | 196'897 | 378'248 | 1'922 | 191'251 | 1'103'057 |
| 1899-00 | 2'539'133 | 464'884 | 657'284 | 25'711 | 232'837 | 2'484 | 85'997 | 1'022'058 |

| (1) Jahr | (2) kultiviert | (3) Jowar | (4) Bajra | (5) Wheat | (6) Pulses | (7) Sugar | (8) Oilseeds | (9) Cotton |
|---|---|---|---|---|---|---|---|---|
| 1900-01 | 2'754'541 | | | | | | | |
| 1901-02 | 2'943'252 | 447'068 | 566'415 | 99'010 | 314'723 | 597 | 205'892 | 1'286'928 |
| 1902-03 | 3'030'921 | | | | | | | |
| 1903-04 | 3'045'590 | 427'024 | 594'356 | 116'197 | 371'141 | 1'092 | 219'452 | 1'288'350 |
| 1904-05 | 3'149'596 | 372'374 | 651'448 | 301'371 | 339'417 | 1'474 | 207'312 | 1'201'673 |
| 1907-08 | 3'149'774 | 402'168 | 705'428 | 126'334 | 1'708'889 | 2'002 | 152'839 | 1'263'309 |
| 1908-09 | 3'272'285 | 473'768 | 740'997 | 118'736 | 1'866'556 | 1'403 | 163'748 | 1'216'064 |
| 1909-10 | 3'295'022 | 435'684 | 727'966 | 159'483 | 1'871'808 | 1'482 | 153'784 | 1'244'319 |
| 1910-11 | 3'284'980 | 385'707 | 689'596 | 173'741 | 1'749'473 | 1'170 | 128'854 | 1'380'026 |
| 1911-12 | 3'186'829 | 374'867 | 714'779 | 98'603 | 1'633'482 | 1'280 | 101'513 | 1'439'725 |
| 1912-13 | 3'328'153 | 504'387 | 812'178 | 139'084 | 1'922'020 | 766 | 124'584 | 1'354'164 |
| 1913-14 | 3'341'915 | 398'697 | 716'758 | 149'261 | 1'716'087 | 1'079 | 112'970 | 1'465'220 |

Legende: Flächenangaben in "acres", Nettowerte ('net area cropped'), d.h. ohne Zwei- und Mehrfachernten; (3)-(9) inkl. 'alienated lands'; (6) ab 1906 inkl. Total von 'pulses'; ab 1906-07 Total von West-Khandesh und Ost-Khandesh; 1899/1900 Missernte.

Quellen: GBP, Vol. XII (1880), Khandesh, pp. 289, 303; GBP Vol. XII-B (1926), Khandesh (East & West) and Mewas Estates, pp. 10, 68; Jahresrapporte (Titel variiert) der verschiedenen Departemente und Abteilungen: Land Rev. Adm. Rep. of the Bombay Pres.; General Rep. on the Adm. of the Bombay Pres.; Adm. Rep. on the Cotton Dept; Annual Rep. of the Director, Land Reccord and Agriculture, Bombay Pres.; Season and Crop Rep. of the Bombay Pres.

| (1) Jahr | | (2) kultiviert | (3) Jowar | (4) Bajra | (5) Wheat | (6) Pulses | (7) Sugar | (8) Oilseeds | (9) Cotton |
|---|---|---|---|---|---|---|---|---|---|
| 1906-07 | WK | 1'295'492 | 74'123 | 343'423 | 118'291 | 739'184 | 972 | 98'695 | 458'917 |
| | OK | 1'974'116 | 317'033 | 289'229 | 53'375 | 905'846 | 1'453 | 38'494 | 970'250 |
| 1907-08 | WK | 1'232'829 | 68'365 | 373'900 | 72'450 | 727'122 | 932 | 104'975 | 393'005 |
| | OK | 1'916'945 | 333'803 | 331'528 | 53'884 | 981'767 | 1'070 | 47'864 | 870'304 |
| 1908-09 | WK | 1'318'212 | 92'235 | 405'632 | 74'436 | 798'240 | 749 | 116'988 | 395'913 |
| | OK | 1'954'073 | 381'533 | 335'365 | 44'300 | 1'068'316 | 654 | 46'760 | 820'151 |
| 1909-10 | WK | 1'346'086 | 78'908 | 405'141 | 110'239 | 840'044 | 806 | 114'572 | 404'951 |
| | OK | 1'948'993 | 356'776 | 322'825 | 49'244 | 1'051'764 | 676 | 39'212 | 839'368 |
| 1910-11 | WK | 1'339'593 | 67'123 | 372'201 | 126'206 | 780'025 | 731 | 96'764 | 464'459 |
| | OK | 1'945'387 | 318'584 | 317'395 | 47'525 | 969'448 | 439 | 32'108 | 915'567 |
| 1911-12 | WK | 1'274'060 | 77'540 | 374'301 | 61'838 | 708'137 | 904 | 75'068 | 487'085 |
| | OK | 1'912'769 | 297'327 | 340'478 | 36'765 | 925'345 | 376 | 26'445 | 952'640 |
| 1912-13 | WK | 1'362'090 | 170'919 | 440'533 | 100'397 | 917'233 | 356 | 99'608 | 434'833 |
| | OK | 1'966'063 | 333'468 | 371'645 | 38'687 | 1'004'787 | 410 | 24'976 | 919'331 |
| 1913-14 | WK | 1'374'360 | 86'156 | 361'795 | 112'174 | 751'709 | 818 | 90'293 | 521'828 |
| | OK | 1'967'555 | 312'541 | 354'963 | 37'087 | 964'378 | 261 | 22'677 | 943'392 |

Legende: WK: West-Khandesh, OK: Ost-Khandesh; sonst wie oben.

Quellen: Vgl. oben.

mit dem Ende des Amerikanischen Bürgerkriegs die Situation in Grossbritannien und auf dem Kontinent weitgehend normalisiert hatte, erholte sich der Distrikt innert weniger Monate von der gedämpften Nachfrage. Die Dekade von 1880 bis 1890 übertraf in dieser Hinsicht sogar die Boomphase.

McAlpin[43] räumt zwar ein, dass anfangs des 20. Jahrhunderts in Bombay eine Art Substitutionsmechanismus mit Zahlenmaterial belegbar sei, doch behauptet sie im selben Atemzug: "Cotton cultivation [in western India] oscillated from period to period but was not much higher at any time than during the boom of the American War." Beweisen die in unserm Fall vorgelegten Daten nicht einwandfrei, dass derartige Vorgänge sich auf der regionalen und subregionalen Ebene bereits dann abspielen konnten, wenn sie statistisch nicht nachweisbar waren? Kein anderer Distrikt innerhalb des Dekkan richtete in den Jahren nach 1850 seine Agrarproduktion derart eindeutig auf das "weisse Gold" aus, wie dies Khandesh tat; zwangsläufig war auch kein anderer Distrikt so stark von den Schwankungen der Baumwollkonjunktur betroffen. Weizen, ebenfalls vorwiegend ein Exportprodukt, konnte im Landesinnern schon aus Gründen des Klimas und der Bodenbeschaffenheit nie richtig Fuss fassen. Verglichen mit den übrigen Getreidearten blieb der diesbezügliche Flächenanteil immer unbedeutend, wobei Nasik, Ahmednagar und Khandesh die wichtigsten Anbauzonen waren. *Jowar* und *Bajra*, beides Hirsearten und somit die Ernährungsgrundlage der Bevölkerung, behaupteten in unserm Distrikt mehr oder weniger ihre Stellung. Infolge der demographischen Entwicklung verschlechterten sich jedoch ihre Pro-Kopf-Anteile. Von Bedeutung war in diesem Zusammenhang wohl nicht so sehr der Rückgang der genannten Kennziffern für Weizen, der an sich zwar markant ausfiel, als vielmehr jener der wichtigen Lebensmittelgetreide. Die theoretisch pro Person verfügbare Fläche für *Jowar* schrumpfte nämlich von 0.3 *acres* (1871/72) auf 0.23 (1911/12), jene für *Bajra* im selben Zeitraum von 0.69 *acres* auf 0.44. Im Unterschied dazu wuchs die fragliche Quote für Baumwolle trotz der Bevölkerungszunahme um mehr als das Doppelte und betrug 1912 exakt 0.89 *acres*.

Aehnliche Vorkommnisse waren auch in andern Gegenden Indiens zu beobachten. In Teilen des Punjab dehnte sich beispielsweise zwischen 1862 und 1864 die Baumwollfläche beträchtlich auf Kosten des Zuckerrohranbaus aus; in Madras zeichnete sich damals dieselbe Entwicklung mit Indigo ab.[44] Vieles deutet darauf hin, dass es sich in Khandesh nicht nur um eine konjunkturelle Erscheinung im Schatten der abnormalen Wachstumsdekade nach 1860, sondern um ein strukturelles Phänomen handelte. Das Bestreben der Bauern, die lokalen Standort-

---

43 "In the first years of the twentieth century there was [in western India] a noticeable decline in both the proportion of land planted with jowar and bajra and that cotton began to increase to levels well above that of the period 1861-65."

M.B. McAlpin, 1983, p. 147.

44 P. Harnetty, 1971, in: EHR 24, p. 416, p. 418.

vorteile optimal auszunützen, zeigte sich in Khandesh auch darin, dass den einzelnen Erzeugnissen von *taluka* zu *taluka* unterschiedlich viel Raum zugestanden wurde. Ueber einen Leisten geschlagen zeichnet sich ein schwacher bis mittlerer Trend ab, im westlichen Teil des Distriktes dem Anbau von Nahrungsmitteln, im Osten dagegen demjenigen industrieller Rohstoffe den Vorzug zu geben. Wenn noch ein etwas genauerer Massstab angelegt und nach Bezirken aufgeschlüsselt wird, fällt das Bild erheblich differenzierter aus. *Bajra* nahm in der Zeit von 1885 bis 1914 im Mittel rund 20% der Bruttokulturfläche[45] ein. In West-Khandesh erreichte dieses Produkt immer wieder Werte, die erheblich über der genannten Marke waren, während sie im andern Teil Khandeshs eindeutig darunter lagen. Umgekehrt verhielt es sich mit *Jowar*, für dessen Gedeihen besserer Boden und grössere Niederschlagsmengen erforderlich waren.[46] Diese Bedingungen erfüllten natürlich die im Osten gelegenen Bezirke. Bemerkenswert ist in diesem Kontext die starke Stellung von Weizen und vor allem der Oelsaaten, *oilseeds*, im Westen unseres Distriktes, welche dort eine vier- bis sechsmal grössere Fläche als im Osten bedeckten. Vor allem letztere empfahlen sich wegen ihrer anspruchslosen Natur überall dort, wo sich Baumwolle oder Getreide als weniger geeignet erwiesen hatten.[47] Traditionelle Hochburgen der exportorientierten Landwirtschaft waren vor allem die zentralen und östlichen Bezirke, wo "König Baumwolle", wie sich ein britischer Beamter[48] ausdrückte, 1880 rund ein Drittel der Ackerfläche belegte und dank seines Marktwertes die wichtigste Säule des bäuerlichen Einkommens war. Diese Konstellation prägte sich in den folgenden zwanzig, dreissig Jahren noch stärker aus, so dass *talukas* wie Chopda, Savda, Yavul und Amalner nach der Jahrhundertwende im Mittel mehr als 50% ihrer Kulturfläche mit Baumwolle bepflanzten. Alle Informationen zu unserm Distrikt bestätigen die Annahme, der Anbau von Rohstoffen, v.a. Baumwolle, habe seine Stellung zu Lasten der Nahrungsmittel verbessert.[49] Allerdings ersetzte Baumwolle, wie gerade das Beispiel Chopda beweist, nicht immer und in jedem Fall Erzeugnisse, welche die Ernährungsgrundlage der ansässigen Bevölkerung bildeten. Gelegentlich konnten davon auch weniger rentable Ausfuhrprodukte wie Weizen oder Oelsaaten betroffen sein.[50] Unter umgekehr-

---

45 I.e. inkl. Brache und mehrfach pro Saison belegtes Land.

46 N. V. Kanitkar, 1960², p. 24; O.H.K. Spate, 1957², pp. 216-9.

47 O.H.K. Spate, 1957², pp. 220-1.

48 "Here [in Erandol], as elsewhere in Central and Eastern Khandesh, cotton is king. It is the rent paying crop, and fortunately for the rayat, the prices have of late been remunerative. I read not long ago in a paper that the demand for cotton for manufacture throughout the world was fully equal to the production of the raw material in the world, and if this is the case, cotton will continue to hold its leading position among Khandeshs products."

From the Collector of Khandesh to the Commissioner, C.D., Letter Nr. 2028, 21st March 1890, in: SRGB N.S., Nr. 239 (Erandol), para. 5, p. 50.

49 Vgl. dazu: P. Harnetty, 1977a, in: MAS 2, p. 358, pp. 364ff.

50 "The increase in cotton cultivation has been at the expense of all oilseeds and pulses and all cereals except bajri; in particular it has affected the area devoted to the cultivation of wheat which has ceased to be the se-

Tabelle 20: Pro-Kopf-Werte ausgewählter Agrarprodukte in Khandesh: 1871-1912

| (1) | (2) | (3) | (4) | (5) | (6) | (7) | (8) | (9) | (10) |
|---|---|---|---|---|---|---|---|---|---|
| | | Baumwolle | | Jowar | | Bajra | | Weizen | |
| Jahr | Bevölkerung | Fläche | p/c | Fläche | p/c | Fläche | p/c | Fläche | p/c |
| 1871-72 | 1'031'746 | 428'460 | 0,42 | 310'045 | 0,3 | 710'256 | 0,69 | 132'567 | 0,13 |
| 1881-82 | 1'239'078 | 758'135 | 0,61 | 520'241 | 0,42 | 623'097 | 0,5 | 183'740 | 0,15 |
| 1891-92 | 1'436'741 | 1'096'829 | 0,76 | 536'587 | 0,37 | 709'749 | 0,49 | 264'528 | 0,18 |
| 1901-02 | 1'429'197 | 1'286'928 | 0,9 | 447'068 | 0,31 | 566'415 | 0,4 | 99'010 | 0,07 |
| 1911-12 | 1'615'609 | 1'439'725 | 0,89 | 374'867 | 0,23 | 714'779 | 0,44 | 98'603 | 0,06 |

Legende: p.c: 'per capita'; alle Flächenangaben auf ganze 'acres' abgerundet; ab 1906 entsprechen Bevölkerungs- und Flächenangaben dem Total von West-Khandesh und Ost-Khandesh.
Quellen: (2) Vgl. Tab. 9 in Kap. 4; (3) Vgl. Tab. 19.

ten Vorzeichen spielten sich dieselben Vorgänge in Savda (bzw. Raver und Yavul) ab, wo unter dem starken Vormarsch der Baumwolle eindeutig *Bajra* und *Jowar* litten.[51]

Neben der Frage, ob sich nun *food crops* und *cash crops* die Waage gehalten haben oder eben nicht, ist auch der soziale Aspekt der regionalen und lokalen Spezialisierung von Interesse. Solange die Preise für Baumwolle nach oben tendierten oder auf einem hohen Niveau stabil blieben und die Versorgung gewährleistet war, wird sich die Vernachlässigung der Nahrungsmittelproduktion nicht *a priori* zum Nachteil der Bauernschaft ausgewirkt haben. In schlechten Zeiten konnte sich allerdings der Umstand, dass breite Teile der Bevölkerung für ihre Versorgung auf Importe angewiesen waren, bemerkbar machen. Der Grad der Betroffenheit wird dabei von Individuum zu Individuum und von Gegend zu Gegend variiert haben, doch waren auch blühende *talukas* wie Jalgaon[52] nicht vor Rückschlägen gefeit:

> "The extension in the area of cotton at the expense of food crops is shown [...]. Cotton is popular because it is easy and cheap to sow, needs little attention and is easily collected and markted. To these advantages was added during the war the attraction of very high prices. Consequently cotton was grown wherever possible and as often as possible. Now [1922] that cotton prices have fallen and a bad season has occured, the inevitable shortage of grain and fodder is being felt. Had the price of cotton kept up, the shortage of grain and fodder would have been but little noticed. As it is, the cultivators have not grown enough fodder of their own and have no money with which to buy it because of the slump in cotton."

---

cond crop of importance in the taluka."

J. Abott to the Settlement Commissioner, Letter dated 27th February 1918, in: SRGB N.S., Nr. 576 (Chopda), para. 10.

51 "[The figures show] very clearly the great change which has taken place within the period of the last settlement [ca. 1880] in the nature of the staple crops raised. The area under cotton has increased very considerably, mainly at the expense of the acreage under grain crops."

E.H.P. Jolly to the Collector of East-Khandesh, Nr. 32, 24th July 1915, in: SRGB N.S., Nr. 570 (Raver), para. 32.

52 C.H. Bristow to the Collector of Khandesh, Nr. S.S.-35,in: SRGB N.S., Nr. 593 (Jalgaon), para. 25.

Tabelle 21: Anteile ausgewählter Agrarprodukte in einzelnen Bezirken Khandeshs: 1880

| (1) | (2) | (3) | (4) | (5) | (6) | (7) | (8) | (9) | (10) | (11) | (12) | (13) |
|---|---|---|---|---|---|---|---|---|---|---|---|---|
| Taluka | Bajra | in % | Jowar | in % | Weizen | in % | Pulses | in % | Oilseeds | in % | B'wolle | in % |
| Amalner | 72'486 | 33,6 | 49'344 | 22,9 | 8'559 | 4 | 9'242 | 4,3 | 9'433 | 4,4 | 61'525 | 28,6 |
| Bhusaval | 25'597 | 14,9 | 68'207 | 39,7 | 6'168 | 3,6 | 8'331 | 4,8 | 7'263 | 4,2 | 52'886 | 30,8 |
| Chalisgaon | 54'923 | 40,9 | 26'560 | 19,8 | 1'542 | 1,1 | 1'867 | 1,4 | 17'209 | 12,8 | 30'156 | 22,5 |
| Chopda | 28'504 | 25,2 | 34'409 | 30,4 | 4'064 | 3,6 | 3'605 | 3,2 | 7'521 | 6,6 | 33'815 | 29,9 |
| Dhulia | 86'182 | 48,4 | 21'084 | 11,8 | 817 | 0,5 | 11'668 | 6,6 | 15'520 | 8,7 | 38'953 | 21,9 |
| Erandol | 48'837 | 25,3 | 63'879 | 33,1 | 7'644 | 4 | 2'982 | 1,5 | 6'534 | 3,4 | 58'936 | 30,5 |
| Jalgaon | 21'390 | 18 | 36'427 | 30,6 | 14'431 | 12,1 | 2'902 | 2,4 | 6'677 | 5,6 | 30'592 | 25,7 |
| Jamner | 19'025 | 11,7 | 67'230 | 41,3 | 210 | 0,1 | 3'466 | 2,1 | 2'630 | 1,6 | 68'467 | 42 |
| Nandurbar | 30'413 | 28,1 | 11'409 | 10,6 | 21'864 | 20,2 | 11'715 | 10,8 | 10'501 | 9,7 | 9'012 | 8,3 |
| Pachora | 50'423 | 23,7 | 66'796 | 31,4 | 2'952 | 1,4 | 3'286 | 1,5 | 9'588 | 4,5 | 74'942 | 35,3 |
| Pimpalner | 65'759 | 37,3 | 839 | 0,5 | 5'576 | 3,2 | 19'609 | 11,1 | 25'167 | 14,3 | 8'150 | 4,6 |
| Savda | 37'967 | 17,4 | 75'521 | 34,7 | 12'221 | 5,6 | 11'902 | 5,5 | 18'925 | 8,7 | 54'421 | 25 |
| Shahada | 25'374 | 22,6 | 19'091 | 17 | 34'115 | 30,4 | 10'465 | 9,3 | 9'938 | 8,8 | 9'933 | 8,8 |
| Sindkheda | 86'888 | 46,7 | 20'130 | 10,8 | 13'994 | 7,5 | 11'091 | 6 | 7'858 | 4,2 | 43'253 | 23,3 |
| Shirpur | 34'104 | 38,9 | 17'123 | 19,5 | 6'942 | 7,9 | 3'386 | 3,9 | 9'539 | 10,9 | 15'583 | 17,8 |
| Taloda | 12'806 | 23,4 | 9'944 | 18,2 | 13'991 | 25,6 | 6'051 | 11,1 | 3'937 | 7,2 | 76 | 0,1 |
| Mittelwert | | 28,5 | | 23,3 | | 8,2 | | 5,3 | | 7,2 | | 22,2 |

Legende: Vgl. Tab. 18 für kultivierte Fläche; (8) Total diverser Hülsenfrüchte; (10) Total diverser Oilseeds; (12) Baumwolle; Prozentwerte entsprechen dem Anteil an der Kulturfläche.

Quelle: GBP, Vol. XII (1880), Kap. XIII.

Tabelle 22: Kulturfläche pro Kopf ausgewählter Produkte in Bezirken Khandeshs: 1880

| (1) | | (3) | (4) | (5) | (6) | (7) | (8) | (9) | (10) | (11) | (12) | (13) |
|---|---|---|---|---|---|---|---|---|---|---|---|---|
| Taluka | Bajra | p.c. | Jowar | p.c. | Weizen | p.c. | Pulses | p.c. | Oilseeds | p.c. | B'wolle | p.c. |
| Amalner | 72'486 | 0,9 | 49'344 | 0,6 | 8'559 | 0,1 | 9'242 | 0,1 | 9'433 | 0,1 | 61'525 | 0,8 |
| Bhusaval | 25'597 | 0,3 | 68'207 | 0,8 | 6'168 | 0,1 | 8'331 | 0,1 | 7'263 | 0,1 | 52'886 | 0,6 |
| Chalisgaon | 54'923 | 1,2 | 26'560 | 0,6 | 1'542 | 0 | 1'867 | 0 | 17'209 | 0,4 | 30'156 | 0,6 |
| Chopda | 28'504 | 0,6 | 34'409 | 0,7 | 4'064 | 0,1 | 3'605 | 0,1 | 7'521 | 0,1 | 33'815 | 0,7 |
| Dhulia | 86'182 | 1,2 | 21'084 | 0,3 | 817 | 0 | 11'668 | 0,2 | 15'520 | 0,2 | 38'953 | 0,5 |
| Erandol | 48'837 | 0,6 | 63'879 | 0,8 | 7'644 | 0,1 | 2'982 | 0 | 6'534 | 0,1 | 58'936 | 0,8 |
| Jamner | 21'390 | 0,3 | 36'427 | 0,5 | 14'431 | 0,2 | 2'902 | 0 | 6'677 | 0,1 | 30'592 | 0,4 |
| Nandurbar | 19'025 | 0,4 | 67'230 | 1,5 | 210 | 0 | 3'466 | 0,1 | 2'630 | 0,1 | 68'467 | 1,5 |
| Jalgaon | 30'413 | 0,5 | 11'409 | 0,2 | 21'864 | 0,3 | 11'715 | 0,2 | 10'501 | 0,2 | 9'012 | 0,1 |
| Pachora | 50'423 | 0,6 | 66'796 | 0,8 | 2'952 | 0 | 3'286 | 0 | 9'588 | 0,1 | 74'942 | 0,9 |
| Pimpalner | 65'759 | 1,3 | 839 | 0 | 5'576 | 0,1 | 19'609 | 0,4 | 25'167 | 0,5 | 8'150 | 0,2 |
| Savda | 37'967 | 0,3 | 75'521 | 0,6 | 12'221 | 0,1 | 11'902 | 0,1 | 18'925 | 0,2 | 54'421 | 0,4 |
| Shahada | 25'374 | 0,6 | 19'091 | 0,5 | 34'115 | 0,8 | 10'465 | 0,3 | 9'938 | 0,2 | 9'933 | 0,2 |
| Shirpur | 86'888 | 2,6 | 20'130 | 0,6 | 13'994 | 0,4 | 11'091 | 0,3 | 7'858 | 0,2 | 43'253 | 1,3 |
| Sindkheda | 34'104 | 0,5 | 17'123 | 0,3 | 6'942 | 0,1 | 3'386 | 0,1 | 9'539 | 0,1 | 15'583 | 0,2 |
| Taloda | 12'806 | 0,4 | 9'944 | 0,3 | 13'991 | 0,5 | 6'051 | 0,2 | 3'937 | 0,1 | 76 | 0 |
| Mittelwert | | 0,8 | | 0,6 | | 0,2 | | 0,1 | | 0,2 | | 0,6 |

Legende: B'wolle: Baumwolle; p.c.: per capita; alle Flächenangaben in 'acres'.

Quellen: GBP, Vol. XII (1880), Kap. XIII; Pro-Kopf-Werte berechnet aus obenstehenden Angaben.

In welchem Ausmass ein indischer Kleinbauer von den negativen Auswirkungen konjunktureller Schwankungen betroffen war, hing nicht zuletzt von der Grösse seines Bauernhofes ab, denn damit war ein wichtiger Parameter der landwirtschaftlichen Produktion bestimmt.

# 6. Soziale Auswirkungen der Kommerzialisierung

Innerhalb der weitern Region des Dekkanhochlandes zeichnete sich nach den bisher vorliegenden Angaben im Lauf der zweiten Jahrhunderthälfte eine ausgeprägte regionale Arbeitsteilung mit produktemässiger Spezialisierung ab. Ein komplementäres Anbaumuster kristallisierte sich auch innerhalb eines Distriktes wie Khandesh heraus. Ueberdurchschnittlich viel Baumwolle säten beispielsweise die *ryots* der östlichen Bezirke an, wobei im Extremfall (Erandol, 1912-16) auf der Hälfte aller Felder das "weisse Gold" wuchs. Weizen schien dagegen in der äussersten Nordwestecke das am besten geeignete Produkt zu sein und erreichte dort Werte um 29% (Taloda, 1912-16). *Bajra* hingegen geriet in südlichen und zentralen *talukas* am besten, während *Jowar*, oft im Wechsel mit Baumwolle, in den Bezirken des Ostens stark verbreitet war. Die regionale und lokale Spezialisierung auf den Anbau von Exportprodukten ist als direkt sichtbares Resultat der Marktintegration und Kommerzialisierung weiter Teile der Agrarwirtschaft zu betrachten. Im Sinne einer positiven Rückkoppelung verstärkte sich dieser Prozess im Laufe der zweiten Jahrhunderthälfte. Die sozio-ökonomischen Folgen der Kommerzialisierung in der Landwirtschaft wurden von der Fachliteratur bisher kaum berücksichtigt.

## 6.1 Bauernaufstand von 1852

Für die einheimische Bevölkerung brachte der Kontakt mit der Kolonialmacht und deren politischen und administrativen Massnahmen in erster Linie eine Vielzahl von Eingriffen in das von Traditionen und Wertvorstellungen bestimmte Leben mit sich. Dass das Konfliktpotential hoch war und auch nach den ersten Jahren nicht abklang, zeigen u.a. auch die grossen Unruhen im Dekkan von 1875. Bereits etwas mehr als zwei Jahrzehnte früher hatte sich auch in Khandesh ein Zwischenfall ereignet, der als Bauernaufstand in die Analen einging. Wegen der vergleichsweise begrenzten Ausmasse bleiben diese Ereignisse jedoch häufig unerwähnt. Die Auseinandersetzungen von 1852 sind eines der undurchsichtigsten, zugleich aber auch eindrücklichsten Kapitel in der frühen Geschichte Khandeshs.[1] Wingates Absicht im Zusammenhang mit dem neuen Survey war es ja, zuerst die fruchtbarsten Bezirke im Nordosten der Talebene neu zu beurteilen, um dort möglichst schnell tiefere Steuersätze einzuführen.[2] Die mit der Vermessung beauftragten Beamten wurden jedoch bei ihrer Ankunft im Osten des Distriktes von einer "aufgebrachten Menge", so die Quellen, empfangen. Der Widerstand kam für die Verwaltung angesichts des moderaten Charakters des neuen Verfahrens unerwartet. Die heftigste Opposition beschränkte sich zur Hauptsache auf die zuerst ausgewählten *talukas* Savda,

---

1 Briefwechsel zu den Unruhen von 1852 in: *Board's Collections, Nr. 146'775 of 1853*, IOR F.4. 2534. Dazu auch: N. Charlesworth, 1985, pp. 47-53; J.F.M. Jhirad, 1968, in: JRAS 3 & 4.

2 SRGB O.S., Nr. 1, *Report of Captain Wingate*, para 45.

Yavul und Chopda.[3] Zu Blutvergiessen kam es während der zwei unruhigen Monate November und Dezember nicht. Aber sowohl die amtlichen Stellen als auch die betroffenen Bevölkerungsteile bedienten sich aller verfügbarer Machtmittel, um ihren Einfluss zu demonstrieren. Wiederholt machten beide Seiten von Drohungen und andern Einschüchterungsversuchen Gebrauch. Schliesslich marschierten britische Truppen auf, belagerten die wichtigsten Zentren des Aufstandes und nahmen die vermeintlichen Drahtzieher fest. Mit der Verhaftung einzelner Exponenten war die Bewegung praktisch gebrochen. Die Bauern verfolgten anfänglich noch mit grossem Misstrauen, wie es heisst, die amtlichen Vermessungsarbeiten, die zwischenzeitlich aus taktischen Ueberlegungen eingestellt worden waren. Gleichzeitig starteten die Behörden eine neue Aufklärungskampagne.

Beunruhigend war für die Administration weniger die Intensität der Auseinandersetzungen als vielmehr die imposante Zahl der Teilnehmer, was auf ein weitverbreitetes Misstrauen schliessen liess. Diese schwankte je nach Gelegenheit und Anlass zwischen einigen Hunderten und Tausenden. An Grossaufmärschen konnten aber ohne weiteres bis 15'000 Personen auf die Strasse gehen. "I have never in my life witnessed such a demonstration", berichtet der Steuereinnehmer von Khandesh über jenen denkwürdigen 29. November nach Bombay und fährt fort: "Should you think it necessary to come on a head of your kit I have a tent which I can place at your disposal."[4] Wie aber liess sich das Verhalten der beteiligten Landbevölkerung erklären? Mit welchen Argumenten konnte sich jemand überhaupt gegen ein Verfahren sträuben, welches aus britischer Sicht erklärtermassen zum Vorteil der Landbevölkerung geschaffen worden war? Wieso war es gerade in Khandesh zu derart heftigen Reaktionen gekommen? All diese Fragen, die sich natürlich auch schon die damalige Kolonialverwaltung stellte, sind nicht leicht zu beantworten. Die Bauern beklagten sich in unzähligen Petitionen zuhanden der Regierung über die in ihren Augen unakzeptablen Auswirkungen des neuen Verfahrens. Häufig beanstandeten sie darin die hohen Kosten für die herbeizuschaffenden Grenzsteine oder gaben die bevorstehende Ernte als Grund für mangelnde Zusammenarbeit an[5]:

> "We are therefore quite unable to construct the boundary marks. Our crops are standing in the fields, and we will be able to pay Government nothing; if we are so hard pressed, we will also abandon our cultivation, if our remonstrance with Government has no effect. If we are so hard pressed, we don't want to have anything to do with our husbandary."

Daneben tauchten in den Klagen der *ryots* andere Probleme auf, welche die Substanz und Prozedur des neuen Steuerverfahrens betrafen: Durften die Tiere wie bis anhin kostenlos auf dem Brachland weiden? War das Fällen von Bäumen oder das Sammeln von Brennholz reglemen-

---

3 Vgl. Mansfield to Goldsmid, Nr. 2136 of 1852, 6th December 1852, in: *Board's Coll., Nr. 146'755 of 1853.*

4 Elphinston to Goldsmid, Nr. 1964 of 1852, 15th November 1852, in: *Board's Coll., Nr. 146'775 of 1853.*

5 Petition from all the Ryots on Mounje Bhaloda Pergunna, Yawull, in: *Board's Coll., Nr. 146'775 of 1853* (Revenue Department), p. 92.

tiert? Mussten Steuerabgaben auch dann entrichtet werden, wenn das betreffende Landstück nicht mehr bewirtschaftet wurde? Und wieso sollten ausgerechnet die Bezirke im Osten als erste daran glauben müssen und nicht jene in der Nähe des bereits neu eingeschätzten Distriktes Ahmednagar?[6] Aufgrund der vielen kleinen Einwände bestärkte sich bei den Briten der Eindruck, dass der neue Plan nicht nur in einzelnen Teilen, sondern als Ganzes abgelehnt wurde.[7] Die Unruhen konnten zwar durch die als belastend empfundenen Forderungen nach den Grenzsteinen oder *boundary marks* ausgelöst worden sein; ob damit die eigentlichen Ursachen für eine dermassen entschiedene Ablehnung des neuen Arrangements bereits gefunden sind, ist jedoch fraglich. Ein Weg, der möglicherweise zu den hintergründigen Ursachen führt, ist die Frage nach dem *cui bono*. Wer hatte ein Interesse, am *Status quo* festzuhalten? Mit Sicherheit konnte die Mehrheit der involvierten Bevölkerungsteile für sich kein rationales Motiv in Anspruch nehmen, die Steuerreform abzulehnen. Wingate[8] formulierte die Zielsetzungen für sein neues Programm ja, indem er die Missstände vor der Jahrhundertwende als Ausgangspunkt wählte:

> "[...] by the imposition of a very moderate Assessment on the land at the new settlement, I should say it would be difficult to err on the side of liberality in a Province in the situation of Khandesh, for with its million of waste acres, capable of raising exportable products, there is ample room for the Revenue to recover itself from a loss occaisoned by lowering the rate of Assessment. Population is, perhaps, already becoming redundant in parts of the Deccan, and low rates in Khandesh, would probably bring settlers from it, and from the Nizam's District in considerable numbers."

Ganz anders verhielt es sich mit jener Schar mächtiger und einflussreicher Grossbauern und anderer Personen, welche der zuständige Beamte Davidson als "Millionäre von Khandesh" be-

---

6 Vgl. Bauernpetition (*ryots memorandum*) in: Mansfield to Goldsmid, Nr. 2267 of 1852, 21st December 1852, in: *Board's Coll., Nr. 146'775 of 1853*; ebenso: J.F.M. Jhirad, 1968, in: JRAS 3 & 4, p. 156; N. Charlesworth, 1985, p. 50.

7 Diese Ansicht vertritt auch Charlesworth: "What is striking is that the protest was opposition in principle to the whole idea of any new survey. The redress of specific economic grievances, such as fears about the new rates, seemed unimportant. Davidson [Stellv. Leiter Survey Dept. Khandesh] realised this when he met a group of peasant representatives on 15 November. They did ask some detailed questions such as whether waste land would be taxed but in general 'they whished for no survey. No compromise on my part would be of any avail'. Elphinston [Steuereinnehmer von Khandesh], who had at first argued for the boundary stone regulations as the reason for the disturbances, conceded by late November that 'the ryots' objection to the survey is objection in toto'."

N. Charlesworth, 1985, p. 51; ibid. Quellenangaben.

8 Zitat aus: SRGB O.S., Nr. 1, *Report of Captain Wingate*, para. 53; Wingates Absicht, durch eine moderate Steuerpolitik die Produktion anzukurbeln, zeigt sich auch andernorts. Von den Bezirken, in denen 1852 Unruhen ausbrachen, heisst es: "The complaints [in Chopra] are loud and general. The Ryuts are ready and anxious to extend their cultivation, but dare not to do so with their present rates. They are obliged to limit the extent of their farms as much as possible, and cultivate them highly, in order to be able to pay the existing Assessment. A reduction would, I am satisfied, cause an immediate and great extension of cultivation in all the villages of the Talooks along the Taptee when there is waste to break up. In a good many villages of Sowda and Yawul there is no waste, but any surplus capital accumulated there, through lowering Assessment would soon find its way elsewhere."

SRGB O.S., Nr. 1, *Report of Captain Wingate*, para. 46; vgl. die neuen, tiefern Sätze pro Flächeneinheit in: GBP, Vol. XII (1880), Khandesh, p. 292.

zeichnete.[9] Von Beginn weg wurden die Anführer der Unruhen im Umfeld der wohlhabenden Familien vermutet. Wieso sollten sich aber gerade sie gegen den Versuch stemmen, ein Steuersystem einzuführen, das den Distrikt zweifelsfrei noch mehr auf die Bedürfnisse des Marktes ausrichten würde? Warum lehnten sie plötzlich jene Strukturen ab, welche ihnen in den letzten fünfzig Jahren zu Macht und Reichtum verholfen hatten? Das anfänglich unverständlich erscheinende Verhalten jener Kreise kann als Reaktion einer konservativen Schicht erklärt werden, die sich vor der Beschneidung der eigenen Herrschaftsbasis fürchtete. In der Tat wurden durch den Survey viele althergebrachte Privilegien der Dorfelite abgeschafft.[10] Die Aemter des Dorfvorstehers, *patel*, des Dorfbuchhalters, *kulkarni*, sowie jenes des Steuereinziehers, *deshmukh*, versprachen Kraft ihrer Kompetenzen nicht nur ein hohes Ansehen, sondern auch ein lukratives Einkommen. Indem nun aber Verhandlungen und Abmachungen in Steuerangelegenheiten mit den einzelnen *ryots* Sache der Verwaltung wurden, verloren jene Funktionen grösstenteils ihre Berechtigung. In der Praxis konnte man zwar nicht ganz auf die Mitarbeit einzelner Einheimischer verzichten. Juristisch gesehen waren diese aber wie alle andern zum Lohnabhängigen degradiert und den Bauern gleichgestellt. Zudem wurde ihr Einkommen nun von der Staatskasse bestritten, was wohl einer Reduktion gleichkam. Es ist deshalb nicht erstaunlich, dass unter den Drahtziehern der Revolte eine grosse Anzahl indischer Dorf- und Distriktbeamter zu finden war[11]:

> "Some of them hold extensive farms and pay revenue to Government to the amount of 500 Rupees and upwards. These and many others of the Coonbees both read and write, and in acuteness and intelligence appear to be little inferior to the Brahmans. The leading men among the Coonbees, such as the Deshmooks of Yawul, and the village Patels are influential cultivators, who openly joined the movement, and were generally understood to be among the ringleaders [...] seem by general intelligence to be quite capable of assuming such a position and having led the movement from the first to last without assistance from the Brahmans of others."

Diese kleine, aber bedeutende Gruppe musste unter dem neuen Recht nicht nur um ihren sozialen Status, sondern auch um die üblichen Pfründen bangen. Je besser es den einzelnen Bauern ergehen sollte, desto schwächer mussten zwangsläufig die Bande der Abhängigkeit werden. Einerseits hatte die Oberschicht wohl ein Interesse an einer materiell gesunden und ihr verpflichteten Basis. Anderseits stiess ihre Reformbereitschaft dort an Grenzen, wo die politische und wirtschaftliche Unabhängigkeit der Klientele zu gross zu werden drohte. Davidson[12]

---

9 A.F. Davidson to S. Mansfield, Nr. 206, 23rd December 1854, in: SRGB N.S., Nr. 93 (Savda & Yavul), p. 17.

10 Charlesworth sieht im Wandel der Dorfhierarchie eine Nebenwirkung des *Bombay-Survey-Systems*. Allerdings sei dieser Prozess dadurch nicht etwa initiiert, sondern in weiten Teilen des Dekkan zu seinem Ende geführt worden. Ein Indiz dafür sei, dass die betroffene Oberschicht, mit Ausnahme von Khandesh, der Beschneidung ihrer Privilegien keinerlei nennenswerten Widerstand entgegenbrachte.

N. Charlesworth, 1985, pp. 48-9.

11 Mansfield & Wingate to Goldsmid, Nr. 66 of 1853, 8th January 1853, in: *Board's Coll., Nr. 146'775 of 1853*, pp. 299-300.

12 A.F. Davidson to S. Mansfield, Nr. 206, 23rd December 1854, in: SRGB N.S., Nr. 93 (Savda & Yavul),

beschreibt in seinem Report über die Bezirke Savda und Yavul die soziale Hierarchie innerhalb der ländlichen Gesellschaft:

> "[...] the cultivation of the entire district is conduced by the influential individuals composing the first class. They thus secure both the grain and the monopoly of the market, and also by these means prevent any great fluctuation in the prices, and in consequence many of them have accumulated vast fortunes. The late Bappoo Trimbuck Koolkurnee of Sancklee in Yawul, and now his representatives, are the wealthiest family in Khandeish. Kaloo Chowdree of Faizpoor, Govinda Patel of Tandolwaree are entitled to be mentioned as being the most noted millionaires resident in the district. It would be contrary to the interests of these people were the circumstances of the ryots (their constituents), to sink too low, it being next impossible for them to cultivate and raise produce on more advantageous terms than they do, while the present state of things last. It is therefore their object to sustain to a certain level the affairs of each ryot. At the same time so long as the ryots are thus hopelessly involved their circumstances can never rise beyond the hand-to-mouth state in which most of them now are."

Es liegt auf der Hand, die Unruhen von Khandesh mit der bekanntesten Landrevolte, den *Deccan Riots* von 1875, zu vergleichen. Die zwei Ereignisse liegen zeitlich und räumlich auseinander. Von einer Gegenüberstellung ist folglich auch Aufschluss über die unterschiedliche Wirkungsweise der britischen Steuer- und Agrarpolitik zu erwarten. Beide Male hatte die Unzufriedenheit ihre Wurzeln im sozialen Wandel innerhalb der lokalen und regionalen Gemeinschaft. In Khandesh wie in Ahmednagar beteiligten sich weite Teile der Landbevölkerung an den Aktionen. Als unterschiedlich muss die Zusammensetzung der Teilnehmenden betrachtet werden. Die Unzufriedenheit in Ahmednagar richtete sich nicht gegen die staatliche Autorität als solche, sondern eindeutig gegen die professionellen Geldverleiher, deren Einfluss im Zuge der Kommerzialisierung mehr und mehr zugenommen hatte. Innerhalb vieler Dörfer hatte dieser Umstand zu einer Umwälzung der traditionellen sozialen Rangordnung geführt. Die später eingesetzte federführende Untersuchungskommission identifizierte den Aufstieg jener Klasse von Kleinbankiers als eine der Hauptursachen der Rebellion von 1875.[13] Sowohl die Zielsetzung als auch der Charakter der beiden Revolten sind als verschieden zu betrachten. Während in Ahmednagar der Blick der Masse nach vorn gerichtet war, träumte in Khandesh ein elitärer Kreis der Vergangenheit nach.[14] Die Ereignisse von 1875 schärften das Bewusstsein der Administration für die Probleme der Verschuldung und der Landveräusserung. Die eigens dafür geschaffene Untersuchungskommission lieferte einen umfassenden Bericht ab. Gesetzliche Massnahmen folgten - wenn auch mit zweifelhaftem Erfolg - bereits im Jahr 1879. Die Vorgänge im

---

p. 17.

13 Kumar dazu: "The introduction of the *ryotwari* system, however, changed the role of the *sowcar* in the supply of credit to the village. Since the new system emphasied the responsibility of the individual for the payment of the land-tax, credit was now required by the peasant, and not by the village-community. The *sowcar*, therefore, no longer had any dealings with the *patil* as the head of the village-community. Instead, he dealt with each peasant individually. But since it was difficult for the *sowcar* to conduct business directly with the peasant, he preferred to work through his caste-fellows, the *vanis* in the villages. As a result of such a reorganisation of rural credit, the sowcar supported the *vani* in every possible way to fulfil the new role which had become opened to him."

R. Kumar, 1968. p. 153.

14 Vgl. dazu: N. Charlesworth, 1985, p. 52; J.F.M. Jhirad, 1968, in: JRAS 3 & 4, pp. 164-5.

Dekkanhinterland geniessen in der Literatur grosse Aufmerksamkeit. Im selben Moment sollte man sich aber auch fragen, weshalb in andern Gegenden der Halbinsel in jenen Tagen Funkstille herrschte, obwohl die Voraussetzungen für eine Ausweitung der Unruhen durch verbesserte Kommunikationsmittel sicherlich gegeben waren. Der in Khandesh stationierte Offizier schrieb diese Tatsache der vergleichsweise günstigen Ausgangslage seines Distriktes zu, sowohl Geld als auch Boden seien dort nie Mangelware gewesen.

Interessant ist nun, dass 1852 von der am Aufstand in Khandesh beteiligten Bauernschaft aber gerade der finanzielle Aspekt der Grenzsteine, die nicht vom Staat, sondern auf Kosten des einzelnen beschafft werden mussten, als Argument für die Ablehnung des neuen Steuersystems angeführt wurde. Einschätzungen von zeitgenössischen britischen Insidern des Distriktes zeigen zudem, dass das Problem der Verschuldung auch in Khandesh nicht vom Tisch war, sondern sich nur anders präsentierte? Davidson, der die *talukas* Savda und Yavul bereist hatte, beschrieb seine Eindrücke mit folgenden Worten[15]:

> "The state and condition of the ryots of these talookas are not such as to a casual observer would appear to be the case. The excellent state of cultivation, and the ample returns the soil yields, would appear sufficient to justify that the farmers are really in affluent circumstances; but as a general rule I am prepared to show that this is not the case. On my first visit to these talookas in 1852-53 I formed an impression that, judging from apparent outward appearences, there was little to ameliorate in the condition of the cultivating classes [...] but with regard to their real means, it was not until I set steadily about the task of instituting inquiries into individual cases that I arrived at the truth, which is that these ryots as a body are just as deeply enthralled in the bonds of the moneylenders, and even more securely fixed in their snares and devices, than their brethren of the Deccan. [...] Among the cultivators there are, however, very wide exceptions to this rule."

Diesen kritischen Aeusserungen lassen sich aber auch Berichte Wingates aus der gleichen Zeit gegenüberstellen, der die Bedingungen insgesamt vorteilhafter bewertet.[16]

Aus diesen widersprüchlichen Angaben werden zwei Dinge klar: die Etablierung des *Bombay-Survey-System* musste nicht in jedem Distrikt und in jedem Einzelfall in ein und dieselbe Richtung führen, zudem scheint die Bandbreite der sozialen Rangordnung sowie des individuellen Wohlstandes innerhalb der Bauernschaft grösser geworden zu sein. Vor dem Hintergrund des lokalen Kontextes und der jeweiligen persönlichen Umstände konnten durchaus verschiedene Entwicklungsmuster ausgelöst werden. Was in Ahmednagar damals zu heftigen Unruhen führte - Verschuldung der Bauernschaft und wachsende Abhängigkeit von den Geldverleihern - war zwar auch in Khandesh zu beobachten. Trotzdem kam es dort nicht zu den

---

15 A.F. Davidson to S. Mansfield, Nr. 206, 23rd December 1854, in: SRGB N.S., Nr. 93 (Savda & Yavul), p. 15.

16 "The cultivators of Khandesh are from all I could see and learn of their condition, in much more easy circumstances than those of the Deccan. They possess numbers of cattle, which cost them positively nothing, owing to the abundance free pasturage. These provide more than suffucient bullocks for agricultural purposes. [...] Light two-bullock carts are to be found in great numbers in almost every village of Khandesh, and almost every cultivator possesses one or more."

SRGB O.S., Nr. 1, *Report of Captain Wingate*, para. 55.

gleichen Reaktionen. Es stellt sich nun auch die Frage, welche Rolle der markanten Ausrichtung auf den Exportmarkt zuzuschreiben ist. Zweifellos kann davon ausgegangen werden, dass die besonders in den sechziger Jahren starke Nachfrage nach indischer Baumwolle einem Distrikt wie Khandesh beträchtliche Mehreinnahmen bescherte und sich somit das Volkseinkommen insgesamt vergrösserte. Möglicherweise hat das entspanntere Verhältnis zwischen Schuldnern und Gläubigern, die laut Quellen teilweise selbst wohlhabende Bauern waren, zur Entschärfung der Lage beigetragen.[17] Wieweit jedoch ein höheres Sozialprodukt auch zwangsläufig zu einer volkswirtschaftlich und gesellschaftlich erstrebenswerten Verteilung unter den Wirtschaftssubjekten geführt hat, muss zuerst nachgewiesen werden.

## 6.2 Bodenbesitz und Grundstückmarkt

Zu den Aspekten, bei denen in der Fachliteratur[18] kein gemeinsamer Nenner zu erkennen ist, gehört die Frage nach der Grösse der landwirtschaftlichen Güter sowie die Problematik der Bodenarrondierung. Die Auseinandersetzung hat teilweise polemische Formen angenommen, weil zwar auf Grund der wirtschaftlichen und sozialen Entwicklung während der Kolonialzeit für den Bereich des Landbesitzes und der Produktionsmittel ein Konzentrationsprozess naheliegend ist, bisher aber nur ungenügend mit Quellenmaterial belegt werden konnte. Für uns ist einmal mehr von besonderem Interesse, ob zwischen produktemässiger Spezialisierung und intensiverer Bewirtschaftung einerseits sowie der Betriebsgrösse oder der Konzentration grosser Flächeneinheiten in den Händen weniger Personen anderseits ein nachweisbarer Zusammenhang besteht. Gesamtindisch begann die mittlere Grösse eines Bauernbetriebes im ausgehenden 19. Jahrhundert abzunehmen - eine Entwicklung, die auch im 20. Jahrhundert weiter anhielt. Darin spiegelt sich u.a. die Tatsache, dass Grund und Boden beides endliche Güter sind. Schon Darling[19] machte am Beispiel des Punjabs auf die Wechselbeziehung von Bodenqualität und demographischer Entwicklung aufmerksam: "Je fruchtbarer das Land, desto mehr ist es aufgeteilt - denn Fruchtbarkeit und Bevölkerung sind unzertrennbar." Mit diesem Argument und dem Hinweis auf die Realteilung bei Erbgängen lässt sich das Phänomen allerdings nur ungenügend fundieren; letztlich kann mit monokausalen Erklärungen auch nicht ohne weiteres begründet werden, wieso die immer zahlreichern und gleichzeitig kleinern *holdings* jeweils noch in

---

17 Vgl.: *Papers relating to the working of the Deccan Agriculturists Relief Act (1888)*, paras. 3-5, zit. in: J.F.M. Jhirad, 1968, in: JRAS 3 & 4, p. 165.

18 Vgl. die Auseinandersetzung zwischen Charlesworth und Mishra: N. Charlesworth, 1979, in: K.N. Chaudhuri & C.J. Dewey, 1979, Hrsg.; S.C. Mishra, 1985, in: MAS 19,4.

19 "The more fertile the land the more it is split up, as fertility and population go together."

M.L. Darling, 1928 [repr. 1977], *The Punjab Peasant in Prosperity and Debt*, New Dehli, zit. in: N. Charlesworth, 1983, in: P. Robb, 1983, Hrsg., p. 181.

Tabelle 23: Anzahl und Fläche landwirtschaftlicher Betriebe im Dekkan: ca. 1880

| (1) | (2) | | (3) | | (4) | |
|---|---|---|---|---|---|---|
| | Khandesh | in % | Nasik | in % | Ahmednagar | in % |
| 0-5 | 12'995 | 10 | 9'537 | 14 | 43'404 | 27 |
| 5-10 | 21'824 | 18 | 6'496 | 9 | 22'723 | 14 |
| 10-20 | 40'224 | 32 | 14'034 | 20 | 52'079 | 32 |
| 20-50 | 37'765 | 30 | 26'867 | 39 | 38'812 | 24 |
| 50-100 | 9'602 | 8 | 8'987 | 13 | 2'995 | 2 |
| 100-200 | 1'484 | 1 | 2'952 | 4 | 908 | 1 |
| 200-500 | 119 | 0 | 267 | 0 | 138 | 0 |
| 500-1000 | 12 | 0 | 8 | 0 | 48 | 0 |
| 1000-2000 | 5 | 0 | 0 | 0 | 0 | 0 |
| >2000 | 4 | 0 | 0 | 0 | 0 | 0 |
| Total | 124'034 | 100 | 69'148 | 100 | 161'107 | 100 |
| Pro Holding | 23 | | 33 | | K.A. | |

Legende: (2) Total in GBP weist 142'034 'holdings' aus; (3) Total in GBP weist 63'194 'holdings' aus; (4) Werte für 1882-83; 138 'landholders from 200-400 acres'.; 48 'landholders above 400 acres'.
Quellen: (3) GBP, Vol. XVI (1880), Nasik, pp. 90-1; (4) GBP, Vol. XVII (1884), Ahmednagar, pp. 244-5.

viele, teils winzige Parzellen oder *plots* zerfielen, deren Bewirtschaftung schon aus rein technischen Gründen nicht mehr effizient bewerkstelligt werden konnte.[20]

Die amtlichen Aufzeichnungen zu diesem Punkt sind vergleichsweise spärlich und gehen nur selten in die Zeit vor 1900 zurück. Harald Mann liefert in seiner Lokalstudie Daten, welche die genannten Phänomene anhand eines Dorfes im westlichen Indien aufzeigen. Gemäss seinen Nachforschungen hat sich in Pimpla Soudagar von 1771 bis 1915 die Zahl der bäuerlichen Betriebe verachtfacht, während im selben Zeitraum ihre durchschnittliche Fläche von einst rund 40 *acres* auf nunmehr 14 schrumpfte[21]:

> "It is evident from this that in the last sixty or seventy years [1850-1920] the character of the landholdings has altogether changed. In the pre-British days, and in the early days of British rule the holdings were usually of a fair size, most frequently more than nine or ten acres, while individual holdings of less than two acres were hardly known. Now [1917], the number of holdings is more than doubled, and eigthy-one per cent. of these holdings are under ten acres in size, while no less than sixty per cent. are less than five acres."

Gleichzeitig habe sich auch die Tendenz bemerkbar gemacht, ein Bauerngut nicht mehr als kompaktes Ganzes zu halten, sondern es in unzählige Einzelfelder aufzusplittern. Die 156 Ei-

---

[20] Vgl.: N. Charlesworth, 1983, in: P. Robb, 1983, Hrsg., pp. 181-2: "In short, favourable conditions trend to create high demand for farms, the source of valuable agricultural produce, and growing numbers, both typically reflected in pressure on the land. [...] The phenomen which British officialdom in India called *subdivision* - the tendency for individual units of ownership or *holdings* to grow in number and diminish in size - would seem to follow from a rise in agrarian population or a sectoral shift of employment towards peasant agriculture. *Fragmentation*, however - the further increasing division of holdings into a number of small, scattered units or *plots* raises questions of a different ilk."

[21] H. Mann, 1917, pp. 44-5.

gentümer sollen beispielsweise im erwähnten Dorf 1914 total 718 einzelne Felder bewirtschaftet haben, wobei nur zwei grösser als 30 *acres* gewesen sein sollen.[22]

Wenn sich in Bombay auch die Zahl der *holdings* mit weniger als 5 *acres* in der Zeit von 1904/5 bis 1916/7 gemäss den Angaben der Kolonialbehörden[23] mehr als verdoppelte, im Jahr 1924/5 schon beinahe die Hälfte aller Betriebe unter jener Marke lagen und weitere 40% zwischen 5 und 25 *acres* umfassten[24], so fallen einmal mehr die beachtlichen Unterschiede zwischen den verschiedenen Regionen und Provinzen auf: In Bombay verfügte ein Bauer auf dem Papier über rund 12.1 *acres*, im Punjab über 9.2, in den *Central Provinces* waren es 8.5 und in Madras noch 4.9 *acres*.[25] Ein simpler Vergleich dieser nackten Zahlen, der die regionale Standortqualität und das jeweilige Anbaumuster sowie das gesamtwirtschaftliche Umfeld unberücksichtigt lässt, besitzt offensichtlich nur beschränkte Aussagekraft. Trotz der beträchtlichen regionalen Unterschiede, was die Rahmenbedingungen der Landwirtschaft betrifft, ist schon versucht worden, auch für den indischen Subkontinent eine betriebliche Mindestgrösse festzulegen. Ohne den Einsatz künstlicher Bewässerungssysteme, was in Khandesh beispielsweise die Regel war, lag diese nach Mann[26] im Dekkan zwischen 10 und 15 *acres*. Diese Zahlen sind als minimale Werte zu verstehen. In seinem Standardwerk von 1912 geht auch Keatinge[27] auf diese Frage ein und fügt zudem, wenn auch nur andeutungsweise, einige qualitative Merkmale an:

> "What is an economic holding? It is a holding which allows a man a chance of producing sufficient to support himself and his family in reasonable comfort, after paying his necessary expenses. In the Deccan an ideal economic holding would consist of (say) forty or fifty acres of fair land in one block with at least one good irrigation well, and a house situated on the holding. The desirable area would vary greatly in different parts according to circumstances."

Zu wenig berücksichtigt wird natürlich bei einer sich nur auf flächenmässige Dimensionen abstützenden Mindestdefinition der qualitative Aspekt.

Wie sah nun die Realität aus? Waren die Verhältnisse in Khandesh mit denjenigen anderer Regionen vergleichbar? Die frühsten Informationen zu diesem Thema, auf die sich diese Arbeit stützen kann, gehen in die Zeit um 1878/79 zurück. Damals verzeichneten die Amtsstellen total 124'034 Höfe, wovon nur 28% eine Fläche von weniger als 10 *acres* umfassten. Rund ein Drittel bewirtschaftete zwischen 10-20 *acres*, eine gleichstarke Gruppe verfügte über 20 bis 50

---

22 H. Mann, 1917, p. 48.

23 BLRP, Vol 11330, Feb. 1923, p. 65, *Note by the Deputy Secretary to Bombay Government, Revenue Dept., on Proposals to check excessive sub-division and fragmentation of holdings*, zit. in: N. Charlesworth, 1979, in: K.N. Chaudhuri & C.J. Dewey, 1979, Hrsg., p. 130.

24 *Royal Commission on Agriculture in India, Vol. 2, Part 1*, (London 1928), paras. 3504-7, *Evidence of H. Mann*, zit. in: N. Charlesworth, 1983, in: P. Robb, 1983, Hrsg., p. 184.

25 M.L. Darling, 1928 [repr. 1977], *The Punjab Peasant in Prosperity and Debt*, p. 35, Anm. 2, zit. in: R.v. Albertini, 1985², p. 49.

26 H. Mann, 1917, pp. 46-7.

27 G. Keatinge, 1912, p. 52.

*acres*. Pro *holding* waren dies also rein rechnerisch gesehen im Mittel 23 acres. Der im Süden gelegene Nachbardistrikt Nasik brachte es dagegen auf knapp 33 *acres* je Hof, doch war dort, wie in Ahmednagar, die Verteilung der betreffenden Segmente ungünstiger als in unserm Distrikt. Rund 62% aller Betriebe belegten um 1880 in Khandesh Flächen zwischen 10 und 50 *acres*; anders gesagt besassen vier Fünftel aller Bauernhöfe zwischen 5 und 50 *acres* Land, womit diese für indische Verhältnisse als mittlere bis grosse *holdings* zu bezeichnen sind.[28] Für Nasik und Ahmednagar machte der entsprechende Vergleichswert hingegen nur 68 bzw. 70% aus. Müssen wir auch in dieser Hinsicht von grossen lokalen Unterschieden innerhalb des Distriktes ausgehen? Betreffend der Segmentstärke scheint die Situation, sofern darüber Angaben vorliegen, von *taluka* zu *taluka* mindestens in einem Punkt ausgeglichen und stabil geblieben zu sein: Ob in Chalisgaon oder Taloda, in Dhulia oder Chopda - überall dominierten in den ersten zwei Jahrzehnten des 20. Jahrhunderts Bauernbetriebe mit einer Ausdehnung von 5-25 *acres*; etwa 60-70% der Gesamtzahl fielen nämlich bei allen genannten Bezirken in diese Kategorie. Einzig im Bezirk Shirpur war dies nicht die Regel. Dort erstreckten sich in den Jahren 1916/17 gesamthaft 43% aller Bauernhöfe über 25-100 *acres*, während umgekehrt 36% eine Fläche zwischen 5 und 25 *acres* besassen.

Ein eindeutiger Zusammenhang zwischen den angebauten Produkten und der Grösse der *holdings* ist jedoch aus diesen Zahlen nicht direkt ersichtlich. Jalgaon und Shahada, zwei äusserst verschiedenartige *talukas*, zeigen zumindest für die Jahrhundertwende noch nahezu die gleiche Verteilung der relevanten Segmente (5-25 bzw. 25-100 *acres*), obwohl hier eindeutig Weizen, dort aber Baumwolle den ersten Rang belegte. Nur wenige Jahre später scheint aber eine Entwicklung, die, nach den vorliegenden Informationen zu schliessen, bereits nach 1880 eingesetzt hatte, ihren vorläufigen Abschluss gefunden zu haben. 1915 waren in Jalgaon nur noch rund die Hälfte aller *holdings* zwischen 5-25 *acres* gross, was einem Rückgang um elf Prozentpunkte entspricht; dieselbe Strukturbereinigung zeichnete sich auch bei den bis 100 *acres* umfassenden Höfen ab. Im selben Zeitraum konnte aber Baumwolle ihre Position auf über 43% der gesamten Nutzfläche des Bezirkes ausbauen. In Shahada fiel Weizen von Platz eins auf den dritten Rang, während auch dort Baumwolle die Spitze übernahm und nun rund 37% der Anbaufläche belegte.

Obwohl gesamthaft im synchronen wie im diachronen Vergleich *holdings* mit einer Ausdehnung von 5-25 *acres* ihre starke Position im grossen und ganzen halten konnten, hat in jenen Bezirken, für die Zahlen vorliegen, in den ersten zwei Dekaden des neuen Jahrhunderts

---

[28] In der *Gazetteer* von 1880 wird eine andere Skala erwähnt: "In dry-crop land, from two to four or five hundred acres is a large, from seventy-five to one hundred and fifty a middle sized, and from ten to twenty-five a small holding. In [irrigated] garden lands, from twenty to fourty acres is a large, from ten to twenty a middle sized, and less than ten a small holding."

GBP, Vol. XII (1880), Khandesh, p. 136.

die Zahl der sogenannt unwirtschaftlichen Einheiten stark zugenommen. Darin spiegelt sich die Kommerzialisierung in der Landwirtschaft und somit zu einem guten Teil der Vormarsch der Baumwolle. So verzeichnete beispielsweise Jalgaon zwischen 1900 und 1920 eine sprunghafte Zunahme der mit weniger als 5 *acres* ausgestatteten Bauernhöfe, die ihren Anteil von 10 auf 36% mehr als verdreifachten; gleichzeitig gingen jene mit einer Fläche von 5-25 *acres* von 63% (1905-10) auf 52% (1915-20) zurück. Dasselbe Bild wiederholt sich, mit kleinen Abweichungen, auch in Amalner und Shahada. Demgegenüber lassen die Informationen für so gegensätzliche talukas wie Chopda und Taloda den Schluss zu, ein ähnlicher Prozess habe dort nicht stattgefunden - zumindest ist ein solcher anhand des vorliegenden Materials nicht sofort ersichtlich. Stabilität in bezug auf alle Segmentstärken scheint den im Tapti-Tal gelegenen Baumwollbezirk Chopda zu kennzeichnen, während für die ganz im Osten gelegene *taluka* Taloda bei den Latifundien mit einer Fläche zwischen 100 und 500 *acres* eine markante Zunahme um 10 Punkte auf nunmehr 40 Einheiten zu registrieren ist, die allerdings nur 1% der gesamten Betriebsbestandes ausmachten. Immerhin ist anzufügen, dass auch dort in den dreissig Jahren nach 1880 Baumwolle ihren Flächenanteil von 0.1 auf 20.8% erhöhen konnte und nun an zweiter Stelle lag.

Sah die reale Verteilung des Bodens ähnlich günstig aus, wie dies die Zahlen nahelegen? Wenn auch aus dem statistischen Material für die zweite Hälfte des 19. Jahrhunderts eine relativ starke Dominanz mittlerer Höfe hervorgeht, so besagt dies allein noch wenig über die effektive Kontrolle von Grund und Boden aus, da ein Segment, relativ gesehen, zwar eine gewisse Stärke aufweist, in absoluten Zahlen bemessen aber immer noch einen nur unbedeutenden Anteil am Produktionsmittel Boden kontrollieren kann. Leider wurden in den Aufzeichnungen der Briten nur äusserst selten direkte Angaben über den jeweiligen realen Flächenanteil einzelner Kategorien am gesamten Kulturland gemacht. Wo solche aber vorliegen, zeigt sich, dass eine kleine Anzahl von Bauernbetrieben mit mehr als 25 *acres* unverhältnismässig viel Land kontrollierte. In Erandol und Jalgaon, beides ausgesprochene Baumwollbezirke, waren zum Beispiel um 1918/19 rund 40% der Agrarfläche in den Händen von nur 13% der *holders*; in Jamner bedeckte etwa ein Viertel der Höfe sogar rund 68% des gesamten verfügbaren Nutzlandes. Die an sich schon negativen Auswirkungen auf das Sozialprodukt, die eine dermassen asymetrische Bodenverteilung nach sich zieht, wurden noch durch den Umstand verstärkt, dass es sich dabei um Latifundien mit teils mehr als 100 *acres* und entsprechenden Grössenvorteilen handelte. Entsprechend aufschlussreich sind auch die Durchschnittswerte dieser verschiedenen Segmente: Die mittlere Grösse eines Landguts bewegte sich in den erwähnten *talukas* zwischen 15 und 25 *acres*, wobei in Jamner eine besondere Verbreitung eigentlicher Grossbetriebe zwischen 160 und 860 *acres* Fläche zu beobachten war: 3% der Besitzer verfügten dort 1918/19 über 30% des Acker- und Weidelandes, was auf eine erhebliche Konzentration des Bodens in den Händen einiger weniger herausläuft!

Tabelle 24: Anzahl und Fläche landwirtschaftlicher Betriebe in Bezirken Khandeshs

Jamner: 1918/19

| (1) | (2) Anzahl | (3) in % | (4) Fläche | (5) in % | (6) mittlere Grösse |
|---|---|---|---|---|---|
| 0-5 | 1'306 | 17 | 4'088 | 2 | 3,13 |
| 5-15 | 3'161 | 40 | 32'048 | 16 | 10,14 |
| 15-25 | 1'384 | 18 | 28'810 | 14 | 20,82 |
| 25-100 | 1'708 | 22 | 76'027 | 38 | 44,51 |
| 100-500 | 243 | 3 | 38'828 | 20 | 159,79 |
| >500 | 22 | 0 | 18'943 | 10 | 861,05 |
| Total | 7'824 | | 198'744 | | 25,4 |

Quelle: SRGB N.S., Nr. 591, p .5.

Erandol: 1919

| (1) | (2) Anzahl | (3) in % | (4) Fläche | (5) in % | (6) mittlere Grösse |
|---|---|---|---|---|---|
| 0-5 | 2'861 | 24 | 14'317 | 6 | 5 |
| 5-15 | 4'156 | 35 | 51'220 | 23 | 12,32 |
| 15-25 | 3'315 | 28 | 66'711 | 30 | 20,12 |
| 25-100 | 1'612 | 13 | 82'244 | 37 | 51,02 |
| 100-500 | 60 | 0 | 8'534 | 4 | 142,23 |
| Total | 12'004 | | 223'026 | | 18,58 |

Quelle: SRGB N.S., Nr. 595, p. 4.

Jalgaon: 1916

| (1) | (2) Anzahl | (3) in % | (4) Fläche | (5) in % | (6) mittlere Grösse |
|---|---|---|---|---|---|
| 0-5 | 3'063 | 36 | 5'740 | 4 | 1,87 |
| 5-25 | 4'458 | 52 | 48'219 | 36 | 10,82 |
| 25-100 | 990 | 12 | 38'220 | 29 | 38,61 |
| 100-500 | 72 | 1 | 11'842 | 9 | 164,47 |
| >500 | 3 | 0 | 1'757 | 1 | 585,67 |
| Total | 8'586 | | 132'794 | | 15,47 |

Quelle: SRGB N.S., Nr. 593, para. 59, p. 11.
Alle Flächenangaben in 'acres'.

Für die Aufsplitterung oder Fragmentierung eines Besitzes in viele Einzelgrundstücke - Mann und Keatinge haben davon anhand ausgewählter Beispiele berichtet - hält die Fachliteratur mehrere Begründungen bereit. Zu den am meisten verbreiteten Erklärungen zählt wohl der Hinweis, die Kleinbauern hätten auf diese Weise versucht, ihr Risiko zu minimieren. Es fehlt aber nicht an kritischen Stimmen, die auf die geringe Quellendichte aufmerksam machen. Abgesehen von den Arbeiten Manns und Keatinges gäbe es "keine ernstzunehmenden Hinweise, dass der Prozess der Vervielfachung und Parzellierung eine historische Tatsache" sei.[29] Obwohl die These der Risikoverminderung in einer von Unsicherheitsfaktoren geprägten

[29] Vgl. dazu: D. Pandit, 1969, in: IESHR 6, pp. 151ff.

Landwirtschaft einiges für sich hat, wurde von verschiedener Seite[30] Kritik laut: Wieso sollte der indische *ryot* ausgerechnet zu diesem Mittel greifen, wenn ihm eine ganze Palette von andern Massnahmen wie beispielsweise Vorrathaltung, Versorgung auf dem Markt oder Aufnahme von Krediten zur Verfügung standen? Drückt sich in der örtlichen und produktemässigen Diversifikation, wie Fenoaltea[31] für ein mittelalterliches Beispiel vorschlug, die profitmaximierende Einstellung der Betroffenen aus? Zweifellos konnten auf diese Weise jährlich wiederkehrende Engpässe im betrieblichen Ablauf ohne fremde Lohnarbeiter überbrückt werden, indem nämlich die einzelnen Felder eines Betriebes innerhalb gewisser Grenzen zeitlich gestaffelt bearbeitet werden konnten, was sich bei den ab 1900 steigenden Löhnen[32] wiederum günstig auf die Produktionskosten auswirken musste. Oder handelt es sich schlicht und einfach, wie Charlesworth[33] vermutet, um eine zwangsläufige Erscheinung in einer prosperierenden Agrargesellschaft, wo jeder Quadratmeter Erde genutzt sein wollte? Was unsern Distrikt betrifft, so enthalten die sonst detaillierten und ausführlichen *Settlement Reports* nur spärliche Informationen zur Fragmentierung des bäuerlichen Grundbesitzes. Khandesh scheint nicht vor Landparzellierung verschont geblieben, jedoch bedeutend weniger als die Nachbardistrikte davon betroffen gewesen zu sein[34]:

> "It is a feature of Khandesh as distinguished from the Deccan that the S[urvey] Nos. [i.e. holdings] are large and that most are not subdivided at all. The rest seldom have more than 3 sub-divisions [or plots]. The Khandesh cultivator thus has an enormous advantage over the Deccani whose land is split up into numerous tiny fragments which are scattered and consequently wasteful to cultivate."

Wenn die Grundvoraussetzungen in Khandesh mit seinen grossen Landreserven auch lange Zeit günstiger als in den Nachbardistrikten waren, so machte sich zumindest im Bezirk Amalner, wahrscheinlich in andern ebenfalls, in den ersten zwei Dekaden des 20. Jahrhunderts eine ähnliche Tendenz bemerkbar: Abott, der zuständige *Settlement Officer*, stellte zwischen 1905 und 1915 eine beträchtliche Zunahme der *sub-divisions* fest, wobei sich die extremen Miniparzellen allerdings auf sogenanntes *bagait* oder bewässerbares Land beschränkten.[35] Ab und zu wird in den Quellen auch angetönt, dass Personen in verschiedenen Dörfern Land besitzen würden[36] oder ihren Boden durch andere bewirtschaften liessen[37], beides unzweifelhaft Sympto-

---

[30] Vgl. die entsprechende Passage in: N. Charlesworth, 1983, in: P. Robb, 1983, Hrsg., p. 191.

[31] S. Fenoaltea, *Risk, Transaction Costs, and the Organization of Medieval Agriculture*, pp. 130-4, zit. in: N. Charlesworth, 1983, in: P. Robb, 1983, Hrsg., pp. 191-2.

[32] M.B. McAlpin, 1975, pp. 289ff.

[33] N. Charlesworth, 1979, in: K.N. Chaudhuri & C.J. Dewey, 1979, Hrsg., pp. 131-2; ders., 1983, in: P. Robb, 1983, Hrsg., p. 193, pp. 195ff., p. 204; ders., 1985, p. 235, p. 237.

[34] C.H. Bristow to the Collector of East Khandesh, Nr. S.R.V. 367, 26th March 1925, in: SRGB N.S., Nr. 614 (Chalisgaon), para. 17, p. 6.

[35] Abott to the Settlement Commissioner, 16th August 1918, in: SRGB N.S., Nr. 585 (Amalner and Parola), p. 8.

[36] C.H. Bristow to the Collector of Khandesh, Nr. S. S.-35, in: SRGB N.S., Nr. 593 (Jalgaon), para. 59, p. 11.

me einer kommerziell orientierten Agrargesellschaft. Aus verfahrenstechnischen Gründen ist dies in den Quellen nur in den seltensten Fällen nachweisbar, da sich die Erfassung in der Regel auf einen bestimmten Ortsrayon beschränkte. Wenn beispielsweise ein Bauer in einem Nachbardorf ein Grundstück zu seinem Stammbesitz hinzupachtete oder -kaufte, so wurde dieses statistisch als separate holding eingestuft, was natürlich Konsequenzen auf die Ermittlung der durchschnittlichen Betriebsgrössen haben konnte. In Anbetracht der Tatsache, dass in Khandesh ein starker Trend hin zu Exportprodukten feststellbar war, ist es mehr als wahrscheinlich, dass jeder auch nur einigermassen geeignete Flecken Land unter den Pflug genommen wurde. Die Qualität des jeweiligen Bodens wird deshalb bei der Entscheidung, welches Produkt auf welcher Parzelle angebaut werden sollte, genau in Betracht gezogen worden sein. Die grossen Unterschiede, was die Bodenbeschaffenheit, aber auch den Grad der Marktintegration betrifft, werden von Charlesworth[38] zu Recht als weiteres Motiv für das Streben nach kultivierbarem Land, seien es auch noch so kleine Parzellen, angeführt. "Es scheint hier jedermanns Absicht zu sein", hiess es betreffend eines Dorfes im Distrikt Poona, "eine guntha [Flächenmass] bewässerbares Land zu erstehen."[39] Beispiele aus dem Dekkan belegen, dass erstklassiges oder bewässerbares Land stärker als qualitativ schlechter Boden fragmentiert war.

Wie Keatinge in seiner Dekkan-Studie anhand von Fallbeispielen aus dem Distrikt Poona aufgezeigt hat, beschränkte sich die Aufsplitterung aber keineswegs auf kleine Güter: die 24 in seiner Untersuchung erfassten *holdings* mit jeweils mehr als 50 *acres* Grundbesitz waren in insgesamt 142 Untereinheiten zerteilt.[40] Charlesworth[41] weist zudem auf einen interessanten Aspekt hin, wenn er die Besitzfragmentierung zwar als ein typisches Nebenprodukt der Kommerzialisierung im ausgehenden 19. Jahrhundert einstuft, sich aber gleichzeitig fragt, ob zwischen solchen Miniparzellen und einer anscheinend kapitalistischen Grundsätzen gehorchenden Agrarwirtschaft nicht ein Widerspruch bestehe. Landdruck einerseits, der sich in Khandesh mit seinen grossen Reserveflächen erst mit einem gewissen *time lag* bemerkbar machte, und Investitionsdrang anderseits, der in unserm Distrikt eher grösser als andernorts gewesen sein dürfte, werden als die treibenden Faktoren bezeichnet:

> "Very small units of cultivation might not seen superficially to accord to principles of capitalist agriculture but, in fact, they were the logical creation of agrarian commercialisation in an economy and society like British India. Massive demand for the best land was likely to develop within a rural economy, like Bombay's, which had experienced a locally intensive but generally highly variable process of commercialisation. [...] there were very few other outlets for investment anything like so attractive as Land. Land [...], particularly as its output and the worth of its crops grew, became increasingly valua-

---

37 J. Abott to the Settlement Commissioner, Letter of 30th December 1917, in: SRGB N.S., Nr. 582 (Taloda), para. 53.

38 N. Charlesworth, 1985, p. 235.

39 Quellenangaben: N. Charlesworth, 1985, p. 235.

40 G. Keatinge, 1912, p. 40, zit. in: N. Charlesworth, 1985, p. 236.

41 N. Charlesworth, 1985, pp. 237ff.

ble and desired but, with land necessarily a finite object, demand on the market started to outrun supply from the late nineteenth century."

Die sozialen Konsequenzen von Bodenkonzentration und Grundbesitzfragmentierung sind auch vor dem Hintergrund des Anbauverhaltens in den betreffenden Bezirken zu sehen. Parallel zur Tendenz der Bodenhortung stieg beispielsweise im Bezirk Jamner der Baumwollanteil von 31 (1864) auf 47% (1918/19), jener von *Jowar* von 4 auf 18%. Ebenso werden die beständige Wertzunahme des Bodens sowie die zahlreichen Transaktionen und Handänderungen, die noch näher zu besprechen sein werden, zu erhöhten Spannungen innerhalb der Bauernschaft beigetragen haben. Die Quellen beleuchten jedoch auch hierzu mehr die fiskalische Seite, schweigen aber beispielsweise zum sozio-politischen Aspekt der Grundstückarrondierung durch finanzstarke Bauern oder branchenfremde Personen wie etwa professionelle Geldverleiher oder Grosshändler.

Zum ersten Mal systematisch wurden Transaktionen von Grund und Boden nach der grossen Landrevolte von 1875 erfasst. Die *Deccan Agriculturist's Relief Act* von 1879, eine Reaktion des Gesetzgebers auf die Agrarunruhen im Hinterland des Dekkan, stellte zwar Schuldverträge und Landveräusserung unter eine erheblich strengere behördliche Kontrolle als bisher, doch galt das Gesetz nur für die vier am stärksten betroffenen Provinzen Poona, Sholapur, Satara und Ahmednagar; Khandesh wurde also nicht den neuen Bestimmungen unterstellt, was zur Folge hatte, dass für unsern Distrikt auch keine speziellen Erhebungen vorgenommen wurden, um die Wirkung der erlassenen Vorschriften zu prüfen. Die Quellendichte zu diesem Gesichtspunkt auf Stufe Distrikt bzw. Bezirk ist deshalb äusserst gering; zudem beschreiben die vorhandenen Angaben vor allem die Zeit nach der Jahrhundertwende, als solche Informationen auch in die periodisch herausgegebenen *Settlement Reports* einflossen. Aufgrund der punktuellen und relativ spät einsetzenden Ueberlieferung, ist es ein schwieriges Unterfangen, eine langfristige Entwicklung darzustellen. Vor 1880, dies beispielsweise die Ueberzeugung der *Famine Commission*, die sich am Rande mit der Thematik beschäftigte, war der Umfang von Landverkäufen, aus welchen Gründen sie damals auch immer erfolgten, äusserst gering: nur gerade 0.4% des gesamthaft verfügbaren Kulturlandes der Provinz Bombay sollen damals pro Kalenderjahr den Besitzer gewechselt haben.[42] In den späten achtziger und neunziger Jahren muss dann allerdings eine derart starke Trendwende zu verzeichnen gewesen sein, dass 1895 auch die Behörden von einem "beträchtlichen und kontinuierlichen Anstieg der registrierten Handwechsel" zu sprechen begannen. So wurden in Bombay in der Zeit von 1878-83 total 27'313 Verkäufe registriert; eine Zahl, die von 1883-88 auf 36'329 und schliesslich bis 1893 auf 48'295 anstieg.[43] Ein ähnliches Bild zeigte sich in den von Beginn weg der *Relief Act* unterstell-

---

42 *Report of the Indian Famine Commission, Part 2*, Chap. 3, Sect. 2, para. 7, in: PP., HC 1880, Vol. 52 (East India), zit. in: N. Charlesworth, 1985, p. 167.

43 *Revenue Proceedings*, Nr. 73, *Bombay Presidency Land Transfer Note,* p. 35, Gov. of India, October 1895,

ten vier Distrikten, wo die Transaktionen von 100'964 (1892-93) auf über 121'800 (1896-97) zunahmen.[44] Diese Aussagen beruhen jedoch alle nur auf der Anzahl der Handänderungen; die betroffene Fläche bzw. der Geld- und Marktwert der getätigten Verkäufe wurde nicht einbezogen. Erst der *Land Transfer Report*[45] berücksichtigt auch diese Dimension. Demnach sollen die zwischen 1883 und 1891 untersuchten 75'114 Grundstückverkäufe in Bombay mit einer Fläche von etwas mehr als 828'000 *acres* korrespondieren, was nichts anderes heisst, als dass in den acht Jahren etwa ein Zehntel der gesamten Kulturfläche der Präsidentschaft die Hand gewechselt hat. Einen Kontrollwert liefert uns auch der *Settlement Officer* von Khandesh: Im typischen Baumwollbezirk Amalner fanden in den späten achtziger Jahren innert drei Jahren rund 11'200 *acres* einen neuen Käufer, was ungefähr mit 4.5% des bebauten Ackerlandes gleichzusetzen ist.[46] Sich darauf abstützend, schätzt Charlesworth die jährliche Verkaufsrate für die letzte Dekade des 19. Jahrhunderts auf rund 1% der gesamten Kulturfläche.

Allerdings sind bei den von Charlesworth im Falle von Amalner benutzten Zahlen zwei Dinge anzumerken: erstens beziehen sie sich auf alle 275 Dörfer des Bezirks, zweitens sind alle auch nur irgendwie in Frage kommenden Transaktionen berücksichtigt. In späteren Jahren beschränken sich die Aufzeichungen dann bewusst nur noch auf eine repräsentative Auswahl von rund 50 Dörfern pro untersuchten Bezirk. Um das Bild nicht zu verfälschen, heisst es, würden zudem nur noch *bona fide* Verkäufe erfasst und eine ganze Reihe von aussergewöhnlichen Fällen weggelassen.[47] Tatsächlich erweist sich der Schätzwert von 1% als recht brauchbar. Sowohl für die späten achtziger Jahre als auch für die ersten zwei Dekaden des neuen Jahrhunderts scheint der Grundstückmarkt auch in unserm Distrikt vergleichbare Ausmasse angenommen zu haben. Anzufügen ist, dass die Werte für die frühen Jahre im Schnitt sogar noch leicht darunter liegen dürften. Erandol, Shirpur und Chopda, die anfangs des zwanzigsten Jahrhunderts alle Baumwollanteile zwischen 39 und 55% verzeichneten, wiesen jährliche Handänderungsraten zwischen 0.6 und 1.1% auf.[48] Bei Erandol ist innert zwanzig Jahren sogar nahezu eine Verdopplung des Marktes festzustellen, während die Landverkäufe in Shirpur eher stabil und in Chopda sogar leicht rückläufig gewesen zu sein scheinen.

---

zit. in: N. Charlesworth, 1985, p. 169; ibid. weitere Quellenangaben.

44 *Annual Reports of the Registration Departement of the Bombay Presidency*, 1895-96, para. 45, 1898-99, para. 46, zit. in: N. Charlesworth, 1985, p. 168.

45 *Revenue Proceedings*, Nr. 73, *Bombay Presidency Land Transfer Note*, p. 62, Gov. of India, October 1895, zit. in: N. Charlesworth, 1985, p. 169.

46 SRGB N.S., Nr. 229 (Amalner), App. K; vgl. N. Charlesworth, 1985, p. 168.

47 Ausgeklammert wurden Verkäufe an Geldverleiher, mit denen bestehende Altschulden getilgt werden sollten; aber auch alle gerichtlich erlassenen Verkäufe wurden nicht erfasst, da die per Beschluss festgesetzten Preise unter dem üblichen Marktwert lagen. Weiter fielen Handänderungen ausser Betracht, bei denen spezielle Umstände, beispielsweise günstige Lage oder Bewässerungsanlagen, abnormal hohe Preise bewirkten. Vgl. dazu: SRGB N.S., Nr. 595 (Erandol), para. 24, pp. 14ff.

48 Massstab ist die landwirtschaftlich genutzte und somit besteuerte Fläche (*occupied area*).

Es braucht jedoch nicht ausdrücklich betont zu werden, dass grosse lokale Unterschiede auftraten. Die Bandbreite war sogar derart, dass sie im Einzelfall von bescheidenen 0.1 bis zu beachtlichen 6% reichen konnte, was auf erheblich differenziertere Marktkräfte schliessen lässt, als dies Durchschnittszahlen vermitteln können. Eine Auswertung von mehr als 2'000 Transaktionen in Savda, einem stark kommerzialisierten Bezirk im Osten des Distriktes, zeigt beispielsweise, dass in den frühen achtziger Jahren in verkehrstechnisch besonders günstig gelegenen Dörfern Verkaufsraten von mehr als 3% an der Tagesordnung sein konnten.[49] Zu beachten gilt es jedoch, dass sich eine Verdopplung der jährlichen Landverkäufe im Bezirkshauptort Erandol mit seinen 12'000 Einwohnern anders auf das sozio-ökonomische Gefüge ausgewirkt haben wird, als dies im Flecken Gangapuri mit seinen rund 300 Einwohnern der Fall war. Eine Verdreifachung der jährlich auf den Markt drängenden Fläche von 0.4. auf 1.1% in Ringangaon beeinflusste die dortige Sozialstruktur ungleich weniger, als dies der gleiche Vorgang im nur wenige Meilen entfernten Dorf Pimpalkothe tun konnte, wo die verkaufte Grundfläche pro Jahr zwar ebenfalls um das Dreifache, jedoch von 1.5 auf 4.5% zunahm. Neben Dörfern mit nahezu unverändertem Flächenanteil wie beispielsweise Nimbhore, das weder an einer Erstklassstrasse noch im direkten Einzugsgebiet einer Eisenbahn lag, gab es Siedlungen wie Jambhore, wo um die Jahrhundertwende bei fast konstanter Bevölkerungszahl[50] im Vergleich zu früher mehr als das Zehnfache an Grund und Boden jährlich die Hand wechselte. Nur in wenigen Fällen ist die umgekehrte Entwicklung bemerkbar. Aehnliche Tendenzen sind auch in den Bezirken Chopda und Shirpur zu verzeichnen.

Mit der generellen Zunahme der Landtransaktionen stieg im Verlauf der Jahrzehnte auch der Landpreis und somit der involvierte Geldwert. Um 1880 war es bereits nichts Aussergewöhnliches mehr, wenn der Verkaufspreis von Grundstücken mittelmässiger Qualität und ohne Bewässerungsmöglichkeiten das 20- bis 25fache der jährlichen Steuerbelastung betrug.[51] In den neunziger Jahren nahm diese Entwicklung ihren weitern Fortgang, sodass die realisierten Preise die fiskalische Belastung der betreffenden Parzellen um das 30- bis 50fache übertreffen konnten, wie Zahlen aus unserm Distrikt bestätigen. Die Landpreise tendierten auch in den folgenden Jahren weiter nach oben und erreichten zu Beginn des neuen Jahrhunderts beispielsweise in Erandol und Shirpur im Mittel 93 Mal, in Chopda sogar 168 Mal das jährliche Steueraufkommen. Aber auch hier waren wieder von Dorf zu Dorf, von Parzelle zu Parzelle beträchtliche Unterschiede an der Tagesordnung. Spitzenreiter der drei erwähnten Bezirke war in dieser Hinsicht der im Bezirk Chopda gelegene Flecken Karjana, wo zwar sowohl vor als auch

---

49 SRGB N.S., Nr. 136, App. K, pp. 27-57, zit. in: J. Banaji, 1977, in: EPW 12 (Special Number 33 & 34), p. 1394.

50 Einwohnerzahl: 1891/92: 464; 1901/02: 401; 1911/12: 528; 1918/19: 499; SRGB N.S., Nr. 595, App. M, p. 46ff.

51 Details zu einzelnen Distrikten der *Bombay Presidency* in: N. Charlesworth, 1985, pp. 169ff.

nach der Jahrhundertwende nur rund 0.5% der genutzten Kulturfläche in einem Jahr verkauft wurden, dafür aber zu einem Preis, der den jeweiligen Steuerwert um den Faktor 531 übertraf. Einer der möglichen Gründe, weshalb die Bodenpreise in einem Dörfchen des abgelegenen Nordens eine derart steile Entwicklung durchmachen konnten, ist einerseits in der dortigen Bevölkerungszunahme[52] von 52 (1891) auf 282 Einwohner (1911) zu sehen; anderseits wird in den Quellen aber ganz allgemein immer wieder auf die starke Sogwirkung der höheren landwirtschaftlichen Produktepreise hingewiesen[53]:

> "The increase in value of land [...] is chiefly due to higher prices of jowari and cotton but in some cases it is also due to a sentimental greed of the ingnorant Khandeshi Kunbi, who at times purchases land at abnormally high prices even by borrowing money and mortgaging the same to the sawkar under the false hope that he will be able to clear off the debt and secure the land for the family but which he seldom succeeds in doing."

Im Falle von Chopda, dass sich, wie es heisst, zwischen 1880 und 1910 "zu einem grössern Baumwollzentrum"[54] wandelte, hat die eindeutige Ausrichtung auf den Markt allem Anschein nach auch den Landdruck wesentlich verstärkt. Diese Tatsache dürfte zum Teil die sehr hohen Bodenpreise im Dorf Karjana erklären. Zwar wurde das Dorf aufgrund einer Bewertung der Rahmenbedingungen zusammen mit 12 weitern nur zu den drittklassigen Lagen gezählt; aber gerade dieses Segment hat sich mit 64% (1912/13) überdurchschnittlich stark auf den Baumwollanbau verlegt.[55] Es fällt insgesamt auf, dass die erzielten Verkaufserlöse im Bezirk Chopda für die benachteiligteren Gegenden im Schnitt rund doppelt so hoch wie in den Dörfern der ersten und zweiten Kategorie waren. Die Nachfrage nach geeignetem Land hat also im Verlauf der ersten zwanzig Jahre des neuen Jahrhunderts auch die Peripherie des Bezirks erreicht und dort im Schatten der Kommerzialisierung die Bodenpreise beeinflusst. Zudem ist davon auszugehen, dass mit der intensiveren landwirtschaftlichen Nutzung der Brachanteil mehr und mehr schrumpfte, wodurch im Lauf der Zeit trotz grosser Landreserven auch in Khandesh qualitativ schlechtere Grundstücke eine Wertsteigerung erfuhren[56]:

---

[52] SRGB N.S., Nr. 576, App. M, pp. 36ff; auch für den benachbarten Bezirk heben die kurzen und oberflächlichen Ausführungen in den Quellen die demographische Entwicklung als einen Grund hervor: "Sales are very numerous as might be expected in so populous a district, and the prices realised show that land bears a high value [...]".

W.M. Fletcher to T.H. Stewart, Nr. 252, 23rd February 1886, in: SRGB N.S., Nr. 252 (Savda), para. 39, p. 12.

[53] McKelkar to the Collector of East Khandesh, Nr. R.S. 33, 31st May 1920, in: SRGB N.S., Nr. 591 (Jamner), para. 64, p. 14.

[54] J. Abott to the Settlement Commissioner, 27th February 1918, in: SRGB N.S., Nr. 576 (Chopda), para 9, p. 2.

[55] J. Abott to the Settlement Commissioner, 27th February 1918, in: SRGB N.S., Nr. 576 (Chopda), App. B, pp. 18ff.

[56] J.H. Garrett to the Collector of Khandesh, 28th August 1922, in: SRGB N.S., Nr. 610 (Sindkheda), para. 18, pp. 6ff.

> "But the chief reason appears to be that throughout the period of the Original Lease [i.e. Original Settlement] waste land was being steadily brought under cultivation. Even at the time of the First Revision Settlement there were 21'673 acres of cultivable waste available. The price of land therefore remained very low. Now there is hardly any waste land fit for cultivation left. This condition has naturally caused the sale price of land to rise."

Hingegen ist nicht generell eine symetrische Ausbreitung des Marktes von steuermässig hoch, und damit auch wirtschaftlich potenten, zu niedrig eingeschätzten Siedlungen zu beobachten, da beispielsweise im Bezirk Shirpur die höchsten Verkaufswerte für die innerhalb der dreistufigen Skala an zweiter Stelle liegenden Dörfer feststellbar sind.

Die Quellen[57] erwähnen auch mehrmals den grossen Landhunger der Bauernschaft als Erklärung und verweisen gleichzeitig auf die inflationären und preistreibenden Folgen solchen Gebarens:

> "It also has to be remembered that the Khandesh Kunbi agriculturist is nowadays really mad after securing more and more land, and I have noticed instances of some fools who go in for land by incurring debt at about 12 per cent. and pay an abnormal price [...] The result of their transactions is that the price of land is unnecessarily inflated and in the end it goes back in the hands of the sawkar. Really speaking, the idea of these people is that in some good seasons and at high prices of cotton they can repay their debt easily, but the actual result is quite the reverse."

Vielfach sei der Erwerb von Land in einer Agrargesellschaft wie der indischen auch eine der wenigen Möglichkeiten gewesen, Ersparnisse zu attraktiven Bedingungen anzulegen.[58] Vor dem Hintergrund der Verschuldungsproblematik, die in unserem Distrikt auch anfangs des 20. Jahrhunderts noch nicht vom Tisch war, ist es aber äusserst unwahrscheinlich, dass sich eine Mehrheit der Bauern in grossem Stil auf dem Landmarkt betätigte. Vielfach erfolgte die Arrondierung des eigenen Besitzes auch aus Gründen des Sozialprestiges und war nicht in erster Linie als Investition grosser Summen gedacht. Die hinzugekauften oder gepachteten Parzellen müssen deshalb sehr oft klein und unwirtschaftlich gewesen sein.[59]

Auf der andern Seite deutet vieles darauf hin, dass eine kleine, aber wirtschaftlich potente Minderheit - Bauern, Geldverleiher oder Händler - Land als reine Ware betrachtete und auch über die nötigen Mittel verfügte, um als Käufer oder Verkäufer auftreten zu können[60]:

---

[57] McKelkar to the Collector of East Khandesh, Nr. R.S-20, 3rd September 1919, in: SRGB N.S., Nr. 595 (Erandol), para. 24, p. 15.

[58] "The increase in wealth which has occurred during the current lease made the demand effective. It is the practice to invest all savings in land."

J.H. Garrett to the Collector of Khandesh, 28th August 1922, in: SRGB N.S., Nr. 61 (Sindkheda), para. 18, pp. 6ff; vgl. auch: SRGB N.S., Nr. 249 (Bhusaval), para. 39, p. 8: "[...] the value of the land exeeds the present assessment in many times, and that it is a highly marketable commodity, as an investment for money, it pays more or less 2 per cent. per mensem, which cannot but be considered a very handsome return [...]".

[59] "The Khandeshi Kunbi considers it an honour to be a landholder, however non-economic his holding may be and is always averse to earn more otherweise than as a cultivator."

McKelkar to the Collector of East Khandesh, Nr. R.S. 33, 31st May 1920, in: SRGB N.S., Nr. 591 (Jamner), para. 64, p. 14.

[60] N. Charlesworth, 1985, p. 170.

"At the simplest level, this phenomenon might be attributed to mass peasant action under conditions of population growth and consequent pressure on land. However, if the bulk of the peasantry had been engaged in these land purchases, we would surely expect a much more widespread village market. In general, what we have described for the late nineteenth century is a still relatively modest land market, subject nevertheless to buoyant demand and increasing prices. This might suggest the activities of a minority or richer peasants, as indeed settlement officiers did recognise in the most conspicuous examples."

Zum Schluss, dass bereits in der zweiten Hälfte des 19. Jahrhunderts Teile des Weide- und Akkerlandes von Personen ausserhalb des Agrarsektors kontrolliert wurde, kam schon nach 1875 die *Deccan Riots Commission*. Rund 5% des kultivierten Landes waren gemäss ihrem Schlussbericht[61] im Unruhegebiet in branchenfremde Hände übergegangen, wobei die Spanne je nach Dorf von 0.2 bis 20.9% reichen konnte. Für die späten neunziger Jahre, als zum erstem Mal umfassende und in ihren wesentlichen Aussagen auch verlässliche Untersuchungen[62] für nahezu ganz Bombay vorlagen, hat der Anteil branchenfremder Landbesitzer in den meisten Regionen des Dekkan Werte erreicht, die zwischen einem Fünftel und einem Drittel der Kulturfläche lagen. Das "erste vollständige Bild des Landbesitzes" ist nach Charlesworth erst nach 1910 konstruierbar, als die Ergebnisse zweier weiterer Untersuchungen vorlagen[63]: In Bombay soll um 1910 der Besitzstand der Nicht-Bauern im Schnitt bei 15% gelegen haben, wobei die Extremwerte allerdings von 9 (Sholapur) bis 19% (Nasik) reichen konnten; 1917 scheint der Anteil für die ganze Provinz auf rund 12% zurückgegangen zu sein. Aber auch hier zeigt sich wieder ein grosses Nord-Süd-Gefälle, nur dass diesmal Minimum (5%) und Maximum (23%) noch weiter auseinanderlagen.

Immer wieder Anlass zu Kritik, und das nicht erst in der heutigen, sondern bereits in der damaligen Zeit, haben Fragen der Definition gegeben: Wie eng soll und kann die Tätigkeit eines Bauern umschrieben werden? Erfasst man die ganze Tragweite der Grundstücktransaktionen, wenn als Bauer eine Person bezeichnet wird, "die ihren Unterhalt zur Hauptsache aus den Einkünften aus der Landwirtschaft" bestritt und auf diese Art auch Geldverleiher einbezogen wurden, die mit dem Handel oder der Verpachtung von Grundstücken ihr Geld machten?[64] Dieselben Fragezeichen sind auch für die Gruppe der sogenannten *non-agriculturists* angebracht, bei denen gemäss britischer Lesart nur ein Teil des Einkommens aus nicht-agrarischen Quellen zu stammen hatte, damit sie bereits nicht mehr dem primären Sektor zugerechnet wurden.[65] Für Khandesh liegen aber gerade zu all diesen Fragen nur für einige wenige Bezirke In-

[61] *Deccan Riots Report*, Appendix C, pp. 200-1, zit. in: N. Charlesworth, 1985, pp 104ff.

[62] *Elgin's Land Transfer Enquiry of 1895*, in: *Bombay Confidential Revenue Progs.*, Vol. 5777, October 1899, Nr. 15, zit. in: N. Charlesworth, 1985, pp. 193ff.

[63] *Bombay Presidency Land Revenue Administration Report, 1911-12, Part 2*, p. 48; *Report of the Bombay Banking Enquiry Committee, 1929-30*, Statement II, para. 60; Resultate der Untersuchungen in: N. Charlesworth, 1985, pp. 195ff.

[64] Kritik dazu in: SRGB N.S., Nr. 592 (Bhusaval), para. 19, p. 5.

[65] Zur Definitionsproblematik: SRGB N.S., Nr. 592 (Bhusaval), para. 19, p. 5; SRGB N.S., Nr. 568 (Shirpur),

formationen vor. Für die späten neunziger Jahre gehen die Briten davon aus, dass von den 307'000 *acres* Kulturland rund 60'000 oder 19.5% im Besitz von sektorfremden Personen waren. Rund die Hälfte davon, etwa 10.7% oder 33'000 *acres*, soll von professionellen Geldverleihern kontrolliert worden sein. Lag unser Distrikt damit bei beiden Anteilen noch weit unter dem Schnitt der *Central Division* (29 bzw. 21%), so übertraf in den Jahren nach 1910 die östliche Distrikthälfte den Mittelwert von 15% um mehr als drei Punkte und verfügte damit über einen der höchsten "Fremdanteile", während der allgemein weniger kommerzialisierte Westen im Trend lag.[66] Mit grosser Wahrscheinlichkeit ist auch davon auszugehen, dass die Qualität der von Investoren übernommenen Parzellen über dem Durchschnitt lag. In diese Richtung sind auch Hinweise der *Deccan Riots Commission*[67] zu verstehen, die für die betroffene Unruheregion eine Verschiebung von Landfläche und Steuerwert feststellte:

> "In noting these figures it must be remembered that [...] there was but little unocupied waste, and the increase in sowkar holdings implies a corresponding decrease in those of the cultivating class. It will be observed that the increase in the assessment is greater than that in area, showing that the better class of lands was passing into the sowkars' hand [...]".

Die teilweise beachtlichen Abweichungen vom Mittelwert zeigen einmal mehr, dass die Statistik nur ein unvollständiges Bild der Realität vermitteln kann. Besonders die zunehmende räumliche, ökonomische und soziale Stratifikation ist auf diese Weise kaum zu erfassen. Anfangs der zwanziger Jahre kann in unserm Distrikt davon ausgegangen werden, dass zwischen 78 und 89% des Kulturlandes in den Händen von Bauern war, umgekehrt Nicht-Bauern 11 bis maximal 22% kontrollierten. Auffallend ist, dass im Bezirk Shirpur, wo Baumwolle in den zwanzig Jahren nach 1896 von 39 auf 50% zugelegt hatte und mittlerweile "zum wichtigsten Produkt" avanciert worden war, die stärkste Fremdkontrolle anzutreffen war.[68] Leider liegen nur für die Bezirke Shirpur und Chalisgaon Angaben vor, die auch einen Vergleich zwischen der Zahl der Eigentümer und der von ihnen kontrollierten Fläche zulässt. Festzustellen gilt es in erster Linie, dass bei beiden Kategorien, Bauern und Nicht-Bauern, eine Konzentration des Bodens in den Händen einiger Grossgrundbesitzer zu beobachten war - allerdings mit unterschiedlichen Schwerpunkten: 19% der bäuerlichen Eigentümer mit Grundbesitz zwischen 25 und 500 *acres* und 9% der Nicht-Bauern mit Betrieben von 100 *acres* und mehr verfügten 1925 in Chalisgaon innerhalb ihrer Gruppe über je rund die Hälfte des Bodens. Aehnlich waren die Verhältnisse 1916/17 in Shirpur: 45% der *ryots* mit Höfen von 25-500 *acres* und 18% Sektorfremde

---

para. 12, p. 3.

66 Vgl. Tabellen 46 bei N. Charlesworth, 1985, pp. 194-5, p. 197.

67 *Report of the Committee on the Riots in Poona and Ahmednagar, 1875*, Bombay 1876, para. 48, p. 33.

68 Fforde to the Collector of Khandesh, 21st November 1896, Nr. 1244 of 1896, in: SRGB N.S., Nr. 373 (Shirpur), App. B, p. 18; Abott to the Settlement Officer, 26th December 1917, in: SRGB N.S., Nr. 568 (Shirpur), para. 12, p. 3.

Daten liegen für folgende Bezirke vor: Erandol (83 % zu 17 %, 1923), Amalner (89:11, 1912-17), Shirpur (78:22, 1912-17), Jalgaon (88:12, 1915-20); vgl. die entsprechenden *Settlement Reports* (2nd Revision).

mit Grundbesitz von 100 *acres* aufwärts, hielten die Hand über je drei Viertel der Nutzfläche. Daraus folgt, dass die Konzentration von Grund und Boden parallel mit den Betriebsdimensionen zunahm, sich aber nicht nur auf Personen aus dem eigentlichen primären Sektor beschränkte und im Gegenzug die Gruppe der Kleinen und Kleinsten mit Landbesitz zwischen 0 und 15 *acres* im Vergleich zu ihrer Bevölkerungsstärke eindeutig untervertreten war.[69]

Die Feststellung, dass sich der grösste Teil der Agrarflächen noch im Besitz der von alters her mit dem Land verwurzelten Menschen befand, trifft im grossen und ganzen zwar auch für Khandesh zu, doch gilt es zu berücksichtigen, dass in einzelnen Gegenden ein beträchtlicher Wandel im Gange war. Ausserhalb des Agrarsektors anzusiedelnde Gruppen wie Geldverleiher oder Händler besassen zu Beginn des zwanzigsten Jahrhunderts in Khandesh insgesamt maximal ein Fünftel des nutzbaren Landes, tendenziell eher weniger.[70]

Entgegen den Vermutungen scheint die Kommerzialisierung der Landwirtschaft insgesamt zu keiner dramatischen Verschiebung der Bodenverteilung geführt zu haben. In einzelnen Dörfern und Gegenden konnte jedoch unter dem Einfluss der vorhandenen Standortunterschiede sowie der strukturellen Gegebenheiten eine beträchtliche Dynamik entstehen, die jedoch mit dem vorliegenden Quellenmaterial kaum fassbar ist. Auf jeden Fall aber hat die Ausrichtung auf den Markt gesamthaft nicht wie in Gujarat[71] zu einem Heer von Klein- und Kleinstbauern mit unwirtschaftlichen *holdings* von 5 *acres* und weniger geführt, sondern - soweit wegen der geringen Quellendichte Aussagen vertretbar sind - eine Stärkung des mittleren Segments mit Betrieben zwischen 10 und 100 *acres* bewirkt. Und wenn die nationale Landwirtschaftskommission[72] nachwies, dass 1924/25 gesamtindisch rund 12% der Landbesitzer 86% der gesamten Kulturfläche besassen, oder Harald Mann[73] für Bombay zum Schluss kam,

---

69 Vgl. dazu: N. Charlesworth, 1985, p. 198: "This might suggest that alien moneylenders held most of their land, however small in total, in the more advanced areas [...]. Certainly a concentration phenomenon is evident: though moneylenders held little land overall, those who did often owned markedly larger than average farms."

70 Vgl.: S. Guha, 1987, in: IESHR 24,2, Tabelle 2, p. 130. Für Khandesh wird der Landanteil der professionellen Geldverleiher 1876-77 auf 8%, 1888-89 auf 10% beziffert. Damit liegt Khandesh hinter Poona (1876-77: 13.7%, 1888-89: 13.7%), Ahmednagar (13.8 bzw. 12.9%), Sholapur (10.3 bzw. 10.0 %) und Nasik (8.2% bzw. 10.0%), aber vor Satara (5.2 bzw. 6.4%).

71 Zwischen 1916 und 1943 veränderte sich in Gujarat die Bodenverteilung nur unwesentlich und blieb weiterhin sehr asymetrisch: 1916/17 umfassten rund 64% aller Betriebe weniger als 5 *acres* und verfügten insgesamt über ein Fünftel des Landes. Ein Vierteljahrhundert später kontrollierten 67% der (unwirtschaftlichen) *holdings* mit 5 *acres* und weniger insgesamt rund 23% des Bodens. Nur 5 (1916/17) bzw. 4% (1942/43) aller Höfe besassen mehr als 25 *acres* Land, was 33 (1916/17) bzw. 28% (1942/43) der Nutzfläche gleichkam.

Zahlen in: M.B. Desai, *The Rural Economy of Gujarat*, Bombay 1948, p. 107, zit. in: CEHI II, p. 201.

72 *Report of the Royal Commission on Agriculture, II*, Pt. 1, Gov. of India, Calcutta 1927, p. 76, zit. in: CEHI II, p. 200.

73 *Evidence of H. Mann, Director of Agriculture, Bombay Presidency*, in: *Royal Commission on Agriculture in India, II, 1926-28*, 14 Vols., London 1927-8, Part I, paras. 3507-13, zit. in: N. Charlesworth, 1978, in: C. Dewey & A.G. Hopkins, Hrsg., pp. 97 & 342, Anm. 3.

Tabelle 25: Grundbesitz von Bauern und Sektorfremden in ausgewählten Bezirken

Shirpur: 1916/17

| | agriculturists | | | | | non-agriculturists | | | | |
|---|---|---|---|---|---|---|---|---|---|---|
| (1) | (2) | (3) | (4) | (5) | (6) | (7) | (8) | (9) | (10) | (11) |
| acres | Anzahl | in % | Fläche | in % | mittl. Grösse | Anzahl | in % | Fläche | in % | mittl. Grösse |
| 0-5 | 946 | 19 | 1'251 | 1 | 1,3 | 129 | 24 | 648 | 3 | 5 |
| 5-15 | 681 | 13 | 1'590 | 2 | 2,3 | 111 | 21 | 811 | 3 | 7,3 |
| 15-25 | 1'175 | 23 | 16'111 | 18 | 13,7 | 58 | 11 | 1'020 | 4 | 17,6 |
| 25-100 | 2'173 | 43 | 53'856 | 61 | 24,8 | 142 | 26 | 3'679 | 15 | 25,9 |
| 100-500 | 126 | 2 | 14'272 | 16 | 113,3 | 82 | 15 | 9'337 | 37 | 113,9 |
| >500 | 4 | 0 | 1'454 | 2 | 363,5 | 17 | 3 | 9'594 | 38 | 564,4 |
| Total | 5'105 | | 88'534 | | 17,3 | 539 | | 25'089 | | 46,5 |

Quelle: SRGB N.S., Nr. 568, p. 4.

Chalisgaon: 1925

| | agriculturists | | | | | non-agriculturists | | | | |
|---|---|---|---|---|---|---|---|---|---|---|
| (1) | (2) | (3) | (4) | (5) | (6) | (7) | (8) | (9) | (10) | (11) |
| acres | Anzahl | in % | Fläche | in % | mittl. Grösse | Anzahl | in % | Fläche | in % | mittl. Grösse |
| 0-5 | 1'231 | 24 | 2'822 | 2 | 2,3 | 75 | 9 | 182 | 1 | 2,4 |
| 5-15 | 3'400 | 65 | 31'793 | 22 | 9,4 | 267 | 31 | 2'570 | 8 | 9,6 |
| 15-25 | 1'901 | 36 | 35'248 | 24 | 18,5 | 203 | 24 | 3'776 | 12 | 18,6 |
| 25-100 | 1'479 | 28 | 64'478 | 44 | 43,6 | 235 | 27 | 10'734 | 33 | 45,7 |
| 100-500 | 80 | 2 | 12'646 | 9 | 158,1 | 73 | 9 | 12'677 | 39 | 173,7 |
| >500 | 1 | 0 | 719 | 0 | 719 | 4 | 0 | 2'668 | 8 | 667 |
| Total | 8'092 | | 147'706 | | 18,3 | 857 | | | | 38,1 |

Quelle: SRGB N.S., Nr. 614, para. 18, p. 7.
Legende: Alle Flächenangaben in 'acres'.

dass 88% der über 2 Millionen Bauernbetriebe nur 14% des Bodens kontrollierten, während die restlichen 12% mehr als 86% des nutzbaren Weide- und Ackerlandes in ihren Händen hielten, so hebt sich unser Distrikt somit im positiven Sinne davon ab.

## 6.3 Migrationsverhalten und Wanderarbeit

Die Konstellation - Ueberfluss an Ressourcen hier, Mangel dort - ist für ein Land mit den Dimensionen und Eigenarten Indiens keineswegs aussergewöhnlich. Wanderbewegungen von Einzelpersonen oder ganzer Gruppen können dadurch gefördert werden, sind aber nicht zwangsläufig nur auf einen disparaten Entwicklungsstand innerhalb einer Region zurückzuführen. Gerade für das indische Beispiel werden viele Faktoren angeführt, die eine überdurchschnittliche Mobilität hemmen konnten.[74] Zu nennen sind u.a. die Dominanz der landwirtschaftlichen Produktionsweise, das Kastensystem, sprachliche Barrieren, kulturelle Unterschiede sowie die bescheidene Bildung breiter Kreise. Da auf der einen Seite diesbezüglich aussagekräfti-

[74] Vgl. auch: G. Omvedt, 1980, pp. 187-90, in: JPS 7.

ge Quellen fehlen und anderseits der Agrarsektor dominierte, haben viele Autoren ein ausgeprägtes Migrationsverhalten *a priori* ausgeschlossen. Die Bauernschaft wird somit per Definition als statisches und letztlich innovationsfeindliches Gesellschaftssegment bezeichnet. Insgesamt ist festzustellen, dass es keinen gemeinsamen Nenner darüber gibt, wie sich die sozioökonomischen Gegebenheiten auf die geographische Mobilität auswirkt. Teilweise wird auch grundsätzlich verneint, dass Migrationen ein Resultat ungleicher Ressourcenverteilung seien; vielmehr müssten Wanderbewegungen als Produkt eines politischen und wirtschaftlichen Systems, also menschlichen Handelns, betrachtet werden.[75] Als Beispiel für die Ratlosigkeit, mit der dieses Phänomen in der Literatur angegangen wird, ist die noch junge *Cambridge Economic History of India* zu nennen. Ausführlich werden dort die internationalen Dimensionen der Migration aufzeigt, der nationale Aspekt wird hingegen vollständig ausgeklammert.

Die ungenügende Resonanz in der Forschung ist auch mit der dürftigen Quellenlage zu erklären.[76] Qualität und Dichte des verfügbaren Materials lassen in mancher Hinsicht zu wünschen übrig. Während zwar die Zensusdaten Aufschluss über (grossräumige) Wanderbewegungen liefern, bleiben *Gazetteers* und *Settlement Reports* gerade in dieser Hinsicht stumm und beschränken sich auf vereinzelte Hinweise. Dies führt dazu, dass Angaben über die regionale und sub-regionale Ebene fast vollständig fehlen. Mit andern Worten sind wir gerade dort mit einem Informationsdefizit konfrontiert, wo vermutlich Wanderarbeit eine nicht unwichtige Rolle im Wirtschaftsprozess spielte. Im vorliegenden Abschnitt wird hauptsächlich dieser Aspekt der Binnenmigration im Zentrum stehen; die internationalen Bewegungen werden nur soweit berührt, als dass sie für das übergeordnete Verständnis von Belang sind.

Die britischen Erhebungen zu diesem Punkt, sowohl bezüglich internationaler, als auch nationaler Migration, basieren im wesentlichen auf einer Gegenüberstellung von Geburts- und Wohnort, hinzu kommt eine Unterscheidung nach fünf typologischen Kriterien: dauerhafte Auswanderung über sehr kurze oder mittlere Distanz infolge Heirat, womit vor allem weibliche Migranten erfasst werden konnten; zeitlich befristeter Aufenthalt an einem andern Ort aus beruflichen Gründen, wegen Pilgerfahrten oder Vergnügungszwecken; saisonale Einsätze von schwächer gestellten Bauern vor oder nach der eigenen Ernte in benachbarten Regionen; Migration über grössere Distanz und längere Dauer zu Arbeitszwecken; permanente Aussiedlung

---

[75] "[...] I wish to stress here the idea, that as a modified survival of pre-colonial times, there also persisted a tribal form of economy which in itself acted as an obstacle to the penetration of capital and hence, indirectly, to the measures of reform proposed by capitalist-oriented colonial and post-colonial governments. This backwardness was not merely a product of limited resources - the usual neo-classical argument in favour of the theory of comparative advantage. Rather it was a matter of State, economy and society combinig [...]".

C.N. Bates, 1985, in: MAS 19,3, pp. 575ff.

[76] Der Informationsstand betreffend Migrationen lässt zu wünschen übrig. Angaben liegen häufig in unbrauchbarer Form vor oder weisen chronologische Lücken auf.

Vgl. zur Quellenkritik: K. Davis, 1951, pp. 93, 97, 99, 108.

und Niederlassung ganzer Familien.[77] Obwohl im Rahmen der Zensusbefragungen an sich Daten über mehrere Jahrzehnte zur Verfügung stehen würden, lassen das beschränkte methodische Instrumentarium sowie die eindimensionale Optik des Schlüsselkriteriums mehr Fragen offen, als beantwortet werden. Gerade im Binnenbereich, dies haben neuere Untersuchungen[78] gezeigt, blieben die Verbindungen vieler Migranten zur heimatlichen Scholle stärker bestehen, als bisher angenommen wurde; dasselbe gilt erst recht für saisonale Agrar-Wanderarbeiter, die nach abgeschlossenem Einsatz wieder an ihren angestammten Ort zurückkehrten. Es ist also davon auszugehen, dass der Mobilitätsgrad höher und die Zahl der Migranten wesentlich grösser sein werden, als es die Quellen nahelegen.

Wenn somit die Aussagekraft der Zensusangaben zur Binnenmigration bezweifelt werden darf, bleibt man doch weitgehend auf sie angewiesen. Uebereinstimmung herrscht in der Literatur darin, dass dem Phänomen "Migrationen" gesamtindisch keine demographische Bedeutung zukommt. Dies trifft sowohl für Migrationen von und nach Uebersee zu, aber auch die Binnenwanderung scheint zahlenmässig unter dem Strich kaum ins Gewicht zu fallen. Gesamtindisch blieb der Anteil der im Ausland geborenen Personen, also der Migranten, in den Jahren von 1891-1931 nahezu konstant und machte nie mehr als 0.23% der vom Zensus erfassten Bevölkerung aus.[79] Wieso der indische Subkontinent für Immigranten aus Uebersee (ausserhalb der Landesgrenzen) keine allzu grosse Anziehungskraft besass, liegt ebenso auf der Hand: Die Bevölkerungsdichte in den wirtschaftlich attraktivsten Gegenden war bereits relativ hoch, der Lebensstandard dagegen vergleichsweise tief; die wenigen industriellen Zentren konnten die benötigten Arbeitskräfte problemlos im Inland rekrutieren. Der Strom der Emigranten schwoll umgekehrt ab 1830 bis zum Zweiten Weltkrieg von Jahr zu Jahr an. In absoluten Zahlen gesprochen verliessen zwischen 1846 und 1932 weit mehr Inder, nämlich rund 28 Millionen, ihre Heimat, als dies zum Beispiel Briten oder Italiener taten.[80] Verglichen mit dem Stand der Bevölkerung von 1900 betrug die Quote der Aussiedler ca. 9%; in den dreissiger und vierziger Jahren des zwanzigsten Jahrhunderts machte sich für die Ein- und Auswanderung dagegen eine rückläufige Tendenz bemerkbar.[81]

Mit diesen Feststellungen ist jedoch noch nichts über die gesellschaftliche und politische Tragweite des Phänomens ausgesagt. Auswirkungen, die auf nationaler Ebene zahlenmässig nicht wahrgenommen werden oder als unbedeutend erscheinen, können in einzelnen Regionen bzw. Distrikten trotzdem beachtliche Folgen haben. Insbesondere die der Wanderarbeit zu-

---

77 Vgl. dazu: G. Omvedt, 1980, p. 188, in: JPS 7.

78 G. Omvedt, 1980, in: JPS 7, pp. 188-93.

79 K. Davis, 1951, pp. 93-4.

80 K. Davis, 1951, p. 98.

81 K. Davis, 1951, p. 106.

grundeliegenden zyklischen und temporären Bedingungen, aber auch der Faktor der Spezifität, haben laut Omvedt[82] als eine Art Multiplikator gewirkt. Der Kreis potentieller Migranten lässt sich nämlich häufig auf eine spezifische Bevölkerungsgruppe mit spezifischen Eigenschaften und Kenntnissen beschränken, die unter Umständen auch noch aus ein und derselben geographischen Zone stammen konnten. Omvedt weist in ihrer Arbeit auf die beachtlichen sozioökonomischen Dimensionen dieses Aspektes hin, wenn sich, wie im Fall der Textilindustrie im Raum Bombay, der Grossteil der Fabrikarbeiter aus einem einzigen Distrikt rekrutiert.[83] Hinsichtlich der sozio-politischen Bewertung der Migrationen im allgemeinen und saisonaler Wanderarbeit im besonderen, bestehen unterschiedliche Auffassungen. Zweifellos ist eine erhöhte Mobilität innerhalb der Bevölkerung oder einzelner Bevölkerungssegmente eine der grundlegenden Voraussetzungen für die Entstehung einer arbeitsteiligen und industrialisierten Gesellschaft. Wanderarbeit hat also nicht nur eine demographische, sondern auch eine entwicklungspolitische Komponente, die u.a. von Bates[84] stark betont wird. Die Mobilisierung von Arbeitskräften und deren Einsatz in unterdotierten Sektoren bzw. Regionen sei ein Schlüsselelement in der Wirtschaftsgeschichte des Subkontinentes, wodurch die Beziehungen zwischen den mehr und den weniger entwickelten Zonen im Sinne einer positiven Rückkoppelung beeinflusst worden seien. Sinha[85] hat diese Wechselwirkung unter dem Blickwinkel der gegenseitigen wirtschaftlichen Ausbeutung einzelner Gegenden betrachtet und dafür den Begriff "Binnenkolonialismus" oder *internal colonialism* kreiert, wobei damit der Aspekt der Beziehung von Zentralverwaltung und untergeordneter Provinz gemeint ist.

Obwohl in britischer Zeit die Voraussetzungen für eine erhöhte Mobilität im Binnenbereich gegeben waren, zeichnete sich gemäss Zensusangaben landesweit kein eindeutiger Trend zu verstärkter Wandertätigkeit ab. Der prozentuale Anteil migrierender Personen blieb, soweit aus den Quellen hervorgeht, mehr oder weniger stabil und pendelte sich in der Zeit von 1891-1931 zwischen 3 und 4% ein. Mehr als neun Zehntel der Bevölkerung wurden anlässlich der Volkszählungen jeweils an ihrem ursprünglichen Geburtsort registriert, das restliche Zehntel stammte in der Regel aus benachbarten Distrikten.[86]

---

[82] G. Omvedt, 1980, in: JPS 7.

[83] 50% der Arbeiterschaft in den Textilfabriken in und um Bombay herum stammten 1911 aus dem Distrikt Ratnagiri (Konkan), 1921 waren es noch 36%, 1930 noch 25%.

G. Omvedt, 1980, in: JPS 7, pp. 199ff.

[84] Vgl. Arbeiten von: C.N. Bates, insbes. 1985, in: MAS 19, pp. 576-80, p. 592.

[85] S. Sinha, 1973, *The internal Colony: A Study in Regional Exploitation*, New Dehli, zit. in: C.N. Bates, 1985, p. 575.

[86] K. Davis, 1951, pp. 108-9; stabile Zahlen schliessen Veränderungen nicht aus. Die Angaben in den Zensus gestatten keinen Einblick in die Motive der Migranten. Laut Davis ist es durchaus möglich, wenn auch nicht sehr wahrscheinlich, dass beispielsweise die Zahl der zufälligen Bewegungen abnahm, jene der Wanderungen aus wirtschaftlichen Gründen dagegen anstieg, was sich in einer Wanderbilanz nicht niederschlagen würde.

Wenn es darum ging, potentielle Siedler zu gewinnen, wurden die Standortvorteile Khandeshs in den frühen Jahren von der Administration immer wieder als Argument angeführt. Khandesh galt noch um die Jahrhundertmitte als ein spärlich besiedelter und mit grossen Akkerlandreserven ausgestatteter Distrikt. Nur gerade 14% des fruchtbaren Bodens waren gemäss Wingate damals unter den Pflug genommen[87], die Auswahl an ackerfähigen Feldern anscheinend noch nahezu unbegrenzt. Anderseits besass die Gegend im Vergleich zu den umliegenden Distrikten auch eine Anzahl von Pluspunkten, die in einer bestimmten Konjunkturlage durchaus ins Gewicht fallen konnten. Schon um 1852 herum beobachtete ja Wingate, dass "Weizen und Hülsenfrüchte [gram] in grossem Umfang durch Baumwolle ersetzt wurden"[88], die Landwirtschaft also damals schon teilweise auf exportierbare und industriell verwertbare Rohstoffe ausgerichtet war. Es kann deshalb angenommen werden, dass die Baumwollkammer Khandesh auf landsuchende Bauern in den benachbarten Regionen eine beträchtliche Anziehungskraft ausübte.

Nachdem bisher die internationale und nationale Ebene gestreift wurde, sollen nun die regionalen und lokalen Aspekte besprochen werden. Wieweit war Khandesh mit seiner starken Wirtschaft beispielsweise Ziel von Migrationsbewegungen? In welchem Umfang waren diese für das Wachstum der Gesamtbevölkerung verantwortlich? Sind Motive und ein Migrationsverhalten erkennenbar, die nachweisbar mit der starken Exportorientierung in Zusammenhang stehen oder von dieser beeinflusst wurden und somit auch das Resultat der Kolonialpolitik sind? Problemlos lässt sich die Richtung des Austauschs erkennen. Eine Migrationsbilanz fiel in den meisten Fällen zugunsten unseres Distriktes aus, d.h. es waren mehr Ein- als Auswanderer zu registrieren. Innerhalb der ganzen Provinz besass für Khandesh nur noch die Hafen- und Industriestadt Bombay sowie deren unmittelbare Nachbarschaft (Thana) genug Attraktivität, um eine gegenläufige, wenn auch in ihrem Ausmass nicht vergleichbare Bewegung auszulösen. Für die im Osten an Khandesh angrenzenden Gebiete (Berar, *Central India*, *Central Provinces*, Hyderabad) liegen aus verfahrenstechnischen Gründen[89] nur bruchstückhafte Informationen vor. Trotzdem lässt sich sagen, dass mindestens nach Berar und den *Central Provinces* (C.P.), also in die grössten Baumwollanbaugebiete des Subkontinentes, eine erhebliche Abwanderung von Arbeitskräften stattfand.[90] Diese zwei Provinzen gehörten laut Bates[91] zu den traditionell unterbevölkerten Gegenden, deren Wirtschaft stark auf Saisoniers angewiesen war.

---

87 SRGB O.S., Nr. 1, *Report of Captain Wingate*, paras. 14, 19.

88 SRGB O.S., Nr. 1, *Report of Captain Wingate*, para. 9.

89 Die vorliegenden Zensusdaten geben im Normalfall nur für die sie betreffende Provinz auf Distriktstufe Details. Es lässt sich zwar eine exakte Migrationsbilanz zwischen Khandesh und den restlichen Distrikten der Provinz Bombay aufstellen, hingegen ist es unmöglich, zwischen Khandesh und den im Osten angrenzenden drei Nachbarprovinzen Bilanz zu ziehen.

90 Die sog. weibliche Heiratsmigration kann eliminiert werden, indem nur die Anzahl der männlichen Migranten zur Kenntnis genommen wird.

Dass ausgerechnet aus einem Distrikt Wanderarbeiter in die Nachbarschaft zogen, der laut den Quellen selber ein erhebliches Defizit an Arbeitskräften aufzuweisen hatte, scheint auf den ersten Blick zwar ein Widerspruch zu sein, für den es jedoch plausible Erklärungen gibt. Immer wieder wird nämlich seitens der Briten darauf hingewiesen, dass sich zahlreiche ansässige Klein- und Kleinstbauern in der Zwischensaison als Wanderarbeiter verdingen mussten. So ist es durchaus denkbar, dass gleichzeitig aus den umliegenden Distrikten Saisoniers nach Khandesh einreisten, während umgekehrt Einheimische nach der eigenen Ernte als "Grenzgänger" in einem Nachbardistrikt ihrem Verdienst nachgingen. Dies soll nicht darüber hinwegtäuschen, dass Khandesh zwischen 1881 und 1911 insgesamt einen Ueberschuss an Immigranten aufwies.[92] Ueber die Motive der Migranten ist wenig bis nichts zu lesen, im Dekkan scheint jedoch die Sogwirkung von potenten Agrarzonen stärker als jene der grossen Industriezentren an der Küste gewesen zu sein. Das zur Verfügung stehende Material zeigt klar, dass der Strom der Einwanderer als auch jener der Aussiedler zwischen 1881 und 1911 anschwoll, wobei das Pendel immer auf die Seite der Neuzuzüger schlug. Für Distrikte wie Poona und Satara, in etwas abgeschwächter Form auch für Nasik, Surat und Ahmednagar, traf indessen zur gleichen Zeit genau das Gegenteil zu: alle wiesen einen Ueberschuss an Emigranten auf.

Dass auf dem Subkontinent Gegenden mit unterschiedlichem Entwicklungsprofil zu finden waren, ist nicht nur natürlich, sondern geradezu zwangsläufig. Regionale Unterschiede existierten schon, bevor die Briten dort ihr Kolonialreich etablierten. Ein Novum der britischen Politik war hingegen das Bestreben, die bisher getrennten Wirtschaftsräume zu verknüpfen. Dieser Prozess - Integration und Verflechtung hier, Kommerzialisierung dort - musste sich zwangsläufig auch auf das Wanderverhalten der Bevölkerung der Region auswirken. In den vier Jahrzehnten nach 1881 - ab diesem Zeitpunkt stehen systematische, wenn auch nicht vollständige Untersuchungen der Kolonialbehörden zur Verfügung - nahm die Zahl der nach Khandesh einwandernden Personen von rund 86'000 auf ungefähr 128'000 zu. Ihr Anteil an der dortigen Gesamtbevölkerung blieb aber infolge der internen demographischen Entwicklung des Distriktes auf einem tiefen Niveau mehr oder weniger stabil und überschritt die Marke von 8% bis 1911 nicht. Im Gegensatz zur Mehrzahl der andern administrativen Einheiten des Dekkan überschritt dort weder die Quote für Immigranten noch jene für Emigranten die Zehnprozentmarke. Regelmässig höhere Werte machten sich in jenen Jahren beispielsweise aber in Poona, Sholapur und Satara bemerkbar. Es sticht insgesamt ins Auge, dass das Verhältnis von Ein-

---

91 C.N. Bates, 1985, pp. 578-80, in: MAS 19.

92 Alle Berechnungen zu den Migrationen basieren auf den *birth place tables* des Zensus. Diese Erhebungen fanden in ganz *British India* an einem bestimmten Stichtag statt. Es ist nicht auszuschliessen, dass Migranten registriert wurden, ohne dass es sich um eine dauerhafte und endgültige Aussiedlung handelte, umgekehrt aber temporäre Wanderarbeiter nicht erfasst wurden.

und Auswandern sowie ihre prozentuale Stärke nirgends so konstant, aber auch so klar und eindeutig zugunsten der einen Seite ausfiel, wie dies in Khandesh der Fall war.

Handelt es sich nun bei jenen rund 80'000 Personen, die gemäss unsern Informationen in der Zeit von 1881-1911 Jahr für Jahr ihre Heimat verliessen, um eine sogenannte *quantité négligeable*? Auch hier muss die Antwort differenzierter als die Frage ausfallen. Gewiss hielt sich in Distrikten wie Khandesh die Migration in beiden Richtungen zahlenmässig in Grenzen, doch blieben derart bescheidene Werte, sowohl relativ als auch absolut gesehen, in der Region eher die Ausnahme als die Regel. Zudem gilt es zu berücksichtigen, dass die Zahlen auf eine Beständigkeit des Phänomens, somit auch seiner Ursachen, hinweisen. Da alle bisher vorgelegten Daten wohl die Situation am jeweiligen Stichtag der Erhebungen repräsentieren, dagegen die Anzahl der Bewegungen über eine längere Zeitdauer nicht erfasst wurden, bleibt letztlich der genaue Mobilitätsgrad im Dunkeln. Alle Indizien sprechen dafür, dass dieser höher war, als die britischen Statistiken ausweisen. Die Intensität der Verschiebungen wird in einer Agrargesellschaft wie der unsern mit zunehmender Migrationsdistanz abnehmen. Umgekehrt folgt daraus auch, dass die Bedeutung der Wanderungen im regionalen und sub-regionalen Rahmen am grössten sein muss. Nicht zu unterschätzen ist auch der Umstand, dass angesichts der geographischen Dimensionen der Halbinsel schon auf dieser Stufe, ja bereits innerhalb eines Distriktes, beträchtliche Wegstrecken zurückgelegt werden konnten, was statistisch jedoch nicht als Migration erfasst wurde, aber zwangsläufig unter den Aspekt der Wanderarbeit fällt.

Innerhalb der Provinzgrenzen war der wechselseitige Personenverkehr eindeutig am intensivsten zwischen Khandesh und dem unmittelbar südlich gelegenen Nasik. Rund 12'000 Personen aus dem Nachbardistrikt wurden 1881 in Khandesh erfasst, zehn Jahre später war ihre Zahl bereits auf mehr als 17'000 angewachsen und stabilisierte sich bis anfangs des 20. Jahrhunderts. Die Wahrscheinlichkeit, dass sich unter diesen viele befanden, die ihre Gegend nur vorübergehend verlassen hatten, ist wegen der guten Verkehrswege recht hoch.[93] Die anfänglich überproportional starke Vertretung des männlichen Geschlechts ist möglicherweise ein Indiz für die ökonomische Motivation der aus Nasik stammenden Migranten.[94] Deutlich an zweiter Stelle folgte der weiter südlich gelegene Distrikt Ahmednagar, aus dem in den zwanzig Jahren

---

[93] Wegen des bäuerlichen Kalenders durfte die Distanz nicht zu gross sein, weil die eigene Ernte und der Einsatz im Zielgebiet miteinander vereinbar sein mussten. Ueberliefert sind Beispiele von Migranten, die vom Konkan in den Dekkan wechselten und dort bei der Einbringung von *Jowar* Hand anlegten.

Vgl. dazu: D. Rothermund, 1977, pp. 234-5, in: JPS 4.

[94] Dies widerspricht K. Davis, wonach ein Ueberschuss an männlichen Migranten vor allem ein Merkmal grosser Wanderdistanzen sei. Bis zu einem gewissen Grad bleibt jedoch unklar, was als "grosse Strecke" definiert wird. Bates akzeptiert diese Ansicht im Grundsatz, gibt aber zu bedenken, dass gerade für die *Central Provinces* und Berar der Anteil der im Baumwollsektor (Anbau und Verarbeitung) tätigen Frauen sehr hoch gewesen sei.

Vgl.: K. Davis, 1951, pp. 111-3; C. N. Bates, 1985, p. 580, in: MAS 19.

Tabelle 26: Migrationsbilanz zwischen Khandesh und ausgewählten Distrikten/Provinzen

| (1) | (2) | (3) | (4) | (5) | (6) | (7) | (8) | (9) | (10) | (11) |
|---|---|---|---|---|---|---|---|---|---|---|
| | 1881 | | 1891 | | 1901 | | 1911 | | 1881-1911 | |
| Bilanz mit | männl. | weibl. | männl. | weibl. | männl. | weibl. | männl. | weibl. | männl. | weibl. |
| Bombay City | -1'634 | -1'271 | -753 | -521 | -758 | -524 | -444 | -155 | -3'589 | -2'471 |
| Ahmadabad | 215 | 126 | 126 | 12 | -110 | -82 | 564 | 303 | 795 | 359 |
| Broach | 22 | 23 | 98 | 25 | 19 | 6 | 108 | 41 | 247 | 95 |
| Kaira | -15 | -9 | 14 | 13 | 3 | -4 | 11 | -28 | 13 | -28 |
| Panch Mahals | -11 | -4 | -5 | -4 | -6 | -7 | -4 | -2 | -26 | -17 |
| Surat | 89 | 129 | 518 | 198 | 573 | 624 | 1'174 | 546 | 2'354 | 1'497 |
| Thana | -518 | -429 | -215 | -226 | -261 | -207 | 8 | -58 | -986 | -920 |
| Ahmednagar | 3'277 | 2'870 | 2'508 | 2'105 | 3'330 | 3'428 | 2'350 | 2'380 | 11'465 | 10'783 |
| Nasik | 2'374 | 974 | 3'747 | 1'671 | 6'214 | 4'175 | 3'701 | 3'402 | 16'036 | 10'222 |
| Poona | 1'091 | 876 | 480 | 338 | 887 | 873 | 911 | 960 | 3'369 | 3'047 |
| Satara | 913 | 853 | 1'534 | 916 | 909 | 847 | 1'468 | 983 | 4'824 | 3'599 |
| Sholapur | 870 | 758 | 933 | 710 | 1'476 | 1'669 | 1'308 | 1'070 | 4'587 | 4'207 |
| Belgaum | -56 | -28 | -103 | -10 | 87 | 56 | 25 | 52 | -47 | 70 |
| Bijapur | KA | KA | 42 | 55 | 25 | 35 | 109 | 48 | 176 | 138 |
| Dharwar | 4 | 0 | 9 | 13 | 33 | 33 | 62 | 30 | 108 | 76 |
| Kanara | 3 | 2 | 26 | 9 | 18 | 12 | 10 | 11 | 57 | 34 |
| Kolaba | -21 | 5 | 41 | 8 | 15 | 23 | 250 | 161 | 285 | 197 |
| Ratnagiri | 192 | 407 | 494 | 266 | 343 | 376 | 784 | 435 | 1'813 | 1'484 |
| Central Provinces | KA | KA | -2'246 | -3'722 | KA | KA | KA | KA | KA | KA |
| Berar | KA | KA | -5'827 | -4'204 | KA | KA | KA | KA | KA | KA |
| Central India | KA | KA | KA | KA | KA | KA | KA | KA | KA | KA |
| Hyderabad, Deccan | KA | KA | 7'616 | 7'310 | KA | KA | KA | KA | KA | KA |
| Rajputana | KA | KA | KA | KA | KA | KA | KA | KA | KA | KA |

Legende: Negative Werte zeigen Abwanderung aus Khandesh, positive Bilanz Zuwanderung nach Khandesh; KA Keine Angaben.

Quellen: Census of India 1881, Vol. II, Stat. Tables, App. A, Table X&XI: Birth-Place, pp. 42-9, Bombay 1882; Census of India 1891, Vol. XIII, Part 2, Table XI: Birth-Place, pp. 118ff., Bombay 1892; Census of India 1901, Vol. IX A, Part 2, Table XI: Birth-Place, pp. 166ff., Bombay 1902; Census of India 1911, Vol. XII, Part 2, Table XI: Birth-Place, pp. 157ff.

vor und nach der Jahrhundertwende jeweils im Mittel an die 7'000 Personen in Khandesh als Einwanderer registriert wurden. Poona, Satara und Sholapur bildeten in bezug auf ihre zahlenmässige Stärke eine ziemlich homogene Gruppe und nehmen den dritten Platz ein. An jedem Stichtag hielten sich je zwischen 2'000 und 3'500 auswärtige Personen in Khandesh auf. Mit den restlichen Distrikten der Provinz bestand laut Zensus nur ein unbedeutender Personenaustausch, wobei höchstens noch Surat und die Hauptstadt Bombay erwähnenswert sind.

Ein grosser Strom von Immigranten nach Khandesh muss unsern Distrikt von den benachbarten Provinzen im Osten her erreicht haben. Um die 20'000 gaben 1881 bzw. 1891 den Staat Hyderabad als ihren Geburtsort an. In umgekehrter Richtung, also von Westen nach Osten, wurden dagegen rund viermal weniger Bewegungen gezählt. Dagegen scheint vor allem zwischen Khandesh und den *Central Provinces* sowie Berar ein äusserst reger und ausgeglichener Personenverkehr stattgefunden zu haben. Infolge methodischer Schwachstellen der britischen Erhebungen ist nur für 1891 eine eigentliche Bilanz möglich, die allerdings ein klares Defizit und somit möglicherweise eine stete Abwanderung aus unserem Distrikt andeutet. Vieles spricht dafür, dass auch den die Provinzgrenzen überschreitenden Bewegungen ein kleinräumiges Migrationsmuster zugrunde lag. Im Lauf der Jahrzehnte hat nach Davis[95] die Bindung an die eigene Scholle wohl eher etwas abgenommen, was sich gesamtindisch in einer geringen Zunahme von Wanderungen über weite Strecken äussere. Diese Aussage scheint auch für unser Beispiel gültig zu sein. Im Vergleich mit der Gesamtzahl der nach Khandesh auswandernden Menschen[96] sank zum Beispiel der Anteil all jener, die nicht aus einem unmittelbar benachbarten Distrikt oder einer angrenzenden Gegend stammten. Es zeigt sich auch, dass die Hafen- und Industriestadt Bombay um 1890 eine beträchtliche Anziehungskraft für männliche Migranten aus dem Küstenstreifen sowie dem unmittelbar anschliessenden Hinterland besass. Hingegen schien Bombays Stern auf einen starken Agrardistrikt wie Khandesh nur eine geringe Anziehungskraft ausgeübt zu haben.

In diesem Zusammenhang stellt sich auch die Frage, wieweit der wechselseitige Personenaustausch durch den Anbau von *cash crops*, wie dies im Distrikt Khandesh in grossem Stile der Fall war, gefördert oder für einen Teil der bäuerlichen Gesellschaft sogar zur regelrechten Notwendigkeit wurde. Belegt ist, dass im Rahmen der verkehrstechnischen Erschliessung des Distrikts über mehrere Jahre ein grosser Bedarf an Arbeitskräften entstand, der nicht ausschliesslich mit ortsansässigen Leuten, sondern auch mit Wanderarbeitern aus der Region gedeckt werden musste.[97] Von grösserem Interesse als diese indirekten Auswirkungen der Marktintegration sind aber die direkten Folgen der regionalen Spezialisierung. Nur schon allein die schrittweise Ausdehnung der Baumwollfläche von rund 344'000 *acres* im Jahre 1861-62 auf mehr als das Vierfache 1913-14 muss sich zwangsläufig, auch wenn dies nicht direkt aus den Quellen hervorgeht, in einer markant gestiegenen Nachfrage nach Arbeitskräften niedergeschlagen haben. Zudem gilt es zu beachten, dass die Gesamtproduktion von Baumwolle in Khandesh aufgrund leicht höherer Flächenerträge[98] zunahm, obwohl sich Methoden und Techniken im Agrarsektor über Jahrzehnte kaum veränderten. In einem Distrikt wie dem unsern, muss somit die Hilfe von Saisoniers beim arbeitsintensiven Baumwollanbau eine wichtige Rolle gespielt haben, wie dies Bates[99] in seiner Untersuchung auch vom benachbarten *Central India* be-

---

95 K. Davis, 1951, p. 122.

96 Darin sind nur jene aus Indien enthalten. Die Zahl nicht aus Indien bzw. Asien stammender Immigranten kann vernachlässigt werden.

97 GBP, Vol. XII (1880), Khandesh, pp. 198-9.

98 Die Quellenangaben zu den Flächenerträgen variieren stark und können zwischen 60 und 700 *lbs.* pro *acre* liegen. Die *Gazetteer* von 1880 geht von 350 *lbs.* aus. Mit andern Worten waren grosse jährliche, aber auch lokale Schwankungen an der Tagesordnung; Angaben zu den Flächenerträgen in: GBP, Vol. XII (1880), Khandesh, pp. 148ff; *Adm. Rep. of the Cotton Dept., 1869-70, App. P*; S. Guha, 1981, pp. 164ff.

Tabelle 27: Ein- und Auswanderung in Bombay: 1881-1911

| (1) | (2) | (3) | (4) | (5) | (6) | (7) | (8) | (9) |
|---|---|---|---|---|---|---|---|---|
| | 1881 | | 1891 | | 1901 | | 1911 | |
| | Einwand. | Auswand. | Einwand. | Auswand. | Einwand. | Auswand. | Einwand. | Auswand. |
| Khandesh | 86'185 | 20'979 | 109'151 | 23'710 | 74'834 | 12'948 | 128'000 | 73'000 |
| Nasik | 63'930 | 47'812 | 69'717 | 66'113 | 45'866 | 44'534 | 65'000 | 65'000 |
| Surat | 47'725 | 70'382 | 46'333 | 83'581 | 51'503 | 41'758 | 54'000 | 123'000 |
| Thana | 96'540 | 44'901 | 113'743 | 48'178 | 110'886 | 19'296 | 113'000 | 35'000 |
| Poona | 101'240 | 144'302 | 126'681 | 134'079 | 94'484 | 115'464 | 95'000 | 136'000 |
| Satara | 43'419 | 157'103 | 55'987 | 210'149 | 44'166 | 111'821 | 39'000 | 175'000 |
| Sholapur | 91'860 | 63'102 | 110'746 | 69'716 | 75'432 | 49'804 | 77'000 | 120'000 |
| Ahmednagar | 68'777 | 57'443 | 86'640 | 62'224 | 64'123 | 56'210 | 37'000 | 93'000 |
| Mittelwert | 74'960 | 75'753 | 89'875 | 87'219 | 70'162 | 56'479 | 76'000 | 102'500 |

Legende: (8), (9): auf Tausend gerundet; (7) Auswanderung nur innerhalb der Provinz Bombay.
Quellen: (2), (3), (4), (5): Census of India, 1891, Vol. VII, Part 1, Report, p. 126; (6), (7), Census of India, 1901, Vol. IX, Part 1, Report, pp 53, 54; (8), (9): Census of India, 1911, Vol. VII, Part 1, Report, pp. 48, 50.

schreibt, wobei er gleichzeitig noch die tieferen Löhne der Wanderarbeiter als Anreiz für Arbeitgeber hinstellt, Kontrakte abzuschliessen.

Dass in der ganzen zweiten Hälfte des 19. Jahrhunderts der Bedarf an Feldarbeitern stark zunehmen musste, zeigt sich schon allein in den bisher angeführten Daten zur Kulturfläche des Distriktes, aber auch zahlreiche, übereinstimmende Verweise in den *Settlement Reports* und Papieren des *Cotton Department* sind ein untrügliches Zeichen. Dieses Ungleichgewicht zwischen Nachfrage und Angebot verspürte auch der vom Staat 1869 eingerichtete Musterhof (*government farm*): "Der Mangel an Feldarbeitern", heisst es lapidar, "ist für die Farm ein ständiges Problem"[100]. Forbes, Baumwollinspektor in Khandesh, vermerkt denselben Missstand und sieht in der Expansion des exportorientierten Anbaus eine der Ursachen[101]:

> "In comparison with the most of our cotton-growing districts, Khandesh is sparsely populated, and scarcity of field labour of harvest time has long been its chronic misfortune, which is becoming more felt yearly on account of the steady increase which has for some time past been going on in the extent of land taken up for agricultural purposes."

Dass die starke Spezialisierung auf *cash crops* nicht nur höheren Gewinn, sondern auch ein höheres Risiko mit sich brachte, wird aus einer andern Stelle im Brief des Baumwollinspektors klar. Der bäuerliche Arbeitskalender wurde durch die eindeutige Bevorzugung des einen Produktes dermassen gestrafft, dass es bei ungünstigem Wetterablauf zu unüberbrückbaren Engpässen kommen konnte. Vor allem zur Zeit der Baumwollernte, also in den Monaten Oktober

---

[99] C.N. Bates, 1985, in: MAS 19, pp. 578ff.

[100] GBP, Vol. XII (1880), Khandesh, p. 179.

[101] Forbes to the Chief Secretary of Gov., 23rd July 1870, in: *Adm. Rep. of the Cotton Dept., 1869-70*, Letter Nr. 232, p. 21, para. 80.

bis Januar, scheint dies wiederholt der Fall gewesen zu sein. Wenn sich, wie 1869-70, aus meteorologischen und klimatischen Gründen der Reifungsprozess verzögerte, so konnten Baumwoll- und Getreideernten miteinander kollidieren[102]:

> "Unfortunately, however, the cotton season was comparatively a late one, and by the time that the first portion of the produce was ready for picking, which was not until the end of October, the grain crops had also ripened, and the field labour (of which the supply is always scanty) was almost entirely diverted to the reaping of the latter. In some parts of the district a portion of the early cotton hat been secured, but in many others it was left untouched, and it was not until the completion of the grain harvest (lasting till the middle of December) that cotton picking was generally resumed. [...] Even after the whole of the labour was set loose for cotton picking, the supply was by no means adequate to the emergency which the accumulation of the overripe cotton had by that time created, for, up to the period at which I had completed my tour through the province [...], I saw in many places fields that had not even been once picked."

Dass die Feldarbeiter unter gewissen Umständen Baumwolle stehen liessen und zuerst das reife Getreide einbringen wollten, ist letztlich ein weiterer Nebeneffekt der ausgeprägten Spezialisierung: Die Pro-Kopf-Werte aller wichtigen Getreideprodukte (Weizen, *Jowar*, *Bajra*) nahmen in der zweiten Hälfte des 19. Jahrhunderts kontinuierlich ab, während sich umgekehrt die pro Person angebaute Baumwollfläche mehr als verdoppelte. Getreide, heisst es in den Quellen, würde deshalb nur soviel angebaut, wie zum Ueberleben gerade notwendig sei. In einer Situation wie der beschriebenen, musste deshalb die Ernte der verbliebenen Grundmenge Nahrungsmittel absolute Priorität geniessen. Vergrössert wurde das Defizit an Arbeitskräften zusätzlich dadurch, dass die Pflanzer in Khandesh ihre Baumwolle, die wegen klimatischer Gegebenheiten in der Regel früher als in andern Distrikten reif war, schneller als die Konkurrenz auf den Markt bringen wollten, um den besten Preis zu erzielen. Frauen und Kinder, bevorzugte Baumwollpflücker, wurden deshalb häufig von den Feldern abgezogen, um sich ans Spinnrad zu setzen[103]:

> "[...] the evil is aggravated by the fact that needy cultivators are always anxious to get the cotton that is gathered sent to market as soon as it can be cleaned, and this process withdraws from the field the best kind of labour available for the picking, namely, the services of the women, who, by somewhat higher wages, are easily induced to relinquish their field work and sit down to the more agreable occupation ot the churka [...]".

Die Spezialisierung auf Baumwolle, die im Laufe der Jahre in Khandesh einen Anteil von rund 50% an der gesamten Nutzfläche erreichte, hat somit die regionale und lokale Migration in Form von Wanderarbeit nicht nur wegen der verstärkten Marktintegration des Distriktes, sondern schon allein wegen des grossen, jedoch zeitlich eng begrenzten Arbeitsanfalles erheblich gefördert.[104] Es stellt sich somit die Frage, welche Personen oder Bevölkerungssegmen-

---

[102] Forbes to the Chief Secretary of Gov., 23rd July 1870, in: *Adm. Rep. of the Cotton Dept., 1869-70*, Letter Nr. 232, p. 21, paras. 78-9.

[103] Forbes to the Chief Secretary of Gov., 23rd July 1870, in: *Adm. Rep. of the Cotton Dept., 1869-70*, Letter Nr. 232, p. 21, para. 80.

[104] Vgl.: S. Prakash, 1985, in: MAS 19, pp. 562-3: "In the case of cotton cultivation, harvesting had often to be done within a short time and most cotton growers had to hire labourers during the harvest season."

te aus irgendeinem Grund veranlasst waren, ihren Verdienst als Wander- und Lohnarbeiter zu suchen. Auf der andern Seite ist aber auch von Interesse, wer zur Bewirtschaftung seiner Felder auf fremde Hilfe angewiesen war und sich diese auch leisten konnte. Potentielle Feldarbeiter, dies haben andere Untersuchungen[105] gezeigt, mussten nicht zwangsläufig ohne eigenes oder gepachtetes Grundstück sein; es konnten durchaus auch Bauern mit limitiertem Inventar an Produktionsmitteln sein.[106] Allerdings handelte es sich in solchen Fällen meistens um sogenannt unwirtschaftliche Güter, deren Besitzer oder Pächter als Saisoniers ihr Einkommen aufbessern mussten oder auf diese Weise zu einem alternativen Verdienst kamen, wie dies anfangs des 20. Jahrhunderts auch in der *taluka* Erandol[107] an der Tagesordnung war: "The holders of non-economic holdings generally work as labourers with or without their bulloks", heisst es im entsprechenden *Settlement Report*, und weiter: "I have to admit that there are a few cases of non-economic holders of lands, who are really poor and have to supplement their living by serving as labourers in the villages for a few months."

Innerhalb der Distriktgrenzen waren es zur Hauptsache die als *unsettled tribes* bezeichneten Bevölkerungsgruppen, aus denen sich Feld- und Wanderarbeiter rekrutieren liessen. Die Angehörigen der in der *Gazetteer* aufgezählten fünf Ethnien erreichten noch 1880 die Zahl von 176'888 oder etwas mehr als 19% der Gesamtbevölkerung. Die zahlenmässig bedeutendste Gruppe waren mit 127'000 die Bhils, gefolgt von den Vanjaris (36'600), den Konkanis (8'200), den Pardhis (4'500) und den Kanadas (818).[108] Mit 53% lebten mehr als die Hälfte der Bhils in den drei westlichen Bezirken Taloda, Pimpalner und Nandurbar, obgleich auch in den andern *talukas* des Distrikts Angehörige dieser Ethnie registriert wurden.[109] Der Begriff *unsettled* ist aber nicht einfach mit "nomadisierend" oder "nicht-sesshaft" gleichzusetzen. Wohl mögen sie ursprünglich im unzugänglichen Hügelland voll und ganz Wander- und Rodungsfeldbau betrieben und somit regelmässig auch ihr Domizil verlegt haben; in der zweiten Hälfte des 19. Jahrhunderts hatten sich jedoch in Khandesh bereits grosse Teile der sogenannten *tribals* in einfachen Behausungen in der Talebene niedergelassen. Von der dominanten Agrarbevölkerung unterschieden sie sich in einem wesentlichen Punkt, der sie eben zu Wanderarbeitern prädestinierte: sie verfügten in der Regel nur über ein unrentables Landstück und betrieben Ackerbau auf Subsistenz- oder Tauschbasis, nicht in erster Linie für den Markt. Aus diesem Grund wurden

105 Vgl. die kommentierten bibliographischen Hinweise bei: C.N. Bates, 1985, in: MAS 19, pp. 582ff.

106 S.C. Mishra, 1982, in: JPS 10, p. 33; N. Hamid, 1982, in: JPS 10, pp. 60ff.

107 M.C. Kelkar to the Collector of East-Khandesh, Nr. R.S.-20, 3rd September 1919, in: SRGB N.S., Nr. 595 (Erandol), p. 5, p. 11.

108 GBP, Vol. XII (1880), Khandesh, pp. 79ff.

109 Vgl. die Zahlen in der *Gazetteer*: Taloda, 27'256; Pimpalner, 24'686; Nandurbar, 17'548; Shahada, 11'852; Dhulia, 7'122; Virdel, 7'091; Amalner, 5'003; Shirpur, 4'503; Erandol, 3'560; Pachora, 3'050; Chopda, 2'547; Chalisgaon, 1'858; Nasirabad, 1'097; Bhusaval, 907; Jamner, 691; Savda, 628.

GBP, Vol. XII (1880), Khandesh, p. 83.

Tabelle 28: Anteil der Bhils an der Gesamtbevölkerung in Khandesh 1872

| Taluka | Einwohner | Bhils | in % |
|---|---|---|---|
| Amalner | 79'863 | 5'003 | 6 |
| Bhusaval | 84'245 | 907 | 1 |
| Chalisgaon | 44'568 | 1'858 | 4 |
| Chopda | 51'581 | 2'547 | 5 |
| Dhulia | 66'929 | 7'122 | 11 |
| Erandol | 76'689 | 3'560 | 5 |
| Jamner | 70'331 | 691 | 1 |
| Nandurbar | 45'285 | 17'548 | 39 |
| Nasirabad | 60'109 | 1'097 | 2 |
| Pachora | 84'880 | 3'050 | 4 |
| Pimpalner | 60'125 | 24'686 | 41 |
| Savda | 124'519 | 628 | 1 |
| Shahada | 46'228 | 11'852 | 26 |
| Shirpur | 34'642 | 4'503 | 13 |
| Taloda | 35'278 | 27'256 | 77 |
| Virdel | 63'350 | 7'091 | 11 |

Legende: Bevölkerungszahlen von 1872.
Quelle: GBP, Vol. XII (1880), Khandesh.

solche Siedlungen noch zu Beginn der fünfziger und sechziger Jahre nicht dem neu eingeführten *Settlement* unterstellt, sondern mit einer pauschalen "Pflugsteuer" belegt.

In den Quellen wird davon gesprochen, dass sich Bhils in der Erntezeit jeweils für zwei, drei Monate als Feldarbeiter verdingen würden und als solche "gute Löhne" erzielten, ohne dabei den Distrikt Khandesh verlassen zu müssen; gleichzeitig heisst es aber auch, dass sie alle "sehr arm und verschuldet" seien[110]:

> "They work as husbandmen and field labourers, sell grass and fuel, help the ordinary Kunbi landholder, and when they can get them, gather wax and honey. Wives help their husbands, and at harvest time, whole families leave their homes, and for three or four weeks work as reapers. For this they are paid in kind, generally earning enough to last them from one to two months. Bhils never leave Khandesh in search of work. They sometimes change their village, but for the most past have lived for long in the same place. Their average monthly wages vary from 8s. to 16s. (Rs. 4-Rs. 8). In spite of their good wages all are very poor and usually in debt."

Der Verweis auf die insgesamt schlechten materiellen Verhältnisse wirft die Frage auf, weshalb die genannte Sozialgruppe nicht mehr auf kommerzielle Landwirtschaft setzte. Schon nur ein kurzer Blick auf die asymetrische Verteilung der Produktionsmittel gibt darauf eine eindeutige Antwort: Im Verhältnis zur demographischen Stärke war beispielsweise der Anteil an Pflügen, einem wichtigen landwirtschaftlichen Werkzeug, unterdotiert. Mit andern Worten existierte in geringer Reichweite der voll auf *cash crops* setzenden Bezirke im Osten des Distrikts ein grosses Reservoir an potentiellen Arbeitskräften, die gar keine andere Wahl hatten, als Lohnarbeit im Agrarsektor oder im verarbeitenden Gewerbe, beispielsweise einem Baumwollpressbetrieb,

[110] GBP, Vol. XII (1880), Khandesh, p. 92.

anzunehmen.[111] Die Spezialisierung auf *cash crops* hat somit in unserm Distrikt den Trend zur saisonalen und zur strukturell bedingten Lohnarbeit hervorgerufen und durch die Forcierung von Baumwolle als dem kommerziellen Produkt *par excellence* im Lauf der Jahrzehnte weiter verstärkt. Wie im Punjab[112], so kann auch in Khandesh davon ausgegangen werden, dass lohnabhängige Vollzeitlandarbeiter ein Produkt der Kolonialherrschaft waren. Mit der Kommerzialisierung des Agrarbereiches wurde diese Gruppe zu einem immer wichtigern Bestandteil der Gesellschaft. Analog zum Grad der Arbeitsteilung hat die Bedeutung der Feldarbeiter von Distrikt zu Distrikt variiert. Mit einem Anteil von 25% an der gesamten männlichen Arbeiterschaft hat Khandesh schon 1872 die führende Position im Dekkan eingenommen und sich von Satara (10%) oder Poona (12%) klar abgehoben; schrittweise nahm dieser Wert bis 1921 auf ein Drittel zu, während er in Satara auf 9% zurückging.[113] Diese beiden grundverschiedenen Tendenzen zeigen einmal mehr, dass die Folgen der Kommerzialisierung in der Landwirtschaft regional und lokal höchst verschiedenartige Entwicklungen auslösen konnten.

## 6.4 Soziale Stratifikation und Lebensumstände

Die Briten befassten sich ausgesprochen spät mit der Problematik der sozialen Stratifikation innerhalb der indischen Agrargesellschaft. Für die Kolonialmacht standen nach den überraschenden Dekkan-Unruhen von 1875 über Jahre hinweg vor allem Fragen der Verschuldung und deren Bekämpfung im Zentrum. Erstmals vermerkte die Verwaltung im Rahmen der Diskussion um die Landtransfergesetzgebung nach der Jahrhundertwende Anzeichen einer nicht erstrebenswerten Entwicklung innerhalb der Bauernschaft. Erst in den späten zwanziger Jahren kam die Landwirtschaftskommission zur Einsicht, dass ein Grossteil der *ryots* Maharasthras weniger durch unbotmässige Praktiken von Geldverleihern als vielmehr durch einflussreiche Grossgrundbesitzer bedrängt wurde oder werden konnte.[114] Auch wenn das Ausmass der Bodenkonzentration in Khandesh, wie bereits dargelegt wurde, nicht mit jenem der gesamten Provinz Bombay vergleichbar war, so werden auch in unsern Quellen häufig Hinweise auf asymetrisch verteilte Ressourcen und reiche oder sogenannte *well-to-do* Bauern gegeben.

Ein Ziel der britischen Agrarpolitik war es zweifellos von Beginn weg, mittels geeigneter Massnahmen die individualistische gegenüber der traditionellen kollektiven Komponente zu stärken. Vor dem Hintergrund der damaligen liberalen Wirtschaftstheorien im entwickelten Eu-

---

[111] Vgl.: S. Guha, 1981, p. 133.

[112] N. Hamid, 1982, in: JPS, pp. 66ff.

[113] Werte basieren auf Zensusangaben, abgedruckt in: S. Krishnamurty, 1987, in: IESHR 24, p. 94.

[114] *Evidence of H. Mann, Director of Agriculture, Bombay Presidency*, in: *Royal Commission on Agriculture in India*, II, *1926-28*, London 1927-8, Part I, paras. 3507-13, zit. in: N. Charlesworth, 1978, in: C. Dewey & A.G. Hopkins, Hrsg., pp. 97 & 342, Anm. 3.

ropa und in der wohlmeinenden Absicht, Fortschritt und Wohlstand für die Gemeinschaft sei durch die Förderung einer Schicht innovativer Bauern am besten zu garantieren, legten die Briten in Bombay mit ihrem neuen Einzelbesteuerungsverfahren eine jener Voraussetzungen, die zusammen mit vielen anderen Elementen die Stratifikation der bäuerlichen Gesellschaft begünstigen oder verstärken konnte. Kumar[115] relativiert jedoch die These, wonach ausschliesslich die neue Steuerpolitik für eine potentielle Auseinanderentwicklung verantwortlich sei:

> "Yet it would be incorrect to attribute the growth of the rich peasants in western India exclusively to the introduction of the ryotwari system. For the emergence of this social group was far more complex a social process. Improvements in means of communication; the growth of new markets and the extension of old ones; the existence of social peace and political stability; and finally, the spread of an acquisitive spirit among the peasants, were some of the factors which heightened inequalities in wealth in the villages, and promoted the accumulation of capital in a section of rural society which was best situated to exploit the opportunities thrown open to it under the new order."

Die britische Herrschaft unterschied sich sowohl durch ihre rationale Agrarpolitik als auch durch die Schaffung neuer Verwaltungsinstrumente und Organisationsformen im ökonomischen Bereich von der herkömmlichen Ordnung. Kumar, Charlesworth, Banaji und Prakash gehen alle davon aus, dass als Resultat der Kolonialsituation zu Beginn des 20. Jahrhunderts der Graben zwischen einer kleinen, wohlhabenden und mächtigen Agrarelite und der grossen Masse kleiner und mittelloser Bauern beträchtlich war.[116] Umgekehrt kommt hingegen Mishra zum Ergebnis, dass die Kommerzialisierung der Landwirtschaft in Bombay - im Gegensatz zum Punjab - zu keiner progressiven Differenzierung geführt habe und die dominante Stellung einer spezialisierten Klasse von Händlern und Geldverleihern durch aufstrebende, marktorientierte Bauern nicht wirklich gefährdet gewesen sei.[117] Obwohl sich Mishra in seiner Arbeit sogar grundsätzlich fragt, wieweit Bombay in der zweiten Jahrhunderthälfte überhaupt von einer Ausweitung der Rohstoffproduktion die Rede sein könne, billigt er einigen wenigen, genau definierten Gebieten wie Süd-Gujarat, dem Distrikt Dharwar und auch Khandesh den Status von kommerzialisierten Inseln zu. Dies macht, was unsern Distrikt angeht, eine detaillierte Auseinandersetzung mit Mishras Thesen überflüssig. Ziel dieses Abschnittes ist es deshalb weniger, nochmals grundsätzliche Fragen aufzuwerfen, als vielmehr anhand des vorliegenden Quellenmaterials zu prüfen, wie sich in Khandesh die Kommerzialisierung im Agrarbereich auf die materiellen Umstände der Bauernschaft auswirkte. Zurecht wurde schon darauf hingewiesen, dass

---

115 R. Kumar, 1968, in: D.A. Low, Hrsg., p. 55.

116 R. Kumar, 1968, in: D.A. Low, Hrsg.; N. Charlesworth, 1978, in: C. Dewey & A.G. Hopkins, Hrsg.; N. Charlesworth, 1985, Kap. 6, pp. 162ff; J. Banaji, 1977, in: EPW 12 (Special Number 33 & 34); Shri Prakash, 1985, in: MAS 19 (3).

117 "[...] we shall argue that agriculture in late ninetheenth-century Bombay remained dominated by a specialised trading-moneylending class, a domination *not* seriously affected by a rising class of rich peasants producing for the market."

S.C. Mishra, 1982, p. 4.

neben rein quantitativen Gesichtspunkten qualitative Aspekte für die Identifizierung von Reich und Arm ebenso wichtig sein können.[118]

Wenn hier der Schwerpunkt trotzdem vor allem auf die zahlenmässig fassbare Seite gelegt wird, so einerseits im Bewusstsein, dass der Besitz von Produktionsmitteln und der Zugang zum Kreditmarkt in einer Agrargesellschaft wie der indischen ausschlaggebend sein konnten; anderseits spielt auch die Tatsache eine nicht unerhebliche Rolle, dass solche Fragen in den verfügbaren Quellen fast ausschliesslich aus einem quantitativen Blickwinkel betrachtet werden. Nur in einigen wenigen Fällen liegen Informationen vor, die es erlauben, eine direkte Beziehung zwischen den Sozialgruppen und den von ihnen kontrollierten Ressourcen herzustellen. In der Regel beschränken sich die relevanten britischen Aufzeichnungen in den *Settlement Reports* auf eine Gegenüberstellung des *Status quo* mit dem *Status ante*, wobei vor allem die Zahl der wichtigsten landwirtschaftlichen Werkzeuge wie Pflüge, Fuhrwerke und Bewässerungsanlagen sowie der Viehbestand, manchmal auch Bauart und Zustand der Wohnhäuser, erfasst wurde. Für unsere Zwecke interessant sind jene wenigen Passagen, die nicht nur einen summarischen Ueberblick allfälliger Veränderungen der entsprechenden Kennziffern geben, sondern die vorhandenen Angaben auch zusätzlich nach Steuerklassen aufschlüsseln. Damit wird zumindest in Ansätzen eine soziale Differenzierung möglich. Endgültige Aussagen, welche Schicht der Gesellschaft in welchem Umfang von den Veränderungen im Agrarbereich Nutzen ziehen und ihren Besitzstand vergrössern konnte, ist aber auch mit diesen Zusatzinformationen nicht ohne weiteres möglich. Erstklassiger Boden in optimalem Umfeld musste sich nämlich nicht zwangsläufig nur in den Händen von Grossgrundbesitzern oder anderer wohlhabender Personen befinden; umgekehrt ist es nicht notwendigerweise so, dass weniger fruchtbares Ackerland in schlechteren Lagen nur von verarmten Kleinbauern bewirtschaftet wurde. Im Zuge der Besitzarrondierung sind alle Varianten denkbar. Wenn es auch nicht möglich ist, eindeutige Rückschlüsse auf das materielle Wohlergehen des einzelnen zu ziehen, so kann doch bis zu einem gewissen Grad von den allgemeinen Tendenzen auf die individuellen Auswirkungen geschlossen werden. Kombiniert mit andern Angaben, etwa dem Lohn- und Preisniveau, der Steuerbelastung sowie der allgemeinen wirtschaftlichen Situation, entsteht ein relativ verlässliches Bild.

Da sich Khandesh in der zweiten Hälfte des 19. Jahrhunderts zu einem der grössten Baumwollzentren des Dekkan entwickelte, ist es naheliegend, eine horizontale und vertikale Stratifikation innerhalb des Distriktes vor dem Hintergrund des Baumwollanbaus und der Exportproduktion zu beurteilen. Dass auch in einem kleinen Distrikt wie Khandesh stark kommerzialisierte Bezirke mit nur wenig vom Markt durchdrungenen *talukas* kontrastierten, kleinstädtische Zentren mit verarbeitendem Gewerbe neben vollständig ländlichen Gegenden weiter-

---

[118] N. Charlesworth, 1978, in: C. Dewey & A.G. Hopkins, Hrsg., p. 97.

existieren konnten, haben die bisherigen Kapitel klar gezeigt. Ob sich die positiven Wohlstandseffekte der Marktintegration tatsächlich für alle Teile der Bauernschaft bemerkbar machten, scheint wegen der grundverschiedenen Strukturen und individuellen Voraussetzungen nicht zum vornherein gegeben. Angesichts der ungleichen Verteilung der Kulturfläche, einem der wichtigsten Produktionsfaktoren, ist es äusserst wahrscheinlich, dass auch in andern Bereichen grössere Ungleichheiten existierten. Die disparate Entwicklung innerhalb des Distriktes sowie der Aufstieg einer zahlenmässig kleinen Bauernelite ist angesichts dieser Tatsachen nicht auszuschliessen.

Wie aber sind vermögende und mächtige von armen und einflusslosen Bauern zu unterscheiden? Ein wichtiges Kriterium, wenn auch nicht das einzige, ist die Kontrolle über Grund und Boden und weitere zentrale landwirtschaftliche Geräte. Der Besitz eines Hofes mit überdurchschnittlicher Ausdehnung diente beispielsweise 1927 schon Mann[119] als Klassifizierungsmerkmal. Weiter wird auch zu berücksichtigen sein, wieweit ein *ryot* bei der Bestellung seiner Felder Lohnarbeiter einstellen konnte. Es fragt sich allerdings, ob die Beschäftigung Dritter ein Privileg der wohlhabenden Bauern war, denn am Beispiel von Madras wurde schon darauf hingewiesen, dass dort sowohl Eigentümer kleiner als auch grosser Güter wegen des teilweise engen landwirtschaftlichen Terminkalenders fremde Hilfe in Anspruch nehmen konnten bzw. mussten.[120] Sicher kann der Grad der Verschuldung ein wesentliches Identifizierungsmerkmal sein, nur liegen dazu auf Stufe Distrikt für Khandesh wenig brauchbare Informationen vor. Zu beachten gilt es auf jeden Fall, dass ein grosser Schuldenberg nicht zwangsläufig mit einer hoffnungslosen wirtschaftlichen Lage einhergeht, sondern auch Ausdruck der besondern Kreditwürdigkeit des Schuldners sein kann.[121] Von grösserer Bedeutung als die Höhe der Schuldenkonti ist deshalb die Frage, wie sich die Kommerzialisierung und Stratifikation des Agrarbereiches auf den Kreditmarkt auswirkte. War nämlich der Zugang für die Mehrheit der Bauernschaft nur noch zu unvorteilhaften Bedingungen oder gar nicht mehr gewährleistet, so konnte dies den bereits bestehenden Graben zwischen Reich und Arm weiter vertiefen. Beide Aspekte beeinflussten den ökonomischen Spielraum des einzelnen stark und waren unter Umständen

---

[119] N. Charlesworth, 1978, in: C. Dewey & A.G. Hopkins, Hrsg., p. 98.

[120] "The first fact to notice [...] is that both small and large landowners could make extensive use of hired labour. In Athipalayam [Coimbatore Dist., Madras,], the cultivator sowing an average area of 35 acres hired in almost 92 % of the labour used. Another peasant cultivating just 3.7 acres hired in 86 % of the labour used.[...] In the case of cotton cultivation, harvesting had often to be done within a short time and most cotton growers had to hire labourers during the harvest season. [...] Since the smaller cultivators were as involved in labour hiring as the large ones, the scale of production was not a determinant criterion."

S. Prakash, 1985, in: MAS 19,3, pp. 562-3.

[121] "There is a fair amount of evidence which shows that indebtedness as such was not a condition peculiar to the class of small producers. The traditional local ruling classes of the Deccan had likewise to one degree or another become bankrupt and financially dependent on the bigger banking houses and monylenders."

J. Banaji, 1977, in: EPW 12 (Special Number 33 & 34), p. 1391.

mitentscheidend, ob ein Bauer seine Ernte selber kontrollierte oder diese an Dritte abzutreten hatte und so von der Preisentwicklung nicht im geringsten profitieren konnte.

Da es sich bei der Differenzierung im wirtschaftlichen und gesellschaftlichen Bereich um einen langfristigen Prozess handelte, ist es nicht verwunderlich, wenn sich im Laufe der Zeit zwischen den beiden gesellschaftlichen Extrempositionen unzählige Zwischenformen bilden konnten. Schon Vertreter der britischen Krone sowie zeitgenössische, als auch moderne Autoren haben trotzdem immer wieder versucht, die komplexe soziale Schichtung der Agrargesellschaft auf ein einfaches und übersichtliches Schema zu reduzieren. Davidson, *Superintendent* der Steuerveranlagung in Khandesh, schlug schon um 1850 aufgrund seiner Beobachtungen für die zwei aufstrebenden Bezirke Yavul und Savda eine dreiteilige Gliederung der Agrargesellschaft vor: an der Spitze der gesellschaftlichen Stufenleiter wohlhabende Grundeigentümer, die ihren Besitz teilweise oder ganz verpachteten und sich daneben im Handel betätigten, gefolgt von einer Gruppe, die in "behaglichen Umständen" lebte und ohne fremdes Kapital auskam; auf der untersten Stufe schliesslich jene Bauern, die bei jeder unvorhergesehenen Entwicklung auf fremde Finanzhilfe angewiesen waren und ohne Geldverleiher die Felder nicht bestellen konnten.[122]

Ebenfalls eine Dreiteilung schlägt Kumar[123] vor, der die Stärke der unabhängigen und solventen Bauern mit etwa 10%, jene der mittleren mit rund 40% beziffert. Für die Hälfte der Bauernschaft, die maximal 20 *acres* besassen, war das Leben nach Kumar nichts anderes als "ein fortwährender Kampf ums Ueberleben". In aussergewöhnlichen Härtefällen sei es durchaus möglich gewesen, dass einzelne von ihnen vorübergehend ihren ganzen Viehbestand aufzulösen hatten und sich für einige Zeit als Lohnarbeiter auf den Feldern der Wohlhabenderen verdingen mussten. Banaji[124] nimmt diesen Punkt auf, legt aber seinerseits besonderes Gewicht auf die Feststellung, dass in einigen Teilen des Dekkan, so auch in Khandesh-West, ein ganz und gar vom Arbeitsmarkt abhängiges Sub-Proletariat entstanden sei. Mit andern Worten hat nach seiner Ansicht die wirtschaftliche Entwicklung unter dem Einfluss einer exportorientierten Rohstoffproduktion in sozialer Hinsicht zu einer extremen Stratifikation der bäuerlichen Gesellschaft geführt und die Entstehung einer strukturell, nicht nur konjunkturell, abhängigen Lohnarbeiterschaft gefördert. Nach Banaji[125] kam allerdings die Desintegration der einstmals unabhängigen "mittleren Bauernschaft" und deren Abstieg zu einer "nach kapitalistischen Gesetzmässigkeiten ausgebeuteten tieferen Sozialschicht" in andern Distrikten, beispielsweise in Satara, stärker als in Khandesh und Nasik zum Tragen. Insgesamt sieht er trotz dieser zwei Aus-

122 A.F. Davidson to S. Mansfield, Nr. 206, 23rd December 1854, in: SRGB N.S., Nr. 93 (Yavul & Savda), p. 16.

123 R. Kumar, 1968, pp. 216ff.

124 J. Banaji, 1977, in: EPW 12 (Special Number 33 & 34), p. 1394.

125 J. Banaji, 1977, in: EPW 12 (Special Number 33 & 34), pp. 1395ff.

nahmen in den mittleren Strata der Bauernschaft im Dekkan die grossen Verlierer - eine Schlussfolgerung, die aus unserer Sicht für Khandesh nicht nachvollzogen werden kann.[126] Es lässt sich sogar pointiert fragen, wieweit nicht die Kommerzialisierung der Agrargesellschaft für die eher weniger ausgeprägte Entwurzelung der dortigen Mittelschichten verantwortlich war.

Wenn auch Banaji in Khandesh einige Anzeichen für eine intaktere Mittelschicht als andernorts ausmacht, bezweifelt aber auch er nicht, dass eine kleine, wohlhabende Schicht von Grossgrundbesitzern entscheidenden Einfluss auf das Marktgeschehen ausübte. Waren die reichen Grossbauern, um es mit Charlesworth[127] zu sagen, die alleinigen Nutzniesser der britischen Kolonialzeit, oder war ein beträchtliches Sozialgefälle typisch für eine von Kasten und Clans dominierte Gesellschaft? Gab es schon immer reiche Bauern, die überdurchschnittliche Landgüter bewirtschafteten und dank ihres ökonomischen Potentials und ihrer Privilegien in steuerrechtlicher Hinsicht an der Spitze der Sozialpyramide standen? Die massgebenden Aufzeichnungen betreffend der Grösse von Bauernhöfen weisen schon früh auf beträchtliche Unterschiede hin, was auf bereits vorhandene Disparitäten schliessen lässt. In Poona, wo es bekanntlich Mitte der siebziger Jahre auch deswegen zum Ekklat gekommen war, wird schon 1854 in einem Papier der Administration von sogenannten *gentlemen farmers* oder reichen Bauern gesprochen. Auch Wingate, der 1852 im Rahmen der Vorarbeiten für das neue Steuerverfahren eine der ersten ausführlichen und detaillierten Bestandesaufnahmen unseres Distrikts verfasst hatte, gibt - nachdem er zuerst auf den allgemein höheren Wohlstand der Bauern von Khandesh verwies - ähnliche Beobachtungen wieder: "besser betuchte" Bauern würden in ihren leichten Spazierwagen, also Statussymbolen ersten Ranges, den lokalen Markt aufsuchen oder sich überall dort hinfahren lassen, wohin es das Herz begehre. An anderer Stelle warnt Wingate vor negativen Folgen bestehender Steuermodalitäten, die den "reichen Bauern" mit grossen Kapitalreserven noch mehr Wohlstand, hingegen den Kleinen wenig bis keine Vorteile einbrächten.[128] Mit andern Worten konstatierte Wingate bereits Mitte der fünfziger Jahre, als von einer stark exportorientierten Rohstoffwirtschaft noch nicht die Rede sein konnte, grosse soziale Ungleichheiten - eine Kluft also, die durch einflussreiche Bauern dank der besseren Ausgangslage noch vergrössert werden konnte.[129]

---

[126] "Thus a further conclusion from the analysis [...] is that precisely these middle strata of the peasantry suffered the process of expropriation especially severly. This is a conclusion strikingly confirmed by the data on land-transfers."

J. Banaji, 1977, in: EPW 12 (Special Number 33 & 34), p. 1396.

[127] N. Charlesworth, 1978, in: C. Dewey & A.G. Hopkins, Hrsg., pp. 102ff.

[128] SRGB O.S., Nr. 1, *Report of Captain Wingate*, pp. 55, 65.

[129] "Under the [...] system, the better class of cultivators became wealthier than ever, and the poor poorer than before; and the hardship to the latter was aggravated by the wealthy and influential cultivators appropriating more and more ot the water of the path to themselves, and so despoiling their poorer neighbours of their fai-

Der in den *Settlement Reports* über Jahrzehnte hinweg immer wiederkehrende Tenor zu den Lebensumständen der Bauern in Khandesh lässt sich dahingehend zusammenfassen, dass sich die sozialen Bedingungen aufgrund einer Vielzahl von Faktoren augenscheinlich von denjenigen anderer Distrikte im Dekkan abhoben. Mit Regelmässigkeit weisen die verschiedenen Autoren auf die aussergewöhnlich vorteilhaften Standortbedingungen hin, wie das Beispiel der Bezirke Nasirabad und Savda[130] verdeutlicht; mit derselben stereotypen Genugtuung wird konsequenterweise auch fast jedes Mal konstatiert, dass sich die grosse Mehrheit der Bauern in behaglichen und komfortablen Verhältnissen befände. Vereinzelt sind allerdings auch kritische Untertöne bemerkbar, wonach der allgemein hohe Lebensstandard in Khandesh nicht als Massstab für den individuellen Wohlstand zu betrachten sei - eine Bemerkung, die auf eine asymetrische Verteilung des Wohlstandes hindeutet[131]: "The above statistics show a very great material progress in the talooka. It does not necessarily follow that the individual is prosperous in the same ratio as the mass of population [...]." Von Savda und Yavul, zwei im prosperierenden Osten gelegenen Bezirken, heisst es 1854 beispielsweise, dass aufgrund des "ausgezeichneten Anbaus und der hohen Erträge" der Schluss naheliege, die Bauern dort lebten in komfortablen Verhältnissen. Doch, fährt der Report[132] fort, sei dies ein trügerischer und oberflächlicher Eindruck:

> "The excellent state of cultivation, and the ample returns the soil yields, would appear sufficient to justify the inference that the farmers are really in affluent circumstances; but as a general rule I am prepared to show that this is not the case. On my first visit to these talookas [i.e. Savda & Yavul] in 1852-53 I formed an impression that, judging from apparent outward appearances, there was little to ameliorate in the condition of the cultivating classes [...] but with regard to their real means, it was not until I set steadily about the task of instituting inquiries into individual cases that I arrived at the truth, which is that these ryots as a body are just as deeply enthralled in the bonds of the moneylenders [...]. Among the cultivators there are, however, very wide exceptions to this rule [...]."

Dreissig Jahre später wird diese Einschätzung im wesentlichen bestätigt, wobei zudem angemerkt wird, dass die sogenannten Bauern-Kapitalisten, die sowohl im Agrar- als auch im Kre-

---

re share [...]".

SRGB O.S., Nr. 1, *Report of Captain Wingate*, p. 65.

130 Nasirabad: "But even excluding all consideration of future benefits to be anticipated as likely to follow the opening of the railway, I consider that the superior nature of the soil, and the present favourable condition of the cultivators, justify the adoption of a higher rate than has hitherto been imposed [...]".

A.F. Davidson to A.D. Robertsen, Nr. 59 of 1860, in: SRGB N.S., Nr. 93 (Nasisrabad), p. 372.

Raver Petta (Savda): "Although the condition of the cultivators is, perhaps, not quite so flourishing in this district as in the Sowda and Yavul districts, which adjoin the former, they yet appear to be "better off" than the ryots of other parts of the Deccan generally are."

Ibid., p. 123.

131 A.B. Fforde to the Collector of Khandesh, Nr. 1244 of 1896, in: SRGB N.S., Nr. 373 (Shirpur), para. 24, pp. 8ff.

132 A.F. Davidson to S. Mansfield, Nr. 206, 23rd December 1854, in: SRGB N.S., Nr. 93 (Savda & Yavul), para. 23, pp. 15ff.

ditsektor aktiv waren, in Savda äusserst zahlreich seien. Sogar unter den "reichsten Männern", den Millionären von Khandesh, gab es demnach sehr viele, die schon immer mit Grund und Boden verbunden gewesen waren. Diese Familientradition wurde in der Regel auch unter den neuen Gegebenheiten aufrecht erhalten.

In den Augen der Briten hat sich der Lebensstandard in der zweiten Hälfte des 19. Jahrhunderts für die grosse Mehrheit der Bauern verbessert, was sie einerseits als Früchte der eigenen Kolonialpolitik werteten und anderseits mit der wirtschaftlichen Aufwärtsbewegung in den Dekaden nach 1860 begründeten. Dass jedoch diese Entwicklung nicht in allen Teilen des Distriktes in denselben Bahnen verlief, ist anzunehmen. Gegensätze bestanden jedoch nicht einmal nur zwischen den beiden Extremen, dem stark kommerzialisierten Osten und dem weniger exportorientierten Westen Khandeshs, sondern waren gemäss den Quellen[133] auch in wirtschaftlich starken Bezirken selber festzustellen. Von Shahada, teilweise auch von Shirpur[134], wurde noch nach der Jahrhundertwende gesagt, dass sogar innerhalb der relativ "rückständigen" Bezirke noch eine geographisch eindeutig auszumachende Trennlinie zwischen prosperierenden und weniger prosperierenden Gebieten existierte:

> "As I have remarked in my report on the Shirpur Taluka, it is a fact hard to explain, but none the less true that the taluka towns north of the Tapti in West-Khandesh reflect poorly the growing wealth of the talukas. [The town] Shirpur Budruk shows no change in its population, Shirpur Khurd but little change and Shahada has even lost ground [...]".

So liegt es nahe, dass der Wohlstand in den mehr auf den Anbau von marktfähigen Produkten spezialisierten Bezirken grösser und weiter verbreitet als in den weniger kommerzialisierten Winkeln des Distriktes war. Wenn man auch davon ausgehen kann, dass mit der Hinwendung zu *cash crops* die Voraussetzugen für die Vergrösserung des individuellen und kollektiven Sozialgefälles geschaffen worden waren, so ist nicht darüber hinwegzusehen, dass soziale Ungleichheiten schon vor der Integration in den Weltmarkt, also vor 1860, existiert haben. Charlesworth[135], der die britische Kolonialgeschichte zwar mit kritischen Augen betrachtet, geht sogar soweit, dass er den Briten zugutehält, sie hätten im Dekkan eine Gesellschaft mit "ausgeprägter wirtschaftlicher (Arbeits)Teilung" vorgefunden.

Welchen Anteil an der sozialen Stratifikation ist nun der Expansion der *cash crops* zuzuschreiben? Es ist davon auszugehen, dass die Integration in den Weltmarkt bestehende soziale Mobilitätsfaktoren verstärkte, aber auch neue Kräfte freisetzte. Grossbauern mit fachlichem

---

[133] Vgl. dazu: SRGB N.S., Nr. 93 (Raver Petta), p. 121; SRGB N.S., Nr. 72 (Dhulia & Chalisgaum), p. 11.

[134] J. Abott to the Settlement Commissioner, 27th February 1918, in: SRGB N.S., Nr. 578 (Shahada), para. 28, p. 7.

[135] "Firstly, any simplistic views about the sudden meteoric rise of rich peasants in nineteenth-century Maharashtra seem ill-founded. The British inherited, in the western Indian countryside, a society of intense economic division."

N. Charlesworth, 1978, in: C. Dewey & A.G. Hopkins, Hrsg., p. 102.

*Know-how* und finanziellem Polster besassen in der zweiten Hälfte des 19. Jahrhunderts ideale Voraussetzungen, um die eigene Position zu festigen; anderseits geben die Quellen auch immer wieder Zeugnis davon, wie das ganze gesellschaftliche Gefüge in Bewegung geraten sei und es sowohl soziale Aufsteiger, als auch Absteiger gegeben habe. So war beispielsweise der Dorfvorsteher von Khirdi im Bezirk Savda, dessen Vater noch 70 *acres* besten Landes besessen und damit zur Elite des Bezirks gehört hatte, wegen hoher Schulden im Zusammenhang mit Heiratszeremonien, wie es heisst, zum Tagelöhner verkommen. Diese Verschuldung hatte derart katastrophale Auswirkungen für den Betroffenen, weil die finanzielle Konsolidierung wegen einer nachfolgenden Periode des Preiszerfalls nicht möglich war. Der soziale Abstieg setzte sich auch in der nächsten Generation fort, die ebenfalls ein Dasein als Tagelöhner zu fristen hatte. Derselbe Vorgang, Zerfall eines traditionell mit Macht und Ansehen verbundenen Sozialstatus im Schatten der sechziger Boomjahre, wiederholte sich in andern Distrikten Bombays, was als ein weiteres Indiz für die zunehmende gesellschaftliche Sprengkraft der Kommerzialisierung anzusehen ist.[136] Umgekehrt gab es zahlreiche Personen und Familien, die ihre materielle Situation und ihren Sozialstatus während der britischen Zeit eindeutig verbessern konnten und nun zur gesellschaftlichen Elite zählten[137]:

> "I could add [...] several others, all of whom are given credit to be worth property varying from thirty thousand to two lakhs [200'000] of rupees, and in the second class there are numbers of men who are worth from five to ten thousand rupees. All these fortunes, with one or two exceptions, have been made since the accession of the British Government, and as the whole country is in high cultivation, the state of things which could have produced such results could not have been so very bad."

Diese Schicht neureicher Bauern-Kapitalisten oder sogenannter *well-to-do* Bauern stand im Zentrum des britischen Interesses, da vor allem sie als Garant für die Popularisierung der kommerziellen Bewirtschaftung betrachtet wurde.

Auf britischer Seite fehlte zur Bewertung der sozio-ökonomischen Folgen der Kommerzialisierung ein klares Konzept - aus damaliger Sicht drängte sich ein solches wohl auch nicht auf. Zur Beurteilung der Lebensbedingungen auf dem Lande wurden, wenn überhaupt, hauptsächlich quantitativ fassbare Komponenten in Betracht gezogen. Die Zuwachsraten der fraglichen Bestände waren in der zweiten Jahrhunderthälfte praktisch in allen Teilen des Distriktes beachtlich. In den mehr auf Nahrungsmittel setzenden Bezirken West-Khandeshs, so in Pimpalner, Nandurbar, Taloda, Shahada, Shirpur und Sindkheda, war in jenen Jahren eine stärkere Dynamik als in den Baumwollbezirken des Ostens zu beobachten. Statistisch gesehen hat dies jedoch weder zu einer grösseren Verfügbarkeit für den einzelnen, noch zu einer grundlegenden Verschiebung der Gewichte zugunsten des westlichen Teils geführt, da dort die Bevöl-

---

136 *Report of the Committee on the Riots in Poona and Ahmednagar, 1875*, Bombay 1876, zit. in: J. Banaji, 1977, in: EPW 12 (Special Number 33 & 34), p. 1391.

137 From S. Mansfield to E.G. Fawcett, Revenue Commissioner Poona, Nr. 249, 6th February 1855, beigefügt Nr. 206, 23rd December 1854, in: SRGB N.S., Nr. 93 (Savda & Yavul), p. 52.

kerung im selben Zeitraum stärker als im Osten zunahm. Die entsprechenden Pro-Kopf-Werte konnten sich von Bezirk zu Bezirk unterscheiden, ein signifikantes West-Ost-Gefälle ist hingegen nicht zu erkennen; gesamthaft gesehen blieben diese für die fraglichen *talukas* in der zweiten Hälfte des 19. Jahrhunderts im grossen und ganzen stabil.

Eine Umverteilung der Produktionsmittel und der wichtigsten landwirtschaftlichen Geräte vom weniger integrierten Westen auf den kommerzialisierten Osten des Distriktes ist mit den vorliegenden Daten somit nicht nachzuweisen. Aufgrund der begrenzten Verwendbarkeit und Aussagekraft des Quellenmaterials für diesen Zweck, kann deshalb aber noch nicht ausgeschlossen werden, dass auf der individuellen Ebene nicht doch eine Konzentration der Mittel stattgefunden hat. Hingegen sind bei all jenen Bezirken, wo nach Steuerklassen differenzierte Angaben für die entsprechenden Dorfkategorien vorliegen, Aussagen über die materiellen Bedingungen der einzelnen Sozialgruppen als ganzes möglich. Dass die zunehmende Spezialisierung nicht nur in den Dörfern der obersten Steuerklassen eine Dynamisierung des Agrarbereiches bewirkte, sondern auch in den schlechtern Lagen ihre Parallele hatte, ja dort manchmal noch grössere Veränderungen zu verzeichnen waren, wird anhand des Viehbestandes angedeutet. Dieser nahm, da nicht mehr genügend Brach- und Weidefläche vorhanden war, in den meisten Bezirken im Gleichschritt mit der Ausdehnung der Kulturfläche ab; in den Randlagen war teilweise sogar ein überproportionaler Rückgang festzustellen. Umgekehrt nahm die Zahl der Fuhrwerke in praktisch allen Bezirken, für die Informationen vorliegen, markant stärker als die Bevölkerung zu, was rein rechnerisch auch *per capita* zu einer Verbesserung führen sollte. Auch hier zeigt sich, dass sich der Wachstumsprozess nicht nur auf die bevorzugten Gegenden beschränkte, sondern die peripheren Dörfer einschloss. In der Regel waren dort dieselben, wenn nicht sogar höhere Zuwachsraten als im Mittel zu notieren. So verfünffachte sich zum Beispiel im Bezirk Savda in den Dörfern der niedersten Steuerklasse zwischen 1854 und 1885 der Karrenbestand.[138] Diese und ähnliche Indizien bestätigen die Ansicht der Briten, der Wohlstand der Bauern sei in Khandesh grösser als in den übrigen Distrikten des Dekkan.

Man muss sich jedoch immer wieder bewusst sein, dass diese Aussagen nur auf dem Vergleich einiger ausgewählter Kennziffern basieren. Die These, wonach die Integration in den Weltmarkt innerhalb der Agrargesellschaft zu einer ausgeprägten Stratifikation geführt habe, ist deswegen noch nicht widerlegt. Dass sich in Khandesh im Laufe der Jahrzehnte aufgrund der bekannten Faktoren eine räumliche Differenzierung ergab, ist jedoch eindeutig nachweisbar. Für Charlesworth[139] bestehen aber trotzdem Zweifel, ob deswegen zwangsläufig auch auf eine gesellschaftliche Stratifikation geschlossen werden kann:

---

[138] Berechnet aus: SRGB N.S., Nr. 186 (Savda), pp. 9ff.

[139] N. Charlesworth, 1985, p. 174.

"The case for social stratification based on differential access to resources and credit still, of course, rest on logial inference. [...] However, in the condition of extending commercialisation which we have postulated, this might seem a not unreasonable deduction. [...] [But] much of the economically based evidence for social stratification within the village seems inconclusive, for it might indicate increased wealth on the land not its automatic control by an elite. Differentiation is most evident - and the assumption that it would cause social stratification most reasonable - with regard to access to resources, notably credit. Yet the heart of Stokes' criticism, that social stratification cannot be proved indisputably on this type of evidence, remains intact."

In einer Agrargesellschaft wie der indischen, in der sowohl vermögende, als auch weniger vermögende Bauern regelmässig auf Fremdkapital angewiesen waren, kann der Zugang zum Kreditmarkt ein wichtiger Faktor sein. Viele Anzeichen deuten darauf hin, dass sich der Finanzmarkt in der zweiten Hälfte des 19. Jahrhunderts vor dem Hintergrund der Kommerzialisierung öffnete und breiter wurde, sowohl was das Volumen als auch die Zahl der potentiellen Geldgeber betrifft. Dass Kreditoren bei der Festsetzung der Zinssätze keineswegs bei allen Schuldnern den gleichen Massstab ansetzten, sondern sich im Einzelfall auf die vorhandenen Bürgschaften abstützten, war schon damals gängige Praxis.[140] Wer dabei nur die eigene Person als Sicherheit anzubieten hatte, wie dies oft der Fall war, hatte es auch in Khandesh in wirtschaftlich härteren Zeiten schwer, so zum Beispiel während der Hungerjahre um 1900, Darlehen aufzunehmen: Die Leute können gegenwärtig kein Geld auftreiben - dies die lapidare Feststellung eines Beamten.[141] Aufgrund der Quellen lässt sich sagen, dass im Laufe der zweiten Hälfte des 19. Jahrhunderts auch innerhalb der Bauernschaft immer mehr gutbetuchte *ryots* in der Lage waren, Geld zu verleihen, wenngleich es sich teilweise um sehr kleine Beträge gehandelt haben dürfte. Bevorzugte Schuldner waren Angehörige derselben Sozialgruppe. Im Gegensatz zu den traditionell im Finanzgeschäft aktiven Geldverleihern, welche "die Reichen mit Respekt und Nachsicht, die Armen jedoch mit dem Fuss behandelten"[142], scheinen die reinen Bauern-Verleiher ein anderes, freundlicheres Gebaren an den Tag gelegt zu haben. Dazu eine Stimme aus dem Bezirk Bhusaval in Ost-Khandesh[143]:

"[...] there are among Kunbis a number of big land-owners who carry on a regular moneylending business and many more who without calling themselves moneylenders give loans to their tenants in times of need. By going to them a Kunbi can often get money on easier terms than if he were obliged to go to men of different caste."

---

140 "The rate of interest varies [...] according to the standing of the borrower."

A.B. Fforde to the Collector of Khandesh, Nr. 1244, 21st November 1896, in: SRGB N.S., Nr. 373 (Shirpur), p. 9.

141 Collector of Khandesh to the Commissioner, Central Division, Nr. 2644, 20th March 1902, in: MARD, Vol. 14 of 1902, Nr. 1039, zit. in: N. Charlesworth, 1985, p. 173.

142 "A more mean, selfish and heartles being than the village *sowcar* is not possible to conceive; the rich he treats with respect and forbearance, while he spurns the poor with his foot."

From P.A. Elphinstone to A. Cowper, 4.1. 1856, in: A. Cowper to S. Mansfield, Nr. 18, 30th January 1856, in: SRGB N.S., Nr. 93 (Ravere Petta), p. 123.

143 From E.G. Taylor to the Collector of Khandesh, Nr. S.R., 17th May 1920, in: SRGB N.S., Nr. 592 (Edlabad Petta, Bhusaval), para 19, p. 5.

Aehnliche Belege eines liberalern Verhaltens neureicher Bauern-Finanziers, was sich übrigens auch in einer geringeren Zahl von Gerichtsverfahren niederschlug, sind schon um die fünfziger Jahre des 19. Jahrhunderts aus den traditionellen Baumwollbezirken Yavul und Savda im äussersten Osten des Distriktes zu verzeichnen.[144] Ganz allgemein, so folgert die Untersuchungskommission zu den Unruhen im Dekkan, sei das Verhältnis zwischen Schuldnern und Bauern-Gläubigern, auch wenn die Methoden jener nicht immer über alle Zweifel erhaben seien, schon deshalb reibungsloser, weil beide Seiten derselben Sozialgruppe angehörten, denselben Verhaltens- und Ehrenkodex besässen und sich mit der Verletzung gewisser Normen die Aechtung der Kastenmitglieder zuzögen.[145] Zum gleichen Schluss kam eine andere Spezialkommission auch noch kurz vor der Jahrhundertwende, wobei sie Wert auf die Feststellung legte, dass mit dem Wandel im Kreditbereich für viele Kleinbauern auch der Zwang wegfiel, die eigene Ernte sozusagen als Sicherheit an einen professionellen Geldverleiher zu verpfänden[146]:

> "[...] there is a considerable body of evidence to show that the position of the ryot is much stronger and more independant than it was. Some have become more thrifty and manage to get along without borrowing. Dealings with fellow ryots have to a much greater extent than formerly taken the place of dealings with professional moneylenders. There was a considerable number of these agricultural moneylenders at the time of the Riots Commission, but the amount of their business was then small. Though the terms demanded by both classes of lenders appear in most cases to be identical, there is no question that the agriculturist creditor is more amenable to public opinion and more considerate in his treatment of the debtor than the sahukar. Most important of all, however, is the fact that the custom of making over the crop to the local banja has lost ground, and the ryot now, as a rule, takes the harvested produce into the market."

Die Ausweitung des landwirtschaftlichen Anbaus wäre ohne eine Expansion des Kreditmarktes kaum möglich gewesen. Neben den erwähnten Grossgrundbesitzern verfügten aber auch viele mittlere und kleinere Bauern über die erforderlichen Mittel, um im kleinen Rahmen als Geldgeber auftreten zu können. Die Kommerzialisierung der Agrarwirtschaft scheint also im Bereich des Kreditwesens mindestens für einen Teil der Bauernschaft eine Entspannung mit sich gebracht zu haben; gleichzeitig bot sich damit aber auch all jenen, die genügend Arbeitskapital be-

---

144 "From a conversation I had with the moonsiff of Yawul, I find these wealthy patels and koolkurnees are more liberal in their dealings with the ryots than the Marwarrees and Wanees, and the suits filed by them in court are comparatively very few [...]".

From S. Mansfield to E.G. Fawcett, Nr. 249 of 1855, beigefügt in: A.F. Davidson to S. Mansfield, Nr. 206, 23rd December 1854, in: SRGB N.S., Nr. 93 (Savda & Yavul), p. 53

145 "The third class of moneylenders, those sprung from the ranks of the people themselves, are often grasping and dishonest enough, but their debtors deals with them much more on an equality; and community of race and residence not only has a tendency to make them easy in their dealings, but brings any unusual villainy under the ban of the public oppinion of the caste and village."

From Sinclair, Ass. Collector of Ahmednagar, to the Collector of Ahmednagar, Letter Nr. 342, 6th September 1875, App. A, *Papers relating to the Indebtedness of the Agricultural Classes in Bombay*, in: *Report of the Committee on the Riots in Poona and Ahmednagar, 1875*, Bombay 1876, p. 24.

146 From L. Porter, Secretary to the Deccan Agriculturist's Relief Act Commission, to C.J. Lyall, Secretary to the Gov. of India, Home Dept., 11th June 1892, in: *Report of the Commission appointed to inquire into the working of the Deccan Agriculturist's Relief Act, 1891-92*, Calcutta 1892, para. 11, p. 6.

sassen, um es andern zur Verfügung zu stellen, eine zusätzliche Möglichkeit, Status und wirtschaftliche Stellung zu verbessern. Einerseits hatte die Forcierung des Baumwollanbaus mit all ihren Nebenwirkungen hier also sozial ausgleichenden Charakter, da einem breitern Kreis von Empfängern mehr Kreditvolumen zu weichern Bedingungen offenstand; anderseits waren aber damit gleichzeitig auch wieder neue Voraussetzungen zur Stratifikation geschaffen, indem nun sogar aus der Mitte der Bauernschaft Geldgeber auftraten und sich von den andern *ryots* durch ihre neue soziale Funktion abhoben. Charlesworth geht sogar soweit, dass er nicht zuletzt deswegen den "neureichen Bauern" um die Jahrhundertwende als die dominante Figur im Dorfleben des Dekkan bezeichnet.[147]

Die Spezialisierung auf lokale Spitzenprodukte, in der östlichen Distrikthälfte zur Hauptsache Baumwolle, im Westen die für die einheimische Bevölkerung wichtigen Getreide *Jowar* und *Bajra*, wirkte sich vor dem Hintergrund des Preisverhaltens zweifach vorteilhaft auf die materiellen Umstände der Bauernschaft aus. Einerseits verhielten sich Rohstoff- und Nahrungsmittelpreise unterschiedlich, anderseits ergaben sich auch zwischen Agrar- und Industrieprodukten Differenzen. Die Ausweitung des in- und ausländischen Absatzmarktes für landwirtschaftliche Güter soll grundsätzlich ein höheres Agrareinkommen generiert haben, weil die Agrarpreise in den Sog der nach oben tendierenden Baumwollpreise geraten seien. Wer als Bauer an dieser Entwicklung teilhaben wollte, musste deshalb auf eine möglichst profitable Produktepalette setzen. Baumwolle nahm dabei in unserm Distrikt, wenn immer dies die vor Ort herrschenden Umstände zuliessen, flächenmässig den ersten Platz ein. Während bei *Jowar*, Reis oder Jute, die den Subkontinent in der Regel nicht verliessen, eher klimatisch bedingte Ertragsschwankungen auf die Bewertung einwirkten, waren bei den weltweit gehandelten Produkten wie Weizen und Baumwolle hauptsächlich externe Faktoren, vor allem der Mechanismus von Angebot und Nachfrage, preisbildend. Ein signifikanter Zusammenhang zwischen Preis und Ertrag ist deshalb kaum nachzuweisen.[148] Ob ein Bauer seine materielle Situation im Zuge der Kommerzialisierung im Agrarbereich verbessern konnte, war somit stark davon abhängig, wieweit er auf seinem Land Baumwolle anbauen wollte und konnte. Dass in Khandesh ein grosser Teil der Bauernschaft bereit war, dies aufgrund rationaler Ueberlegungen zu tun, wird in den Quellen immer wieder betont. Die Stabilisierung der ausländischen bzw. der europäischen Nachfrage ist somit als ein positives Resultat der britischen Agrarpolitik zu bezeichnen; gleichzeitig ist aber auch darauf hinzuweisen, dass mit der zunehmenden Arbeitsteilung der Grad der konjunkturellen Abhängigkeit zunahm. Wenn nach der Jahrhundertwende etwa vom prosperierenden Osten des Distrikts berichtet wird, dass im Bezirk Raver ein Bauer die Früchte einer Baumwollhausse voll ernten könne, so mag dies für die dortigen Verhältnisse

---

[147] N. Charlesworth, 1978, in: C. Dewey & A.G. Hopkins, Hrsg., p. 111.

[148] Vgl.: M.B. McAlpin, 1983, in: CEHI II, pp. 878ff.

wohl zutreffen; aber es ist anzumerken, dass sich nicht nur steigende, sondern auch sinkende Preise unmittelbar bemerkbar machen konnten und es zudem auch damals in Khandesh noch Bezirke wie Taloda und Pimpalner gab, wo keine 10% der Nutzfläche mit Baumwolle bebaut wurden.[149]

Gesamtindisch war in der zweiten Hälfte des 19. Jahrhunderts ein steigendes Preisniveau sowie langfristig weniger ausgeprägte kurzzeitige Preisschwankungen zu beobachten. Anzufügen ist, dass die Preise für weltweit gehandelte Waren zwischen den achtziger Jahren und der Jahrhundertwende in Indien trotz zunehmender globaler Verflechtung und fallenden Transportkosten stiegen, während gleichzeitig das Preisniveau für vergleichbare Produkte in den USA und im U.K. sank. McAlpin[150] weist allerdings in diesem Zusammenhang auf den Zerfall der Rupie und das ungünstige Austauschverhältnis von Silber und Gold hin und sieht deshalb keinen realen Positionsverlust. Auffällig ist jedoch trotzdem, dass einerseits der Aufwärtstrend nach 1880 deutlicher als zuvor war und mit dem Beginn des Weltkriegs besonders drastisch ausfiel; anderseits weist der Preisindex der wichtigsten Agrarprodukte grössere Ausschläge auf als der Gesamtindex für einen Warenkorb mit 45 Artikeln.[151] Dies ist jedoch in einer vom primären Sektor dominierten Gesellschaft nicht weiter verwunderlich, da den landwirtschaftlichen Gütern eine wichtige Leitfunktion zukam und diese weit stärker als etwa Industrieprodukte für das Preisniveau verantwortlich waren. Was nun unsern Distrikt betrifft, so bestätigt sich die landesweit nach oben weisende Tendenz bei den vier Agrarprodukten Weizen, Baumwolle, *Bajra* und *Jowar*. Waren zu Beginn des 19. Jahrhunderts die jährlichen Fluktuationen, ausser bei Baumwolle, noch überall gross, so nahmen die Schwankungen nach 1850 stark ab und blieben nach der Jahrhundertwende nur noch innerhalb einer schmalen Bandbreite existent. Bemerkenswert ist aber auch die Tatsache, dass sich die Preise für Baumwolle in Khandesh im Vergleich zu den andern drei Agrargütern während der ganzen Zeit immer schon auf einem recht hohen und schon ab den späten vierziger Jahren auch vergleichsweise stabilen Niveau beweg-

---

[149] "The cotton crops is one which the cultivator sells *in toto*, none being retained for consumption; in respect of cotton there fore, and this is the most important crop in the taluka, the cultivator reaps the full benefit of any rise in price, and broadly speaking it is at present the movement in price of this crop which determines the degree of prosperity of the cultivators."

E.H.P. Jolly to the Collector of East-Khandesh, Nr. 32, 24th July 1915, in: SRGB N.S., Nr. 570 (Raver), para. 67, pp. 14ff.

[150] "These fluctuations in the value of the rupee reflect changes in the price of silver to which the rupee was tied. If we convert the Bombay price of wheat to gold cents and compare it with prices in Chicago and Liverpool [...] we can see that in terms of gold the price of the Indian commodity did not rise significantly between 1873 and 1913. Our expectation that in this period of falling transport costs and increasing trade commodity prices around the world should be tending to converge is thus fulfilled. The difference in trend between agricultural prices in India, the UK and the US is due to changes in the relativ values of their currencies."

M.B. McAlpin, 1983, in: CEHI II, p. 890.

[151] Vgl.: M.B. McAlpin, 1983, in: CEHI II, pp. 878ff.

ten. Es scheint sich also auch anhand unseres Beispiels zu bewahrheiten, dass im Zuge der Kommerzialisierung jegliche Art von Landwirtschaft profitabel wurde. Zumindest kann davon ausgegangen werden, dass durch hohe Preise, und zwar nicht nur für Rohstoffe wie Baumwolle, sondern auch für Nahrungsmittel, die Landwirtschaft einen starken Impuls erfuhr. Die Angleichung der Agrarpreise an das hohe Baumwollniveau fand jedoch auch bei *Jowar*, dem Hauptnahrungsmittel der lokalen Bevölkerung, statt. Somit konnten die Lebenshaltungskosten unter Umständen ungünstig beeinflusst werden. Wieweit sich in diesem Punkt positive und negative Effekte gegenseitig teilweise oder ganz aufhoben, fragten sich vereinzelt schon die Briten, wobei sie verständlicherweise die Vorteile stärker gewichteten[152]:

> "A consideration of present prices raises the question how far the increased cost of living and cultivating should be regarded as a set off against the cultivator's profits from the increased value of cotton. As the cultivator lives mainly on jowari and tur and grows enough of them for himself and his dependents, in normal years he is not much affected for the worse by the rise in the prices of food. He has to pay more for his labourers, his bullocks and his carts. He also has to pay more for his clothes, his pots and pans, his oil and his luxuries. But as he still lives a simple life, his expenses on these accounts do not outweigh the advantages he derives from the increase in the value of cotton."

Aus der Sicht der britischen Verwaltung hatten somit steigende Nahrungsmittelpreise keinen entscheidenden Einfluss auf die Lebenskosten, weil der Selbstversorgungsgrad noch ausreichend hoch genug gewesen sein soll. Folglich konnte von der Sogwirkung hoher Baumwollpreise aber nur profitieren, wer mehr *food crops* auf seinen Feldern anbaute, als dies für den Eigengebrauch nötig gewesen wäre. Mit andern Worten: es waren die westlichen, weniger entwickelten "Nahrungsmittel-Bezirke", die nun bestehende Defizite teilweise wettmachen konnten.

Parallel zur wirtschaftlichen Verknüpfung im globalen Rahmen nahm bekanntlich die regionale und sub-regionale Verflechtung zu, was sich für den Lebensstandard der Bevölkerung auf zwei Arten positiv auswirken konnte: Bisher räumlich und strukturell getrennte und isolierte Märkte rückten näher zusammen, was zu konvergierenden regionalen Produktepreisen[153] führen sollte. Anderseits reduzierte der Ausbau des Eisenbahnnetzes im Binnenbereich den Zwang, in grossem Stil Lebensmittelvorräte anzulegen oder einen Teil der Landfläche für die Eigenversorgung zu reservieren. Insbesonders bei Kleinproduzenten, die keinen grossen finanziellen Spielraum besassen, kann sich jedoch dadurch die Krisenanfälligkeit vergrössert haben. Auf der andern Seite konnten nun bei Bedarf aus benachbarten Regionen Importe getätigt werden, was bei Ernteausfällen und nachfolgenden Versorgungsengpässen die Spekulation mit Nahrungsmitteln erheblich erschwerte. So seien in Khandesh beispielsweise trotz anfänglichem Horten der Bestände durch ortsansässige Händler die Preise 1875/76 dank Einfuhren nicht ins Unendliche gestiegen. Entsprechende Hinweise zeigen weiter, dass während der Hungerkrise in

---

[152] From E.G. Taylor to the Collector of Khandesh, Nr. S.R., 17th May 1920, in: SRGB N.S., Nr. 592 (Bhusaval & Edlabad Petta), para. 44, p. 12.

[153] Vgl.: J. Hurd II, 1975, in: EEH 12.

den siebziger Jahren und um die Jahrhundertwende die Mehrheit der Bevölkerung weniger unter mangelnder Versorgung gelitten haben musste, als dies in den umliegenden Distrikten der Fall gewesen war. Die Zahl der Mitte der siebziger Jahre auf offizielle Sozialhilfe oder öffentliche Beschäftigungsprogramme, sogenannte *relief works*, angewiesenen Personen blieb mit rund 4% der Bevölkerung hinter den pessimistischsten Erwartungen der Regierung zurück.[154]

Während in den ersten fünf Dekaden des 19. Jahrhunderts im Zuge einer Agrardepression teilweise dramatische Preiseinbussen zu verzeichnen waren, scheint nach 1850 auf breiter Front eine Erholung eingetreten zu sein.[155] Dass die Preise bei steigender Tendenz parallel dazu gesamtindisch mehr und mehr konvergierten, hat Hurd[156] in seiner Untersuchung bereits gezeigt. Auch ein Distrikt wie Khandesh, der in so mancher Hinsicht vom nationalen Muster abwich, folgte in dieser Beziehung dem übergeordneten Trend, wie die verfügbaren Zahlen für die drei wichtigsten Nahrungsmittel Weizen, *Jowar* und *Bajra* belegen. Nach 1900, als der Westen und Osten des Distrikts in separate administrative Einheiten geteilt waren, sind in den einstmals so verschiedenen Teilen kaum noch nennenswerte Preisunterschiede zu verzeichnen. Erstaunlich ist, dass trotz der starken Kammerung, der grossen qualitativen Kontraste sowie der unterschiedlichen Marktorientierung, in praktisch allen Bezirken nach Mitte der fünfziger Jahre markant kleinere Jahresschwankungen erkennbar sind, während vorher überall extreme Kurzzeitfluktuationen zu beobachten waren. Zudem näherten sich die Nahrungsmittelpreise bis gegen die Jahrhundertwende mehr und mehr dem Baumwollniveau an.

Lokale Preisunterschiede von beträchtlichem Ausmass waren trotz allgemeiner Nivellierungstendenzen aber auch in der zweiten Jahrhunderthälfte noch vereinzelt zu beobachten. Aufgrund der vorliegenden Daten können drei Phasen unterschieden werden: Bis zur Jahrhundertmitte waren wilde Fluktuationen an der Tagesordnung, was auch auf den damals noch spekulativen Charakter des Marktes zurückzuführen ist; in den folgenden vier Jahrzehnten zeichnete sich eine Periode der zunehmenden Preiskonvergenz ab, die nach der Jahrhundertwende für (mindestens) zwei Dekaden in eine nahezu totale Uebereinstimmung mündet. So entsprach der Weizenpreis 1861/62 in Erandol mit 16 *Seers* pro Rupie dem Durchschnitt des Distriktes, während er in Pimpalner (22 *Seers*) und Shahada (24 *Seers*) unter dem Mittelwert, in Shirpur (9 *Seers*) dagegen darüber lag. Bei den populären Nahrungsmitteln *Jowar* und *Bajra*, die mehrheitlich an Ort und Stelle konsumiert wurden und nicht in den Handel gelangten, sind Abwei-

---

154 Vgl. zur Geschichte der Hungerkrisen die detaillierten Aufzeichnungen in der *Gazetteer* von 1880.

GBP, Vol. XII (1880), Khandesh, pp. 182ff.

155 Vgl. auch: S. Ghua, 1981, pp. 27ff.

156 "As railroads expanded, prices in districts across India began to converge toward a single price. The unavoidable implication is that, despite possible institutional and religious barriers, the expansion of markets did take place."

Vgl.: John Hurd II, *Railways and Expansion of Markets in India 1861-1921*, in: EEH 12.

chungen von fast 100% zu notieren. Auch zwanzig Jahre später, als der Integrationsgrad bereits bedeutend zugenommen hatte, traten in den genannten Bezirken bei einzelnen Lebensmitteln noch Differenzen auf, die in Ausnahmefällen sogar bis zu 300% betragen konnten. Charlesworth[157] führt dies einerseits auf die ungebrochene Wetter- und Klimaabhängigkeit der indischen Landwirtschaft zurück; anderseits macht er kurzzeitige Produktions- und Ernteausfälle, die wegen ungenügender Reserven und Lagerbestände nicht mehr ausgeglichen werden konnten, dafür verantwortlich:

> "The most striking features are the extreme short-term fluctuations. [...] Perhaps this is to be expected, but there were also in each locality continuous marked annual fluctuations in prices, presumably consequent on variations of production. At this level, the data re-emphasises the dependence of the agricultural economy on the quality of the season and its quick vulnerability to shortfalls in annual output. Clearly, this was an economy without substantial reserves to counterbalance short-term declines in production. The statistics also indicate strong local variations, but there is some tendency after 1890 for closer correlation between annual trends across the three taluks [Haveli, Poona; Bagalkot, Bijapur; Ankleshwar, Broach], suggesting a growing market integration."

Erst nach einer Anpassungszeit von rund fünfzig Jahren, also um die Jahrhundertwende herum, pendelten sich die Preise auf einer einheitlichen Linie ein. Auch bei Baumwolle ist diese Dreiteilung gegeben, es fallen aber hier im Gegensatz zu den *food crops* das hohe Niveau und die wesentlich grössere Konstanz der Preise über jeweils mehrere Jahre auf.

Ob Preisunterschiede in diesen späten Jahren noch ähnlich grosse Auswirkungen auf die Lebenshaltungskosten hatten, wie dies früher der Fall sein konnte, darf bezweifelt werden. Ein Grossteil der Produzenten und Konsumenten wird von den Vorteilen eines leichter zugänglichen Marktes Gebrauch gemacht haben. Viele Baumwollpflanzer, so wird immer wieder berichtet, würden ihre Ernte nun direkt an die nächstliegende Bahnstation karren, um sie dort zum bestmöglichen Preis direkt und ohne Mittelsmänner einem Baumwollagenten zu verkaufen. Die Einkommenssituation der Bauernschaft dürfte sich schon allein dadurch, aber auch infolge der flächenmässigen Ausdehnung der *cash crops* verbessert haben. Brauchbare Informationen zur Einkommensverteilung sind jedoch äusserst rar.[158]

Auf der andern Seite haben die horizontale und vertikale Arbeitsteilung im Agrarbereich, aber auch der zeitweise grosse Bedarf der Verwaltung im Zusammenhang mit öffentlichen Bauten, zu einer grössern Nachfrage nach Arbeitskräften geführt und die Entstehung einer eigentlichen Lohnarbeiterschaft auf dem Land begünstigt. In Khandesh übte zudem das in

---

157 N. Charlesworth, 1985, p. 131.

158 "[...] no attempt has been made to estimate the amount of increased income attributable to increased exports. For some small regions with high exports (perhaps Broach, Surat, Khandesh) increases may have been large enough and valuable enough to be important in per capita terms, but the volume of exports was not large enough to be generally important on a per capita basis. [...] Finally, nothing has been said about income distribution."

M.B. McAlpin, 1980, in: EEH 17, pp. 42ff; vgl. auch: N. Charlesworth, 1985, pp. 136-37.

den wichtigsten Distriktzentren ansässige Baumwollgewerbe auf landlose Bauern eine gewisse Sogwirkung[159] aus:

> "There can be no doubt that the number of persons in Khandesh subsisting on their labour has much increased of late years. This is owing to the fact of many cultivators having lost their lands either from the action of the Civil Courts or from inability to pay the government demand; while again the establishment of cotton-presses and other factories had added largely to the demand for working hands."

Die Kolonialverwaltung, aber auch zeitgenössische Autoren wie Mann und Keatinge[160], sahen vor diesem Hintergrund für das dritte Viertel des 19. Jahrhunderts Anzeichen steigender Löhne. Diese Ansicht wurde in der Folge von McAlpin und Harnetty übernommen und auch von Charlesworth nahezu widerspruchslos weitergegeben.[161] Wieweit es sich hierbei um eine langanhaltende und nicht nur vorübergehende bzw. sektorielle oder allgemein verbreitete Erscheinung handelte, ist aufgrund der lückenhaften Quellenlage äusserst schwer zu sagen. Trotzdem in Teilen des Dekkan die Löhne für ungelernte Arbeitskräfte im Schatten des Baumwollbooms der sechziger Jahre innert kurzer Zeit von *Rs.* 8 auf 14 pro Monat kletterten, kann hier nicht von einer generell verbesserten Einkommenslage gesprochen werden. Wer wenig oder gar keinen eigenen Grund und Boden besass und sein Auskommen ausschliesslich bzw. zur Hauptsache mit Lohnarbeit finden musste, dürfte im Vergleich mit Baumwollpflanzern oder Händlern die hohen Lebensmittelpreise stärker gespürt haben.[162] Guha und vor allem Krishnamurty vertreten dagegen die Ansicht, dass die Löhne real nach 1870 langfristig nicht nach oben tendiert, sondern eher stagniert haben.[163] Einzig in Khandesh, vor allem im Ostteil, sei ein leichter Reallohnanstieg zu konstatieren gewesen.[164] Die unsererseits verfügbaren Daten lassen hingegen keinen klaren Trend erkennen und scheinen eher die These stagnierender Löhne zu bestätigen; lediglich zwischen gelernten und ungelernten Kräften ist ein beträchtliches Lohngefälle festzustellen. Nur leicht differierten hingegen die Werte für Ost- und West-Khandesh, sofern sie überhaupt einzeln verfügbar sind. Erklärbar ist dies dadurch, dass der Preis der Arbeit von verschiedenen Variablen abhängig war: auf der einen Seite konnten die Ausdehnung der Kulturfläche, arbeitsintensivere Anbaumuster oder Bauvorhaben der öffentlichen Hand eine stärke-

---

159 W. Ramsay to the Revenue Commissioner, Rev. Dept., Vol. 6/1, 1975, para. 9, zit. in: J. Banaji, 1977, in: EPW 12 (Special Number 33 & 34), p. 1381.

160 G. Keatinge, 1912, p. 72; *Evidence of H. Mann*, in: *Report of the Royal Commission on Agriculture in India, 1926-28, Vol. 2*, Part 1, para. 3567, beide zit. in: N. Charlesworth, 1985, p. 219; vgl. auch: R.D. Choksey, 1955, p. 28.

161 Vgl. P. Harnetty, 1971, in: EHR 24, pp. 423ff, 426; M.B. McAlpin, 1983, pp. 157ff., 217; N. Charlesworth, 1985, pp. 137, 218ff.

162 "[...] but foodgrain prices were increasing at about the same rate and those with little or no land may have been worse off, certainly in relative terms compared with cotton producers and middlemen."

N. Charlesworth, 1985, p. 137.

163 S. Guha, 1981, pp. 82-83, pp. 141-2; S. Krishnamurty, 1987, in: IESHR 24, pp. 81-98.

164 S. Krishnamurty, 1987, p. 87.

re Arbeitsnachfrage bewirken, während auf der andern Seite Veränderungen im demographischen Bereich sowie der Bevölkerungs- und Beschäftigungsstruktur oder der landwirtschaftlichen Betriebsdimensionen das verfügbare Potential an Arbeitskräften wieder vergrössern konnte.

In Khandesh war der Anteil der Landarbeiter an der gesamten Arbeiterschaft nicht zuletzt wegen des hohen Spezialisierungsgrads in der Landwirtschaft und der saisonalen Kapazitätsengpässe vergleichsweise gross. Bereits 1872 machte dieser 25% aus und lag damit 7 Punkte über dem Mittel des Dekkan; nach der Jahrhundertwende waren es gar 35% oder 11 Punkte über dem regionalen Schnitt. Im Vergleich mit den fünf andern Distrikten des Dekkan war die lohnabhängige Landarbeiterschaft in Khandesh zwischen 1881 und 1911 bzw. 1921 eine zahlenmässig wichtige und rasch anwachsende Gruppe.[165] In diesen Jahren ist auch ein Ueberschuss an Einwandern zu konstatieren, die in der Regel auf den Feldern oder im Kleingewerbe ein Auskommen als Lohnarbeiter suchten und auch fanden. Angesichts steigender Lebensmittelpreise und tendenziell stagnierender Löhne dürfte somit zumindest der Graben zwischen Agrarproduzenten und Lohnabhängigen grösser geworden sein.

[165] Vgl. Zensusdaten bei: S. Krishnamurty, 1987, in: IESHR 24, p. 94.

# Schlusswort

Die vorliegende Arbeit hat sich zum Ziel gesetzt, am Beispiel des Baumwollanbaus im indischen Distrikt Khandesh (Dekkan) die sozio-ökonomischen Folgen exportorientierter Landwirtschaft aufzuzeigen. Die Beschränkung auf einen einzigen Distrikt drängte sich sowohl angesichts der geographischen Dimensionen des Subkontinentes, aber auch in Anbetracht der schier unüberblickbaren Quellenfülle auf. Sie lässt sich aber nicht nur mit formalen Argumenten rechtfertigen, sondern scheint vor allem in sachlicher und methodischer Hinsicht ratsam: Die Kommerzialisierung im Agrarsektor ist ein höchst komplexes Phänomen, das aufgrund unterschiedlicher Voraussetzungen regional differenzierte Ausprägungen nach sich gezogen hat. Mit breit angelegten Gesamtstudien können somit weder Entstehung noch Auswirkungen des Strukturwandels im Agrarsektor hinlänglich beschrieben werden. Dass die hier vorgelegten Ergebnisse nicht den Anspruch erheben können, für den ganzen Subkontinent repräsentativ zu sein, braucht nicht ausdrücklich betont zu werden. Vielmehr liegt der Wert einer Distriktstudie wie der vorliegenden darin, die Genese der kommerziellen Rohstoffproduktion aus einer andern Perspektive und auf der tiefsten, quellentechnisch fassbaren Stufe nachzuweisen.

Die Integration des indischen Subkontinentes in den Weltmarkt hat sich über einen Zeitraum von mehrern Jahrhunderten abgespielt. Lange bevor die europäischen Monopolgesellschaften im asiatischen Raum, insbesonders in Indien, Fuss gefasst haben und den Direkthandel zwischen Orient und Okzident aufzubauen begannen, unterhielten indische Kaufleute mit den Ländern um den persischen Golf, der arabischen Halbinsel sowie mit der südostasiatischen Inselwelt und via den Umschlagplatz Malakka indirekt auch schon mit China intensive Handelskontakte.

Erste Anzeichen eines nachhaltigen Wandels im indischen Aussenhandel sind jedoch erst nach dem Verlust des Indienmonopols der *East India Company* und der konsequenten Oeffnung des Handels für private Freihändler (1813) zu beobachten. In den nachfolgenden Jahrzehnten setzte sich einerseits der eingeschlagene Wachstumstrend fort, anderseits veränderten sich sowohl die Zusammensetzung als auch die Richtung des Warenstroms. Die traditionellen Stoffprodukte oder *piece-goods* machten noch 1812 rund ein Drittel des gesamten Exporterlöses aus. Wertmässig vergleichsweise unbedeutend waren damals hingegen sowohl Baumwolle (5%) als auch Rohseide (8%) und Zucker (2%). Vierzig Jahre später (1850/51) führten jedoch bereits Rohstoffe wie Opium (30%) und Baumwolle (19%) die Rangliste an. Während Opium in der Folge seine einst führende Stellung nach und nach verlor und um die Jahrhundertwende sogar unter die Zehnprozentmarke gefallen war, baute Baumwolle indessen seine Position als wichtigstes Einzelprodukt weiter aus und pendelte sich, nachdem 1870 der Höchstwert mit 35% erreicht war, bei rund 20% ein. Der Handel mit den indischen Stoffen schmolz umgekehrt bis 1850 weiter auf etwas mehr als ein Zehntel (4%) seines vormaligen

Wertes, was mit entsprechend grossen Opfern für die einheimische Handwebbranche verbunden war. Parallel zum Vormarsch der *cash crops* stieg die britische Quote an den Ein- und Ausfuhren des Subkontinentes. Bereits in den dreissiger Jahren ging, gemessen an ihrem Wert, nahezu die Hälfte der indischen Exporte nach Grossbritannien. Eine Ziffer, die in einzelnen Jahren zwar noch überschritten wurde, die vor dem Hintergrund der geographischen Diversifikation im indischen Aussenhandel jedoch kontinuierlich zurückging. Anfangs des 20. Jahrhunderts lag diese noch bei rund 25%. Auf der andern Seite stammten bis in die zwanziger Jahre gesamthaft rund zwei Drittel aller indischen Importe aus Grossbritannien.

Die strukturelle Ausprägung der kolonialen Wirtschaftsbeziehungen im Bereich des Aussenhandels ist in ihren grundsätzlichen Aspekten somit vor allem in den ersten fünf bis sechs Jahrzehnten des 19. Jahrhunderts zustandegekommen, auch wenn schon vorher erste Anzeichen zu vermerken waren. Die zweite Jahrhunderthälfte ist dagegen insgesamt als Konsolidierung bestehender quantitativer und qualitativer Tendenzen zu bezeichnen. In diese Zeit fällt beispielsweise auch der endgültige Vormarsch der Baumwolle im Distrikt Khandesh, der innerhalb der Provinz Bombay schnell einmal eine führende Stellung übernahm.

Indien vermochte im Laufe des 19. Jahrhunderts seine Baumwollausfuhren nachhaltig zu erhöhen. In den Jahren von 1833 bis 1846 beliefen sich diese beispielsweise auf rund 153 Mio. *lbs.* pro Jahr und erreichten in der Zeit von 1850 bis 1860 im Schnitt 225 Mio. *lbs.* In diesem Zeitabschnitt (1856/57) ist mit rund 320 Mio. *lbs.* ein erster Höchststand zu verzeichnen, der allerdings nur fünf Jahre später bereits wieder übertroffen wurde. In den sechziger Jahren, als die internationale Versorgungslage als Folge des amerikanischen Sezessionskriegs vorübergehend gestört war, wuchsen die indischen Baumwollexporte rasant auf über 890 Mio. *lbs.* pro Jahr an. Mit dem Ende der Kriegshandlungen Mitte der sechziger Jahre gewannen jedoch die amerikanischen Südstaaten ihre dominierende Stellung als führender Baumwolllieferant schnell wieder zurück, was sich auf die indischen Exporte dämpfend auswirkte. Indien verlor als Folge der Entspannung auf dem Weltmarkt an Boden, konnte jedoch mit durchschnittlich 500 bis 600 Mio. *lbs.* seine jährliche Exportproduktion weit über dem Vorkriegsniveau aufrechthalten. Trotzdem blieb der Subkontinent im internationalen Vergleich - besonders gemessen an den Vereinigten Staaten - ein relativ unbedeutender Baumwollexporteur.

Aehnliches lässt sich auch bezüglich seiner Stellung für die britische Versorgung sagen. Der indische Anteil, der noch anfangs des Jahrhunderts keine 3 Mio. *lbs.* betragen hatte, nahm im Laufe der ersten fünfzig Jahre stets zu und erreichte 1841/42 die Marke von 119 Mio. *lbs.* Damit gingen damals mehr als die Hälfte der gesamten Baumwollausfuhren des Subkontinentes nach Grossbritannien. Nach einer vorübergehenden Abschwächung begann der besagte Anteil nach 1850 langfristig wieder zuzunehmen. In Prozenten ausgedrückt, betrug dieser noch 1858 nur rund 13 Prozent der britischen Baumwollimporte; im Vorfeld des Krieges in den

USA - also nur rund zwei bis drei Jahre später - stammten jedoch bereits drei Viertel des britischen Kontingents aus Indien. Die grosse Nachfrage nach indischer Baumwolle seitens der britischen Textilindustrie erwies sich jedoch in besagtem Ausmass als nur temporär. Im Zuge der geographischen Diversifikation des Aussenhandels, und damit auch der daran massgeblich beteiligten Baumwollausfuhren, rückten gegen Ende des 19. Jahrhunderts mehr und mehr die Länder Kontinentaleuropas in den Vordergrund. Noch vor Ausbruch des 1. Weltkriegs wurde Grossbritannien beispielsweise von Japan überholt, das zum mittlerweile wichtigsten Einzelabnehmer von Baumwolle avanciert war.[1]

Wie lässt sich diese dramatische Steigerung der Ausfuhren während des sogenannten Baumwollbooms der sechziger Jahre und die nachfolgende Kontinuität erklären? Ist sie allein mit der Verlagerung der Nachfrage vom Binnen- zum Aussenmarkt bzw. mit der Deformation des inländischen Websektors durch britische Manufakturimporte zu begründen? Welche Rolle spielen dabei Produktionsausweitungen und/oder Produktivitätsfortschritte? All dies sind Fragen, deren Beantwortung wesentlich von der gewählten Optik und der Untersuchungseinheit abhängen. Die bisher hierzu vorliegenden grössflächigen, notgedrungenermassen dann und wann auch verallgemeinernden Untersuchungen führen die Zunahme der Exporte zur Hauptsache auf die massive Erhöhung der Inlandproduktion zurück. Beispiele für die grossen Anbaugebiete von Bombay, Berar, der *Central Provinces* und der *North-Western Provinces* belegen zudem, das nicht höhere Erträge, sondern vielmehr grössere Anbauflächen ausschlaggebend waren.[2] Die Provinz Bombay, und somit auch einer seiner wichtigsten Distrikte - nämlich Khandesh -, trugen dabei gemäss den wenigen verfügbaren Informationen wesentlich zur Ausweitung der Baumwollexporte bei.[3]

Welche Auswirkungen hatte diese Entwicklung für die an der Produktion und am Handel beteiligten Marktteilnehmer? Wurde tatsächlich einfach Neuland unter den Pflug genommen oder zogen die veränderten Nachfragebedingungen auch Konsequenzen im Anbauverhalten der Bauern nach sich? Ist die vor allem von der nationalistischen Schule geprägte Ansicht, wonach der Siegeszug der *cash crops* einzig und allein auf Kosten der Nahrungsmittel und unter grossen sozialen Opfern für weite Teile der Bevölkerung zustande gekommen sei, mehr als nur ein Mythos? Führte die Förderung des Rohstoffanbaus zu Umverteilungen zulasten der mittlern und kleinern Bauern? Khandesh scheint als traditionelles Durchgangsland bereits sehr früh über intensive Handelskontakte mit der Aussenwelt verfügt zu haben. Zu den günstigen Voraussetzungen für eine vergleichsweise hohe Spezialisierung auf den Anbau von

---

[1] Vgl. für detaillierte Zahlen zum Baumwollexport: J.A. Mann, 1860 [repr. 19681, pp. 102-3; J.F. Royle, 1851, p. 81; K.N. Chaudhuri, 1983, in: CEHI II, pp. 804ff.; P. Harnetty, 1971, in: EHR 24.

[2] Vgl. die in der Bibliographie aufgeführten Arbeiten von Harnetty.

[3] A. Guha, 1972, in: IESHR 9, pp. 6-10; J.A. Mann, 1860 [repr. 1968], p. 61, pp. 102-3; A.W. Silver, 1966, pp. 30-1.

Rohstoffen, insbesonders Baumwolle, müssen daneben die vielen Standortvorteile des Distrikts gezählt werden. So sind etwa die aussergewöhnlich hohe Fruchtbarkeit des Bodens, kombiniert mit vorteilhaften klimatischen Gegebenheiten und leicht überdurchschnittlichen Niederschlagsmengen, aber auch die lange Zeit relativ dünne Besiedlung mit entsprechend geringem Landdruck, als wichtigste Faktoren zu erwähnen. Auf der andern Seite darf der eindeutige Trend zu einer starken Arbeitsteilung nicht allein auf optimale natürliche Ressourcen zurückgeführt werden. Die Politik der Kolonialmacht hat unbestreitbar das Ihre zur genannten Entwicklung beigetragen.

Die Einführung des Eigentumbegriffs für Grund und Boden sowie der Vertragsfreiheit sind hier wohl an erster Stelle zu nennen. Keine andern sozialpolitischen Massnahmen der Briten haben nur annähernd vergleichbare Konsequenzen für die Agrarstruktur des Landes nach sich gezogen, wie dies durch die Ablösung des traditionellen Gewohnheitsrechts durch kodifiziertes Recht der Fall war.[4] War Land bisher unveräusserlich gewesen, so wurden Grundstücke nun nach westlichem Muster zur handelbaren Ware, die man entweder veräussern bzw. verlieren oder eben erwerben konnte. Als oberster Grundherr der *government ryots* beanspruchte der Staat das Recht, Grundsteuern einzufordern. In den *ryotwari* Provinzen Madras und Bombay wurde jeder Bauer zum steuerpflichtigen Einzelsubjekt und musste fortan die staatlichen Forderungen in Geld begleichen. Der landwirtschaftliche Sektor wurde nicht zuletzt dadurch monetarisiert.

Ein auf das einzelne Individuum abstützendes Steuersystem erforderte ein elaboriertes, mehrstufiges Vermessungs- und Klassifizierungsverfahren. In Khandesh, einem der flächenmässig grössten Distrikte der Provinz, begannen die entsprechenden Vorarbeiten in einigen Bezirken Mitte der fünfziger Jahre, in andern wurden sie später an die Hand genommen. Auf Grund eines ausgeklügelten Schemas wurde in Bombay jeder Landstrich nach seiner relativen Markt und Transportlage beurteilt, eingeschätzt und mit der besten Bodensorte in der Gegend verglichen. Die einmal festgesetzte Steuer galt in der Regel für dreissig Jahre, mindestens aber bis zur nächsten Veranlagung. Diese Regelung sollte nach Ansicht der Briten für den einheimischen Produzenten Anreiz genug sein, Investitionen zu tätigen und nach Innovationen zu streben. Allerdings zeigte sich schnell einmal, dass durch die neue Bodenpolitik die alten Probleme nicht zwangsläufig vom Tische waren: die zunehmende Verschuldung einzelner Bauern, die als Resultat ihrer Zahlungsunfähigkeit ihr Land an Geldverleiher verloren, erwies sich in einigen Teilen des Dekkan als soziale Zeitbombe. Die Unruhen von 1875 sind in diesem Zusammenhang das bekannteste Ereignis. Gesetzgeberische Reaktionen wie die *Deccan Agriculturists Relief Act* (1879) oder die *Punjab Alienation Act* (1900) vermochten wohl vordergründig und

[4] Vgl. zu diesem Aspekt: D. Rothermund, 1970, in: *Moderne Kolonialgeschichte,* hrsg. v. R.v. Albertini, pp. 293-309, Köln.

kurzfristig die Entwicklung zu beeinflussen, erwiesen sich aber nicht selten als kontraproduktiv, indem etwa die Kreditwürdigkeit der Bauern sank. Dass jedoch die Einführung des *ryotwari* Systems nicht in allen Teilen des Dekkan zu den erwähnten negativen Begleiterscheinungen führen musste, lässt sich am Beispiel von Khandesh zeigen.

Khandesh entwickelte sich in der zweiten Hälfte des 19. Jahrhunderts zu einem äusserst leistungsfähigen Agrardistrikt. Im Sinne einer positiven Rückkoppelung ist dies sowohl auf die erwähnten primären als auch sekundären Standortvorteile zurückzuführen. Die Wechselwirkung zwischen natürlichen Ressourcen und den grossen Infrastrukturleistungen der Kolonialmacht hat zu einer nicht zu unterschätzenden Dynamik im wirtschaftlichen Bereich geführt. Sicher ist beispielsweise, dass die Expansion der Kulturfläche und des Agraranbaus ohne ein effizientes Transport- und Verkehrssystem kaum möglich gewesen wäre. Fördermassnahmen und sogenannte Baumwollprogramme, mit denen die Briten zulasten der einheimischen Spezies langfaserige, maschinell verarbeitbare Baumwollsorten propagieren wollten, trugen dagegen nicht in erwünschtem Masse zur Expansion bei. Dies, obwohl nichts unversucht gelassen und sogar amerikanische Baumwollexperten nach dem Subkontinent gebracht wurden. Auch wenn all die Bestrebungen, fachliches und technisches *Know-how* zu implantieren in der Regel fehlschlugen, so haben sie vielleicht doch eine bescheidene Wirkung gezeitigt: In Kombination mit der Konsolidierung der Aussennachfrage haben konkrete Projekte wie zum Beispiel sogenannte *government farms*, auf denen neue Sorten und Werkzeuge getestet wurden, bei den Bauern möglicherweise zumindest einen mentalen Effekt hervorgerufen und auf diese Weise ihren Teil zu einem innovationsfreundlichen Klima beigetragen.

Dass der ganze Strukturwandel, wie er im 19. Jahrhundert den Aussenhandel des Subkontinentes erfasste, nicht nur auf Seiten der Produzenten, sondern auch der Händler nachhaltige Konsequenzen hervorrief, liegt in der Natur der Sache. Dabei betraf der Anpassungsprozess sowohl die europäischen als auch die einheimischen Protagonisten, die wohl insgesamt trotzdem als Verlierer bezeichnet werden müssen. So büssten im Zuge der Strukturanpassung die indischen Kaufleute ihre traditionell führende Rolle im Baumwollhandel ein, die sie noch bis um 1870 herum besessen hatten. Konvergierende Preise - ein Produkt der Binnenverknüpfung - führten zu kleinern Gewinnmargen, was im Handel wiederum nach kostendämpfenden Massnahmen rief. Die grossen europäischen Handelshäuser, die bis anhin vornehmlich an der Küste die Ware übernahmen, stellten sich der Herausforderung, indem sie mehr und mehr im Hinterland Niederlassungen aufbauten. Die einstige Domäne der einheimischen Häuser, der Exporthandel, geriet so in die Hand der Europäer. Indische Grosshändler suchten und fanden in der Folge in der Versorgung des Binnenmarktes ein neues Betätigungsfeld. Wieweit dies ausschliesslich auf den äussern Druck zurückzuführen ist, kann nicht gesagt werden. Sicher ist aber, dass die Erschliessung des Binnenbereichs mit den leistungsfähigen und modernen Kommunikationsmitteln Schiene und (Telegraphen-)Draht wesentlich die neuen Handels- und Verkaufspraktiken ermöglichte, wenn nicht gar bedingte. Viele der selbständigen lokalen Baumwollhändler, die laut eigenen Angaben früher ein Monopol besessen hätten, konnten sich nun nur noch als Vorkoster bzw. Aufkäufer für grosse europäische Firmen über Wasser halten. Der Anteil der Direkttransaktionen, die auf dem Dorf und nicht auf dem städtischen Auktionsmarkt abgewickelt wurden, haben denn auch in Khandesh mit der Zeit Ueberhand genommen. Für die dreissiger Jahre dieses Jahrhunderts beziffert Dantwala[5] deren Volumenanteil auf rund 75% aller Verkäufe; auch gemessen an der Zahl der beteiligten Marktteilnehmer verkaufte eine Mehrheit der Bauern auf dem Dorfplatz. Was ist daraus zu schliessen? In erster Linie werden die lokalen Preisvorteile nicht mehr gross genug gewesen sein, als dass sich der Mehraufwand für das Gros der Baumwollproduzenten noch gelohnt hätte. Auffallend am Beispiel von Khandesh ist, dass die Preise für Baumwolle im Vergleich zu den andern wichtigen Agrargütern signifikant weniger grossen Fluktuationen unterworfen waren - auch dies ein positiver Effekt der relativ stetigen Nachfrage nach Baumwolle.

Die Spezialisierung, wie sie in Khandesh im Agrarbereich schon ab Mitte des Jahrhunderts in starkem Ausmass zu beobachten war, erfasste jedoch nicht alle Wirtschaftsbereiche gleichermassen, sondern beschränkte sich auf bestimmte Teilmärkte. So soll die Arbeitsteilung laut Quellenangaben im kommerziellen Geldverleihsektor noch bis etwa in die achtziger Jahre wenig ausgeprägt gewesen sein. Die Klassifizierung nach "Berufen" bereitete den Behörden denn auch erhebliche Schwierigkeiten. Händler, Geldverleiher und Broker sollen nicht selten ein und dieselbe Person gewesen sein. Auf der andern Seite scheint im Laufe der Jahre ein beträchtlicher Teil der Bauernschaft selber in der Lage gewesen zu sein, Kapital anzuhäufen und dieses an interessierte Kreditnehmer, in der Regel ebenfalls Bauern aus dem Umkreis, auszuleihen.

Die Kommerzialisierung im Agrarbereich, und mit ihr verbunden der Wachstumsschub im Aussenhandel, haben somit zumindest in einem exportorientierten Distrikt wie Khandesh für eine Belebung und Oeffnung des Kreditmarktes gesorgt. Dies heisst aber nicht, dass die Verschuldungsproblematik nicht auch in unserm Distrikt ein Thema gewesen wäre. Beispiele verschuldeter Kleinbauern, die von einer sich kumulierenden Zinslast erdrückt wurden, gab es auch in Khandesh. Untersuchungen des *Indian Central Cotton Committee* zeigen sogar, dass dort in den zwanziger Jahre dieses Jahrhunderts mehr als zwei Drittel der Baumwollpflanzer im Schnitt über *Rs.* 100 an Fremdkapital einsetzten. Wieweit allein die Höhe des Schuldenbergs als negativer Wohlstandsindex zu betrachten ist, oder sich darin bis zu einem gewissen Grad auch die Kreditwürdigkeit eines Schuldners zeigt, bleibe einmal dahingestellt. Die Aufnahme von fremdem Geld darf aber anderseits auch nicht in jedem Fall als Zeichen einer prosperieren-

[5] M.L. Dantwala, 1937, pp. 32-41.

den Volkswirtschaft mit grossem Kreditbedarf gedeutet werden. Vielmehr wäre es wünschenswert, Einzelfälle samt ihrer Schuldenbiographie etwas genauer unter die Lupe zu nehmen und ihr wirtschaftliches Aktionsfeld zu analysieren, doch erlauben dies die Quellen leider nur in den seltensten Fällen.

Anhand der demographischen Daten lassen sich nicht nur Rückschlüsse auf die Bevölkerungsentwicklung ziehen, sondern auch ökonomische Folgerungen ableiten. Während man für die vorbritische Phase weitgehend auf Schätzungen und Vermutungen angewiesen bleibt, stehen ab der zweiten Jahrhunderthälfte zuverlässigere Zensuszahlen zur Verfügung. Gesamtindisch lässt sich dabei ein starkes Wachstum feststellen. In den 150 Jahren der Kolonialherrschaft nahm die Bevölkerung um mehr als das Dreifache oder 270 Mio. zu. Wenn sich damals Aehnliches auch von europäischen und andern Ländern sagen lässt, so unterscheidet sich das gesamtwirtschaftliche Umfeld doch erheblich: In Indien erfolgte die markante Bevölkerungszunahme nicht vor dem Hintergrund der eigenen Industrialisierung, sondern im Rahmen einer globalen Arbeitsteilung, die dem Subkontinent die Rolle des Rohstoffproduzenten zuwies. Entsprechend konzentrierten sich die Beschäftigungsmöglichkeiten auf den Agrarsektor.

Unser Distrikt erwies sich jedoch in bezug auf das demographische Verhalten einmal mehr als Ausnahmeerscheinung. Der stete Wechsel von markanter und diskreter Zunahme bzw. Abnahme der Bevölkerung, der die indische Geschichte über weite Strecken geprägt hat, fehlt in Khandesh. Relativ konstant und regelmässig weisen die entsprechenden Werte nach oben. Ein Trend, der sogar in der kritischen Zeit um die Jahrhundertwende, als Hunger und Krankheit die Halbinsel heimsuchten und in den andern Distrikten des Dekkan ihre Spuren hinterliessen, nicht grundsätzlich umschlug. In den sechzig Jahren nach 1870 verdoppelte sich Khandeshs Bevölkerung von 1 Mio. auf 2 Mio.; kein anderer Distrikt der Region hat auch nur annähernd eine ähnliche Entwicklung hinter sich. Das unübersehbare West-Ost-Gefälle innerhalb des Distrikts spiegelt sich auch in den Bevölkerungsdaten, wenngleich nicht so offensichtlich, wie dies in andern Bereichen der Fall ist. Bei entsprechend hoher Dichte stark besiedelt waren die zentralen und flachen, gleichzeitig fruchtbarsten Teile, während die unwirtlichen Randregionen schwach bevölkert waren. Gemessen am Pro-Kopf-Anteil an der Gesamt- bzw. der Kulturfläche, verfügten in der Regel die östlichen Bezirke über bessere Voraussetzungen als die westlichen - zumindest noch in den siebziger und achtziger Jahren. Die Ausdehnung der Kulturfläche stiess jedoch auch in den bevorzugten *talukas* bald einmal an ihre Grenzen.

Dass Khandesh im nationalen und regionalen Vergleich überdurchschnittlich urbanisiert war, mag unter den gegebenen Umständen nicht erstaunen, ist doch die funktionale Arbeitsteilung von Stadt und Land sowohl Voraussetzung, gleichzeitig aber auch Konsequenz der Kommerzialisierung. Gesamtindisch lag der Urbanisierungsgrad 1881 knapp unter 10% und stieg bis in die zwanziger Jahre nur leicht an; für 1941 wird er mit knapp 13% beziffert. In

Khandesh lebte dagegen bereits zwischen einem Fünftel und einem Viertel der Bevölkerung in städtischen Siedlungen von über 5'000 Einwohnern. Aehnliche, teilweise noch höhere Werte weisen nur die Distrikte Poona und Sholapur auf. Es ist deshalb nicht nachvollziehbar und auch abzulehnen, wenn Choksey behauptet, die zunehmende Verstädterung sei für die Region bis in die zwanziger Jahre des heutigen Jahrhunderts kein Thema.[6] Nach Bezirken aufgeschlüsselt zeigt sich sogar, dass sich zwischen 1900 und 1920 im Osten, etwa in Chopda, Dhulia, Erandol und Jalgaon, schon jeder Dritte in einem städtischen Zentrum niedergelasssen hatte, anderseits aber in den westlichen Bezirken noch rund neun Zehntel auf dem Land lebten. Während der Osten über ein ausgesprochen engmaschiges und abgestuftes Netz an grössern und kleinern Städten verfügte, ist vom Westen genau das Gegenteil zu sagen. Schon allein daran lässt sich die unterschiedliche Wirtschaftsstruktur der beiden Distrikthälften erkennen. Es zeigt sich aber auch anhand dieses Kriteriums einmal mehr, dass sogar innerhalb eines ausgesprochen marktorientierten Distriktes stärker und schwächer integrierte Gegenden im Sinne einer dualen Oekonomie nebeneinander existieren konnten. Die Rolle der Baumwolle an dieser Entwicklung ist vor dem Hintergrund der entsprechenden Flächenanteile nicht zu verkennen, sie lässt sich jedoch nur schwer quantifizieren.

Hat die Spezialisierung auf den Anbau von Baumwolle nicht nur zu höhern Produktionszahlen, sondern auch zu merklichen Produktivitätsfortschritten und Ertragsteigerungen geführt oder auf technischem Gebiet Neuerungen nach sich gezogen? Wenn gemäss der liberalen Sichtweise ein gewisser demographischer Druck als unabdingbare Voraussetzung für Modernisierung und Intensivierung im Agrarbereich vorausgesetzt wird, so wären die Bedingungen dafür in Khandesh geradezu optimal gewesen. Trotzdem scheint der technologische Wandel insgesamt auch hier ausgeblieben zu sein. Die Quellen weisen denn wiederholt auf die "primitiven Werkzeuge" und die "nachlässigen Praktiken" der Bauern hin.

Für die Mehrzahl der modernen Historiker haben diese Bemerkungen insofern einen wahren Kern, als dass sie der Ueberzeugung sind, Methoden und Techniken der indischen Landwirtschaft hätten sich während der Kolonialzeit nicht grundlegend verändert. Diesem Standpunkt ist auch aus unserer Sicht beizupflichten. Das Instrumentarium eines Baumwollbauern in Khandesh war äusserst rudimentär und umfasste auch um die Jahrhundertwende nicht mehr als eine Handvoll verschiedener, einfachster Geräteschaften. Daran hat auch der Baumwollboom nichts geändert. Zu den bekannten Hilfsmitteln gehörten u.a. der indische Pflug, *nangar,* die schwere, von Tieren gezogene Hacke, *vakhar,* sowie die leichte Feldhacke, *kolpa.* Der von den Briten propagierte Metallpflug europäischer Provenienz vermochte sich hingegen nie durchzusetzen, sein indisches Gegenstück aus Holz kam laut Quellen in einigen Bezirken des Distrikts mit den Jahren gar wieder ausser Gebrauch. Die systematische Verwendung von

---

6 R.D. Choksey, 1955, p, 50.

natürlichem Dungmaterial scheint im Distrikt äusserst selektiv zum Tragen gekommen zu sein. Der hohe Brachanteil sowie die anerkanntermassen überdurchschnittliche Fruchtbarkeit haben den Boden lange Zeit vor der Auslaugung geschützt. Dieses Problem begann sich erst mit der Ausdehnung des Anbaus und der intensiveren Bewirtschaftung bemerkbar zu machen. Mit dem Rückgang der Brache stand gleichzeitig weniger Weidefläche zur Verfügung, was sich gemäss Quellen auf den Viehbestand niederschlug und somit letztlich die Produktion von Dung einschränkte. Unter diesen Umständen konnten es sich nur noch wohlhabende Bauern leisten, sich auf dem Markt damit einzudecken. Mit der Hinwendung zu profitablen Agrarprodukten wie Baumwolle, vernachlässigten viele Bauern den strengen Fruchtwechsel noch mehr, als dies ohnehin schon der Fall war. In Zeiten guter Konjunktur wurde des öftern von der traditionellen Faustregel, *Jowar* oder *Bajra* alternierend mit Baumwolle anzupflanzen, abgewichen und stattdessen Mal für Mal Baumwolle angesäht.

Die Ausdehnung der Ackerfläche nahm in Khandesh bereits in den späten dreissiger und frühen vierziger Jahren, also noch bevor eine einzige Meile Schiene verlegt war, ihren Lauf und setzte sich auch in der zweiten Jahrhunderthälfte, abgesehen von einzelnen Rückschlägen, fort. Eine Unterscheidung zwischen nominellen und realen Veränderungen ist mit den vorliegenden Zahlen - quellentechnisch bedingt - nicht generell möglich. Trotzdem lässt sich sagen: Kein anderer Distrikt des Dekkan vermochte sein Anbaugebiet im 19. Jahrhundert um das Sechs- bis Siebenfache zu steigern und von 450'000 *acres* (1818/19) auf über drei Mio. *acres* (1921/22) auszudehnen. Aufgrund der aussergewöhnlichen Bevölkerungszunahme in den letzten drei, vier Dekaden des Jahrhunderts stagnierte indessen der Pro-Kopf-Anteil an der Kulturfläche bei rund zwei *acres*. Somit lag Khandesh nur leicht unter dem regionalen, dafür aber massiv über dem gesamtindischen Wert von rund ein *acre*. Ein Blick auf die Stufe der einzelnen Bezirke zeigt, dass Abweichungen nach oben und unten in der Grössenordnung von 100% keine Seltenheit waren.

Prominente Historiker der damaligen Zeit, so u.a. Marx, Dutt und Naoroji, vertraten provokativ die Ansicht, dass der Vormarsch der Baumwolle in Indien nur auf Kosten der eigenen Nahrungsmittelversorgung zustande gekommen sein konnte. Ebenso entschieden wird die Substitutionsthese dagegen von andern abgelehnt. Harnetty vertritt beispielsweise die Auffassung, die Getreidepreise hätten im Sog hoher Baumwollnotierungen ebenfalls nach oben tendiert, weshalb eine Verdrängung der *food crops* durch *cash crops* nicht wirklich stattgefunden haben könne. Der Anbau von Nahrungsmitteln habe durchaus mit denjenigen von Baumwolle Schritt gehalten.[7] Auch McAlpin erbringt den rechnerischen Nachweis, dass Baumwolle in der Provinz Bombay in der zweiten Hälfte des 19. Jahrhunderts nicht zu Lasten von *Jowar* oder *Bajra* angebaut wurde - zumindest nicht in der fraglichen Periode. Erst nach der Jahrhun-

---

[7] P. Harnetty, 1971, EHR; ders., 1972, pp. 415-18.

dertwende soll sich das Gleichgewicht zwischen Baumwolle und Nahrungsmitteln zugunsten des Rohstoffs verschoben haben.[8] Beiden Studien kann insofern beigepflichtet werden, als dass sie davon ausgehen, nicht nur der Anbau von *cash crops,* sondern jegliche Art von Landwirtschaft sei nach 1860 profitabel gewesen. Eindeutig nicht zulässig sind jedoch Versuche, die anhand von Provinzdaten gewonnenen Erkenntnisse kategorisch zu verallgemeinern und sie auch auf die regionale und sub-regionale Ebene zu übertragen.

Das Beispiel Khandesh zeigt exemplarisch, dass die starke Ausbreitung der Baumwolle von 23% (1885) bis auf rund 50% (1906) der gesamten Nutzfläche sehr wohl auf Kosten anderer Agrarprodukte - allerdings nicht in jedem Fall zu Lasten der Ernährungsbasis - zustande kam. Daraus jedoch schliessen zu wollen, die Versorgung der ansässigen Bevölkerung sei nicht mehr in vollem Mass gewährleistet gewesen, bleibt Spekulation. Gerade in kritischen Tagen, darauf weisen die *Gazetteers* immer wieder hin, hätten in Khandesh weit weniger Personen von der Regierung Unterstützung im Rahmen sogenannter *relief works* beantragt. Dies ist umso erstaunlicher, als dass vor dem Hintergrund der demographischen Entwicklung die Pro-Kopf-Anteile der populären Lebensmittelgetreide abnahmen - bei *Bajra* von 0.7 *acres* (1871) auf 0.4 *acres* (1911), bei *Jowar* von 0.3 auf 0.2 *acres,* anderseits Baumwolle gleichzeitig von 0.4 auf 0.9 *acres* zulegte. Traditionelle Hochburgen, in denen "König Baumwolle" dominierte, waren die zentralen und östlichen Bezirke, während dagegen im westlichen Teil des Distrikts über den Eigenbedarf hinaus Nahrungsmittel angebaut wurden. Der Baumwollboom hat in Khandesh tatsächlich zur Substitution von Getreideprodukten geführt, daneben aber auch die Entstehung spezialisierter Zonen mit komplementärem Anbaumuster begünstigt.

Dass die Kommerzialisierung zur Entstehung von Grossbetrieben und daneben einer Vielzahl von kleinen und mittlern Höfen mit wenig Land führen würde, ist zwar aufgrund der wirtschaftlichen und gesellschaftlichen Konstellation naheliegend. Zu diesem Punkt liegen jedoch nur wenige amtliche Aufzeichnungen vor, die in der Regel zudem nicht in die Zeit vor 1900 zurückreichen.[9] Fragen aufgeworfen hat auch die Tatsache, dass parallel zum Phänomen der Arrondierung vielfach Grundbesitz in kleine Einzel- und Miniparzellen aufgesplittert wurde, deren Bewirtschaftung kaum mehr rationell sein konnte. Beide Phänomene, Bodenkonzentration und Aufteilung bzw. Fragmentierung, hat Mann in seinen Arbeiten anhand des Dorfes Pimpla Soudagar nachgewiesen. Dort hat sich im Zeitraum von 1771 bis 1915 die Zahl der Betriebe verachtfacht, während umgekehrt deren durchschnittliche Grösse von 40 auf 14 *acres* abnahm. Für die ersten zwei Dekaden des 20. Jahrhunderts weisen Angaben für Bombay in dieselbe Richtung: Die Zahl der unwirtschaftlichen *holdings* mit weniger als 5 *acres* verdop-

---

[8] M.B. McAlpin, 1973, pp. 156-79; dies., 1983, p. 146.

[9] H. Mann, 1917; M.L. Darling, 1928 [repr. 1977]; G. Keatinge, 1912.

pelte sich zwischen 1904 und 1916; im Jahre 1924 fiel schon beinahe die Hälfte aller Bauernbetriebe der Provinz in diese Kategorie.

Nimmt nun der Baumwolldistrikt Khandesh auch in dieser Hinsicht eine Sonderstellung ein? In den späten siebziger Jahren wurden rund 124'000 Höfe verzeichnet, von denen je ein Drittel weniger als 10 *acres,* zwischen 10 und 20 *acres* sowie zwischen 20 und 50 *acres* umfasste. Rein rechnerisch ergab dies pro *holding* im Schnitt 23 *acres.* Im Vergleich mit dem Nachbardistrikt Nasik lag Khandesh somit zwar um rund 10 *acres* tiefer, wies aber bezüglich der zahlenmässigen Verteilung eine ausgeglichenere Segmentstruktur auf. Gesamthaft gesehen konnten *holdings* mit einer Grösse von 5 bis 25 *acres* ihre zahlenmässig starke Position halten, wobei aber die Zahl sogenannt unwirtschaftlicher Güter in den ersten zwanzig Jahren des neuen Jahrhunderts deutlich anstieg. Die Briten haben es in der Regel unterlassen, die Angaben zur prozentualen Stärke der einzelnen Betriebskategorien mit dem entsprechenden Landanteil zu korrelieren. Aussagen über die reale Verteilung des Produktionsfaktors Boden sind deshalb nur in Ausnahmefällen möglich. In Erandol und Jalgaon, beide lagen in der Baumwollzone, kontrollierten beispielsweise 1918/19 rund 13% der *holders* etwa 40% der Nutzfläche. In Jamner hielt ein Viertel zirka 68% der Nutzfläche; 3% verfügte über ein Drittel des Acker- und Weidelandes.

Eine Konzentration von Grund und Boden ist in diesen ausgewählten Beispielen somit nachzuweisen, wobei diese allerdings im mittleren Bereich, von 5 bis 25 *acres,* weniger ausgeprägt war. Im Gegensatz zu Gujarat hat die Ausrichtung auf den Markt in Khandesh nicht zu einem Heer von Klein- und Kleinstbauern mit weniger als 5 *acres* geführt. Vom Phänomen der Besitzfragmentierung scheint auch Khandesh trotz grosser Landreserven nicht verschont geblieben zu sein, wenngleich das Problem hier laut Quellen weniger akut als andernorts gewesen ist. Die grosse Nachfrage nach erstklassigem Boden, die sich im Zuge der Agrarexpansion auch in unserm Distrikt mit der Zeit stärker bemerkbar gemacht hat, dürfte neben der Suche nach Investitionsmöglichkeiten eine der Triebfedern für die Zerstückelung gewesen sein. Jeder auch nur einigermassen geeignete Quadratmeter Boden wollte genutzt und mit marktfähigen Erzeugnissen bepflanzt werden. Keatinge hat in seiner Dekkan-Studie auch nachgewiesen, dass sich die Fragmentierung aber keineswegs nur auf kleine Betriebe beschränkte, sondern auch Höfe mit mehr als 50 *acres* erfassen konnte.[10] Angesichts des ausgeprägt marktorientierten Agrarsektors in unserm Distrikt scheint dies durchaus auch auf Khandesh anwendbar zu sein.

Die Kommerzialisierung hat den Grundstückmarkt zweifellos ausserordentlich stark belebt, doch kann nicht von einer dramatischen Verschiebung des Grundbesitzes gesprochen werden. Noch vor 1880 sollen gemäss einhelliger Auffassung der *Famine Commission,* die sich punktuell auch mit der Frage der Landverkäufe befasste, in der Provinz Bombay jährlich nur

---

[10] G. Keatinge, 1912, p. 40, zit. in: N. Charlesworth, 1985, p. 236.

gerade 0.4% des verfügbaren Kulturlandes die Hand gewechselt haben. Eine eigentliche Trendwende erfolgte aber in den späten achtziger und neunziger Jahren, als die Zahl der Verkäufe innert weniger Jahre von 27'000 (1878) auf über 48'000 (1893) anstieg. In den acht Jahren von 1883 bis 1891 hat laut *Land Transfer Report* bereits etwa ein Zehntel der gesamten Kulturfläche einen Käufer gefunden.[11] Von Amalner, einem wirtschaftlich starken Bezirk mit grossem Baumwollanteil, liegen für die späteren achtziger Jahre Vergleichszahlen in ähnlicher Grössenordnung vor: rund 4.5% des bebauten Ackerlandes wurde innert drei Jahren veräussert.

Die von Charlesworth postulierte Schätzung, wonach die jährliche Verkaufsrate in der letzten Dekade des 19. Jahrhunderts rund l% der Kulturfläche ausgemacht habe, verdient somit auch aus unserer Sicht Zustimmung.[12] Die Bandbreite konnte jedoch im Einzelfall von 0.1 bis zu 6% reichen. Werte von durchschnittlich 3% waren für besonders günstig gelegene Dörfer zumindest noch in den frühen achtziger Jahren an der Tagesordnung. Parallel zur Zunahme der Landtransaktionen stiegen im Verlauf der Jahre auch die Bodenpreise. Beispiele aus unserm Distrikt belegen, dass die Preisbildung auf dem Grundstückmarkt keinen starren Regeln folgte, sondern auf einem höchst differenzierten Mechanismus beruhte. So erzielten im Bezirk Chopda beispielsweise drittklassige Parzellen weit höhere Erlöse als erstklassige; in Shirpur wurde am meisten für die steuermässig als zweitklassig eingestuften Grundstücke bezahlt. Dies ist wohl u.a. auch darauf zurückzuführen, dass auch in Khandesh der Landdruck gegen Ende des Jahrhunderts zunahm und sich vom Zentrum aus langsam auf die Peripherie auszubreiten begann.

Als Folge der zunehmenden Mobilität der Produktionsfaktoren stieg der Anteil branchenfremder Landbesitzer. Die *Deccan Riots Commission* ging noch 1875 in den betroffenen Unruhegebieten davon aus, dass rund 5% des Kulturlandes von Geldverleihern kontrolliert wurde, wobei die Spanne von 0.2 bis 21% reichen konnte. Kurz nach der Jahrhundertwende lag in Bombay die Besitzanteilquote der Nicht-Bauern bereits bei rund 15% - in den zentralen und nördlichen Teilen des Dekkan dürfte sie eher noch höher, im Süden dagegen eher tiefer gewesen sein. Bereits in den späten neunziger Jahren besassen gemäss Quellen in Khandesh sektorenfremde Personen 20% der insgesamt 307'000 *government acres*, davon war rund die Hälfte von professionellen Geldverleihern kontrolliert. Zu Beginn der zwanziger Jahre waren immerhin noch zwischen 78 und 89% des Kulturlandes in der Hand eigentlicher Bauern, während umgekehrt Sektorenfremde zwischen 1 und 22% auf sich vereinigten. Innerhalb beider Kategorien lassen sich Konzentrationserscheinungen beobachten, und zwar auf Seiten der Bauern stärker als bei den Nicht-Bauern, wie das Beispiel des Bezirks Chalisgaon zeigt.

---

[11] *Rev. Progs., No. 73, Bombay Land Transfer Note*, p. 62, *Gov. of India,* Oct. 1895, zit. in: N. Charlesworth, 1985, p. 169.

[12] N. Charlesworth, 1985, p. 168.

Rein ökonomisch gesehen kann eine arbeitsteilige Gesellschaft nicht ohne die Mobilität ihrer Bevölkerung, zumindest einzlner Segmente, entstehen und funktionieren. Gemäss Zensusangaben zeichnete sich jedoch in Indien kein landesweiter Trend zur Binnenmigration ab. Aufgrund der wenig flexiblen Erhebungskriterien ist es aber nicht weiter erstaunlich, wenn offizielle Statistiken zu diesem Schluss kommen. Jährliche Migrationsbilanzen für Bewegungen von Distrikt zu Distrikt können innerhalb einer Provinz zwar erstellt werden, hingegen ist es fast unmöglich, aussagekräftige Angaben zur saisonalen Wanderarbeit zu machen. Bates[13] betrachtet aber gerade die Binnenwanderung von Arbeitskräften als ein Schlüsselelement in der indischen Wirtschaftsgeschichte. Khandesh übte auf landsuchende Bauern der umliegenden Distrikte über Jahre hinweg eine grosse Attraktivität aus, was sich zwischen 1881 und 1911 in einem Ueberschuss an Immigranten niederschlug. Angesichts der demographischen Entwicklung im Distrikt blieb jedoch ihr Anteil bei steigenden absoluten Zahlen mehr oder weniger stabil und lag unter 10%.

Da in den offiziellen Erhebungen nur grenzüberschreitende Wanderungen an einem bestimmten Stichtag erfasst wurden, bleibt der eigentliche Mobilitätsgrad im regionalen und sub-regionalen Rahmen weiterhin im Dunkeln. Der Vormarsch der Baumwolle, eines in der Erntezeit äusserst arbeitsintensiven Produktes, hat die strukturelle Mobilität zweifellos erhöht und die Nachfrage nach Wanderarbeitern verstärkt. Nach übereinstimmenden Quellenaussagen konnten bei ungünstigen meteorologischen Bedingungen zeitweilen unüberbrückbare Engpässe entstehen, weil Baumwoll- und Getreideernte miteinander kollidierten und in einem solchen Fall nicht genügend Hände zur Verfügung standen. Potentielle Feldarbeiter liessen sich innerhalb des Distriktes rekrutieren, konnten aber auch von ausserhalb stammen. Insbesonders die Tatsache, dass im Zuge der Kommerzialisierung die Zahl der unrentablen Bauernhöfe und der Landlosen zunahmen, ist unter diesen Umständen von Bedeutung. Der Anteil der lohnabhängigen Feldarbeiter war in Khandesh denn auch massiv höher als in den umliegenden Distrikten. Bereits 1872 gehörten 25% der männlichen Arbeiterschaft zu dieser Gruppe, während es in Satara und Poona 10 bzw. 12% waren. Bis 1921 erhöhte sich in unserm Distrikt dieser Wert auf mehr als 30% - auch dies ein untrügliches Indiz eines kommerzialisierten Agrarsektors.

Keine Einigkeit herrscht in der Literatur darüber, wieweit die Kommerzialisierung der Landwirtschaft zu Umverteilungen geführt und die soziale Stratifikation begünstigt hat. Während eine ganze Reihe namhafter Historiker davon ausgeht, dass der Graben zwischen einer kleinen wohlhabenden und einflussreichen Agrarelite und der Masse armer Bauern im Laufe der Jahrzehnte progressiv grösser geworden sei, werden vereinzelt auch gegenteilige Ansichten geäussert.[14] Die Briten befassten sich erst um die Jahrhundertwende mit der Problematik des

---

13 C.N. Bates, 1985, in: MAS 19.

14 Eine Stratifikation bejahen: R. Kumar, 1968, in: D.A. Low, Hrsg.; N. Charlesworth 1978, in: C. Dewey &

sozialen Gefälles. Solche Fragen werden in den Quellen jedoch fast ausschliesslich unter einem quantitativen Blickwinkel beurteilt, indem beispielsweise Bestandeszahlen der wichtigsten landwirtschaftlichen Werkzeuge, der Fuhrwerke und Bewässerungsanlagen etc. miteinander verglichen wurden. Nur in wenigen Fällen liegt jedoch Material vor, das Rückschlüsse auf die von einzelnen Sozialgruppen kontrollierten Ressourcen erlauben würde. Eine soziale Differenzierung ist jedoch für Khandesh zumindest in Ansätzen möglich, denn die diesbezüglichen Inventardaten sind für einzelne Bezirke teilweise nach Steuerklassen aufgeschlüsselt. Aber auch so ist es keineswegs einfach, reiche und arme Bauern zu identifizieren. Der Besitz von Fuhrwerken kann sicher als ein Wohlstandsindikator unter vielen betrachtet werden, darin aber - wie dies Charlesworth über weite Strecken tut - das entscheidende Kriterium zu sehen, kann kaum mehr als ein Notbehelf sein. Sicher war die Kontrolle über Grund und Boden sowie andere Produktionsfaktoren ausschlaggebend, aber auch der Grad der Verschuldung oder der Zugang zum Kreditmarkt müssen neben den nackten Bestandesziffern herbeigezogen werden.

Schon 1850, vor dem grossen Strukturwandel in der Agrargesellschaft, beschreibt *Superintendent* A.F. Davidson anhand der im Osten Khandeshs gelegenen Bezirke Yavul und Savda eine dreigeteilte Gesellschaft: an der Spitze der gesellschaftlichen Pyramide wohlhabende Grundeigentümer, die ihren Besitz teilweise oder ganz verpachteten und sich im Handel betätigten, gefolgt von einer mittelständischen Schicht, die im Notfall ohne nennenswertes Fremdkapital auskommen konnte und in behaglichen Umständen lebte; am untern Ende der Skala schliesslich jene Bauern, die über keinen grossen ökonomischen Spielraum verfügten und in der Regel auf Geldverleiher angewiesen waren. Im Gegensatz zu den andern Distrikten des Dekkan, beispielsweise Satara, hat die Ausrichtung auf den Markt in Khandesh nicht zur Deformation der einstmals unabhängigen mittleren Bauernschaft geführt. Anderseits will dies nicht heissen, dass es nicht auch in Khandesh soziale Spannungen gegeben hätte. Wingate weist beispielsweise Mitte des Jahrhunderts in seinen Berichten auf die Kluft zwischen Reich und Arm hin und spricht von der Möglichkeit der gesellschaftlichen Auseinanderentwicklung. In den Augen der Kolonialmacht hat sich die materielle Situation der Bevölkerungsmehrheit in der zweiten Hälfte des 19. Jahrhunderts jedoch generell verbessert, was als Früchte der eigenen Wirtschaftspolitik gewertet wurde. Wachsende Produktionsmittelbestände waren tatsächlich nicht nur in den wirtschaftlich starken Gebieten des Ostens, sondern praktisch in allen Teilen des Distrikts festzustellen. Aufgrund der vorliegenden Angaben kann zudem gesagt werden, dass der Wachstumsprozess in den untersuchten Beispielen in steuermässig hoch und tief eingeschätzten Dörfern parallel erfolgte. Trotzdem konnten sowohl horizontal als auch vertikal erhebliche soziale Disparitäten auftreten.

---

A.G. Hopkins, Hrsg.; N. Charlesworth, 1985, Kap. 6; J. Banaji, 1977, in: EPW 12 (Special Number 33 & 34); Shri Prakash, 1985, in: MAS 19 (3); S.C. Mishra, 1982, hingegen verneint die Auseinanderentwicklung für Bombay.

Massgeblichen Einfluss auf die materiellen Umstände der Bevölkerung übte in einem ausgeprägten Agrardistrikt wie dem unsern das Preisverhalten aus. Im Einklang mit der landesweiten Tendenz waren in Khandesh in der zweiten Jahrhunderthälfte steigende Preise für *food crops* und *cash crops* zu registrieren, wenngleich das Preisniveau der Nahrungsmittel markant tiefer als jenes von Baumwolle war. Die stärkere Verflechtung der einstmals getrennten regionalen Märkte wirkte sich auch hier langfristig ausgleichend auf die Produktepreise aus, wobei innerhalb des Distrikts aber erst nach der Jahrhundertwende eine fast vollständige Konvergenz erreicht war. Die Einkommenssituation unabhängiger Agrarproduzenten dürfte sich vor dem Hintergrund der beobachteten Flächenzunahme von Baumwolle generell verbessert haben und - vermutlich - die infolge höherer Nahrungsmittelpreise und tieferem Selbstversorgungsgrad gestiegenen Lebenshaltungskosten wettgemacht haben. Die grosse Nachfrage nach Arbeitskräften, in Khandesh über lange Zeit Mangelware, führte jedoch im grossen und ganzen nicht zu steigenden Löhnen, obwohl dies im Schatten des Baumwollbooms oder grosser Infrastrukturbauten im Verkehrswesen kurzzeitig der Fall sein konnte. Die wenigen unserseits vorliegenden Daten lassen keinen klaren Trend erkennen und scheinen die These real stagnierender Löhne, wie sie Guha und Krishnamurty vertreten, zu bestätigen.[15]

Die Ausrichtung der Agrarproduktion auf Rohstoffe hat in Khandesh die soziale Mobilität verstärkt und Möglichkeiten für gesellschaftlichen Auf-, aber auch Abstieg geschaffen. Ein grosser Teil der bäuerlichen Mittelschicht hat seine Position in der zweiten Hälfte gehalten oder gar leicht verbessert, was sich u.a. durch ihren Einstieg ins Kreditgeschäft belegen lässt. Auf der andern Seite gibt es aber auch Anzeichen einer zunehmenden Stratifikation sowohl innerhalb der Bauernschaft selber, als auch zwischen den Agrarproduzenten und der Lohnarbeiterschaft, ohne dass allerdings der bäuerliche Mittelstand deformiert worden wäre.

---

[15] S. Guha, 1981, pp. 82ff.; S. Krishnamurty, 1987, in: IESHR 24, pp. 81 ff.

# Anhang

Tabelle A1: Ackerfläche und Steuerertrag in Khandesh: 1818-1880

| Jahr | (1) Tillage Area [bighas/acr.] | (2) in acres umgerechnet | (3) Net Collections (minus Remissions) | (4) Land Revenue for Collection | (5) Remissions |
|---|---|---|---|---|---|
| 1818-19 | 603'132 | 452'349 | 1'186'960 | | |
| 1819-20 | 701'521 | 526'141 | 1'334'112 | | |
| 1820-21 | 786'321 | 589'741 | 1'403'930 | | |
| 1821-22 | 769'801 | 577'351 | 1'376'699 | | |
| 1822-23 | 669'025 | 501'769 | 1'122'708 | | |
| 1823-24 | 693'229 | 519'922 | 1'222'746 | | |
| 1824-25 | 709'299 | 531'974 | 690'443 | | |
| 1825-26 | 823'190 | 617'393 | 1'299'811 | | |
| 1826-27 | 824'243 | 618'182 | 1'195'123 | | |
| 1827-28 | 850'295 | 637'721 | 1'305'297 | | |
| 1828-29 | 835'781 | 626'836 | 1'175'196 | | |
| 1829-30 | 782'529 | 586'897 | 1'001'457 | | |
| 1830-31 | 820'592 | 615'444 | 1'242'790 | | |
| 1831-32 | 800'559 | 600'419 | 1'129'045 | | |
| 1832-33 | 760'201 | 570'151 | 843'598 | | |
| 1833-34 | 828'757 | 621'568 | 1'214'635 | | |
| 1834-35 | 987'173 | 740'380 | 1'306'488 | | |
| 1835-36 | 1'056'300 | 792'225 | 1'390'057 | | |
| 1836-37 | 1'133'960 | 850'470 | 1'273'343 | | |
| 1837-38 | 1'201'157 | 900'868 | 1'314'474 | | |
| 1838-39 | 1'172'030 | 879'023 | 850'744 | | |
| 1839-40 | 1'232'027 | 924'020 | 1'478'856 | | |
| 1840-41 | 1'189'083 | 891'812 | 1'357'926 | | |
| 1841-42 | 1'222'432 | 916'824 | 1'421'544 | | |
| 1842-43 | 1'203'382 | 902'537 | 1'480'167 | | |
| 1843-44 | 1'196'056 | 897'042 | 1'470'519 | | |
| 1844-45 | 1'159'803 | 869'852 | 1'156'669 | | |
| 1845-46 | 1'268'648 | 951'486 | 982'353 | | |
| 1846-47 | 1'429'431 | 1'072'073 | 1'751'659 | | |
| 1847-48 | 1'466'010 | 1'099'508 | 1'794'280 | | |
| 1848-49 | 1'402'758 | 1'052'069 | 1'644'900 | | |
| 1849-50 | 1'364'050 | 1'023'038 | 1'697'380 | | |
| 1850-51 | 1'356'808 | 1'017'606 | 1'636'280 | | |
| 1851-52 | 1'436'035 | 1'077'026 | 1'788'045 | | |
| 1852-53 | 1'171'237 | 1'171'237 | 1'955'869 | 1'969'311 | 13'442 |
| 1853-54 | 1'198'785 | 1'198'785 | 1'717'774 | 1'865'541 | 147'767 |
| 1854-55 | 1'286'334 | 1'286'334 | 1'992'962 | 2'008'780 | 15'818 |
| 1855-56 | 1'294'644 | 1'294'644 | 1'112'223 | 1'576'128 | 463'905 |
| 1856-57 | 1'363'813 | 1'363'813 | 1'991'795 | 2'015'633 | 23'838 |
| 1857-58 | 1'443'832 | 1'443'832 | 1'980'773 | 2'039'070 | 58'297 |
| 1858-59 | 1'574'222 | 1'574'222 | 2'084'833 | 2'148'208 | 63'375 |
| 1859-60 | 1'624'980 | 1'624'980 | 2'217'196 | 2'269'375 | 52'179 |

Fortsetzung Tabelle A1

| Jahr | (1) Tillage Area [bighas/acr.] | (2) in acres umgerechnet | (3) Net Collections (minus Remissions) | (4) Land Revenue for Collection | (5) Remisssions |
|---|---|---|---|---|---|
| 1860-61 | 1'685'025 | 1'685'025 | 2'112'664 | 2'235'280 | 122'616 |
| 1861-62 | 1'814'289 | 1'814'289 | 2'509'143 | 2'528'162 | 19'019 |
| 1862-63 | 1'896'831 | 1'896'831 | 2'586'877 | 2'613'965 | 27'088 |
| 1863-64 | 2'084'869 | 2'084'869 | 2'763'009 | 2'813'874 | 50'865 |
| 1864-65 | 2'336'112 | 2'336'112 | 2'910'097 | 3'009'958 | 99'861 |
| 1865-66 | 2'431'579 | 2'431'579 | 3'166'982 | 3'242'835 | 75'853 |
| 1866-67 | 2'471'186 | 2'471'186 | 3'273'729 | 3'308'644 | 34'915 |
| 1867-68 | 2'518'549 | 2'518'549 | 3'247'430 | 3'262'286 | 14'856 |
| 1868-69 | 2'601'065 | 2'601'065 | 3'208'790 | 3'234'068 | 25'278 |
| 1869-70 | 2'249'673 | 2'249'673 | 2'967'555 | 2'968'274 | 719 |
| 1870-71 | 2'385'605 | 2'385'605 | 3'024'803 | 3'030'618 | 5'815 |
| 1871-72 | 2'399'810 | 2'399'810 | 2'275'999 | 2'651'207 | 375'208 |
| 1872-73 | 2'383'414 | 2'383'414 | 2'993'213 | 3'010'249 | 17'036 |
| 1873-74 | 2'362'643 | 2'362'643 | 2'967'185 | 2'981'310 | 14'125 |
| 1874-75 | 2'375'945 | 2'375'945 | 2'968'837 | 2'991'752 | 22'915 |
| 1875-76 | 2'415'638 | 2'415'638 | 3'013'010 | 3'020'902 | 7'892 |
| 1876-77 | 2'484'193 | 2'484'193 | 2'996'513 | 3'017'802 | 21'289 |
| 1877-78 | 2'548'638 | 2'548'638 | 3'026'907 | 3'038'006 | 11'099 |
| 1878-79 | 2'603'073 | 2'603'073 | 3'099'059 | 3'100'690 | 1'631 |
| 1879-80 | 2'759'793 | 2'759'793 | 3'158'493 | 3'161'010 | 2'517 |

Bemerkungen: 1868-69 vier Bezirke an Nasik abgetreten; (1) Werte für 1818-1852 in 'bighas' (3/4 acres); 1852-1880 in 'acres' angegeben (Umrechnungsfaktor 0.75).

Quellen: GBP, Vol. XII (1880), pp. 289, 303.

Tabelle A2: Index der Ackerfläche und des Steuerertrags in Khandesh: 1818-1890

| Jahr | (1) acreage Zunahme in % der Vorperiode | (2) acreage Index 1818=100 | (3) revenue Zunahme in % der Vorperiode | (4) revenue Index 1818=100 |
|---|---|---|---|---|
| 1818-19 | | 100 | | 100 |
| 1819-20 | 16 | 116 | 12 | 112 |
| 1820-21 | 12 | 130 | 5 | 118 |
| 1821-22 | -2 | 128 | -2 | 116 |
| 1822-23 | -13 | 111 | -18 | 95 |
| 1823-24 | 4 | 115 | 9 | 103 |
| 1824-25 | 2 | 118 | -44 | 58 |
| 1825-26 | 16 | 136 | 88 | 110 |
| 1826-27 | 0 | 137 | -8 | 101 |
| 1827-28 | 3 | 141 | 9 | 110 |
| 1828-29 | -2 | 139 | -10 | 99 |
| 1829-30 | -6 | 130 | -15 | 84 |
| 1830-31 | 5 | 136 | 24 | 105 |
| 1831-32 | -2 | 133 | -9 | 95 |
| 1832-33 | -5 | 126 | -25 | 71 |
| 1833-34 | 9 | 137 | 44 | 102 |
| 1834-35 | 19 | 164 | 8 | 110 |
| 1835-36 | 7 | 175 | 6 | 117 |
| 1836-37 | 7 | 188 | -8 | 107 |
| 1837-38 | 6 | 199 | 3 | 111 |
| 1838-39 | -2 | 194 | -35 | 72 |
| 1839-40 | 5 | 204 | 74 | 125 |
| 1840-41 | -3 | 197 | -8 | 114 |
| 1841-42 | 3 | 203 | 5 | 120 |
| 1842-43 | -2 | 200 | 4 | 125 |
| 1843-44 | -1 | 198 | -1 | 124 |
| 1844-45 | -3 | 192 | -21 | 97 |
| 1845-46 | 9 | 210 | -15 | 83 |
| 1846-47 | 13 | 237 | 78 | 148 |
| 1847-48 | 3 | 243 | 2 | 151 |
| 1848-49 | -4 | 233 | -8 | 139 |
| 1849-50 | -3 | 226 | 3 | 143 |
| 1850-51 | -1 | 225 | -4 | 138 |
| 1851-52 | 6 | 238 | 9 | 151 |
| 1852-53 | 9 | 259 | 9 | 165 |
| 1853-54 | 2 | 265 | -12 | 145 |
| 1854-55 | 7 | 284 | 16 | 168 |
| 1855-56 | 1 | 286 | -44 | 94 |
| 1856-57 | 5 | 302 | 79 | 168 |
| 1857-58 | 6 | 319 | -1 | 167 |
| 1858-59 | 9 | 348 | 5 | 176 |
| 1859-60 | 3 | 359 | 6 | 187 |

Fortsetzung Tabelle A2

| Jahr | (1) acreage Zunahme in % der Vorperiode | (2) acreage Index 1818=100 | (3) revenue Zunahme in % der Vorperiode | (4) revenue Index 1818=100 |
|---|---|---|---|---|
| 1860-61 | 4 | 373 | -5 | 178 |
| 1861-62 | 8 | 401 | 19 | 211 |
| 1862-63 | 5 | 419 | 3 | 218 |
| 1863-64 | 10 | 461 | 7 | 233 |
| 1864-65 | 12 | 516 | 5 | 245 |
| 1865-66 | 4 | 538 | 9 | 267 |
| 1866-67 | 2 | 546 | 3 | 276 |
| 1867-68 | 2 | 557 | -1 | 274 |
| 1868-69 | 3 | 575 | -1 | 270 |
| 1869-70 | -14 | 497 | -8 | 250 |
| 1870-71 | 6 | 527 | 2 | 255 |
| 1871-72 | 1 | 531 | -25 | 192 |
| 1872-73 | -1 | 527 | 32 | 252 |
| 1873-74 | -1 | 522 | -1 | 250 |
| 1874-75 | 1 | 525 | 0 | 250 |
| 1875-76 | 2 | 534 | 1 | 254 |
| 1876-77 | 3 | 549 | -1 | 252 |
| 1877-78 | 3 | 563 | 1 | 255 |
| 1878-79 | 2 | 575 | 2 | 261 |
| 1879-80 | 6 | 610 | 2 | 266 |

Bemerkungen: 1868-69 vier Bezirke an Nasik abgetreten; (1) Werte für 1818-1852 in 'bighas' (3/4 acres); 1852-1880 in 'acres' angegeben (Umrechnungsfaktor 0.75).

Quellen: GBP, Vol. XII (1880), pp. 289, 303.

Tabelle A3: Bevölkerung und Dichte in ausgew. Bezirken Khandeshs: 1872-1911

| (1) | (2) | (3) | (4) | (5) |
|---|---|---|---|---|
| | | | Einwohner pro Sqm. | |
| 1872 | E | Tot. A. | Surveyed A. | Kultivierte A. |
| Amalner | 79'863 | 151 | 151 | 237 |
| Bhusaval | 84'245 | 148 | 149 | 314 |
| Chalisgaon | 44'568 | 88 | 94 | 212 |
| Chopda | 51'581 | 104 | 175 | 291 |
| Dhulia | 66'929 | 88 | 88 | 127 |
| Erandol | 76'689 | 167 | 169 | 254 |
| Jamner | 70'331 | 134 | 135 | 276 |
| Nandurbar | 45'285 | 67 | 139 | 243 |
| Nasirabad | 60'109 | 188 | 189 | 181 |
| Pachora | 84'880 | 140 | 168 | 502 |
| Pimpalner | 60'125 | 48 | 64 | 218 |
| Savda | 124'519 | 144 | 263 | 366 |
| Shahada | 46'228 | 94 | 102 | 263 |
| Shirpur | 34'642 | 45 | 139 | 253 |
| Taloda | 35'278 | 30 | 276 | 413 |
| Virdel | 63'350 | 125 | 125 | 218 |
| Mittelwert | | 107 | 152 | 276 |

1891

| (1) | (2) | (3) | (4) | (5) |
|---|---|---|---|---|
| Amalner | 109'841 | 208 | 259 | |
| Bhusaval | 114'011 | 200 | 290 | |
| Chalisgaon | 74'880 | 149 | 237 | |
| Chopda | 72'819 | 147 | 314 | |
| Dhulia | 98'142 | 129 | 207 | |
| Erandol | 105'808 | 230 | 278 | |
| Jamner | 87'230 | 166 | 255 | |
| Nandurbar | 105'866 | 157 | 365 | |
| Nasirabad | 83'982 | 263 | 352 | |
| Pachora | 115'270 | 215 | 285 | |
| Pimpalner | 59'278 | 47 | 117 | |
| Shahada | 64'733 | 132 | 230 | |
| Shirpur | 56'012 | 74 | 289 | |
| Taloda | 56'775 | 48 | 565 | |
| Virdel* | 73'385 | 145 | 183 | |
| Mittelwert | | 154 | 282 | |

Fortsetzung Tabelle A3

| (1) | (2) | (3) | (4) | (5) |
|---|---|---|---|---|
| | | | Einwohner pro Sqm. | |
| 1901 | E | Tot. A. | Surveyed A. | Kultivierte A. |
| Amalner | 111'293 | 210 | | 273 |
| Bhusaval | 109'306 | 192 | | 290 |
| Chalisgaon | 90'837 | 180 | | 299 |
| Chopda | 75'550 | 152 | | 332 |
| Dhulia | 104'952 | 138 | | 258 |
| Erandol | 105'840 | 230 | | 289 |
| Jamner | 91'739 | 175 | | 250 |
| Nandurbar | 87'437 | 130 | | 354 |
| Nasirabad | 85'151 | 267 | | 374 |
| Pachora | 125'336 | 234 | | 323 |
| Pimpalner | 56'638 | 45 | | 164 |
| Shahada | 59'758 | 122 | | 221 |
| Shirpur | 50'177 | 66 | | 253 |
| Taloda | 33'881 | 29 | | 337 |
| Virdel* | 76'811 | 152 | | 204 |
| Mittelwert | | 155 | | 281 |

1911

| (1) | (2) | (3) | (4) | (5) |
|---|---|---|---|---|
| Amalner | 130'781 | 247 | | 350 |
| Bhusaval | 126'620 | 222 | | 348 |
| Chalisgaon | 99'235 | 197 | | 321 |
| Chopda | 82'688 | 167 | | 360 |
| Dhulia | 129'147 | 170 | | 292 |
| Erandol | 112'183 | 244 | | 316 |
| Jamner | 98'323 | 187 | | 272 |
| Nandurbar | 115'483 | 172 | | 234 |
| Nasirabad | 94'041 | 295 | | 433 |
| Pachora | 120'448 | 225 | | 313 |
| Pimpalner | 73'053 | 58 | | 196 |
| Shahada | 68'409 | 140 | | 233 |
| Shirpur | 57'642 | 76 | | 275 |
| Taloda | 47'835 | 40 | | 395 |
| Virdel* | 89'154 | 176 | | 235 |
| Mittelwert | | 174 | | 305 |

Legende: E Einwohner, A Area, Sqm Squaremile; * Virdel (Sindkheda), Pimpalner (Sakri).
Quellen: GBP, Khandesh (diverse Jahrgänge).

Tabelle A4a: Verstädterung im Dekkan: 1881-1921

| (1) | (2) | (3) | (4) | (5) | (6) | (7) | (8) | (9) | (10) | (11) |
|---|---|---|---|---|---|---|---|---|---|---|
| | 1881 | | 1891 | | 1901 | | 1911 | | 1921 | |
| Distrikt | Urban | Rural | Urban | Rural | Urban | Rural | Urban | Rural | Urban | Rural |
| Khandesh | 199'959 | 1'037'272 | 286'175 | 1'192'676 | 290'317 | 1'137'065 | 294'742 | 1'321'867 | 321'435 | 1'396'249 |
| Nasik | 86'291 | 694'915 | 102'561 | 741'021 | 96'742 | 719'762 | 107'640 | 707'390 | 144'566 | 688'010 |
| Ahmednagar | 74'451 | 676'777 | 130'002 | 758'753 | 91'280 | 746'415 | 95'071 | 849'634 | 87'596 | 643'956 |
| Poona | 166'566 | 734'055 | 217'728 | 850'072 | 220'113 | 775'217 | 239'262 | 832'250 | 278'261 | 730'772 |
| Sholapur | 110'535 | 471'952 | 128'313 | 622'376 | 154'733 | 566'244 | 131'586 | 636'744 | 197'726 | 544'284 |
| Satara | 124'090 | 938'260 | 110'720 | 1'115'269 | 98'760 | 1'047'799 | 81'455 | 999'823 | 93'473 | 932'786 |
| Dekkan | 761'892 | 4'553'231 | 957'499 | 5'280'167 | 951'945 | 4'992'502 | 950'356 | 5'436'708 | 1'123'057 | 4'936'057 |

Legende: (2) bis (5), Angaben für 'towns' und 'villages'.

Quelle: Census of India, 1881, Bombay, Vol. II, App. A, p. 1; Census of India, 1891, Bombay, Vol. VIII, Part 2, Imperial Tables, p. 2; Census of India, 1901, Bombay, Vol. IX.-A, Part 2, Imperial Tables, p. 2-3; Census of India, 1911, Bombay, Vol. VII, Part 2, Imperial Tables, p. 2; Census of India, 1921, Bombay, Vol. VIII, Part 2, Tables, p. 2.

Tabelle A4b: Verstädterung im Dekkan: 1871-1911 (in %)

| (1) | (2) | (3) | (4) | (5) | (6) | (7) | (8) | (9) | (10) | (11) |
|---|---|---|---|---|---|---|---|---|---|---|
| | 1881 | | 1891 | | 1901 | | 1911 | | 1921 | |
| Distrikt | Urban | Rural | Urban | Rural | Urban | Rural | Urban | Rural | Urban | Rural |
| Dekkan | 14 | 86 | 15 | 85 | 16 | 84 | 15 | 85 | 19 | 81 |
| Khandesh | 16 | 84 | 19 | 81 | 20 | 80 | 18 | 82 | 19 | 81 |
| Nasik | 11 | 89 | 12 | 88 | 12 | 88 | 13 | 87 | 17 | 83 |
| Ahmednagar | 10 | 90 | 15 | 85 | 11 | 89 | 10 | 90 | 12 | 88 |
| Poona | 18 | 82 | 20 | 80 | 22 | 78 | 22 | 78 | 28 | 72 |
| Sholapur | 19 | 81 | 17 | 83 | 21 | 79 | 17 | 83 | 27 | 73 |
| Satara | 12 | 88 | 9 | 91 | 9 | 91 | 8 | 92 | 9 | 91 |

Legende: 1891: (2) bis (5), Angaben für 'towns' und 'villages'.

Quellen: Berechnet aus: Census of India, 1881, Bombay, Vol. II, App. A, p. 1; Census of India, 1891, Bombay, Vol. VIII, Part 2, Imperial Tables, p. 2; Census of India, 1901, Bombay, Vol. IX.-A, Part 2, Imperial Tables, p. 2-3; Census of India, 1911, Bombay, Vol. VII, Part 2, Imperial Tables, p. 2; Census of India, 1921, Bombay, Vol. VIII, Part 2, Tables, p. 2.

Tabelle A5: Verstädterung in Khandesh: 1901-1921

| | 1901 | | | | 1911 | | | | 1921 | | | |
|---|---|---|---|---|---|---|---|---|---|---|---|---|
| Taluka | Urban | % | Rural | % | Urban | % | Rural | % | Urban | % | Rural | % |
| Amalner | 23'762 | 21 | 87'531 | 79 | 27'409 | 21 | 103'372 | 79 | 17'072 | 19 | 74'400 | 81 |
| Bhusaval | 27'895 | 26 | 81'420 | 74 | 29'318 | 23 | 97'302 | 77 | 36'729 | 27 | 99'548 | 73 |
| Chalisgaon | 10'243 | 11 | 80'594 | 89 | 9'453 | 10 | 89'782 | 90 | 12'007 | 12 | 90'467 | 88 |
| Chopda | 24'595 | 33 | 50'955 | 67 | 23'223 | 28 | 59'465 | 72 | 22'467 | 27 | 60'340 | 73 |
| Dhulia | 29'029 | 28 | 75'923 | 72 | 35'168 | 27 | 93'979 | 73 | 30'605 | 22 | 106'003 | 78 |
| Erandol | 30'122 | 28 | 75'718 | 72 | 33'900 | 29 | 83'283 | 71 | 32'628 | 33 | 66'159 | 67 |
| Jamner | 12'880 | 14 | 78'859 | 86 | 13'422 | 14 | 84'901 | 86 | 15'362 | 15 | 87'714 | 85 |
| Nandurbar | 10'922 | 12 | 76'515 | 88 | 11'839 | 10 | 103'644 | 90 | 13'842 | 18 | 64'863 | 82 |
| Jalgaon | 28'435 | 33 | 56'716 | 67 | 36'241 | 39 | 57'800 | 61 | 41'457 | 42 | 56'507 | 58 |
| Pachora | 20'479 | 16 | 104'857 | 84 | 15'942 | 13 | 104'506 | 87 | 20'304 | 16 | 109'362 | 84 |
| Pimpalner | KA | | 56'638 | | KA | | 73'053 | | KA | | 59'596 | |
| Shahada | 9'086 | 15 | 50'672 | 85 | 8'636 | 13 | 59'773 | 87 | 4'973 | 7 | 64'467 | 93 |
| Shirpur | 9'023 | 18 | 41'154 | 82 | 4'374 | 8 | 53'268 | 92 | 8'669 | 15 | 48'054 | 85 |
| Sindkheda | 9'035 | 12 | 67'776 | 88 | 9'434 | 11 | 79'720 | 89 | 9'670 | 11 | 82'032 | 89 |
| Taloda | 6'592 | 19 | 27'289 | 81 | 6'935 | 14 | 41'800 | 86 | 7'014 | 13 | 46'167 | 87 |
| Yavul | 21'629 | 26 | 60'670 | 74 | 16'296 | 19 | 68'973 | 81 | KA | | KA | |
| Raver | 16'590 | 21 | 63'778 | 79 | 14'052 | 17 | 66'246 | 83 | 16'590 | 20 | 67'100 | 80 |
| Paroia | KA | | KA | | KA | | KA | | 12'079 | 20 | 48'184 | 80 |
| Nawapur | KA | | KA | | KA | | KA | | KA | | 67'310 | |
| Khandesh | 290'317 | | 1'137'065 | | 294'742 | | 1'321'867 | | 321'435 | | 1'396'252 | |

Quellen: 1881: Census of India, 1881, Bombay, Vol. II, Statistical Tables, App. A, p. 1; 1891: Census of India, 1891, Bombay, Vol. VIII, Part 2, Imperial Tables, p. 2; 1901: GBP, Vol.XII-B, (1905), Khandesh and Mehwas Estates, p. 6; 1911: GBP, Vol.XII-B, (1914), Khandesh and Mehwas Estates, pp. 1-2; 1921: GBP, Vol.XII-B, (1926), Khandesh (East and West) and Mewas Estates, p. 1, p. 61.

Tabelle A6: Einwohnerzahl und Rang von Städten in Khandesh: 1872-1921

| | 1872 | | 1881 | | 1891 | | 1901 | | 1911 | | 1921 | |
|---|---|---|---|---|---|---|---|---|---|---|---|---|
| Stadt | Bev. | Rang | Bev. | Rang | Bev. | Rang | Bev. | Rang | Bev. | Rang | Bev. | Rang |
| Adavad | 4'455 | 24 | 5'093 | 23 | 5'941 | 20 | 5'983 | 23 | 6'215 | 18 | 5'537 | 26 |
| Amalner | 7'564 | 9 | 7'627 | 12 | 7'978 | 14 | 10'294 | 11 | 13'232 | 7 | 17'072 | 4 |
| Asoda | KA | 29 | 4'459 | 26 | 4'696 | 28 | 5'254 | 27 | 5'341 | 23 | 5'559 | 23 |
| Betawad | 3'338 | 28 | 3'046 | 32 | 3'372 | 32 | 4'014 | 31 | 4'170 | 31 | 3'967 | 33 |
| Bhadgaon | 6'153 | 16 | 6'537 | 16 | 7'287 | 16 | 7'956 | 16 | 5'346 | 22 | 7'192 | 19 |
| Bhusaval | 6'804 | 13 | 9'613 | 9 | 13'169 | 6 | 16'369 | 3 | 18'312 | 2 | 25'557 | 2 |
| Bodwad | 5'197 | 20 | 5'282 | 22 | 5'664 | 23 | 5'670 | 25 | 6'039 | 19 | 5'796 | 21 |
| Chalisgaon | 3'941 | 26 | 4'885 | 24 | 8'138 | 12 | 10'243 | 12 | 9'453 | 11 | 12'007 | 11 |
| Chopda | 13'699 | 1 | 13'932 | 2 | 15'655 | 2 | 18'612 | 2 | 17'008 | 4 | 16'930 | 5 |
| Dharangaon | 11'087 | 4 | 13'081 | 3 | 15'072 | 3 | 14'172 | 5 | 15'607 | 5 | 14'824 | 6 |
| Dhulia | 12'489 | 2 | 18'449 | 1 | 21'880 | 1 | 24'726 | 1 | 30'800 | 1 | 29'497 | 1 |
| Erandol | 11'071 | 5 | 11'501 | 5 | 12'557 | 7 | 11'885 | 8 | 13'144 | 8 | 12'489 | 8 |
| Faizpur | 8'365 | 8 | 9'640 | 8 | 9'535 | 11 | 10'181 | 13 | 7'149 | 14 | 9'079 | 13 |
| Jalgaon | 6'893 | 12 | 9'918 | 7 | 14'672 | 4 | 16'259 | 4 | 17'867 | 3 | 23'710 | 3 |
| Jamner | 5'309 | 18 | 5'705 | 17 | 6'191 | 19 | 6'457 | 19 | 6'623 | 17 | 7'248 | 18 |
| Kasoda | KA | 31 | 3'953 | 30 | 4'155 | 30 | 4'065 | 30 | 5'149 | 25 | 5'537 | 25 |
| Nagardeola | KA | 30 | 4'607 | 25 | 5'277 | 26 | 6'050 | 22 | 5'451 | 21 | 5'537 | 24 |
| Nandurbar | 7'205 | 11 | 6'841 | 15 | 7'670 | 15 | 10'922 | 10 | 11'839 | 10 | 13'134 | 7 |
| Nasirabad | 9'941 | 6 | 10'243 | 6 | 11'462 | 8 | 12'176 | 7 | 13'033 | 9 | 12'188 | 9 |
| Nawapur | KA | NK | KA | NK | KA | NK | KA | NK | KA | NK | 5'095 | 28 |
| Pachora | 2'723 | 29 | 3'412 | 31 | 5'427 | 25 | 6'437 | 20 | 5'145 | 26 | 7'575 | 17 |
| Parola | 12'235 | 3 | 12'354 | 4 | 14'478 | 5 | 13'468 | 6 | 14'177 | 6 | 12'079 | 10 |
| Prakasha | 3'649 | 27 | 5'651 | 19 | 3'684 | 31 | 3'687 | 32 | 3'830 | 32 | 3'604 | 34 |
| Raver | 6'558 | 15 | 7'482 | 14 | 6'788 | 18 | 7'870 | 17 | 7'428 | 13 | 8'626 | 14 |
| Sakri | KA | NK | KA | NK | KA | NK | KA | NK | KA | NK | 1'187 | 35 |
| Savda | 7'552 | 10 | 8'642 | 11 | 7'142 | 17 | 8'720 | 15 | 6'624 | 16 | 7'964 | 16 |
| Shahada | 5'212 | 19 | 5'441 | 21 | 5'510 | 24 | 5'399 | 26 | 4'806 | 28 | 4'973 | 29 |
| Shendurni | 5'350 | 17 | 5'644 | 20 | 5'676 | 22 | 6'423 | 21 | 6'799 | 15 | 8'114 | 15 |
| Shirpur | 6'571 | 14 | 7'613 | 13 | 10'142 | 10 | 9'023 | 14 | 4'374 | 29 | KA | NK |
| Shirpur B. | KA | NK | KA | NK | KA | NK | KA | NK | KA | NK | 4'441 | 30 |
| Shirpur K. | KA | NK | KA | NK | KA | NK | KA | NK | KA | NK | 4'228 | 32 |
| Sindkheda | 4'501 | 23 | 4'293 | 27 | 4'713 | 23 | 5'021 | 28 | 5'264 | 24 | 5'703 | 22 |
| Songir | 4'618 | 22 | 4'272 | 28 | 4'277 | 29 | 4'303 | 29 | 4'368 | 30 | 4'307 | 31 |
| Taloda | 5'145 | 21 | 5'663 | 18 | 8'094 | 13 | 6'592 | 18 | 6'035 | 20 | 6'850 | 20 |
| Varangaon | 4'337 | 25 | 4'211 | 29 | 5'769 | 21 | 5'862 | 24 | 4'967 | 27 | 5'367 | 27 |
| Yaval | 8'883 | 7 | 8'889 | 10 | 10'800 | 9 | 11'448 | 9 | 9'147 | 12 | 10'888 | 12 |

Legende: KA Keine Angaben; NK Nicht Klassiert.

Quelle: GBP, Vol.XII-B, Khandesh (East & West) and Mewas Estates (1926), p.5, p. 65.

Tabelle A7: Ausdehnung der Kulturfläche in Khandesh: 1818-1914

| Jahr | (1) bebaute Ackerfläche | (2) Zunahme in % der Vorperiode | (3) Index 1818=100 |
|---|---|---|---|
| 1818-19 | 452'349 | | 100 |
| 1819-20 | 526'141 | 16 | 116 |
| 1820-21 | 589'741 | 12 | 130 |
| 1821-22 | 577'351 | -2 | 128 |
| 1822-23 | 501'769 | -13 | 111 |
| 1823-24 | 519'922 | 4 | 115 |
| 1824-25 | 531'974 | 2 | 118 |
| 1825-26 | 617'393 | 16 | 136 |
| 1826-27 | 618'182 | 0 | 137 |
| 1827-28 | 637'721 | 3 | 141 |
| 1828-29 | 626'836 | -2 | 139 |
| 1829-30 | 586'897 | -6 | 130 |
| 1830-31 | 615'444 | 5 | 136 |
| 1831-32 | 600'419 | -2 | 133 |
| 1832-33 | 570'151 | -5 | 126 |
| 1833-34 | 621'568 | 9 | 137 |
| 1834-35 | 740'380 | 19 | 164 |
| 1835-36 | 792'225 | 7 | 175 |
| 1836-37 | 850'470 | 7 | 188 |
| 1837-38 | 900'868 | 6 | 199 |
| 1838-39 | 879'023 | -2 | 194 |
| 1839-40 | 924'020 | 5 | 204 |
| 1840-41 | 891'812 | -3 | 197 |
| 1841-42 | 916'824 | 3 | 203 |
| 1842-43 | 902'537 | -2 | 200 |
| 1843-44 | 897'042 | -1 | 198 |
| 1844-45 | 869'852 | -3 | 192 |
| 1845-46 | 951'486 | 9 | 210 |
| 1846-47 | 1'072'073 | 13 | 237 |
| 1847-48 | 1'099'508 | 3 | 243 |
| 1848-49 | 1'052'069 | -4 | 233 |
| 1849-50 | 1'023'038 | -3 | 226 |
| 1850-51 | 1'017'606 | -1 | 225 |
| 1851-52 | 1'077'026 | 6 | 238 |
| 1852-53 | 1'171'237 | 9 | 259 |
| 1853-54 | 1'198'785 | 2 | 265 |
| 1854-55 | 1'286'334 | 7 | 284 |
| 1855-56 | 1'294'644 | 1 | 286 |
| 1856-57 | 1'363'813 | 5 | 301 |
| 1857-58 | 1'443'832 | 6 | 319 |
| 1858-59 | 1'574'222 | 9 | 348 |
| 1859-60 | 1'624'980 | 3 | 359 |
| 1860-61 | 1'685'025 | 4 | 373 |
| 1861-62 | 1'814'289 | 8 | 401 |
| 1862-63 | 1'896'831 | 5 | 419 |
| 1863-64 | 2'084'869 | 10 | 461 |
| 1864-65 | 2'336'112 | 12 | 516 |
| 1865-66 | 2'431'579 | 4 | 538 |
| 1866-67 | 2'471'186 | 2 | 546 |
| 1867-68 | 2'518'549 | 2 | 557 |
| 1868-69 | 2'601'065 | 3 | 575 |
| 1869-70 | 2'249'673 | -14 | 497 |
| 1870-71 | 2'385'605 | 6 | 527 |
| 1871-72 | 2'003'633 | -16 | 443 |
| 1872-73 | 1'876'948 | -6 | 415 |
| 1873-74 | 2'361'834 | 26 | 522 |
| 1874-75 | 2'375'945 | 1 | 525 |
| 1875-76 | 2'415'638 | 2 | 534 |
| 1876-77 | 2'274'254 | -6 | 503 |
| 1877-78 | 2'365'378 | 4 | 523 |
| 1878-79 | 2'440'546 | 3 | 540 |
| 1879-80 | 2'499'569 | 2 | 553 |

Fortsetzung Tabelle A7

| Jahr | (1) bebaute Ackerfläche | (2) Zunahme in % der Vorperiode | (3) Index 1818=100 |
|---|---|---|---|
| 1880-81 | 2'640'358 | 6 | 584 |
| 1881-82 | 2'681'947 | 2 | 593 |
| 1882-83 | 2'693'256 | 0 | 595 |
| 1883-84 | 3'010'556 | 12 | 666 |
| 1884-85 | 3'026'433 | 1 | 669 |
| 1885-86 | 2'893'688 | -4 | 640 |
| 1886-87 | 2'870'325 | -1 | 635 |
| 1887-88 | 2'851'112 | -1 | 630 |
| 1888-89 | 2'836'836 | -1 | 627 |
| 1889-90 | 3'081'298 | 9 | 681 |
| 1890-91 | 3'081'298 | 0 | 681 |
| 1891-92 | 3'045'863 | -1 | 673 |
| 1892-93 | 3'052'298 | 0 | 675 |
| 1893-94 | 3'036'001 | -1 | 671 |
| 1894-95 | 3'038'577 | 0 | 672 |
| 1895-96 | 3'031'900 | 0 | 670 |
| 1896-97 | 2'864'078 | -6 | 633 |
| 1897-98 | 3'004'057 | 5 | 664 |
| 1898-99 | 2'963'209 | -1 | 655 |
| 1899-00 | 2'539'133 | -14 | 561 |
| 1900-01 | 2'754'541 | 8 | 609 |
| 1901-02 | 2'943'252 | 7 | 651 |
| 1902-03 | 3'030'921 | 3 | 670 |
| 1903-04 | 3'045'590 | 0 | 673 |
| 1904-05 | 3'149'596 | 3 | 696 |
| 1905-06 | 3'205'091 | 2 | 709 |
| 1906-07 | 1'947'116 | -39 | 430 |
| 1907-08 | 3'149'774 | 62 | 696 |
| 1908-09 | 3'272'285 | 4 | 723 |
| 1909-10 | 3'295'022 | 1 | 728 |
| 1910-11 | 3'284'980 | 0 | 726 |
| 1911-12 | 3'186'829 | -3 | 705 |
| 1912-13 | 3'328'153 | 4 | 736 |
| 1913-14 | 3'341'915 | 0 | 739 |
| 1914-15 | | | |
| 1915-16 | | | |
| 1916-17 | | | |
| 1917-18 | | | |
| 1918-19 | | | |
| 1919-20 | | | |
| 1920-21 | | | |
| 1920-21 | | | |
| 1921-22 | 3'335'661 | | 737 |

Quellen: GBP, Vol. XII (1880), Khandesh, pp. 289, 303; GBP,Vol. XII-B (1926), Khandesh (East & West) and Mewas Estates, pp. 10, 68; Jahresrapporte (Titel variiert) der versch. Departemente und Abteilungen: Vgl. auch Quellenangaben in Tabelle 19 im Textteil.

Tabelle A8: Ausdehnung der Kulturfläche in Chalisgaon: 1818-1862

| (1) | (2) | (3) | (4) | (5) | (6) | (7) | (8) | (9) | (10) |
|---|---|---|---|---|---|---|---|---|---|
| Jahre | Total Dörfer | bebaute Dörfer | Gesamt-fläche | Index 1 | Index 2 | nicht bebaut | bebaute Fläche | Index 1 | Index 2 |
| 1818-19 | 132 | 64 | 14'464 | 100 | | | 14'646 | 100 | |
| 1819-20 | 126 | 66 | 13'491 | 93 | | | 13'491 | 92 | |
| 1820-21 | 126 | 69 | 14'927 | 103 | | | 14'927 | 102 | |
| 1821-22 | 126 | 70 | 16'075 | 111 | | | 16'075 | 110 | |
| 1822-23 | 126 | 70 | 14'369 | 99 | | | 14'369 | 98 | |
| 1823-24 | 126 | 74 | 14'705 | 102 | | 86 | 14'619 | 100 | |
| 1824-25 | 126 | 76 | 17'388 | 120 | | 324 | 17'064 | 117 | |
| 1825-26 | 126 | 78 | 20'258 | 140 | | 3 | 20'255 | 138 | |
| 1826-27 | 126 | 86 | 21'407 | 148 | | 582 | 20'825 | 142 | |
| 1827-28 | 126 | 91 | 22'183 | 153 | | 334 | 21'849 | 149 | |
| 1828-29 | 126 | 109 | 23'701 | 164 | 100 | 293 | 23'408 | 160 | 100 |
| 1829-30 | 126 | 116 | 25'273 | 175 | 107 | 3'493 | 21'780 | 149 | 93 |
| 1830-31 | 132 | 123 | 26'704 | 185 | 113 | 362 | 26'342 | 180 | 113 |
| 1831-32 | 132 | 123 | 26'470 | 183 | 112 | 916 | 25'554 | 174 | 109 |
| 1832-33 | 132 | 120 | 25'198 | 174 | 106 | 4'313 | 20'885 | 143 | 89 |
| 1833-34 | 132 | 118 | 25'310 | 175 | 107 | 72 | 25'238 | 172 | 108 |
| 1834-35 | 138 | 124 | 25'820 | 179 | 109 | 141 | 25'679 | 175 | 110 |
| 1835-36 | 138 | 124 | 27'897 | 193 | 118 | 7 | 27'890 | 190 | 119 |
| 1836-37 | 138 | 125 | 30'392 | 210 | 128 | 582 | 29'810 | 204 | 127 |
| 1837-38 | 138 | 128 | 34'563 | 239 | 146 | 19 | 34'544 | 236 | 148 |
| 1838-39 | 138 | 125 | 36'032 | 249 | 152 | 545 | 35'487 | 242 | 152 |
| 1839-40 | 138 | 125 | 39'473 | 273 | 167 | 106 | 39'367 | 269 | 168 |
| 1840-41 | 138 | 128 | 39'012 | 270 | 165 | 55 | 38'957 | 266 | 166 |
| 1841-42 | 138 | 129 | 37'174 | 257 | 157 | 204 | 36'970 | 252 | 158 |
| 1842-43 | 138 | 128 | 36'784 | 254 | 155 | 33 | 26'751 | 183 | 114 |
| 1843-44 | 138 | 130 | 36'563 | 253 | 154 | 30 | 36'533 | 249 | 156 |
| 1844-45 | 138 | 129 | 34'740 | 240 | 147 | 1'403 | 33'337 | 228 | 142 |
| 1845-46 | 138 | 128 | 38'682 | 267 | 163 | 756 | 37'926 | 259 | 162 |
| 1846-47 | 138 | 129 | 44'104 | 305 | 186 | 23 | 44'081 | 301 | 188 |
| 1847-48 | 138 | 132 | 42'090 | 291 | 178 | 21 | 42'069 | 287 | 180 |
| 1848-49 | 138 | 133 | 42'255 | 292 | 178 | 787 | 41'468 | 283 | 177 |
| 1849-50 | 138 | 132 | 42'751 | 296 | 180 | 77 | 42'674 | 291 | 182 |
| 1850-51 | 138 | 134 | 41'036 | 284 | 173 | 211 | 40'825 | 279 | 174 |
| 1851-52 | 138 | 132 | 42'086 | 291 | 178 | 925 | 41'161 | 281 | 176 |
| 1852-53 | 138 | 133 | 47'762 | 330 | 202 | | 47'762 | 326 | 204 |
| 1853-54 | 138 | 135 | 49'115 | 340 | 207 | 548 | 48'567 | 332 | 207 |
| 1854-55 | 138 | 135 | 51'749 | 358 | 218 | | 51'749 | 353 | 221 |
| 1855-56 | 138 | 134 | 50'362 | 348 | 212 | 144 | 50'218 | 343 | 215 |
| 1856-57 | 141 | 134 | 53'695 | 371 | 227 | 50 | 53'645 | 366 | 229 |
| 1857-58 | 141 | 133 | 55'250 | 382 | 233 | 12 | 55'238 | 377 | 236 |
| 1858-59 | 141 | 132 | 61'719 | 427 | 260 | 1 | 61'718 | 421 | 264 |
| 1859-60 | 141 | 132 | 62'804 | 434 | 265 | 75 | 62'729 | 428 | 268 |
| 1860-61 | 141 | 131 | 65'349 | 452 | 276 | 133 | 65'216 | 445 | 279 |
| 1861-62 | 141 | 132 | 66'894 | 462 | 282 | 144 | 66'750 | 456 | 285 |

Legende: (4) Ackerfähige Gesamtfläche; (4), (7), (8) in 'acres'; Alle Flächenangaben in 'acres'.

Quelle: SRGB N.S., Nr. 72, pp. 78ff.

Tabelle A9: Ausdehnung der Kulturfläche in Chalisgaon: 1852-1894

| (1) | (2) | (3) | (4) | (5) | (6) | (7) | (8) | (9) | (10) |
|---|---|---|---|---|---|---|---|---|---|
| | kultiviertes | | nicht kulti- | | Gesamtflä- | | | Gesamtflä- | |
| Jahre | Reg.-Land | Index | viertes R.-L. | Index | che (2+4) | Index | Inam | che (6+8) | Index |
| 1852-53 | 36'970 | 76 | 66'891 | 113 | 103'861 | 96 | 6'013 | 109'874 | 97 |
| 1853-54 | 41'464 | 86 | 62'573 | 105 | 104'037 | 97 | 6'018 | 110'055 | 98 |
| 1854-55 | 39'564 | 82 | 64'961 | 109 | 104'525 | 97 | 5'937 | 110'462 | 98 |
| 1855-56 | 38'759 | 80 | 66'467 | 112 | 105'226 | 98 | 5'933 | 111'159 | 99 |
| 1856-57 | 41'086 | 85 | 64'272 | 108 | 105'358 | 98 | 5'924 | 111'282 | 99 |
| 1857-58 | 43'005 | 89 | 62'900 | 106 | 105'905 | 98 | 5'918 | 111'823 | 99 |
| 1858-59 | 48'339 | 100 | 59'442 | 100 | 107'781 | 100 | 5'027 | 112'808 | 100 |
| 1859-60 | 49'580 | 103 | 59'037 | 99 | 108'617 | 101 | 5'038 | 113'655 | 101 |
| 1860-61 | 51'267 | 106 | 57'608 | 97 | 108'875 | 101 | 4'932 | 113'807 | 101 |
| 1861-62 | 52'161 | 108 | 57'246 | 96 | 109'407 | 102 | 5'035 | 114'442 | 101 |
| 1862-63 | 57'575 | 119 | 131'738 | 222 | 189'313 | 176 | 5'281 | 194'594 | 173 |
| 1863-64 | 78'834 | 163 | 110'413 | 186 | 189'247 | 176 | 5'349 | 194'596 | 173 |
| 1864-65 | 83'836 | 173 | 105'292 | 177 | 189'128 | 175 | 5'486 | 194'614 | 173 |
| 1865-66 | 87'613 | 181 | 100'940 | 170 | 188'553 | 175 | 5'512 | 194'065 | 172 |
| 1866-67 | 90'251 | 187 | 97'300 | 164 | 187'551 | 174 | 5'574 | 193'125 | 171 |
| 1867-68 | 90'433 | 187 | 80'083 | 135 | 170'516 | 158 | 5'674 | 176'190 | 156 |
| 1868-69 | 92'289 | 191 | 78'164 | 131 | 170'453 | 158 | 5'672 | 176'125 | 156 |
| 1869-70 | 95'433 | 197 | 75'065 | 126 | 170'498 | 158 | 5'674 | 176'172 | 156 |
| 1870-71 | 97'969 | 203 | 59'299 | 100 | 157'268 | 146 | 5'676 | 162'944 | 144 |
| 1871-72 | 97'699 | 202 | 59'327 | 100 | 157'026 | 146 | 5'647 | 162'673 | 144 |
| 1872-73 | 93'301 | 193 | 63'713 | 107 | 157'014 | 146 | 5'647 | 162'661 | 144 |
| 1873-74 | 92'058 | 190 | 65'013 | 109 | 157'071 | 146 | 5'592 | 162'663 | 144 |
| 1874-75 | 98'377 | 204 | 61'741 | 104 | 160'118 | 149 | 5'593 | 165'711 | 147 |
| 1875-76 | 107'764 | 223 | 52'365 | 88 | 160'129 | 149 | 5'597 | 165'726 | 147 |
| 1876-77 | 107'401 | 222 | 63'557 | 107 | 170'958 | 159 | 5'560 | 176'518 | 156 |
| 1877-78 | 116'703 | 241 | 54'257 | 91 | 170'960 | 159 | 5'559 | 176'519 | 156 |
| 1878-79 | 117'769 | 244 | 53'134 | 89 | 170'903 | 159 | 5'554 | 176'457 | 156 |
| 1879-80 | 125'741 | 260 | 45'084 | 76 | 170'825 | 158 | 5'557 | 176'382 | 156 |
| 1880-81 | 130'983 | 271 | 39'372 | 66 | 170'355 | 158 | 6'033 | 176'388 | 156 |
| 1881-82 | 134'367 | 278 | 36'148 | 61 | 170'515 | 158 | 6'032 | 176'547 | 157 |
| 1882-83 | 136'769 | 283 | 34'198 | 58 | 170'967 | 159 | 6'032 | 176'999 | 157 |
| 1883-84 | 138'574 | 287 | 32'837 | 55 | 171'411 | 159 | 6'037 | 177'448 | 157 |
| 1884-85 | 140'745 | 291 | 31'024 | 52 | 171'769 | 159 | 6'053 | 177'822 | 158 |
| 1885-86 | 140'986 | 292 | 30'785 | 52 | 171'771 | 159 | 6'050 | 177'821 | 158 |
| 1886-87 | 141'090 | 292 | 30'663 | 52 | 171'753 | 159 | 5'949 | 177'702 | 158 |
| 1887-88 | 140'784 | 291 | 30'889 | 52 | 171'673 | 159 | 5'950 | 177'623 | 157 |
| 1888-89 | 139'296 | 288 | 32'376 | 54 | 171'672 | 159 | 5'950 | 177'622 | 157 |
| 1889-90 | 139'572 | 289 | 32'089 | 54 | 171'661 | 159 | 5'950 | 177'611 | 157 |
| 1890-91 | 140'508 | 291 | 31'085 | 52 | 171'593 | 159 | 6'014 | 177'607 | 157 |
| 1891-92 | 140'615 | 291 | 30'869 | 52 | 171'484 | 159 | 6'084 | 177'568 | 157 |
| 1892-93 | 140'686 | 291 | 30'770 | 52 | 171'456 | 159 | 6'111 | 177'567 | 157 |
| 1893-94 | 142'099 | 294 | 15'157 | 25 | 157'256 | 146 | 6'109 | 163'365 | 145 |

Legende: R.-L. Regierungsland: Flächenangaben in 'acres'.

Quelle: SRGB N.S., Nr. 350, App. O, p. 31.

Tabelle A10: Ausdehnung der Kulturfläche in Jalgaon (Nasirabad): 1818-1859

| (1) | (2) | (3) | (4) | (5) | (6) | (7) | (8) | (9) | (10) |
|---|---|---|---|---|---|---|---|---|---|
| Jahre | Total Dörfer | bebaute Dörfer | Gesamt- fläche | Index 1 | Index 2 | nicht bebaut | bebaute Fläche | Index 1 | Index 2 |
| 1818-19 | 122 | 98 | 43'834 | 100 | | | 43'834 | 100 | |
| 1819-20 | 119 | 99 | 55'177 | 126 | | | 55'177 | 126 | |
| 1820-21 | 119 | 99 | 53'598 | 122 | | | 53'598 | 122 | |
| 1821-22 | 119 | 99 | 37'032 | 84 | | | 37'032 | 84 | |
| 1822-23 | 119 | 101 | 31'499 | 72 | | | 31'499 | 72 | |
| 1823-24 | 119 | 104 | 37'546 | 86 | | 526 | 37'020 | 84 | |
| 1824-25 | 119 | 104 | 53'165 | 121 | | 19'657 | 33'508 | 76 | |
| 1825-26 | 119 | 104 | 43'728 | 100 | | | 43'728 | 100 | |
| 1826-27 | 119 | 106 | 40'149 | 92 | | 86 | 40'063 | 91 | |
| 1827-28 | 123 | 110 | 42'616 | 97 | | 136 | 42'480 | 97 | |
| 1828-29 | 123 | 114 | 38'811 | 89 | 100 | 425 | 38'386 | 88 | 100 |
| 1829-30 | 123 | 117 | 40'611 | 93 | 105 | 6'476 | 34'135 | 78 | 106 |
| 1830-31 | 123 | 118 | 36'835 | 84 | 95 | 368 | 36'467 | 83 | 96 |
| 1831-32 | 123 | 118 | 32'623 | 74 | 84 | 191 | 32'432 | 74 | 85 |
| 1832-33 | 123 | 117 | 32'708 | 75 | 84 | 1'007 | 31'701 | 72 | 85 |
| 1833-34 | 123 | 120 | 43'101 | 98 | 111 | 201 | 42'900 | 98 | 112 |
| 1834-35 | 123 | 119 | 48'967 | 112 | 126 | 214 | 48'753 | 111 | 128 |
| 1835-36 | 123 | 119 | 53'484 | 122 | 138 | | 53'484 | 122 | 139 |
| 1836-37 | 123 | 120 | 57'429 | 131 | 148 | 456 | 56'973 | 130 | 150 |
| 1837-38 | 123 | 120 | 59'256 | 135 | 153 | 25 | 59'231 | 135 | 154 |
| 1838-39 | 123 | 120 | 58'097 | 133 | 150 | 5'862 | 52'235 | 119 | 151 |
| 1839-40 | 123 | 120 | 58'939 | 134 | 152 | 351 | 58'588 | 134 | 154 |
| 1840-41 | 123 | 120 | 57'716 | 132 | 149 | 352 | 57'364 | 131 | 150 |
| 1841-42 | 123 | 119 | 58'260 | 133 | 150 | 57 | 58'203 | 133 | 152 |
| 1842-43 | 123 | 120 | 59'270 | 135 | 153 | 19 | 59'251 | 135 | 154 |
| 1843-44 | 123 | 118 | 57'334 | 131 | 148 | 149 | 57'185 | 130 | 149 |
| 1844-45 | 123 | 118 | 58'191 | 133 | 150 | 1'521 | 56'670 | 129 | 152 |
| 1845-46 | 123 | 118 | 62'091 | 142 | 160 | 7'864 | 54'227 | 124 | 162 |
| 1846-47 | 123 | 119 | 71'471 | 163 | 184 | 41 | 71'430 | 163 | 186 |
| 1847-48 | 123 | 120 | 71'515 | 163 | 184 | 23 | 71'492 | 163 | 186 |
| 1848-49 | 123 | 121 | 66'521 | 152 | 171 | 120 | 66'401 | 151 | 173 |
| 1849-50 | 123 | 121 | 64'078 | 146 | 165 | 32 | 64'046 | 146 | 167 |
| 1850-51 | 123 | 121 | 65'123 | 149 | 168 | 358 | 64'765 | 148 | 170 |
| 1851-52 | 123 | 123 | 68'957 | 157 | 178 | 98 | 68'859 | 157 | 180 |
| 1852-53 | 123 | 123 | 73'843 | 168 | 190 | | 73'843 | 168 | 192 |
| 1853-54 | 123 | 123 | 73'165 | 167 | 189 | 716 | 72'449 | 165 | 191 |
| 1854-55 | 123 | 123 | 74'988 | 171 | 193 | | 74'988 | 171 | 195 |
| 1855-56 | 123 | 123 | 76'536 | 175 | 197 | 2'945 | 73'591 | 168 | 199 |
| 1856-57 | 123 | 123 | 80'652 | 184 | 208 | 13 | 80'639 | 184 | 210 |
| 1857-58 | 123 | 123 | 85'416 | 195 | 220 | 40 | 85'376 | 195 | 223 |
| 1858-59 | 123 | 123 | 90'808 | 207 | 234 | 34 | 90'774 | 207 | 237 |

Legende: (4) Ackerfähige Gesamtfläche; Flächenangaben in 'acres'.

Quelle: SRGB N.S., Nr. 262, App. C, pp. 40ff.

Tabelle A11: Ausdehnung der Kulturfläche in Jalgaon (Nasirabad): 1852-1891

| (1) | (2) | (3) | (4) | (5) | (6) | (7) | (8) | (9) | (10) |
|---|---|---|---|---|---|---|---|---|---|
| Jahre | kultiviertes Reg.-Land | Index | nicht kultiviertes R.-L. | Index | Gesamtfläche (2+4) | Index | Inam | Gesamtfläche (2,4,8) | Index |
| 1852-53 | 60'712 | 83 | 42'457 | 130 | 103'169 | 97 | 10'955 | 114'124 | 98 |
| 1853-54 | 60'299 | 82 | 43'008 | 131 | 103'307 | 98 | 10'955 | 114'262 | 98 |
| 1854-55 | 61'991 | 85 | 41'361 | 126 | 103'352 | 98 | 10'954 | 114'306 | 98 |
| 1855-56 | 62'985 | 86 | 40'408 | 124 | 103'393 | 98 | 10'949 | 114'342 | 98 |
| 1856-57 | 66'012 | 90 | 37'623 | 115 | 103'635 | 98 | 10'914 | 114'549 | 98 |
| 1857-58 | 69'401 | 95 | 35'815 | 109 | 105'216 | 99 | 10'911 | 116'127 | 99 |
| 1858-59 | 73'148 | 100 | 32'719 | 100 | 105'867 | 100 | 10'945 | 116'812 | 100 |
| 1859-60 | 79'322 | 108 | 46'710 | 143 | 126'032 | 119 | 10'989 | 137'021 | 117 |
| 1860-61 | 88'340 | 121 | 37'575 | 115 | 125'915 | 119 | 11'103 | 137'018 | 117 |
| 1861-62 | 89'071 | 122 | 36'828 | 113 | 125'899 | 119 | 11'130 | 137'029 | 117 |
| 1862-63 | 91'398 | 125 | 34'454 | 105 | 125'852 | 119 | 11'179 | 137'031 | 117 |
| 1863-64 | 98'754 | 135 | 26'903 | 82 | 125'657 | 119 | 11'207 | 136'864 | 117 |
| 1864-65 | 105'511 | 144 | 20'145 | 62 | 125'656 | 119 | 11'208 | 136'864 | 117 |
| 1865-66 | 105'543 | 144 | 20'403 | 62 | 125'946 | 119 | 11'213 | 137'159 | 117 |
| 1866-67 | 105'201 | 144 | 20'208 | 62 | 125'409 | 118 | 11'378 | 136'787 | 117 |
| 1867-68 | 105'538 | 144 | 20'205 | 62 | 125'743 | 119 | 11'377 | 137'120 | 117 |
| 1868-69 | 105'109 | 144 | 17'435 | 53 | 122'544 | 116 | 11'382 | 133'926 | 115 |
| 1869-70 | 105'812 | 145 | 16'609 | 51 | 122'421 | 116 | 11'382 | 133'803 | 115 |
| 1870-71 | 109'183 | 149 | 11'154 | 34 | 120'337 | 114 | 11'693 | 132'030 | 113 |
| 1871-72 | 110'612 | 151 | 9'529 | 29 | 120'141 | 113 | 11'692 | 131'833 | 113 |
| 1872-73 | 110'239 | 151 | 9'897 | 30 | 120'136 | 113 | 11'691 | 131'827 | 113 |
| 1873-74 | 109'575 | 150 | 10'467 | 32 | 120'042 | 113 | 11'691 | 131'733 | 113 |
| 1874-75 | 108'886 | 149 | 11'336 | 35 | 120'222 | 114 | 11'688 | 131'910 | 113 |
| 1875-76 | 108'501 | 148 | 11'731 | 36 | 120'232 | 114 | 11'688 | 131'920 | 113 |
| 1876-77 | 107'951 | 148 | 12'262 | 37 | 120'213 | 114 | 11'680 | 131'893 | 113 |
| 1877-78 | 107'876 | 147 | 12'338 | 38 | 120'214 | 114 | 11'680 | 131'894 | 113 |
| 1878-79 | 108'272 | 148 | 13'636 | 42 | 121'908 | 115 | 11'811 | 133'719 | 114 |
| 1879-80 | 109'347 | 149 | 12'530 | 38 | 121'877 | 115 | 11'861 | 133'738 | 114 |
| 1880-81 | 110'503 | 151 | 11'374 | 35 | 121'877 | 115 | 11'861 | 133'738 | 114 |
| 1881-82 | 111'070 | 152 | 9'494 | 29 | 120'564 | 114 | 11'861 | 132'425 | 113 |
| 1882-83 | 111'092 | 152 | 9'473 | 29 | 120'565 | 114 | 11'861 | 132'426 | 113 |
| 1883-84 | 111'851 | 153 | 4'760 | 15 | 116'611 | 110 | 11'600 | 128'211 | 110 |
| 1884-85 | 112'230 | 153 | 4'184 | 13 | 116'414 | 110 | 11'623 | 128'037 | 110 |
| 1885-86 | 112'465 | 154 | 3'923 | 12 | 116'388 | 110 | 11'915 | 128'303 | 110 |
| 1886-87 | 112'478 | 154 | 3'909 | 12 | 116'387 | 110 | 11'642 | 128'029 | 110 |
| 1887-88 | 112'674 | 154 | 3'916 | 12 | 116'590 | 110 | 11'644 | 128'234 | 110 |
| 1888-89 | 112'770 | 154 | 3'940 | 12 | 116'710 | 110 | 11'644 | 128'354 | 110 |
| 1889-90 | 112'866 | 154 | 3'837 | 12 | 116'703 | 110 | 11'669 | 128'372 | 110 |
| 1890-91 | 113'031 | 155 | 3'673 | 11 | 116'704 | 110 | 11'670 | 128'374 | 110 |

Legende: R.-L. Regierungsland; Alle Flächenangaben in 'acres'.

Quelle: SRGB N.S., Nr. 262, App. O-1, p. 22.

Tabelle A12: Ausdehnung der Kulturfläche in Jamner: 1818-1863

| (1) Jahre | (2) Total Dörfer | (3) bebaute Dörfer | (4) Gesamt-fläche | (5) Index 1 | (6) Index 2 | (7) nicht bebaut | (8) bebaute Fläche | (9) Index 1 | (10) Index 2 |
|---|---|---|---|---|---|---|---|---|---|
| 1818-19 | 193 | 190 | 9'691 | 100 | | | 9'691 | 100 | |
| 1819-20 | 193 | 131 | 33'127 | 342 | | | 33'127 | 342 | |
| 1820-21 | 193 | 131 | 31'636 | 326 | | | 31'636 | 326 | |
| 1821-22 | 193 | 144 | 50'682 | 523 | | | 50'682 | 523 | |
| 1822-23 | 193 | 144 | 44'960 | 464 | | | 44'960 | 464 | |
| 1823-24 | 193 | 152 | 48'746 | 503 | | 403 | 48'343 | 499 | |
| 1824-25 | 193 | 164 | 54'922 | 567 | | 2'020 | 52'902 | 546 | |
| 1825-26 | 193 | 165 | 60'642 | 626 | | 3 | 60'639 | 626 | |
| 1826-27 | 193 | 168 | 58'670 | 605 | | 5 | 58'665 | 605 | |
| 1827-28 | 193 | 174 | 60'590 | 625 | | 15 | 60'575 | 625 | |
| 1828-29 | 193 | 182 | 59'926 | 618 | 100 | 55 | 59'871 | 618 | 100 |
| 1829-30 | 193 | 184 | 53'830 | 555 | 90 | 292 | 53'538 | 552 | 89 |
| 1830-31 | 193 | 188 | 56'141 | 579 | 94 | 92 | 56'049 | 578 | 94 |
| 1831-32 | 193 | 188 | 54'652 | 564 | 91 | 286 | 54'366 | 561 | 91 |
| 1832-33 | 193 | 187 | 53'766 | 555 | 90 | 6'118 | 47'648 | 492 | 80 |
| 1833-34 | 193 | 185 | 58'174 | 600 | 97 | 224 | 57'950 | 598 | 97 |
| 1834-35 | 193 | 184 | 62'400 | 644 | 104 | 3 | 62'397 | 644 | 104 |
| 1835-36 | 193 | 185 | 71'561 | 738 | 119 | 3 | 71'558 | 738 | 120 |
| 1836-37 | 193 | 184 | 81'088 | 837 | 135 | 115 | 80'973 | 836 | 135 |
| 1837-38 | 193 | 184 | 95'411 | 985 | 159 | 52 | 95'359 | 984 | 159 |
| 1838-39 | 193 | 185 | 102'887 | 1'062 | 172 | 628 | 102'259 | 1'055 | 171 |
| 1839-40 | 193 | 185 | 100'593 | 1'038 | 168 | 64 | 100'529 | 1'037 | 168 |
| 1840-41 | 193 | 184 | 97'282 | 1'004 | 162 | | 97'282 | 1'004 | 162 |
| 1841-42 | 193 | 185 | 93'195 | 962 | 156 | 34 | 93'161 | 961 | 156 |
| 1842-43 | 193 | 188 | 96'423 | 995 | 161 | | 96'423 | 995 | 161 |
| 1843-44 | 193 | 188 | 97'195 | 1'003 | 162 | 17 | 97'178 | 1'003 | 162 |
| 1844-45 | 193 | 188 | 95'527 | 986 | 159 | 2'565 | 92'962 | 959 | 155 |
| 1845-46 | 193 | 189 | 98'454 | 1'016 | 164 | 726 | 97'728 | 1'008 | 163 |
| 1846-47 | 193 | 190 | 110'481 | 1'140 | 184 | 8 | 110'473 | 1'140 | 185 |
| 1847-48 | 193 | 191 | 116'684 | 1'204 | 195 | | 116'684 | 1'204 | 195 |
| 1848-49 | 193 | 192 | 112'724 | 1'163 | 188 | 87 | 112'637 | 1'162 | 188 |
| 1849-50 | 193 | 192 | 98'532 | 1'017 | 164 | 8 | 98'524 | 1'017 | 165 |
| 1850-51 | 193 | 190 | 92'212 | 952 | 154 | 45 | 92'167 | 951 | 154 |
| 1851-52 | 193 | 189 | 101'955 | 1'052 | 170 | 33 | 101'922 | 1'052 | 170 |
| 1852-53 | 193 | 189 | 113'066 | 1'167 | 189 | | 113'066 | 1'167 | 189 |
| 1853-54 | 193 | 190 | 119'840 | 1'237 | 200 | 7 | 119'833 | 1'237 | 200 |
| 1854-55 | 193 | 191 | 118'164 | 1'219 | 197 | | 118'164 | 1'219 | 197 |
| 1855-56 | 193 | 191 | 115'503 | 1'192 | 193 | 1'230 | 114'273 | 1'179 | 191 |
| 1856-57 | 193 | 192 | 121'617 | 1'255 | 203 | 16 | 121'601 | 1'255 | 203 |
| 1857-58 | 193 | 193 | 125'971 | 1'300 | 210 | 13 | 125'958 | 1'300 | 210 |
| 1858-59 | 193 | 193 | 128'740 | 1'328 | 215 | 2 | 128'738 | 1'328 | 215 |
| 1859-60 | 193 | 193 | 125'296 | 1'293 | 209 | 53 | 125'243 | 1'292 | 209 |
| 1860-61 | 193 | 193 | 129'614 | 1'337 | 216 | 540 | 129'074 | 1'332 | 216 |
| 1861-62 | 193 | 193 | 130'376 | 1'345 | 218 | 259 | 130'117 | 1'343 | 217 |
| 1862-63 | 193 | 193 | 130'954 | 1'351 | 219 | | 130'954 | 1'351 | 219 |

Legende: (4) Ackerfähige Gesamtfläche; (4), (7), (8) in 'acres'; alle Flächenangaben in 'acres'.
Quelle: SRGB N.S, Nr. 250, pp. 46ff.

Tabelle A13: Ausdehnung der Kulturfläche in Pimpalner: 1858-1899

| (1) Jahre | (2) kultiviertes Reg.-Land | (3) Index | (4) nicht kultiviertes R.-L. | (5) Index | (6) Gesamtfläche (2+4) | (7) Index | (8) Inam | (9) Gesamtfläche (2,4,8) | (10) Index |
|---|---|---|---|---|---|---|---|---|---|
| 1858-59 | 22'809 | 100 | 47'485 | 100 | 70'294 | 100 | 2'521 | 72'815 | 100 |
| 1859-60 | 22'691 | 99 | 47'657 | 100 | 70'348 | 100 | 2'517 | 72'865 | 100 |
| 1860-61 | 22'015 | 97 | 48'476 | 102 | 70'491 | 100 | 2'462 | 72'953 | 100 |
| 1861-62 | 22'286 | 98 | 48'213 | 102 | 70'499 | 100 | 2'540 | 73'039 | 100 |
| 1862-63 | 22'164 | 97 | 48'334 | 102 | 70'498 | 100 | 2'537 | 73'035 | 100 |
| 1863-64 | 23'990 | 105 | 46'494 | 98 | 70'484 | 100 | 2'551 | 73'035 | 100 |
| 1864-65 | 24'672 | 108 | 45'895 | 97 | 70'567 | 100 | 2'551 | 73'118 | 100 |
| 1865-66 | 26'655 | 117 | 44'285 | 93 | 70'940 | 101 | 2'468 | 73'408 | 101 |
| 1866-67 | 26'223 | 115 | 44'708 | 94 | 70'931 | 101 | 2'497 | 73'428 | 101 |
| 1867-68 | 25'077 | 110 | 45'900 | 97 | 70'977 | 101 | 2'534 | 73'511 | 101 |
| 1868-69 | 64'314 | 282 | 90'624 | 191 | 154'938 | 220 | 2'715 | 157'653 | 217 |
| 1869-70 | 60'854 | 267 | 93'590 | 197 | 154'444 | 220 | 2'772 | 157'216 | 216 |
| 1870-71 | 65'470 | 287 | 88'745 | 187 | 154'215 | 219 | 3'006 | 157'221 | 216 |
| 1871-72 | 69'932 | 307 | 84'298 | 178 | 154'230 | 219 | 2'992 | 157'222 | 216 |
| 1872-73 | 71'959 | 315 | 82'245 | 173 | 154'204 | 219 | 3'001 | 157'205 | 216 |
| 1873-74 | 71'868 | 315 | 82'311 | 173 | 154'179 | 219 | 3'001 | 157'180 | 216 |
| 1874-75 | 72'789 | 319 | 81'362 | 171 | 154'151 | 219 | 3'001 | 157'152 | 216 |
| 1875-76 | 75'530 | 331 | 78'642 | 166 | 154'172 | 219 | 2'978 | 157'150 | 216 |
| 1876-77 | 73'507 | 322 | 80'666 | 170 | 154'173 | 219 | 2'978 | 157'151 | 216 |
| 1877-78 | 75'102 | 329 | 79'129 | 167 | 154'231 | 219 | 2'975 | 157'206 | 216 |
| 1878-79 | 80'806 | 354 | 72'930 | 154 | 153'736 | 219 | 3'013 | 156'749 | 215 |
| 1879-80 | 80'194 | 352 | 73'377 | 155 | 153'571 | 218 | 3'005 | 156'576 | 215 |
| 1880-81 | 82'039 | 360 | 71'525 | 151 | 153'564 | 218 | 3'005 | 156'569 | 215 |
| 1881-82 | 86'657 | 380 | 66'889 | 141 | 153'546 | 218 | 3'005 | 156'551 | 215 |
| 1882-83 | 86'880 | 381 | 66'678 | 140 | 153'558 | 218 | 3'027 | 156'585 | 215 |
| 1883-84 | 85'707 | 376 | 67'855 | 143 | 153'562 | 218 | 3'025 | 156'587 | 215 |
| 1884-85 | 85'079 | 373 | 68'405 | 144 | 153'484 | 218 | 3'088 | 156'572 | 215 |
| 1885-86 | 84'601 | 371 | 68'451 | 144 | 153'052 | 218 | 3'095 | 156'147 | 214 |
| 1886-87 | 88'321 | 387 | 64'750 | 136 | 153'071 | 218 | 2'961 | 156'032 | 214 |
| 1887-88 | 89'384 | 392 | 63'650 | 134 | 153'034 | 218 | 2'988 | 156'022 | 214 |
| 1888-89 | 96'440 | 423 | 56'573 | 119 | 153'013 | 218 | 3'002 | 156'015 | 214 |
| 1889-90 | 97'170 | 426 | 55'846 | 118 | 153'016 | 218 | 3'002 | 156'018 | 214 |
| 1890-91 | 96'186 | 422 | 56'807 | 120 | 152'993 | 218 | 3'024 | 156'017 | 214 |
| 1891-92 | 100'196 | 439 | 52'784 | 111 | 152'980 | 218 | 3'024 | 156'004 | 214 |
| 1892-93 | 100'660 | 441 | 52'266 | 110 | 152'926 | 218 | 3'048 | 155'974 | 214 |
| 1893-94 | 102'438 | 449 | 50'482 | 106 | 152'920 | 218 | 3'049 | 155'969 | 214 |
| 1894-95 | 104'440 | 458 | 48'482 | 102 | 152'922 | 218 | 3'048 | 155'970 | 214 |
| 1895-96 | 107'572 | 472 | 45'280 | 95 | 152'852 | 217 | 3'068 | 155'920 | 214 |
| 1896-97 | 108'712 | 477 | 42'912 | 90 | 151'624 | 216 | 3'125 | 154'749 | 213 |
| 1897-98 | 109'550 | 480 | 36'246 | 76 | 145'796 | 207 | 3'185 | 148'981 | 205 |
| 1898-99 | 108'033 | 474 | 37'706 | 79 | 145'739 | 207 | 3'197 | 148'936 | 205 |

Legende: R.-L. Regierungsland; alle Flächenangaben in 'acres'.

Quelle: SRGB N.S., Nr. 422, App. O, p. 43.

Tabelle A14: Kulturfläche pro Kopf der Bevölkerung im Dekkan: 1872-1921

| (1) | (2) | (3) | (4) | (5) | (6) | (7) |
|---|---|---|---|---|---|---|
| Jahr | Khandesh | Ahmednagar | Nasik | Poona | Sholapur | Satara |
| 1870-71 | 2,3 | 3,1 | 2,2 | 2 | 2,6 | 1,6 |
| 1880-81 | 2,1 | 2,6 | 2,1 | 1,7 | 2,6 | 1 |
| 1890-91 | 2,1 | 3,1 | 2,4 | 2 | 2,9 | 1,5 |
| 1900-01 | 1,9 | 3 | 2,2 | 1,8 | 2,7 | 1,3 |
| 1910-11 | 2 | 2,9 | 2,2 | 1,7 | 2,6 | 1,4 |
| 1921-22 | 1,9 | | | | | |

Quellen: Berechnet aus Tabellen 9, 19a-b.

Legende: Berechnet auf der Grundlage von auf Tausend gerundeten Bevölkerungswerten; Werte für Anbauflächen: 1870-71 etc; Werte für Bevölkerung: 1872, 1881, 1891 etc.

Tabelle A15: Index ausgewählter Agrarprodukte in Khandesh: 1861-1914

| (1) Jahr | (2) Kulturfläche | (3) Jowar | (4) Bajra | (5) Weizen | (6) Baumwolle |
|---|---|---|---|---|---|
| 1861-62 | 100 | 100 | 100 | 100 | 100 |
| 1862-63 | 105 | 104 | 112 | 129 | 98 |
| 1863-64 | 115 | | | | |
| 1864-65 | 129 | 95 | 101 | 113 | 128 |
| 1865-66 | 134 | 108 | 125 | 125 | 76 |
| 1866-67 | 136 | 89 | 110 | 131 | 118 |
| 1867-68 | 139 | 100 | 122 | 127 | 131 |
| 1868-69 | 143 | 87 | 89 | 104 | 124 |
| 1869-70 | 124 | 101 | 103 | 85 | 157 |
| 1870-71 | 131 | | | | 177 |
| 1871-72 | 110 | 67 | 121 | 75 | 124 |
| 1872-73 | 103 | 107 | 108 | 72 | 156 |
| 1873-74 | 130 | 96 | 97 | 93 | 184 |
| 1874-75 | 131 | 92 | 95 | 74 | 175 |
| 1875-76 | 133 | | 94 | 78 | 195 |
| 1876-77 | 125 | 82 | 114 | 82 | 155 |
| 1877-78 | 130 | 99 | 145 | 81 | 138 |
| 1878-79 | 135 | 126 | 120 | 88 | 172 |
| 1879-80 | 138 | 129 | 111 | 95 | 183 |
| 1880-81 | 146 | 117 | 122 | 141 | 168 |
| 1881-82 | 148 | 112 | 106 | 104 | 220 |
| 1882-83 | 148 | 95 | 99 | 147 | 256 |
| 1883-84 | 166 | 102 | 99 | 217 | 294 |
| 1884-85 | 167 | 119 | 106 | 153 | 246 |
| 1885-86 | 159 | 118 | 111 | 197 | 194 |
| 1886-87 | 158 | 111 | 96 | 178 | 274 |
| 1887-88 | 157 | 103 | 96 | 226 | 267 |
| 1888-89 | 156 | 115 | 103 | 189 | 268 |
| 1889-90 | 170 | | | | |
| 1890-91 | 170 | 113 | 121 | 120 | 333 |
| 1891-92 | 168 | 115 | 121 | 150 | 319 |
| 1892-93 | 168 | 115 | 115 | 149 | 312 |
| 1893-94 | 167 | 102 | 103 | 151 | 309 |
| 1894-95 | 167 | 110 | 107 | 152 | 286 |
| 1895-96 | 167 | 105 | 107 | 144 | 269 |
| 1896-97 | 158 | 102 | 108 | 92 | 312 |
| 1897-98 | 166 | 135 | 140 | 85 | 246 |
| 1898-99 | 163 | 94 | 101 | 112 | 320 |
| 1899-00 | 140 | 100 | 112 | 15 | 297 |

Fortsetzung Tabelle A15

| (1) Jahr | (2) Kulturfläche | (3) Jowar | (4) Bajra | (5) Weizen | (6) Baumwolle |
|---|---|---|---|---|---|
| 1900-01 | 152 | | | | |
| 1901-02 | 162 | 96 | 97 | 56 | 374 |
| 1902-03 | 167 | | | | |
| 1903-04 | 168 | 92 | 101 | 66 | 374 |
| 1904-05 | 174 | 80 | 111 | 171 | 349 |
| 1905-06 | 177 | 93 | 100 | 91 | 415 |
| 1906-07 | 179 | 84 | 108 | 97 | 415 |
| 1907-08 | 174 | 86 | 120 | 72 | 367 |
| 1908-09 | 180 | 102 | 126 | 67 | 353 |
| 1909-10 | 182 | 94 | 124 | 91 | 361 |
| 1910-11 | 181 | 83 | 118 | 99 | 401 |
| 1911-12 | 176 | 81 | 122 | 56 | 418 |
| 1912-13 | 183 | 108 | 139 | 79 | 393 |
| 1913-14 | 184 | 86 | 122 | 85 | 426 |

Legende: Vgl. Tabellen 19a-b.

Quellen: Berechnet aus Tabellen 19a-b.

Tabelle A16:Flächenanteil von Weizen im Dekkan: 1861-1914

| (1) Jahr | (2) Khandesh | (3) Nasik | (4) Ahmednagar | (5) Poona | (6) Sholapur | (7) Satara | (8) Dekkan | (9) Bombay |
|---|---|---|---|---|---|---|---|---|
| 1861-62 | 176'144 | | 286'853 | 85'057 | 99'821 | 92'866 | 740'741 | |
| 1862-63 | 227'726 | | 455'480 | 84'588 | 159'856 | 156'443 | 1'084'093 | |
| 1863-64 | | | 379'438 | 86'427 | 152'390 | 164'036 | 782'291 | |
| 1864-65 | 199'398 | | 365'902 | 115'299 | | 120'977 | 801'576 | |
| 1865-66 | 220'484 | | 404'687 | 118'849 | | 104'732 | 848'752 | |
| 1866-67 | 230'557 | | 398'263 | 171'802 | | 111'726 | 912'348 | |
| 1867-68 | 223'202 | | 386'675 | 172'589 | | 111'058 | 893'524 | |
| 1868-69 | 182'757 | | 173'023 | 63'501 | 24'511 | 36'465 | 480'257 | |
| 1869-70 | 148'956 | 190'782 | 128'868 | 63'072 | 23'424 | 34'622 | 589'724 | |
| 1870-71 | | | 207'407 | 89'374 | 20'450 | 53'729 | 370'960 | |
| 1871-72 | 132'567 | 172'707 | 109'947 | 66'839 | 22'907 | 34'051 | 539'018 | |
| 1872-73 | 127'405 | 155'274 | 123'325 | 69'263 | 30'647 | 32'759 | 538'673 | |
| 1873-74 | 163'353 | 189'418 | 183'384 | 57'610 | 34'141 | 33'945 | 661'851 | |
| 1874-75 | 129'651 | 177'158 | 141'046 | 65'249 | 39'079 | 31'200 | 583'383 | |
| 1875-76 | 137'109 | | 152'978 | 61'479 | 37'708 | | 389'274 | |
| 1876-77 | 143'969 | | 49'997 | 31'961 | 16'508 | 12'053 | 254'488 | |
| 1877-78 | 142'970 | | 118'490 | 88'803 | 35'159 | 27'601 | 413'023 | |
| 1878-79 | 155'084 | 172'252 | 92'220 | 55'579 | 32'557 | 24'230 | 531'922 | |
| 1879-80 | 168'180 | 191'191 | 104'597 | 61'773 | 31'957 | 27'191 | 584'889 | |
| 1880-81 | 247'590 | 232'027 | 171'960 | 71'563 | 43'771 | 31'453 | 798'364 | |
| 1881-82 | 183'740 | 201'234 | 151'026 | 60'524 | 41'836 | 31'724 | 670'084 | |
| 1882-83 | 259'480 | 202'578 | 135'335 | 66'268 | 39'069 | 29'592 | 732'322 | |
| 1883-84 | 382'470 | 311'265 | 291'090 | 102'986 | 55'504 | | 1'143'315 | |
| 1884-85 | 269'605 | 214'061 | 270'283 | 112'034 | 47'801 | 60'121 | 973'905 | |
| 1885-86 | 347'671 | 325'942 | 292'226 | 113'074 | 58'778 | 72'449 | 1'210'140 | 2'067'029 |
| 1886-87 | 313'134 | 280'338 | 217'486 | 106'410 | 58'168 | 70'552 | 1'046'088 | 1'957'069 |
| 1887-88 | 398'594 | 376'924 | 283'965 | 124'733 | 58'761 | 67'715 | 1'310'692 | 2'209'314 |
| 1888-89 | 333'119 | 378'273 | 277'132 | 117'506 | 53'163 | 69'303 | 1'228'496 | 2'078'447 |
| 1889-90 | | | | | | | | |
| 1890-91 | 211'335 | 348'713 | 284'492 | 111'740 | 55'333 | 62'181 | 1'073'794 | 1'912'803 |
| 1891-92 | 264'528 | 318'992 | 253'805 | 92'658 | 54'778 | 53'542 | 1'038'303 | 1'738'435 |
| 1892-93 | 262'704 | 317'257 | 235'716 | 115'713 | 57'438 | 61'506 | 1'050'334 | 1'918'015 |
| 1893-94 | 266'479 | 329'187 | 284'285 | 99'533 | 51'260 | 60'683 | 1'091'427 | 1'985'899 |
| 1894-95 | 268'589 | 297'912 | 241'100 | 101'904 | 50'347 | 62'385 | 1'022'237 | 2'040'789 |
| 1895-96 | 253'826 | 293'023 | 224'975 | 98'808 | 51'197 | 62'772 | 984'601 | 1'796'463 |
| 1896-97 | 161'425 | 178'281 | 61'676 | 48'488 | 23'855 | 39'280 | 513'005 | 1'032'728 |
| 1897-98 | 150'459 | 207'190 | 151'408 | 72'948 | 39'994 | 52'770 | 674'769 | 1'409'247 |
| 1898-99 | 196'897 | 288'638 | 261'486 | 90'348 | 51'140 | 59'411 | 947'920 | 1'849'888 |
| 1899-00 | 25'771 | 71'264 | 42'506 | 27'071 | 27'811 | 45'587 | 240'010 | 811'590 |

Fortsetzung Tabelle A16

| (1) Jahr | (2) Khandesh | (3) Nasik | (4) Ahmednagar | (5) Poona | (6) Sholapur | (7) Satara | (8) Dekkan | (9) Bombay |
|---|---|---|---|---|---|---|---|---|
| 1900-01 | | | | | | | | |
| 1901-02 | 99'010 | 169'040 | 114'468 | 58'141 | 24'754 | 41'967 | 507'380 | 1'100'370 |
| 1902-03 | | | | | | | | |
| 1903-04 | 116'197 | 251'822 | 197'714 | 80'888 | 52'803 | 49'537 | 748'961 | 1'554'528 |
| 1904-05 | 301'371 | 300'643 | 267'523 | 85'851 | 44'655 | 49'563 | 1'049'606 | 1'749'182 |
| 1905-06 | 159'732 | 140'118 | 41'586 | 584'408 | 23'200 | 37'973 | 987'017 | 963'248 |
| 1906-07 | 171'666 | 173'120 | 118'230 | 63'324 | 33'521 | 44'968 | 604'829 | 1'276'359 |
| 1907-08 | 126'334 | 191'699 | 111'286 | 69'435 | 25'719 | 49'024 | 573'497 | 1'262'641 |
| 1908-09 | 118'736 | 150'852 | 123'616 | 66'427 | 32'068 | 46'390 | 538'089 | 1'257'786 |
| 1909-10 | 159'483 | 183'090 | 108'857 | 62'691 | 36'528 | 47'000 | 597'649 | 1'332'460 |
| 1910-11 | 173'731 | 258'396 | 151'168 | 71'804 | 37'781 | 49'270 | 742'150 | 1'379'190 |
| 1911-12 | 98'603 | 219'089 | 158'138 | 56'718 | 22'370 | 34'116 | 589'034 | 942'932 |
| 1912-13 | 139'084 | 240'728 | 114'916 | 65'364 | 19'390 | 43'753 | 623'235 | 1'206'886 |
| 1913-14 | 149'261 | 262'239 | 109'538 | 68'178 | 10'451 | 39'531 | 639'198 | 1'384'815 |

Legende: Auf ganze 'acres' abgerundete Werte; (2) Werte ab 1906 entsprechen dem Totalwert von West-Khandesh und Ost-Khandesh; (8) Summe aus (2) bis (7); (9) Exkl. Sind.
Quellen: Vgl. Tab.19a.

Tabelle A17: Flächenanteil von Baumwolle im Dekkan: 1861-1914

| (1) Jahr | (2) Khandesh | (3) Nasik | (4) Ahmednagar | (5) Poona | (6) Sholapur | (7) Satara | (8) Dekkan | (9) Bombay |
|---|---|---|---|---|---|---|---|---|
| 1861-62 | 344'258 | | 9'490 | 8'845 | 152'731 | 33'581 | 548'905 | |
| 1862-63 | 337'124 | | 2'571 | 471 | 179'116 | 14'534 | 533'816 | |
| 1863-64 | | | 5'382 | 1'080 | 239'779 | 25'387 | 271'628 | |
| 1864-65 | 439'904 | | 22'225 | | | 86'079 | 548'208 | |
| 1865-66 | 261'356 | | 5'453 | 43'037 | | 39'623 | 349'469 | |
| 1866-67 | 405'346 | | 20'782 | 92'497 | | 44'705 | 563'330 | |
| 1867-68 | 450'383 | | 20'027 | 23'420 | 70'940 | 36'220 | 600'990 | |
| 1868-69 | 426'639 | 1'718 | 9'894 | 14'090 | 67'553 | 45'953 | 565'847 | |
| 1869-70 | 540'808 | 5'511 | 23'769 | 41'737 | 117'689 | 68'207 | 797'721 | |
| 1870-71 | 611'031 | | 32'205 | 27'072 | 81'813 | 50'217 | 802'338 | |
| 1871-72 | 428'460 | 2'587 | 484 | 99 | 1'217 | 18'948 | 451'795 | |
| 1872-73 | 536'882 | 7'013 | 13'219 | 10'043 | 34'370 | 34'539 | 636'066 | |
| 1873-74 | 632'914 | 1'035 | 21'715 | 2'214 | 38'988 | 20'157 | 717'023 | |
| 1874-75 | 602'924 | 14'211 | 56'087 | 21'127 | 51'202 | 42'967 | 788'518 | |
| 1875-76 | 669'635 | 13'680 | 44'141 | 6'123 | 32'709 | 35'793 | 802'081 | |
| 1876-77 | 534'802 | | 13'297 | 1'272 | 7'160 | 15'491 | 572'022 | |
| 1877-78 | 475'307 | | 16'528 | 1'563 | 19'397 | 13'139 | 525'934 | |
| 1878-79 | 590'703 | 9'321 | 20'421 | 2'540 | 22'026 | 16'582 | 661'593 | |
| 1879-80 | 628'346 | 11'184 | 20'550 | 3'913 | 21'416 | 11'711 | 697'120 | |
| 1880-81 | 579'364 | 12'027 | 11'055 | 9 | 16'852 | 8'158 | 627'465 | |
| 1881-82 | 758'135 | 20'497 | 32'231 | 4'565 | 28'087 | 10'591 | 854'106 | |
| 1882-83 | 880'228 | 50'398 | 88'020 | 21'530 | 64'593 | 19'015 | 1'123'784 | |
| 1883-84 | 1'012'291 | 86'611 | 77'382 | 11'404 | 40'465 | | 1'228'153 | |
| 1884-85 | 848'432 | 8'802 | 14'535 | 574 | 2'293 | 20'860 | 895'496 | |
| 1885-86 | 668'206 | 2'620 | 17'499 | 230 | 6'631 | 16'240 | 711'426 | 2'147'897 |
| 1886-87 | 941'659 | 19'677 | 57'263 | 10'185 | 28'228 | 13'276 | 1'070'288 | 2'840'029 |
| 1887-88 | 919'791 | 23'039 | 30'900 | 1'150 | 8'245 | 12'693 | 995'818 | 2'816'113 |
| 1888-89 | 922'863 | 16'258 | 24'647 | 856 | 7'584 | 6'846 | 979'054 | 2'665'015 |
| 1889-90 | | | | | | | | |
| 1890-91 | 1'147'738 | 34'661 | 64'464 | 187 | 2'817 | 7'626 | 1'257'493 | 3'052'207 |
| 1891-92 | 1'096'829 | 51'096 | 36'307 | 430 | 2'873 | 7'901 | 1'195'436 | 2'520'867 |
| 1892-93 | 1'074'824 | 60'140 | 93'187 | 7'049 | 15'235 | 4'550 | 1'254'985 | 2'702'298 |
| 1893-94 | 1'064'881 | 63'444 | 59'313 | 3'473 | 9'447 | 8'426 | 1'208'984 | 3'074'492 |
| 1894-95 | 985'752 | 40'150 | 30'389 | 64 | 3'005 | 8'740 | 1'068'100 | 2'699'601 |
| 1895-96 | 924'714 | 33'706 | 74'404 | 428 | 3'170 | 6'043 | 1'042'465 | 2'722'620 |
| 1896-97 | 1'073'272 | 57'553 | 75'936 | 401 | 1'862 | 5'588 | 1'214'612 | 2'414'505 |
| 1897-98 | 845'860 | 8'867 | 2'467 | 37 | 1'019 | 5'202 | 863'452 | 2'222'032 |
| 1898-99 | 1'103'057 | 55'916 | 41'759 | 43 | 975 | 4'926 | 1'206'676 | 2'644'555 |
| 1899-00 | 1'022'058 | 38'057 | 64'834 | 106 | 505 | 1'653 | 1'127'213 | 2'050'251 |

Fortsetzung Tabelle A17

| (1) Jahr | (2) Khandesh | (3) Nasik | (4) Ahmednagar | (5) Poona | (6) Sholapur | (7) Satara | (8) Dekkan | (9) Bombay |
|---|---|---|---|---|---|---|---|---|
| 1900-01 | | | | | | | | |
| 1901-02 | 1'286'928 | 55'337 | 92'148 | 877 | 10'330 | 9'324 | 1'454'944 | 2'802'338 |
| 1902-03 | | | | | | | | |
| 1903-04 | 1'288'350 | 70'893 | 144'124 | 10'789 | 46'270 | 18'872 | 1'579'298 | 3'571'824 |
| 1904-05 | 1'201'673 | 51'393 | 79'626 | 748 | 24'662 | 13'480 | 1'371'582 | 3'387'935 |
| 1905-06 | 1'430'263 | 57'577 | 120'160 | 3'556 | 10'746 | 9'669 | 1'631'971 | 3'699'854 |
| 1906-07 | 1'429'167 | 89'211 | 199'337 | 21'035 | 101'483 | 30'169 | 1'870'402 | 3'922'821 |
| 1907-08 | 1'263'309 | 85'182 | 145'186 | 11'424 | 58'992 | 25'809 | 1'589'902 | 3'745'416 |
| 1908-09 | 1'216'064 | 40'666 | 36'409 | 532 | 16'835 | 20'830 | 1'331'336 | 3'170'432 |
| 1909-10 | 1'244'319 | 62'433 | 170'881 | 15'855 | 96'957 | 15'834 | 1'606'279 | 3'739'717 |
| 1910-11 | 1'380'026 | 99'599 | 214'127 | 25'363 | 78'815 | 15'734 | 1'813'664 | 4'239'055 |
| 1911-12 | 1'439'725 | 147'209 | 88'654 | 13'086 | 95'945 | 14'577 | 1'799'196 | 3'949'605 |
| 1912-13 | 1'354'214 | 81'882 | 17'816 | 5'382 | 19'387 | 23'011 | 1'501'692 | 3'736'630 |
| 1913-14 | 1'465'220 | 113'702 | 154'701 | 18'948 | 95'072 | 17'886 | 1'865'529 | 3'898'348 |

Legende: Auf ganze 'acres' abgerundete Werte; (2) Werte ab 1906 entsprechen dem Totalwert von West-Khandesh und Ost-Khandesh; (8) Summe von (2) bis (7); (9) Exkl. Sind.

Quellen: Vgl. Tabelle 19a.

Tabelle A18: Flächenanteil von Bajra im Dekkan: 1861-1914

| (1) Jahr | (2) Khandesh | (3) Nasik | (4) Ahmednagar | (5) Poona | (6) Sholapur | (7) Satara | (8) Dekkan | (9) Bombay |
|---|---|---|---|---|---|---|---|---|
| 1861-62 | 585'819 | | 1'114'998 | 543'183 | 242'004 | 613'278 | 3'099'282 | |
| 1862-63 | 656'463 | | 546'216 | 465'307 | 167'400 | 500'832 | 2'336'218 | |
| 1863-64 | | | 1'078'366 | 483'125 | 247'618 | 528'211 | 2'337'320 | |
| 1864-65 | 593'196 | | 1'160'853 | 726'975 | | 368'343 | 2'849'367 | |
| 1865-66 | 730'702 | | 1'104'794 | 664'760 | | 367'726 | 2'867'982 | |
| 1866-67 | 646'344 | | 1'133'851 | 718'562 | | 399'340 | 2'898'097 | |
| 1867-68 | 711'477 | | 1'152'316 | 834'325 | | 398'573 | 3'096'691 | |
| 1868-69 | 520'653 | | 751'351 | 705'825 | 266'484 | 507'444 | 2'751'757 | |
| 1869-70 | 605'337 | 725'246 | 1'057'372 | 726'082 | 374'209 | 562'064 | 4'050'310 | |
| 1870-71 | | | 737'515 | 612'742 | 301'943 | 529'811 | 2'182'011 | |
| 1871-72 | 710'256 | 569'677 | 275'410 | 347'049 | 66'517 | 360'130 | 2'329'039 | |
| 1872-73 | 631'332 | 714'396 | 1'028'609 | 648'199 | 264'594 | 537'890 | 3'825'020 | |
| 1873-74 | 565'665 | 605'970 | 781'134 | 482'578 | 235'714 | 486'318 | 3'157'379 | |
| 1874-75 | 558'249 | 663'574 | 923'186 | 581'684 | 349'831 | 494'202 | 3'570'726 | |
| 1875-76 | 549'964 | | 874'815 | 616'647 | 282'698 | | 2'324'124 | |
| 1876-77 | 666'593 | | 796'625 | 501'525 | 129'250 | 430'966 | 2'524'959 | |
| 1877-78 | 851'891 | | 721'526 | 550'135 | 331'092 | 360'056 | 2'814'700 | |
| 1878-79 | 700'635 | 801'028 | 1'034'894 | 649'238 | 251'350 | 406'144 | 3'843'289 | |
| 1879-80 | 649'635 | 698'729 | 806'148 | 601'595 | 277'104 | 365'894 | 3'399'105 | |
| 1880-81 | 711'950 | 596'760 | 528'713 | 466'843 | 215'935 | 280'569 | 2'800'770 | |
| 1881-82 | 623'097 | 754'749 | 783'150 | 557'807 | 208'460 | 389'636 | 3'316'899 | |
| 1882-83 | 582'768 | 751'088 | 889'162 | 638'491 | 306'186 | 409'317 | 3'577'012 | |
| 1883-84 | 578'495 | 478'517 | 841'748 | 834'070 | 289'239 | | 3'022'069 | |
| 1884-85 | 623'508 | 715'769 | 863'733 | 745'979 | 103'590 | 358'215 | 3'410'794 | |
| 1885-86 | 647'896 | 712'866 | 867'166 | 646'911 | 169'681 | 575'084 | 3'619'604 | 4'500'828 |
| 1886-87 | 560'391 | 717'313 | 1'066'624 | 757'493 | 352'158 | 579'574 | 4'033'553 | 4'904'909 |
| 1887-88 | 563'058 | 693'169 | 894'439 | 714'464 | 251'052 | 972'899 | 4'089'081 | 4'637'629 |
| 1888-89 | 604'977 | 612'602 | 415'649 | 610'728 | 181'835 | 498'571 | 2'924'362 | 3'845'322 |
| 1889-90 | | | | | | | | |
| 1890-91 | 707'992 | 801'799 | 706'917 | 643'454 | 115'284 | 544'919 | 3'520'365 | 4'449'356 |
| 1891-92 | 709'749 | 829'747 | 979'220 | 714'281 | 188'914 | 582'993 | 4'004'904 | 4'837'233 |
| 1892-93 | 671'995 | 794'308 | 991'161 | 814'276 | 438'043 | 547'986 | 4'257'769 | 5'450'576 |
| 1893-94 | 602'221 | 650'220 | 615'829 | 601'955 | 209'629 | 498'047 | 3'177'901 | 4'054'606 |
| 1894-95 | 625'987 | 758'576 | 870'809 | 652'670 | 210'891 | 483'563 | 3'602'496 | 4'465'336 |
| 1895-96 | 625'846 | 669'546 | 829'837 | 623'071 | 252'343 | 464'449 | 3'465'092 | 4'296'603 |
| 1896-97 | 631'754 | 664'957 | 772'240 | 570'854 | 206'019 | 463'377 | 3'309'201 | 3'918'304 |
| 1897-98 | 820'693 | 882'196 | 975'404 | 590'972 | 259'786 | 405'049 | 3'934'100 | 4'776'856 |
| 1898-99 | 593'027 | 702'466 | 741'676 | 604'797 | 247'013 | 453'335 | 3'342'314 | 4'189'299 |
| 1899-00 | 657'284 | 491'678 | 510'072 | 369'224 | 45'086 | 165'846 | 2'239'190 | 2'721'594 |

Fortsetzung Tabelle A18

| (1) Jahr | (2) Khandesh | (3) Nasik | (4) Ahmednagar | (5) Poona | (6) Sholapur | (7) Satara | (8) Dekkan | (9) Bombay |
|---|---|---|---|---|---|---|---|---|
| 1900-01 | | | | | | | | |
| 1901-02 | 566'415 | 806'405 | 1'110'570 | 768'301 | 471'371 | 522'624 | 4'245'686 | 5'523'589 |
| 1902-03 | | | | | | | | |
| 1903-04 | 594'356 | 703'263 | 996'186 | 704'070 | 333'792 | 504'965 | 3'836'632 | 4'831'160 |
| 1904-05 | 651'448 | 474'670 | 385'744 | 236'774 | 131'042 | 217'659 | 2'097'337 | 2'802'966 |
| 1905-06 | 583'686 | 808'469 | 904'590 | 681'413 | 75'011 | 366'940 | 3'420'109 | 4'354'437 |
| 1906-07 | 632'652 | 872'919 | 1'149'263 | 834'441 | 519'394 | 482'790 | 4'491'459 | 5'733'409 |
| 1907-08 | 705'428 | 829'742 | 1'047'053 | 686'468 | 245'615 | 449'444 | 3'963'750 | 4'943'127 |
| 1908-09 | 740'997 | 934'150 | 1'016'812 | 613'710 | 135'751 | 362'423 | 3'803'843 | 4'744'047 |
| 1909-10 | 727'966 | 933'237 | 1'143'624 | 682'635 | 396'221 | 452'486 | 4'336'169 | 5'369'480 |
| 1910-11 | 689'596 | 799'880 | 998'613 | 681'655 | 212'901 | 421'491 | 3'804'136 | 4'797'691 |
| 1911-12 | 714'779 | 698'306 | 834'305 | 559'882 | 255'559 | 440'428 | 3'503'259 | 4'361'888 |
| 1912-13 | 812'178 | 899'900 | 1'047'582 | 664'140 | 218'976 | 412'857 | 4'055'633 | |
| 1913-14 | 716'758 | 817'231 | 1'142'660 | 673'856 | 252'630 | 410'629 | 4'013'764 | 4'906'258 |

Legende: Auf ganze 'acres' abgerundete Werte; (2) Werte ab 1906 entsprechen dem Totalwert von West-Khandesh und Ost-Khandesh; (3) Wert für 1901-02 evtl. 800'405; (8) Summe aus (2) bis (7); (9) Exkl. Sind.

Quellen: Vgl. Tabelle 19a.

Tabelle A19: Flächenanteil von Jowar im Dekkan: 1861-1914

| (1) Jahr | (2) Khandesh | (3) Nasik | (4) Ahmednagar | (5) Poona | (6) Sholapur | (7) Satara | (8) Dekkan | (9) Bombay |
|---|---|---|---|---|---|---|---|---|
| 1861-62 | 464'967 | | 744'047 | 458'722 | 1'438'230 | 606'253 | 3'712'219 | |
| 1862-63 | 481'446 | | 1'257'772 | 552'182 | 1'581'199 | 482'487 | 4'355'086 | |
| 1863-64 | | | 902'527 | 576'160 | 1'560'153 | 623'219 | 3'662'059 | |
| 1864-65 | 442'508 | | 831'406 | 1'390'261 | | 452'768 | 3'116'943 | |
| 1865-66 | 501'251 | | 958'676 | 1'650'819 | | 470'985 | 3'581'731 | |
| 1866-67 | 414'563 | | 893'708 | 1'563'081 | | 448'489 | 3'319'841 | |
| 1867-68 | 465'198 | | 852'232 | 1'487'816 | | 465'509 | 3'270'755 | |
| 1868-69 | 402'257 | | 964'712 | 502'123 | 1'090'139 | 435'066 | 3'394'297 | |
| 1869-70 | 469'412 | 53'620 | 697'687 | 439'506 | 915'645 | 320'569 | 2'896'439 | |
| 1870-71 | | | 908'140 | 528'079 | 1'031'252 | 412'467 | 2'879'938 | |
| 1871-72 | 310'045 | 102'142 | 1'223'861 | 165'340 | 1'479'136 | 541'758 | 3'822'282 | |
| 1872-73 | 496'729 | 66'623 | 703'461 | 555'624 | 1'163'698 | 351'110 | 3'337'245 | |
| 1873-74 | 446'227 | 130'222 | 839'667 | 774'470 | 1'217'392 | 434'213 | 3'842'191 | |
| 1874-75 | 427'466 | 67'700 | 647'744 | 599'086 | 990'674 | 216'457 | 2'949'127 | |
| 1875-76 | | | | | | | | |
| 1876-77 | 382'281 | | 422'515 | 132'233 | 383'042 | 275'653 | 1'595'724 | |
| 1877-78 | 461'079 | | 831'190 | 517'196 | 978'278 | 338'417 | 3'126'160 | |
| 1878-79 | 587'995 | 85'936 | 544'487 | 440'210 | 915'495 | 270'158 | 2'844'281 | |
| 1879-80 | 599'970 | 104'133 | 650'689 | 454'413 | 792'368 | 286'039 | 2'887'612 | |
| 1880-81 | 542'180 | 164'427 | 917'958 | 649'984 | 962'567 | 301'806 | 3'538'922 | |
| 1881-82 | 520'241 | 105'482 | 679'879 | 588'502 | 950'477 | 321'305 | 3'165'886 | |
| 1882-83 | 411'507 | 542'256 | 599'643 | 515'393 | 806'977 | 309'501 | 3'185'277 | |
| 1883-84 | 473'634 | 135'380 | 851'902 | 518'154 | 923'706 | | 2'902'776 | |
| 1884-85 | 552'881 | 66'630 | 1'004'084 | 683'755 | 1'457'118 | 550'419 | 4'314'887 | |
| 1885-86 | 546'607 | 104'204 | 983'067 | 826'965 | 1'390'628 | 528'673 | 4'380'144 | 7'987'828 |
| 1886-87 | 515'481 | 95'271 | 785'890 | 714'401 | 1'065'245 | 525'089 | 3'701'377 | 6'832'899 |
| 1887-88 | 480'054 | 93'767 | 921'600 | 758'301 | 1'246'184 | 519'557 | 4'019'463 | 7'120'954 |
| 1888-89 | 533'564 | 175'625 | 1'436'111 | 853'221 | 1'428'820 | 624'939 | 5'052'280 | 8'509'694 |
| 1889-90 | | | | | | | | |
| 1890-91 | 524'173 | 135'795 | 1'239'527 | 866'008 | 1'519'918 | 601'122 | 4'886'543 | 8'322'132 |
| 1891-92 | 536'587 | 108'191 | 1'032'672 | 819'975 | 1'475'045 | 538'065 | 4'510'535 | 8'325'040 |
| 1892-93 | 535'802 | 99'167 | 803'477 | 624'300 | 1'050'503 | 508'257 | 3'621'506 | 7'122'524 |
| 1893-94 | 475'168 | 128'251 | 1'073'326 | 766'186 | 1'290'879 | 478'426 | 4'212'236 | 7'410'619 |
| 1894-95 | 513'241 | 119'652 | 864'171 | 703'377 | 1'317'229 | 465'789 | 3'983'459 | 7'193'131 |
| 1895-96 | 486'709 | 126'838 | 835'771 | 729'656 | 1'203'533 | 491'406 | 3'873'913 | 7'139'214 |
| 1896-97 | 472'101 | 50'402 | 759'109 | 712'369 | 803'324 | 453'873 | 3'251'178 | 5'430'192 |
| 1897-98 | 628'336 | 114'157 | 960'777 | 779'271 | 1'232'605 | 562'765 | 4'277'911 | 7'905'687 |
| 1898-99 | 438'126 | 128'250 | 1'002'020 | 712'930 | 1'292'327 | 484'676 | 4'058'329 | 7'541'883 |
| 1899-00 | 464'884 | 113'238 | 1'205'191 | 859'922 | 1'634'836 | 801'964 | 5'080'035 | 8'313'547 |

Fortsetzung Tabelle A19

| (1) Jahr | (2) Khandesh | (3) Nasik | (4) Ahmednagar | (5) Poona | (6) Sholapur | (7) Satara | (8) Dekkan | (9) Bombay |
|---|---|---|---|---|---|---|---|---|
| 1900-01 | | | | | | | | |
| 1901-02 | 447'068 | 105'345 | 747'923 | 542'547 | 1'100'145 | 463'656 | 3'406'684 | 6'770'184 |
| 1902-03 | | | | | | | | |
| 1903-04 | 427'024 | 103'162 | 681'221 | 566'158 | 973'536 | 441'910 | 3'193'011 | 6'087'426 |
| 1904-05 | 372'374 | 312'235 | 1'361'452 | 1'116'343 | 1'336'194 | 746'995 | 5'245'593 | 8'549'309 |
| 1905-06 | 432'638 | 74'541 | 662'918 | 564'810 | 1'313'422 | 600'097 | 3'648'426 | 6'570'339 |
| 1906-07 | 391'156 | 79'506 | 573'923 | 463'444 | 771'033 | 454'867 | 2'733'929 | 5'642'786 |
| 1907-08 | 402'168 | 63'405 | 743'121 | 611'494 | 1'177'959 | 469'996 | 3'468'143 | 6'315'937 |
| 1908-09 | 473'768 | 73'963 | 965'707 | 725'647 | 1'369'021 | 551'373 | 4'159'479 | 7'361'999 |
| 1909-10 | 435'684 | 70'566 | 697'130 | 612'022 | 1'029'632 | 451'254 | 3'296'288 | 6'246'152 |
| 1910-11 | 385'707 | 90'089 | 742'226 | 619'056 | 1'234'101 | 478'005 | 3'549'184 | 6'394'032 |
| 1911-12 | 374'867 | 93'177 | 801'004 | 517'184 | 917'537 | 449'716 | 3'153'485 | 5'878'023 |
| 1912-13 | 504'387 | 78'567 | 691'210 | 653'802 | 1'370'016 | 522'706 | 3'820'688 | 5'157'876 |
| 1913-14 | 398'697 | 70'709 | 764'186 | 674'786 | 964'507 | 526'558 | 3'399'443 | 6'605'962 |

Legende: Auf ganze 'acres' abgerundete Werte; (2) Werte ab 1906 entsprechen dem Totalwert von West-Khandesh und Ost-Khandesh; (5) Wert für 1905-06 mit Vorsicht zu geniessen (evtl. Uebertragungsfehler); (8) Summe von (2) bis (7); (9) Exkl. Sind.

Quellen: Vgl. Tabelle 19a.

Tabelle A20: Anteil ausgew. Agrarprodukte in Khandesh (in %): 1885-1914

| (1) | (2) | (3) | (4) | (5) | (6) | (7) | (8) | (9) |
|---|---|---|---|---|---|---|---|---|
| Jahr | Jowar | Bajra | Weizen | Hülsen-früchte | Baum-wolle | Oil-seeds | Nahrungs-mittel | Roh-stoffe |
| 1885-86 | 19 | 22 | 12 | 7 | 23 | 13 | 62 | 38 |
| 1886-87 | 18 | 19 | 11 | 6 | 33 | 10 | 56 | 44 |
| 1887-88 | 17 | 19 | 14 | 7 | 32 | 7 | 60 | 40 |
| 1888-89 | 19 | 21 | 12 | 6 | 33 | 5 | 61 | 39 |
| 1889-90 | 19 | 25 | 7 | 7 | 35 | 4 | 60 | 40 |
| 1890-91 | 17 | 24 | 7 | 7 | 38 | 4 | 57 | 43 |
| 1891-92 | 17 | 23 | 9 | 7 | 36 | 5 | 58 | 42 |
| 1892-93 | 17 | 22 | 9 | 9 | 35 | 5 | 59 | 41 |
| 1893-94 | 15 | 20 | 9 | 10 | 35 | 7 | 56 | 44 |
| 1894-95 | 17 | 20 | 9 | 11 | 32 | 7 | 59 | 41 |
| 1895-96 | 16 | 21 | 8 | 10 | 30 | 11 | 57 | 43 |
| 1896-97 | 16 | 22 | 5 | 10 | 37 | 6 | 56 | 44 |
| 1897-98 | 21 | 27 | 5 | 11 | 28 | 5 | 66 | 34 |
| 1898-99 | 15 | 20 | 6 | 13 | 37 | 6 | 55 | 45 |
| 1899-00 | 18 | 26 | 1 | 9 | 40 | 3 | 56 | 44 |
| 1900-01 | 19 | 25 | 4 | 9 | 33 | 6 | 59 | 41 |
| 1901-02 | 15 | 19 | 3 | 11 | 43 | 7 | 49 | 51 |
| 1902-03 | | | | | | | | |
| 1903-04 | 14 | 19 | 4 | 12 | 42 | 7 | 50 | 50 |
| 1904-05 | 12 | 20 | 9 | 11 | 38 | 6 | 54 | 46 |
| 1905-06 | 14 | 18 | 5 | 11 | 44 | 4 | 50 | 50 |
| 1906-07 | 11 | 16 | 6 | 12 | 42 | 5 | 52 | 49 |
| 1907-08 | 12 | 19 | 5 | 12 | 39 | 6 | 55 | 46 |
| 1908-09 | 14 | 19 | 4 | 13 | 36 | 6 | 58 | 43 |
| 1909-10 | 12 | 23 | 6 | 14 | 36 | 5 | 57 | 43 |
| 1910-11 | 11 | 22 | 6 | 12 | 41 | 5 | 54 | 47 |
| 1911-12 | 11 | 24 | 4 | 11 | 44 | 4 | 52 | 49 |
| 1912-13 | 14 | 25 | 5 | 11 | 38 | 4 | 58 | 43 |
| 1913-14 | 11 | 22 | 5 | | 43 | 4 | 53 | 48 |

Legende: Werte ab 1906 gleich Total West- und Ost-Khandesh; (5) Total Hülsenfrüchte; (8), (9) Total Nahrungsmittel bzw. Rohstoffe; Nahrungsmittel: Jowar, Bajra, Paddy, Wheat, 'coarse grains', Pulses, Others; Rohstoffe: Cotton, Oilseeds, Others.

Quellen: Season and Crop Reports (versch. Jahre); Annual Report of the Director, Land Records and Agriculture, Bombay Presidency (Titel variiert, versch. Jahre)

| (1) | (2) | | (3) | | (4) | | (5) | | (6) | | (7) | | (8) | | (9) | |
|---|---|---|---|---|---|---|---|---|---|---|---|---|---|---|---|---|
| | Jowar | | Bajra | | Weizen | | Hülsen-früchte | | Baum-wolle | | Oil-seeds | | Nahrungs-mittel | | Roh-stoffe | |
| Jahr | WK | OK | WK | OK | WK | OK | WK | OK | WK | OK | WK | OK | WK | OK | WK | OK |
| 1906-07 | 5 | 16 | 27 | 15 | 9 | 3 | 10 | 13 | 35 | 49 | 8 | 2 | 56 | 47 | 44 | 53 |
| 1907-08 | 5 | 18 | 30 | 17 | 6 | 3 | 11 | 13 | 32 | 45 | 8 | 3 | 58 | 51 | 42 | 49 |
| 1908-09 | 7 | 20 | 30 | 17 | 6 | 2 | 11 | 15 | 30 | 42 | 9 | 2 | 60 | 55 | 40 | 45 |
| 1909-10 | 6 | 18 | 29 | 16 | 8 | 3 | 12 | 16 | 29 | 43 | 8 | 2 | 61 | 53 | 39 | 47 |
| 1910-11 | 5 | 16 | 27 | 16 | 9 | 3 | 10 | 14 | 34 | 47 | 7 | 2 | 58 | 49 | 42 | 51 |
| 1911-12 | 6 | 15 | 29 | 18 | 5 | 2 | 9 | 13 | 38 | 49 | 6 | 2 | 55 | 48 | 45 | 52 |
| 1912-13 | 11 | 17 | 30 | 19 | 7 | 2 | 8 | 13 | 30 | 46 | 6 | 1 | 63 | 52 | 37 | 48 |
| 1913-14 | 6 | 16 | 26 | 18 | 8 | 2 | | | 38 | 48 | 6 | 1 | 55 | 50 | 45 | 50 |

Legende: Vgl. oben; WK West-Khandesh, OK Ost-Khandesh.

Quellen: Vgl. oben.

Tabelle A21: Anteil ausgew. Agrarprodukte in einzelnen Bezirken Khandeshs

Erandol

| (1) | (2) | (3) | (4) | (5) | (6) |
|---|---|---|---|---|---|
| | | 1868 | | | 1914 |
| Produkt | 1863 | -1869 | 1880 | 1890 | -1918 |
| Jowar | 19,3 | 25 | 33,1 | 24,9 | 17,4 |
| Bajra | 23,2 | 19 | 25,3 | 19,2 | 17,6 |
| Weizen | 15,4 | 6 | 4 | 7,8 | 3,6 |
| Baumwolle | 13,4 | 27 | 30,5 | 32,9 | 38,2 |
| Oilseeds | | | 3,4 | | |

Legende: (2) Anz. Dörfer unbekannt; (3) Anz. Dörfer unbekannt; (4) Anteil an kultivierter Fläche; ganzer Distrikt; (5) Anteil an Bruttokulturfläche ('gross cropped area'); Anz. Dörfer unbekannt; (6) Anteil an Bruttokulturfläche ('gross cropped area'); Anz. Dörfer unbekannt.

Quellen: (2) SRGB N.S. Nr. 72, Memorandum by A.F. Davidson, p. 98; (3) SRGB N.S., Nr. 239, p. 13 & Letter Nr. 2028, 21st March 1890, p. 50; (4) GBP, Vol. XII (1880), Khandesh, Kap. XIII; (5) SRGB N.S., Nr. 595, p. 3; (6) SRGB N.S., Nr. 595, p. 3.

Jalgaon

| (1) | (2) | (3) | (4) | (5) |
|---|---|---|---|---|
| | | | 1986/87 | 1915/16 |
| Produkt | 1863 | 1880 | -1890/91 | -1919/20 |
| Jowar | 31 | 30,6 | 22,9 | 18,2 |
| Bajra | 8 | 18 | 11,7 | 8,9 |
| Weizen | 17 | 12,1 | 12,8 | 6,1 |
| Baumwolle | 17 | 25,7 | 33,8 | 43,4 |
| Oilseeds | | 5,6 | | 1,1 |

Legende: (2) Anz. Dörfer unbekannt; (3) Anteil an kultivierter Fläche; ganzer Distrikt; (4) Anteil an kultivierter Fläche ('cropped area'); 110 Dörfer; (5) Anteil an kultivierter Fläche ('cropped area'); 110 Dörfer.

Quellen: (2) SRGB N.S. Nr. 72, Memorandum by A.F. Davidson, p. 98; (3) GBP, Vol. XII (1880), Khandesh, Kap. XIII; (4) SRGB N.S., Nr. 262, App. B, p. 12; (5) SRGB N.S., Nr. 593, p. 6 & App. B, p. 18-9.

Fortsetzung Tabelle A21

Shahada

| (1) | (2) | (3) | (4) | (5) |
|---|---|---|---|---|
| | | | 1888/89 | 1912/13 |
| Produkt | | 1880 | -1893/94 | -1916/17 |
| Jowar | | 17 | 7 | 17,6 |
| Bajra | | 22,6 | 16 | 13,4 |
| Weizen | | 30,4 | 26,9 | 16,9 |
| Baumwolle | | 8,8 | 27,4 | 36,8 |
| Oilseeds | | 8,8 | | |

Legende: (3) Anteil an kultivierter Fläche; ganzer Distrikt; (4) wie (3); 176 Dörfer; (5) wie (3); 163 Dörfer.

Quellen: (3) GBP, Vol. XII (1880), Khandesh, Kap. XIII; (4) SRGB N.S., Nr. 378, p. 5 & App. B, p. 18; (5) SRGB N.S., Nr. 578, App. B, p. 18.

Chalisgaon

| (1) | (2) | (3) | (4) | (5) |
|---|---|---|---|---|
| Produkt | 1863 | 1880 | 1896 | 1925 |
| Jowar | 16 | 19,8 | 18,5 | 15 |
| Bajra | 40 | 40,9 | 32,4 | 37,6 |
| Weizen | 3 | 1,1 | 2,9 | 0,7 |
| Baumwolle | 9 | 22,5 | 31,6 | 33,8 |
| Oilseeds | | 12,8 | 5,5 | 3,7 |

Legende: (2) Anz. Dörfer unbekannt; (3) Anteil an kultivierter Fläche; ganzer Distrikt; (4) 127 Dörfer; (5) Anteil an Bruttokulturfläche ('gross cropped area'); 128 Dörfer.

Quellen: (2) SRGB N.S. Nr. 72, Memorandum by A.F. Davidson, p. 98; (3) GBP, Vol. XII (1880), Khandesh, Kap. XIII; (4) SRGB N.S., Nr. 350, App. B, p. 20; (5) SRGB N.S., Nr. 614, App. B, p. 25.

Fortsetzung Tabelle A21

Taloda

| (1) | (2) | (3) | (4) | (5) | (6) |
|---|---|---|---|---|---|
| | | | | 1902 | 1912 |
| Produkt | | 1880 | 1892/93 | -1907 | -1916 |
| Jowar | | 18,2 | 1,9 | 5,2 | 13,2 |
| Bajra | | 23,4 | 4,6 | 8,1 | 4,5 |
| Weizen | | 25,6 | 39,8 | 22,9 | 28,6 |
| Baumwolle | | 0,1 | 4,6 | 20,8 | 9,1 |
| Oilseeds | | 7,2 | 15,9 | 18,6 | 17,2 |

Legende: (3) Anteil an kultivierter Fläche; ganzer Distrikt; (4) wie (3); 81 Dörfer; (5) Anteil an Bruttokulturfläche ('entire cropped area'); Anz. Dörfer unbekannt; (6) wie (3); 123 Dörfer.

Quellen: (3) GBP, Vol. XII (1880), Khandesh, Kap. XIII; (4) SRGB N.S., Nr. 387, p. 4-5 & App. B, p. 15; (5) SRGB N.S., Nr. 582, p.2-3; (6) SRGB N.S., Nr. 582, App. B, p. 17.

Jamner

| (1) | (2) | (3) | (4) | (5) |
|---|---|---|---|---|
| | | | 1890 | 1918 |
| Produkt | 1864 | 1880 | -1891 | -1919 |
| Jowar | 4 | 41,3 | 31 | 18,2 |
| Bajra | 10 | 11,7 | 8 | 6,2 |
| Weizen | 2 | 0,1 | 1,4 | |
| Baumwolle | 31 | 42 | 44 | 46,8 |
| Oilseeds | | 1,6 | 0,5 | 0,9 |

Legende: (2) Anteil an Bruttokulturfläche; Anz. Dörfer unbekannt; (3) Anteil an kultivierter Fläche; ganzer Distrikt; (4) 171 Dörfer; (5) 171 Dörfer.

Quellen: (2) SRGB N.S. Nr. 250, App. S, para. 14; (3) GBP, Vol. XII (1880), Khandesh, Kap. XIII; (4) SRGB N.S., Nr. 250, App. B, p. 13; (5) SRGB N.S., Nr. 591, p. 5.

Fortsetzung Tabelle A21

Amalner

| (1) Produkt | (2) 1880 | (3) 1883/84 -1887/88 | (4) 1902 -1906 | | (5) 1912 -1916 | |
|---|---|---|---|---|---|---|
| Jowar | 22,9 | 14,3 | 17,2 | (12.6) | 12,7 | (12.1) |
| Bajra | 33,6 | 23,8 | 22,1 | (26.6) | 19,3 | (29.4) |
| Weizen | 4 | 10 | 7,5 | (1.5) | 3,1 | (1.6) |
| Baumwolle | 28,6 | 31,1 | 40,6 | (41.9) | 52,4 | (43.1) |
| Oilseeds | 4,4 | | 5,7 | (2.2) | 2 | (1.3) |

Legende: (2) Anteil an kultivierter Fläche; ganzer Distrikt; (3) Anz. Dörfer unbekannt; (4) in Klammer Parola Petta; Amalner und Parola insg. 276 Dörfer; (5) in Klammer Parola Petta; Amalner und Parola insg. 276 Dörfer.

Quellen: (2) GBP, Vol. XII (1880), Khandesh, Kap. XIII; (3) SRGB N.S., Nr. 229, p. 4 & App. B, p. 15; (4) SRGB N.S., Nr. 585, p. 4 & App. B, p. 23; (5) SRGB N.S., Nr. 585, p. 4 & App. B, p. 23.

Chopda

| (1) Produkt | (2) 1880 | (3) 1882/83 -1886/87 | (4) 1899 -1901 | (5) 1907 -1911 | (6) 1912 -1916 |
|---|---|---|---|---|---|
| Jowar | 30,4 | 21,3 | 19,5 | 15,8 | 13,7 |
| Bajra | 25,2 | 15,6 | 16,5 | 15,5 | 14,9 |
| Weizen | 3,6 | 10,9 | 2,5 | 2,5 | 3,3 |
| Baumwolle | 29,9 | 35,6 | 50,8 | 52,8 | 55,2 |
| Oilseeds | 6,6 | | | | |

Legende: (2) Anteil an kultivierter Fläche; ganzer Distrikt; (3) Anteil an kultiviertem Reg.-Land; 118 Dörfer; (4) Anteil an kultiviertem Reg.-Land; 124 Dörfer; (4) Anteil an kultiviertem Reg.-Land; 124 Dörfer; (6) Anteil an kultiviertem Reg.-Land; 124 bzw. 125 Dörfer.

Quellen: (2) GBP, Vol. XII (1880), Khandesh, Kap. XIII; (3) SRGB N.S., Nr. 221, App. B, p. 11; (4) SRGB N.S., Nr. 576, para. 9, p. 2; (5) SRGB N.S., Nr. 576, para. 9, p. 2; (6) SRGB N.S., Nr. 576, para. 9, p. 2 & App. B, pp. 18-9.

Fortsetzung Tabelle A21

Savda (Raver & Yavul)

| (1) | (2) | (3) | (4) |
|---|---|---|---|
| Produkt | 1880 | 1880/81 -1884/85 | 1909/10 -1913/14 |
| Jowar | 34,7 | 28,9 | 18,2 |
| Bajra | 17,4 | 12,8 | 6,3 |
| Weizen | 5,6 | 9,3 | 3,9 |
| Baumwolle | 25 | 28,5 | 51,4 |
| Oilseeds | 8,7 | | |

Legende: (2) Anteil an kultivierter Fläche; ganzer Distrikt; (3) Anteil an kultiviertem Reg.-Land & Inam; 232 Dörfer; (4) keine Angaben.

Quellen: (2) GBP, Vol. XII (1880), Khandesh, Kap. XIII; (3) SRGB N.S., Nr. 186, App. B, p. 19; (4) SRGB N.S., Nr. 570, pp. 6-7.

Bhusaval

| (1) | (2) | (3) | (4) |
|---|---|---|---|
| Produkt | 1880 | 1891 | 1919 |
| Jowar | 39,7 | 31,3 | 24,3 |
| Bajra | 14,9 | 9 | 7,1 |
| Weizen | 3,6 | 5,4 | 1,1 |
| Baumwolle | 30,8 | 36,3 | 48,7 |
| Oilseeds | | | |

Legende: (2) Anteil an kultivierter Fläche; ganzer Distrikt; (3) Anteil an kultiviertem Reg.-Land und Inam; 237 Dörfer; (4) Anteil an Bruttokulturfläche ('gross cropped area'); 237 Dörfer.

Quellen: (2) GBP, Vol. XII (1880), Khandesh, Kap. XIII; (3) SRGB N.S., Nr. 237, p. 3 & App. B, p. 15; (4) SRGB N.S., Nr. 592, App. B, pp. 21-2

Fortsetzung Tabelle A21

Dhulia

| (1) | (2) | (3) | (4) | (5) | (6) | (7) |
|---|---|---|---|---|---|---|
| | | | | 1903 | 1912/13 | 1914 |
| Produkt | 1863 | 1880 | 1896 | -1907 | -1916/17 | -1918 |
| Jowar | 8 | 11,8 | 9,2 | 8,2 | 8,6 | 17,4 |
| Bajra | 49 | 48,4 | 37,8 | 37,4 | 38,2 | 17,6 |
| Weizen | 1 | 0,5 | 1,2 | 1,8 | 1,9 | 3,6 |
| Baumwolle | 11 | 21,9 | 32,6 | 36,3 | 39,4 | 38,2 |
| Oilseeds | | 8,7 | | | | |

Legende: (2) Anz. Dörfer unbekannt; (3) Anteil an kultivierter Fläche; ganzer Distrikt; (4) Anteil an kultivierter Fläche; 187 Dörfer; (5) Anteil an Bruttokulturfläche ('entire cropped area'); Anz. Dörfer unbekannt; (6) Anteil an kultivierter Fläche; 185 Dörfer.

Quellen: (2) SRGB N.S. Nr. 72, Memorandum by A.F. Davidson, p. 98; (3) GBP, Vol. XII (1880), Khandesh, Kap. XIII; (4) SRGB N.S., Nr. 375, App. B, p. 16; (5) SRGB N.S., Nr. 583, pp. 1-2; (6) SRGB N.S., Nr. 583, App. B, pp. 14-5.

Sindkheda

| (1) | (2) | (3) | (4) | (5) |
|---|---|---|---|---|
| | | | 1886/87 | 1916/17 |
| Produkt | 1856/7 | 1880 | -1890/91 | -1920/21 |
| Jowar | 15,2 | 10,8 | 4,2 | 7 |
| Bajra | 40,7 | 46,7 | 32,2 | 29,5 |
| Weizen | 6,3 | 7,5 | 12,4 | 7,7 |
| Baumwolle | 14,1 | 23,3 | 33,6 | 44,5 |
| Oilseeds | | | | |

Legende: (2) Anteil an kultivierter Fläche; 249 Dörfer; (3) Anteil an kultivierter Fläche; ganzer Distrikt; (4) 166 Dörfer; (5) Anteil an Bruttokulturfläche ('gross cropped area'); 165 Dörfer.

Quellen: (2) SRGB N.S., Nr. 273, Letter Nr. 37 of 1858 (Davidson to Mansfield), App. R, p. 35; (3) GBP, Vol. XII (1880), Khandesh, Kap. XIII; (4) SRGB N.S., Nr. 273, App. B, p. 16; (5) SRGB N.S., Nr. 610, App. B, p. 17.

Fortsetzung Tabelle A21

Nandurbar

| (1) | (2) | (3) | (4) |
|---|---|---|---|
| Produkt | 1880 | 1895 | 1908 |
| Jowar | 10,6 | 4,5 | 6,2 |
| Bajra | 28,1 | 22 | 19 |
| Weizen | 20,2 | 20,8 | 15,7 |
| Baumwolle | 8,3 | 17,3 | 17,6 |
| Oilseeds | 9,7 | | |

Legende: (2) Anteil an kultivierter Fläche; ganzer Distrikt; (3) Anteil an kultivierter Fläche; 127 von 307 Dörfer; (4) Anteil an Bruttokulturfläche ('gross area cropped'); 193 Dörfer.

Quellen: (2) GBP, Vol. XII (1880), Khandesh, Kap. XIII; (3) SRGB N.S., Nr. 349, App. B, p. 18; (4) SRGB N.S., Nr. 510, App. B, p. 18.

Pimpalner

| (1) | (2) | (3) |
|---|---|---|
| Produkt | 1880 | 1898 |
| Jowar | 0,5 | 3,1 |
| Bajra | 37,3 | 54,4 |
| Weizen | 3,2 | 3,1 |
| Baumwolle | 4,6 | 4,8 |
| Oilseeds | 14,3 | |

Legende: (2) Anteil an kultivierter Fläche; ganzer Distrikt; (3) Anteil an kultivierter Fläche; 161 Dörfer.

Quellen: (2) GBP, Vol. XII (1880), Khandesh, Kap. XIII; (3) SRGB N.S., Nr. 422, p. 8 & App. B, p. 32.

Tabelle A22: Anzahl und Verteilung von Bauernhöfen in Khandesh: 1905-20

1905-1908

| (1) | (2) | | (3) | | (4) | | (5) | |
|---|---|---|---|---|---|---|---|---|
| | Chopda | | Jalgaon | | Shahada | | Taloda | |
| acres | Anzahl | in % | Anzahl | in % | Anzahl | in % | Anzahl | in % |
| 0-5 | 621 | 10 | 669 | 10 | 326 | 5 | 83 | 3 |
| 5-25 | 4'045 | 66 | 4'113 | 64 | 4'356 | 66 | 2'334 | 77 |
| 25-100 | 1'417 | 23 | 1'596 | 25 | 1'845 | 28 | 590 | 19 |
| 100-500 | 85 | 1 | 64 | 1 | 119 | 2 | 30 | 1 |
| >500 | 0 | 0 | 0 | 0 | 0 | 0 | 0 | 0 |

Legende: (2) 1905; (3) 1905; (4) 1905/06; Zahlen für >100 'acres'; (5) 1907/08.

Quellen: (2) SRGB N.S., Nr. 576, p. 4; (3) SRGB N.S., Nr. 593, para. 59, p. 11; (4) SRGB N.S., Nr. 578, p. 9; (5) SRGB N.S., Nr. 582, p. 10.

1910-1913

| (1) | (2) | | (3) | | (4) | | (5) | |
|---|---|---|---|---|---|---|---|---|
| | Chopda | | Dhulia | | Shahada | | Taloda | |
| acres | Anzahl | in % | Anzahl | in % | Anzahl | in % | Anzahl | in % |
| 0-5 | 590 | 10 | 1'994 | 31 | 240 | 4 | 98 | 3 |
| 5-25 | 3'898 | 63 | 7'085 | 110 | 4'334 | 65 | 2'509 | 83 |
| 25-100 | 1'316 | 21 | 3'090 | 48 | 1'852 | 28 | 718 | 24 |
| 100-500 | 55 | 1 | 231 | 4 | 127 | 2 | 40 | 1 |
| >500 | 0 | 0 | 26 | 0 | 0 | 0 | 0 | 0 |

Legende: (2) 1913; (3) 1912/13; (4) 1910/11; Zahlen für >100 'acres'; (5) 1912/13.

Quellen: (2) SRGB N.S., Nr. 576, p. 4; (3) SRGB N.S., Nr. 583, p. 8; (4) SRGB N.S., Nr. 578, p. 9; (5) SRGB N.S., Nr. 582, p. 10.

1916-1920

| (1) | (2) | | (3) | | (4) | | (5) | | (6) | | (7) | |
|---|---|---|---|---|---|---|---|---|---|---|---|---|
| | Amalner | | Dhulia | | Erandol | | Jamner | | Shahada | | Shirpur | |
| acres | Anzahl | in % | Anzahl | in % | Anzahl | in % | Anzahl | in % | Anzahl | in % | Anzahl | in % |
| 0-5 | 3'524 | 24 | 1'399 | 14 | 2'861 | 24 | 1'306 | 17 | 1'110 | 13 | 946 | 19 |
| 5-25 | 8'595 | 59 | 5'893 | 58 | 7'471 | 62 | 4'545 | 58 | 5'389 | 64 | 1'856 | 36 |
| 25-100 | 2'194 | 15 | 2'622 | 26 | 1'612 | 13 | 1'708 | 22 | 1'657 | 20 | 2'173 | 43 |
| 100-500 | 161 | 1 | 235 | 2 | 60 | 0 | 243 | 3 | 228 | 3 | 126 | 2 |
| >500 | 0 | 0 | 0 | 0 | 0 | 0 | 22 | 0 | | 0 | 4 | 0 |

Legende: (2) 1916/17; (3) 1916/17; (4) 1919; (5) 1920; (6) 1916/17; (7) 1916/17.

Quellen: (2) SRGB N.S., Nr. 585, p. 8; (3) SRGB N.S., Nr. 583, p.8; (4) SRGB N.S., Nr. 595, p. 4; (5) SRGB N.S., Nr. 591, p. 5; (6) SRGB N.S., Nr. 578, p. 9; (7) SRGB N.S., Nr. 568, p. 4.

Tabelle A23: Anzahl und Verteilung von Bauerhöfen nach Grössenklassen in Khandesh

Jalgaon

| (1) | (2) | (3) | | (4) | | (5) | | (6) | | (7) | |
|---|---|---|---|---|---|---|---|---|---|---|---|
| | acres | 0-5 | | 5-25 | | 25-100 | | 100-500 | | >500 | |
| Periode | Total | Anzahl | in % | Anzahl | in % | Anzahl | in % | Anzahl | in % | Anzahl | in % |
| 1880-1885 | | | | | | | | | | | |
| 1885-1890 | | | | | | | | | | | |
| 1890-1895 | | | | | | | | | | | |
| 1895-1900 | | | | | | | | | | | |
| 1900-1905 a) | 6'393 | 638 | 10 | 4'058 | 63 | 1'638 | 26 | 59 | 1 | | 0 |
| 1900-1905 b) | 7'036 | 792 | 11 | 4'425 | 63 | 1'747 | 25 | 72 | 1 | | 0 |
| 1905-1910 | 6'492 | 669 | 10 | 4'113 | 63 | 1'596 | 25 | 64 | 1 | 50 | 1 |
| 1915-1920 | 8'586 | 3'063 | 36 | 4'458 | 52 | 990 | 12 | 72 | 1 | 3 | 0 |

Legende: Werte: 1900-05: a) 1901, b) 1903; 1905 und 1916.
Quelle: SRGB N.S., Nr. 593, para. 59, p. 11;

Amalner (inkl. Parola)

| (1) | (2) | (3) | | (4) | | (5) | | (6) | | (7) | |
|---|---|---|---|---|---|---|---|---|---|---|---|
| | acres | 0-5 | | 5-25 | | 25-100 | | 100-500 | | >500 | |
| Periode | Total | Anzahl | in % | Anzahl | in % | Anzahl | in % | Anzahl | in % | Anzahl | in % |
| 1880-1885 | | | | | | | | | | | |
| 1885-1890 | | | | | | | | | | | |
| 1890-1895 | 9'982 | 615 | 6 | 6'052 | 61 | 3'144 | 31 | 171 | 2 | | 0 |
| 1895-1900 | | | | | | | | | | | |
| 1900-1905 | | | | | | | | | | | |
| 1905-1910 | 11'193 | 826 | 7 | 7'375 | 66 | 2'843 | 25 | 148 | 1 | 1 | 0 |
| 1910-1915 | | | | | | | | | | | |
| 1915-1920 | 14'474 | 3'524 | 24 | 8'595 | 59 | 2'194 | 15 | 161 | 1 | | 0 |

Legende: Werte: 1891/92, 1906/07 und 1916/17; 1916/17: Amalner inkl. Parola Petta; nur Government Villages (i.e. ohne Inam).
Quelle: SRGB N.S., Nr. 585, p. 8.

Shahada

| (1) | (2) | (3) | | (4) | | (5) | | (6) | |
|---|---|---|---|---|---|---|---|---|---|
| | acres | 0-5 | | 5-25 | | 25-100 | | >100 | |
| Periode | Total | Anzahl | in % | Anzahl | in % | Anzahl | in % | Anzahl | in % |
| 1880-1885 | | | | | | | | | |
| 1885-1890 | | | | | | | | | |
| 1890-1895 | | | | | | | | | |
| 1895-1900 | | | | | | | | | |
| 1900-1905 | 5'878 | 334 | 6 | 3'592 | 61 | 1'816 | 31 | 136 | 2 |
| 1905-1910 | 6'646 | 326 | 5 | 4'356 | 66 | 1'845 | 28 | 119 | 2 |
| 1910-1915 | 6'553 | 240 | 4 | 4'334 | 66 | 1'852 | 28 | 127 | 2 |
| 1915-1920 | 8'384 | 1'110 | 13 | 5'389 | 64 | 1'657 | 20 | 228 | 3 |

Legende: Werte: 1900/01, 1905/06, 1910/11 und 1916/17; nur Government Villages (i.e. ohne Inam).
Quelle: SRGB N.S., Nr. 578, p. 9.

Fortsetzung Tabelle A23:

Chopda

| (1) | (2) | (3) | | (4) | | (5) | | (6) | | (7) | |
|---|---|---|---|---|---|---|---|---|---|---|---|
| | acres | 0-5 | | 5-25 | | 25-100 | | 100-500 | | >500 | |
| Periode | Total | Anzahl | in % | Anzahl | in % | Anzahl | in % | Anzahl | in % | Anzahl | in % |
| 1880-1885 | 6'083 | 542 | 9 | 3'966 | 65 | 1'502 | 25 | 73 | 1 | | 0 |
| 1885-1890 | 6'196 | 552 | 9 | 4'085 | 66 | 1'475 | 24 | 84 | 1 | | 0 |
| 1890-1895 | | | | | | | | | | | |
| 1895-1900 | | | | | | | | | | | |
| 1900-1905 | 6'126 | 547 | 9 | 4'046 | 66 | 1'431 | 23 | 102 | 2 | | 0 |
| 1905-1910 | 6'168 | 621 | 10 | 4'045 | 66 | 1'417 | 23 | 85 | 1 | | 0 |
| 1910-1915 | 5'859 | 590 | 10 | 3'898 | 67 | 1'316 | 22 | 55 | 1 | | 0 |
| 1915-1920 | | | | | | | | | | | |

Legende: Werte: 1883, 1887 1901, 1905 und 1913; Nur Government Villages (i.e. ohne Inam).
Quelle: SRGB N.S., Nr. 576, p. 4.

Taloda

| (1) | (2) | (3) | | (4) | | (5) | | (6) | | (7) | |
|---|---|---|---|---|---|---|---|---|---|---|---|
| | acres | 0-5 | | 5-25 | | 25-100 | | 100-500 | | >500 | |
| Periode | Total | Anzahl | in % | Anzahl | in % | Anzahl | in % | Anzahl | in % | Anzahl | in % |
| 1880-1885 | | | | | | | | | | | |
| 1885-1890 | | | | | | | | | | | |
| 1890-1895 | | | | | | | | | | | |
| 1895-1900 | | | | | | | | | | | |
| 1900-1905 | 2'465 | 82 | 3 | 1'808 | 73 | 546 | 22 | 29 | 1 | | 0 |
| 1905-1910 | 3'037 | 83 | 3 | 2'334 | 77 | 590 | 19 | 30 | 1 | | 0 |
| 1910-1915 | 3'365 | 98 | 3 | 2'509 | 75 | 718 | 21 | 40 | 1 | | 0 |
| 1915-1920 | | | | | | | | | | | |

Legende: Werte: 1902/03, 1907/08 und 1912/13.
Quelle: SRGB N.S., Nr. 582, p. 10.

Tabelle A24: Landbesitz von Bauern und Nicht-Bauern in Khandesh

Amalner & Parola

| (1) | (2) | (3) | (4) | (5) | (6) |
|---|---|---|---|---|---|
| | | agriculturists | | non-agriculturists | |
| Jahr | Total | acres | in % | acres | in % |
| 1912-13 | 186'016 | 164'528 | 88,4 | 21'488 | 11,6 |
| 1913-14 | 186'095 | 166'347 | 89,4 | 19'748 | 10,6 |
| 1914-15 | 185'969 | 165'347 | 88,9 | 20'621 | 11,1 |
| 1915-16 | 186'350 | 165'743 | 88,9 | 20'607 | 11,1 |
| 1916-17 | 186'360 | 166'044 | 89,1 | 20'316 | 10,9 |

Quellen: SRGB N.S., Nr. 585, Bombay 1921, p.8.

Shirpur

| (1) | (2) | (3) | (4) | (5) | (6) |
|---|---|---|---|---|---|
| | | agriculturists | | non-agriculturists | |
| Jahr | Total | acres | in % | acres | in % |
| 1912-13 | 140'069 | 109'761 | 78,4 | 30'308 | 21,6 |
| 1913-14 | 133'641 | 103'843 | 77,7 | 29'798 | 22,3 |
| 1914-15 | 134'485 | 104'009 | 77,3 | 30'476 | 22,7 |
| 1915-16 | 134'179 | 104'978 | 78,2 | 29'201 | 21,8 |
| 1916-17 | 133'748 | 104'207 | 77,9 | 29'541 | 22,1 |

Quellen: SRGB N.S., Nr. 568, Bombay 1920, para. 12, p. 3.

Jalgaon

| (1) | (2) | (3) | (4) | (5) | (6) |
|---|---|---|---|---|---|
| | | agriculturists | | non-agriculturists | |
| Jahr | Total | acres | in % | acres | in % |
| 1915-16 | 161'631 | 140'889 | 87,2 | 20'742 | 12,8 |
| 1916-17 | 161'616 | 141'046 | 87,3 | 20'570 | 12,7 |
| 1917-18 | 161'591 | 141'948 | 87,8 | 19'643 | 12,2 |
| 1918-19 | 161'533 | 142'091 | 88 | 19'442 | 12 |
| 1919-20 | 161'687 | 142'245 | 88 | 19'442 | 12 |

Quellen: SRGB N.S., Nr. 593, Bombay 1922, para. 60, p. 12.

Tabelle A25: Landverkauf in ausgewählten Bezirken Khandeshs: Erandol

1889-1898

| (1) | (2) | (3) | (4) | | (5) | (6) | (7) | (8) |
|---|---|---|---|---|---|---|---|---|
| | | occupied area | Verkauf | | pro Jahr | assessm. | Verkaufs-preis | Faktor |
| Nr. | Name | acres | acres | g. | % | Rs. | Rs. | |
| 1 | Talai | 2'977 | 40 | 31 | 0 | 50 | 1'200 | 24 |
| 2 | Kasode | 2'114 | 128 | 8 | 1 | 104 | 3'070 | 30 |
| 3 | Utran | 2'469 | 94 | 34 | 0 | 211 | 6'600 | 31 |
| 4 | Bhathkede | 852 | 65 | 3 | 1 | 77 | 3'376 | 44 |
| 5 | Tade | 1'156 | 213 | 4 | 2 | 358 | 9'051 | 25 |
| 6 | Farkande | 910 | 10 | 11 | 0 | 4 | 115 | 29 |
| 7 | Jalu | 1'591 | 116 | 22 | 1 | 149 | 4'100 | 28 |
| 8 | Erandol | 8'296 | 471 | 20 | 1 | 351 | 13'305 | 38 |
| 9 | Galapur | 1'707 | 116 | 31 | 1 | 82 | 1'755 | 21 |
| 10 | Dharagir | 1'061 | 31 | 8 | 0 | 46 | 1'350 | 29 |
| 11 | Pimpalkothe | 349 | 52 | 31 | 1 | 54 | 1'800 | 33 |
| 12 | Ringangaon | 3'853 | 173 | 18 | 0 | 268 | 6'685 | 25 |
| 13 | Varad Budruk | 793 | 56 | 9 | 1 | 41 | 600 | 15 |
| 14 | Paldhi Khurd | 2'015 | 59 | 12 | 0 | 54 | 2'510 | 46 |
| 15 | Pimpri Khurd | 484 | 41 | 8 | 1 | 87 | 4'625 | 53 |
| 16 | Hingone Budruk | 581 | 29 | 39 | 0 | 55 | 2'950 | 54 |
| 17 | Vikhran | 2'383 | 72 | 38 | 0 | 63 | 1'200 | 19 |
| 18 | Khadake Budruk | 1'572 | 240 | 31 | 2 | 238 | 7'288 | 31 |
| 19 | Kharachi Budruk | 664 | 18 | 30 | 0 | 32 | 390 | 12 |
| 20 | Kadholi | 1'051 | 82 | 26 | 1 | 147 | 5'040 | 34 |
| 21 | Savda | 1'615 | 188 | 18 | 1 | 186 | 4'900 | 26 |
| 22 | Borgaon Budruk | 1'458 | 52 | 37 | 0 | 51 | 2'640 | 52 |
| 23 | Bhalgaon Budruk | 1'219 | 70 | 31 | 1 | 70 | 5'250 | 75 |
| 24 | Toli Budruk | 292 | 22 | 28 | 1 | 30 | 1'150 | 38 |
| 25 | Dharangaon | 6'529 | 221 | 15 | 0 | 224 | 7'813 | 35 |
| 26 | Jambhore | 2'369 | 57 | 14 | 0 | 61 | 1'661 | 27 |
| 27 | Salve | 2'100 | 4 | 23 | 0 | 13 | 200 | 15 |
| 28 | Kharde Budruk | 1'690 | 35 | 9 | 0 | 52 | 1'400 | 27 |
| 29 | Dhanore | 881 | 68 | 11 | 1 | 119 | 2'575 | 22 |
| 30 | Gangapuri Budruk | 882 | 69 | 0 | 1 | 105 | 3'245 | 31 |
| 31 | Bhone Budruk | 647 | 13 | 35 | 0 | 19 | 300 | 16 |
| 32 | Rotwad | 1'641 | 105 | 31 | 1 | 286 | 5'050 | 18 |
| 33 | Chandsar | 2'290 | 91 | 35 | 0 | 170 | 5'930 | 35 |
| 34 | Sonwad Budruk | KA | 21 | 9 | | 43 | 746 | 17 |
| 35 | Dongaon Budruk | KA | 77 | 33 | | 83 | 1'382 | 17 |
| 36 | Bambori Budruk | KA | 61 | 28 | | 52 | 2'200 | 43 |
| 37 | Nimbhore | 2'138 | 37 | 38 | 0 | 41 | 2'275 | 55 |
| 38 | Sheri | 1'102 | 133 | 8 | 1 | 232 | 6'175 | 27 |
| 39 | Zurkhede | 1'243 | 16 | 10 | 0 | 42 | 1'650 | 39 |
| 40 | Ahire Budruk | 466 | 6 | 38 | 0 | 18 | 280 | 16 |
| 41 | Anore | 1'605 | 76 | 13 | 0 | 104 | 4'100 | 39 |
| | | | 3'528 | 878 | 1 | | | 31 |
| Total acres | | | 3'550 | | | | | |

Legende: (3) App. L., pp. 36ff.

Quellen: SRGB N.S., Nr. 595, App. G, p. 27, App. L, pp. 36ff.

Fortsetzung Tabelle A25

1909-1918

| (1) | (2) | (3) | (4) | | (5) | (6) | (7) | (8) |
|---|---|---|---|---|---|---|---|---|
| | | occupied area | Verkauf | | pro Jahr | assessm. | Verkaufs-preis | Faktor |
| Nr. | Name | acres | acres | g. | % | Rs. | Rs. | |
| 1 | Talai | 2'977 | 262 | 27 | 1 | 614 | 41'800 | 68 |
| 2 | Kasode | 2'114 | 169 | 29 | 1 | 83 | 5'660 | 68 |
| 3 | Utran | 2'469 | 203 | 22 | 1 | 397 | 33'650 | 85 |
| 4 | Bhathkede | 852 | 40 | 24 | 0 | 52 | 7'010 | 135 |
| 5 | Tade | 1'156 | 100 | 15 | 1 | 137 | 10'725 | 78 |
| 6 | Farkande | 910 | 43 | 8 | 0 | 23 | 2'185 | 95 |
| 7 | Jalu | 1'591 | 256 | 27 | 2 | 214 | 14'300 | 67 |
| 8 | Erandol | 8'296 | 1'079 | 29 | 1 | 774 | 67'645 | 88 |
| 9 | Galapur | 1'707 | 203 | 35 | 1 | 139 | 10'665 | 77 |
| 10 | Dharagir | 1'061 | 83 | 16 | 1 | 122 | 8'850 | 73 |
| 11 | Pimpalkothe | 349 | 160 | 37 | 5 | 132 | 10'275 | 78 |
| 12 | Ringangaon | 3'853 | 423 | 11 | 1 | 848 | 60'595 | 71 |
| 13 | Varad Budruk | 793 | 143 | 11 | 2 | 118 | 8'675 | 74 |
| 14 | Paldhi Khurd | 2'015 | 292 | 6 | 1 | 245 | 21'034 | 86 |
| 15 | Pimpri Khurd | 484 | 67 | 0 | 1 | 125 | 14'750 | 118 |
| 16 | Hingone Budruk | 581 | 5 | 24 | 0 | 15 | 1'000 | 67 |
| 17 | Vikhran | 2'383 | 263 | 13 | 1 | 186 | 12'008 | 65 |
| 18 | Khadake Budruk | 1'572 | 84 | 10 | 1 | 84 | 4'975 | 59 |
| 19 | Kharachi Budruk | 664 | 65 | 24 | 1 | 91 | 9'375 | 103 |
| 20 | Kadholi | 1'051 | 67 | 0 | 1 | 131 | 14'325 | 109 |
| 21 | Savda | 1'615 | 228 | 6 | 1 | 184 | 14'755 | 80 |
| 22 | Borgaon Budruk | 1'458 | 292 | 34 | 2 | 393 | 38'000 | 97 |
| 23 | Bhalgaon Budruk | 1'219 | 65 | 14 | 1 | 56 | 5'750 | 103 |
| 24 | Toli Budruk | 292 | 13 | 29 | 0 | 17 | 1'632 | 96 |
| 25 | Dharangaon | 6'529 | 932 | 0 | 1 | 856 | 130'223 | 152 |
| 26 | Jambhore | 2'369 | 561 | 30 | 2 | 591 | 55'980 | 95 |
| 27 | Salve | 2'100 | 77 | 26 | 0 | 123 | 15'920 | 125 |
| 28 | Kharde Budruk | 1'690 | 91 | 21 | 1 | 158 | 21'350 | 135 |
| 29 | Dhanore | 881 | 91 | 27 | 1 | 128 | 20'330 | 159 |
| 30 | Gangapuri Budruk | 882 | 139 | 4 | 2 | 241 | 37'325 | 155 |
| 31 | Bhone Budruk | 647 | 41 | 7 | 1 | 67 | 4'535 | 68 |
| 32 | Rotwad | 1'641 | 120 | 28 | 1 | 324 | 30'440 | 94 |
| 33 | Chandsar | 2'290 | 209 | 26 | 1 | 323 | 31'700 | 98 |
| 34 | Sonwad Budruk | KA | 148 | 8 | | 209 | 17'582 | 84 |
| 35 | Dongaon Budruk | KA | 464 | 11 | | 681 | 50'168 | 74 |
| 36 | Bambori Budruk | KA | 70 | 38 | | 62 | 5'520 | 89 |
| 37 | Nimbhore | 2'138 | 61 | 37 | 0 | 75 | 5'685 | 76 |
| 38 | Sheri | 1'102 | 184 | 36 | 2 | 336 | 25'025 | 74 |
| 39 | Zurkhede | 1'243 | 98 | 25 | 1 | 226 | 20'465 | 91 |
| 40 | Ahire Budruk | 466 | 21 | 8 | 0 | 43 | 5'250 | 122 |
| 41 | Anore | 1'605 | 228 | 33 | 1 | 243 | 23'000 | 95 |
| | | | 8'140 | 816 | | | | 93 |
| Total acres | | | 8'160 | | 1 | | | |

Legende: (3) App. L, pp. 36ff.

Quellen: SRGB N.S., Nr. 595, App. G1, p. 28, App. L, pp. 36ff.

Tabelle A26: Landverkauf in ausgewählten Bezirken Khandeshs: Chopda

1899-1903

| (1) | (2) | (3) | (4) | | (5) | (6) | (7) | (8) |
|---|---|---|---|---|---|---|---|---|
| | | occupied area | Verkauf | | pro Jahr | assessm. | Verkaufs-preis | Faktor |
| Nr. | Name | acres | acres | g. | % | Rs. | Rs. | |
| 1 | Akhatwada | 1'046 | 100 | 8 | 2 | 172 | 2'310 | 13 |
| 2 | Akulkhede | 1'431 | 65 | 19 | 1 | 142 | 5'600 | 39 |
| 3 | Chahardi | 8'686 | 136 | 37 | 0 | 239 | 9'675 | 40 |
| 4 | Chopda | 11'029 | 99 | 24 | 0 | 179 | 7'775 | 43 |
| 5 | Ghumaval Budruk | 613 | 35 | 21 | 1 | 15 | 875 | 59 |
| 6 | Sanpule | 1'396 | 50 | 34 | 1 | 114 | 3'600 | 31 |
| 7 | Tausa Budruk | 2'006 | 34 | 14 | 0 | 55 | 4'300 | 78 |
| 8 | Tausa Khurd | 1'548 | 60 | 7 | 1 | 124 | 6'300 | 51 |
| 9 | Wadgaon | 980 | 74 | 21 | 2 | 164 | 6'800 | 41 |
| 10 | Adavad | 4'508 | 46 | 28 | 0 | 78 | 3'740 | 47 |
| 11 | Bhokari | 459 | 5 | 6 | 0 | 9 | 160 | 17 |
| 12 | Dhanora | 1'672 | 103 | 12 | 1 | 176 | 6'580 | 37 |
| 13 | Ghumaval Khurd | 370 | 29 | 8 | 2 | 34 | 1'740 | 50 |
| 14 | Hated Budruk | 2'795 | 57 | 13 | 0 | 105 | 3'550 | 34 |
| 15 | Kamalgaon | 1'276 | 59 | 10 | 1 | 83 | 1'530 | 18 |
| 16 | Khedi Budruk | 418 | 20 | 7 | 1 | 18 | 500 | 28 |
| 17 | Loni | 898 | 48 | 26 | 1 | 69 | 4'090 | 59 |
| 18 | Mangrul | 2'647 | 61 | 17 | 0 | 85 | 4'300 | 51 |
| 19 | Panchak | 1'230 | 53 | 15 | 1 | 112 | 3'875 | 35 |
| 20 | Pargaon | 590 | 39 | 4 | 1 | 42 | 1'500 | 36 |
| 21 | Bamsani | 384 | 60 | 26 | 3 | 73 | 450 | 6 |
| 22 | Rukhankheda | 392 | 18 | 2 | 1 | 24 | 362 | 15 |
| 23 | Adgaon | 2'664 | 69 | 6 | 1 | 78 | 3'240 | 41 |
| 24 | Bidgaon | 1'252 | 136 | 34 | 2 | 121 | 2'140 | 18 |
| 25 | Chaugaon | 4'232 | 94 | 0 | 0 | 114 | 5'600 | 49 |
| 26 | Chunchala | 1'728 | 65 | 20 | 1 | 91 | 5'185 | 57 |
| 27 | Dhanora | 844 | 44 | 28 | 1 | 66 | 3'100 | 47 |
| 28 | Ganpur | 2'027 | 80 | 38 | 1 | 128 | 4'550 | 36 |
| 29 | Lasur | 3'858 | 58 | 38 | 0 | 73 | 1'804 | 25 |
| 30 | Mamalda | 2'080 | 54 | 13 | 1 | 77 | 4'800 | 62 |
| 31 | Mohorad | 782 | 100 | 1 | 3 | 109 | 4'200 | 39 |
| 32 | Nalwada | 467 | KA | | | | | |
| 33 | Shevra Budruk | 1'078 | 55 | 13 | 1 | 66 | 1'200 | 18 |
| 34 | Shevra Khurd | 787 | 86 | 29 | 2 | 62 | 945 | 15 |
| 35 | Vardi | 5'854 | 63 | 7 | 0 | 95 | 3'586 | 38 |
| 36 | Gavla Sim | 680 | 27 | 36 | 1 | 22 | 2'300 | 102 |
| 37 | Karjana | 1'941 | 53 | 15 | 1 | 44 | 2'500 | 57 |
| 38 | Nagalvadi | 1'230 | 90 | 37 | 1 | 81 | 4'535 | 56 |
| 39 | Varad | 4'500 | 54 | 9 | 0 | 46 | 3'700 | 80 |
| 40 | Virwada | 466 | 43 | 24 | 2 | 30 | 2'470 | 82 |
| | | | 2'422 | 707 | | | | 42 |
| Total acres | | | 2'439 | | 1 | | | |

Legende: (3) App. L.

Quellen: SRGB N.S., Nr. 576, App. G, p. 23, App. L.

Fortsetzung Tabelle A26

1912-1917

| (1) | (2) | (3) | (4) | | (5) | (6) | (7) | (8) |
|---|---|---|---|---|---|---|---|---|
| | | occupied area | Verkauf | | pro Jahr | assessm. | Verkaufs-preis | Faktor |
| Nr. | Name | acres | acres | g. | % | Rs. | Rs. | |
| 1 | Akhatwada | 1'046 | 18 | 32 | 0 | 34 | 4'100 | 118 |
| 2 | Akulkhede | 1'431 | 27 | 31 | 0 | 67 | 13'124 | 194 |
| 3 | Chahardi | 8'686 | 164 | 28 | 0 | 233 | 25'200 | 108 |
| 4 | Chopda | 11'029 | 203 | 27 | 0 | 437 | 69'235 | 158 |
| 5 | Ghumaval Budruk | 613 | 24 | 15 | 1 | 48 | 8'025 | 165 |
| 6 | Sanpule | 1'396 | 50 | 15 | 1 | 55 | 8'250 | 147 |
| 7 | Tausa Budruk | 2'006 | 45 | 5 | 0 | 50 | 5'050 | 100 |
| 8 | Tausa Khurd | 1'548 | 76 | 20 | 1 | 68 | 10'775 | 157 |
| 9 | Wadgaon | 980 | 37 | 0 | 1 | 69 | 12'450 | 180 |
| 10 | Adavad | 4'508 | 85 | 39 | 0 | 114 | 17'125 | 150 |
| 11 | Bhokari | 459 | 33 | 2 | 1 | 34 | 2'100 | 62 |
| 12 | Dhanora | 1'672 | 94 | 18 | 1 | 197 | 28'990 | 147 |
| 13 | Ghumaval Khurd | 370 | 13 | 38 | 1 | 9 | 1'000 | 110 |
| 14 | Hated Budruk | 2'795 | 76 | 11 | 0 | 129 | 14'850 | 115 |
| 15 | Kamalgaon | 1'276 | 39 | 27 | 1 | 64 | 9'700 | 152 |
| 16 | Khedi Budruk | 418 | 25 | 30 | 1 | 16 | 1'100 | 69 |
| 17 | Loni | 898 | 44 | 27 | 1 | 67 | 4'750 | 71 |
| 18 | Mangrul | 2'647 | 37 | 22 | 0 | 57 | 8'800 | 154 |
| 19 | Panchak | 1'230 | 58 | 35 | 1 | 106 | 13'430 | 127 |
| 20 | Pargaon | 590 | 8 | 13 | 0 | 15 | 3'200 | 213 |
| 21 | Ramsani | 384 | 21 | 12 | 1 | 41 | 3'600 | 87 |
| 22 | Rukhankheda | 392 | 22 | 6 | 1 | 32 | 3'100 | 96 |
| 23 | Adgaon | 2'664 | 52 | 25 | 0 | 62 | 8'400 | 134 |
| 24 | Bidgaon | 1'252 | 70 | 23 | 1 | 50 | 2'915 | 58 |
| 25 | Chaugaon | 4'232 | 180 | 3 | 1 | 272 | 77'392 | 285 |
| 26 | Chunchala | 1'728 | 22 | 18 | 0 | 30 | 5'600 | 184 |
| 27 | Dhanora | 844 | 105 | 24 | 2 | 116 | 15'625 | 134 |
| 28 | Ganpur | 2'027 | 90 | 23 | 1 | 133 | 19'050 | 143 |
| 29 | Lasur | 3'858 | 62 | 8 | 0 | 82 | 15'956 | 193 |
| 30 | Mamalda | 2'080 | 135 | 15 | 1 | 169 | 44'300 | 261 |
| 31 | Mohorad | 782 | 32 | 17 | 1 | 43 | 5'050 | 116 |
| 32 | Nalwada | 467 | 28 | 35 | 1 | 31 | 4'850 | 156 |
| 33 | Shevra Budruk | 1'078 | 79 | 20 | 1 | 44 | 3'075 | 70 |
| 34 | Shevra Khurd | 787 | 36 | 34 | 1 | 20 | 1'805 | 86 |
| 35 | Vardi | 5'854 | 96 | 27 | 0 | 94 | 14'700 | 155 |
| 36 | Gavla Sim | 680 | 33 | 7 | 1 | 19 | 9'561 | 490 |
| 37 | Karjana | 1'941 | 43 | 21 | 0 | 25 | 13'400 | 531 |
| 38 | Nagalvadi | 1'230 | 66 | 14 | 1 | 63 | 17'000 | 270 |
| 39 | Varad | 4'500 | 42 | 35 | 0 | 19 | 6'400 | 335 |
| 40 | Virwada | 466 | 169 | 26 | 6 | 110 | 26'200 | 238 |
| | | | 2'539 | 828 | | | | 168 |
| Total acres | | | 2'560 | | 1 | | | |

Legende: (3) App. L.

Quellen: SRGB N.S., Nr. 576, App. G, p. 23, App. L.

Tabelle A27: Landverkauf in ausgewählten Bezirken Khandeshs: Shirpur

1889-1903

| (1) | (2) | (3) | (4) | | (5) | (6) | (7) | (8) |
|---|---|---|---|---|---|---|---|---|
| | | occupied area | Verkauf | | pro Jahr | assessm. | Verkaufs-preis | Faktor |
| Nr. | Name | acres | acres | g. | % | Rs. | Rs. | |
| 1 | Amod | 1'197 | 23 | 30 | 0 | 66 | 472 | 7 |
| 2 | Anturli | 1'012 | 41 | 14 | 1 | 102 | 2'600 | 25 |
| 3 | Artha Budruk | 1'870 | 100 | 37 | 1 | 152 | 2'640 | 17 |
| 4 | Bhamte | 2'265 | 37 | 13 | 0 | 49 | 1'700 | 35 |
| 5 | Ghodasgaon | 1'476 | 49 | 14 | 1 | 103 | 3'200 | 31 |
| 6 | Hol | 1'116 | KA | KA | | | | |
| 7 | Jatoda | 1'646 | 36 | 11 | 0 | 49 | 945 | 19 |
| 8 | Karvand | 2'557 | 100 | 2 | 1 | 238 | 7'656 | 32 |
| 9 | Khamkheda | 1'207 | 91 | 36 | 2 | 64 | 1'860 | 28 |
| 10 | Kurkhali | 917 | 41 | 14 | 1 | 120 | 2'200 | 18 |
| 11 | Londhra | 1'607 | 69 | 16 | 1 | 165 | 3'765 | 23 |
| 12 | Manjrod | 1'367 | 24 | 23 | 0 | 56 | 1'200 | 21 |
| 13 | Rajpuri | 358 | KA | KA | | | | |
| 14 | Rudavali | 1'325 | 111 | 24 | 2 | 141 | 2'175 | 15 |
| 15 | Sakwad | 989 | 17 | 24 | 0 | 36 | 1'400 | 38 |
| 16 | Shingave | 1'208 | 23 | 8 | 0 | 69 | 1'800 | 26 |
| 17 | Shirpur Budruk | 1'612 | 97 | 0 | 1 | 223 | 7'730 | 35 |
| 18 | Shirpur Khurd | 1'220 | 58 | 24 | 1 | 121 | 2'871 | 23 |
| 19 | Thalner | 11'109 | 68 | 12 | 0 | 149 | 3'100 | 21 |
| 20 | Yaghadi | 3'979 | 94 | 14 | 0 | 159 | 3'079 | 19 |
| 21 | Anjad | 2'916 | 70 | 1 | 0 | 55 | 2'300 | 42 |
| 22 | Babhlaj | 1'572 | KA | KA | | | | |
| 23 | Bhorkheda | 1'329 | 51 | 23 | 1 | 49 | 1'450 | 29 |
| 24 | Dahivad | 5'146 | 36 | 33 | 0 | 27 | 1'300 | 47 |
| 25 | Hisala | 581 | KA | KA | | | | |
| 26 | Nagolvadi | 277 | KA | KA | | | | |
| 27 | Nimtala | 681 | 24 | 20 | 1 | 23 | 800 | 35 |
| 28 | Taradi | 2'371 | 50 | 4 | 0 | 29 | 1'800 | 45 |
| 29 | Balkuva | 634 | 21 | 11 | 1 | 8 | 700 | 88 |
| 30 | Jalod | 855 | KA | KA | | | | |
| 31 | Sulia | 331 | 17 | 3 | 1 | 5 | 200 | 40 |
| 32 | Ukhalvadi | 1'273 | 185 | 34 | 3 | 83 | 2'811 | 34 |
| 33 | Vadi | 1'182 | 58 | 38 | 1 | 17 | 1'600 | 91 |
| 34 | Varzadi | 264 | KA | KA | | | | |
| 35 | Vasardi | 1'142 | KA | KA | | | | |
| | | | 1'591 | 483 | 1 | | | 33 |
| Total acres | | | 1'603 | | | | | |

Legende: (3) App. L, pp. 36ff.

Quellen: SRGB N.S., Nr. 568, App. G, p. 24, App. L, pp. 30ff.

Fortsetzung Tabelle A27

1912-17

| (1) | (2) | (3) | (4) | | (5) | (6) | (7) | (8) |
|---|---|---|---|---|---|---|---|---|
| | | occupied area | Verkauf | | pro Jahr | assessm. | Verkaufs-preis | Faktor |
| Nr. | Name | acres | acres | g. | % | Rs. | Rs. | |
| 1 | Amod | 1'197 | 14 | 27 | 0 | 43 | 4'200 | 97 |
| 2 | Anturli | 1'012 | | | | | | |
| 3 | Artha Budruk | 1'870 | 48 | 18 | 0 | 55 | 4'975 | 89 |
| 4 | Bhamte | 2'265 | 141 | 19 | 1 | 207 | 11'200 | 54 |
| 5 | Ghodasgaon | 1'476 | 55 | 14 | 1 | 119 | 12'350 | 103 |
| 6 | Hol | 1'116 | 85 | 6 | 1 | 230 | 13'550 | 59 |
| 7 | Jatoda | 1'646 | 34 | 36 | 0 | 77 | 6'400 | 83 |
| 8 | Karvand | 2'557 | 76 | 19 | 0 | 153 | 13'920 | 91 |
| 9 | Khamkheda | 1'207 | 85 | 22 | 1 | 104 | 6'425 | 61 |
| 10 | Kurkhali | 917 | 12 | 1 | 0 | 29 | 2'695 | 93 |
| 11 | Londhra | 1'607 | 110 | 26 | 1 | 217 | 15'950 | 73 |
| 12 | Manjrod | 1'367 | 44 | 22 | 1 | 87 | 7'500 | 86 |
| 13 | Rajpuri | 358 | 23 | 39 | 1 | 53 | 5'100 | 95 |
| 14 | Rudavali | 1'325 | 92 | 5 | 1 | 129 | 8'300 | 64 |
| 15 | Sakwad | 989 | 55 | 30 | 1 | 106 | 7'781 | 73 |
| 16 | Shingave | 1'208 | 35 | 13 | 0 | 35 | 2'200 | 61 |
| 17 | Shirpur Budruk | 1'612 | 125 | 33 | 1 | 247 | 17'775 | 71 |
| 18 | Shirpur Khurd | 1'220 | 94 | 36 | 1 | 165 | 11'075 | 67 |
| 19 | Thalner | 11'109 | 239 | 24 | 0 | 476 | 35'635 | 75 |
| 20 | Yaghadi | 3'979 | 79 | 37 | 0 | 113 | 6'394 | 56 |
| 21 | Anjad | 2'916 | 58 | 38 | 0 | 67 | 7'700 | 114 |
| 22 | Babhlaj | 1'572 | 36 | 31 | 0 | 27 | 5'000 | 185 |
| 23 | Bhorkheda | 1'329 | 37 | 22 | 0 | 32 | 2'800 | 86 |
| 24 | Dahivad | 5'146 | 192 | 10 | 1 | 105 | 9'665 | 91 |
| 25 | Hisala | 581 | 24 | 16 | 1 | 16 | 2'750 | 164 |
| 26 | Nagolvadi | 277 | 57 | 15 | 3 | 45 | 7'800 | 171 |
| 27 | Nimtala | 681 | 63 | 8 | 2 | 62 | 7'475 | 121 |
| 28 | Taradi | 2'371 | 117 | 33 | 1 | 104 | 17'700 | 169 |
| 29 | Balkuva | 634 | KA | | | | | |
| 30 | Jalod | 855 | KA | | | | | |
| 31 | Sulia | 331 | 5 | 22 | 0 | 3 | 250 | 63 |
| 32 | Ukhalvadi | 1'273 | 35 | 38 | 0 | 16 | 1'000 | 63 |
| 33 | Vadi | 1'182 | 32 | 4 | 0 | 14 | 2'030 | 136 |
| 34 | Varzadi | 264 | KA | | | | | |
| 35 | Vasardi | 1'142 | KA | | | | | |
| | | | 2'102 | 664 | 1 | | | 94 |
| Total acres | | | 1'603 | | | | | |

Legende: (3) App. L., pp. 36ff.

Quellen: SRGB N.S., Nr. 568, App. G, p. 24, App. L, pp. 30ff.

Tabelle A28: Immigration nach Khandesh nach Herkunft: 1881-1911

| (1) | (2) | (3) | (4) | (5) | (6) | (7) |
|---|---|---|---|---|---|---|
| | | geboren in | | | | Total |
| | | angrenzendem | Provinz | nicht-angrenz. | Immigration | Immigration |
| Jahr | Bevölkerung | Distr./Prov. | Bombay | Distrikt | (Total 3+5) | (Indien) |
| 1881 | 1'239'078 | 50'122 | 30'727 | 18'608 | 68'730 | 86'185 |
| 1891 | 1'436'741 | 61'239 | 36'664 | 19'041 | 80'280 | 109'151 |
| 1901 | 1'429'197 | 39'777 | 37'454 | 20'145 | 59'922 | 74'834 |
| 1911 | 1'615'609 | 53'527 | 38'927 | 20'841 | 74'368 | 128'000 |

Legende: (3) & (4): Distrikt innerhalb Provinz Bombay bzw. Nachbarprovinz; (3): Nasik, Central India, Central Provinces, Berar, Hyderabad (Dekkan); (5): Bombay City, Ahmadabad, Broach, Kaira, Panch Mahals, Surat, Thana, Ahmednagar, Poona, Satara, Sholapur, Belgaum, Bijapur, Kanara, Kolaba, Ratnagiri; (7): 1911: auf '000 gerundet. Immigration aus Indien.

Quellen: Berechnet aus: Census of India, 1881, Bombay, Vol. II, Stat. Tables, App. A, Table X & XI, pp. 42-9; Census of India, 1891, Bombay, Vol. XIII, Part 2, p. 118ff; Census of India, 1901, Bombay, Vol. IX A, Part 2, pp. 166-83; Census of India, 1911, Bombay, Vol. VII, Part 2, pp. 157-74; (7): 1881-1891: Census of India, 1891, Vol. VII, Part 1, p. 126: 1901: Census of India, 1901, Vol.IX, Part 1, Report, p. 54; 1911: Census of India, 1911, Vol. VII. Part 1, p. 48.

Tabelle A29: Landw. Produktionsmittel in ausgew. Bezirken nach Dorfklassen: Savda

| | Orig. Settl. | pro Kopf | 1885 | pro Kopf | Differenz | in % | Gruppe |
|---|---|---|---|---|---|---|---|
| Bevölkerung | 99'417 | | 139'910 | | 40'493 | 40,7 | Total |
| Viehbestand | 26'693 | 0,3 | 28'935 | 0,2 | 2'242 | 8,4 | |
| Karren | 4'267 | 0 | 8'165 | 0,1 | 3'898 | 91,4 | |
| Brunnen | 8'050 | 0,1 | 9'089 | 0,1 | 1'039 | 12,9 | |
| Bevölkerung | 89'970 | | 121'923 | | 31'953 | 35,5 | 1 |
| Viehbestand | 21'697 | 0,2 | 23'372 | 0,2 | 1'675 | 7,7 | |
| Karren | 3'856 | 0 | 7'082 | 0,1 | 3'226 | 83,7 | |
| Brunnen | 7'486 | 0,1 | 8'483 | 0,1 | 997 | 13,3 | 7 Dörfer |
| Bevölkerung | 639 | | 1'230 | | 591 | 92,5 | 2 |
| Viehbestand | 331 | 0,5 | 407 | 0,3 | 76 | 23 | |
| Karren | 29 | 0 | 68 | 0,1 | 39 | 134,5 | |
| Brunnen | | | | | | | 73 Dörfer |
| Bevölkerung | 6'856 | | 13'254 | | 6'398 | 93,3 | 3 |
| Viehbestand | 2'509 | 0,4 | 3'752 | 0,3 | 1'243 | 49,5 | |
| Karren | 357 | 0,1 | 869 | 0,1 | 512 | 143,4 | |
| Brunnen | 535 | 0,1 | 573 | 0 | 38 | 7,1 | 31 Dörfer |
| Bevölkerung | 1'952 | | 3'494 | | 1'542 | 79 | 4 |
| Viehbestand | 2'156 | 1,1 | 1'404 | 0,4 | -752 | -34,9 | |
| Karren | 25 | 0 | 146 | 0 | 121 | 484 | |
| Brunnen | 29 | 0 | 33 | 0 | 4 | 13,8 | 43 Dörfer |

Legende: Original Settlement: 1854-74.

Quelle: SRGB N.S., Nr. 186 (Savda), Bombay 1886, pp. 9ff.

Tabelle A30: Landw. Produktionsmittel in ausgew. Bezirken nach Dorfklassen: Chopda

| | Orig. Settl. | pro Kopf | 1886-87 | pro Kopf | Differenz | in % | Gruppe |
|---|---|---|---|---|---|---|---|
| Bevölkerung | 34'426 | | 62'697 | | 28'271 | 82 | Total |
| Viehbestand | 13'773 | 0,4 | 18'721 | 0,3 | 4'948 | 35,9 | |
| Karren | 2'619 | 0,1 | 5'401 | 0,1 | 2'782 | 100,6 | |
| Brunnen | 2'100 | 0,1 | 2'220 | 0 | 120 | 5,7 | |
| Bevölkerung | 30'541 | | 50'450 | | 19'909 | 65 | 1 |
| Viehbestand | 11'786 | 0,4 | 14'299 | 0,3 | 2'513 | 21 | |
| Karren | 2'301 | 0,1 | 4'336 | 0,1 | 2'035 | 88 | |
| Brunnen | | | | | | | 82 Dörfer |
| Bevölkerung | 3'504 | | 9'928 | | 6'424 | 183 | 2 |
| Viehbestand | 1'851 | 0,5 | 3'378 | 0,3 | 1'527 | 82 | |
| Karren | 289 | 0,1 | 859 | 0,1 | 570 | 197 | |
| Brunnen | | | | | | | 27 Dörfer |
| Bevölkerung | 381 | | 2'319 | | 1'938 | 509 | 3 |
| Viehbestand | 136 | 0,4 | 1'044 | 0,5 | 908 | 668 | |
| Karren | 29 | 0,1 | 206 | 0,1 | 177 | 610 | |
| Brunnen | | | | | | | 9 Dörfer |

Legende: Original Settlement: 1856-57.
Quelle: SRGB N.S., Nr. 221 (Chopda), Bombay 1888, pp. 5ff.

Tabelle A31: Landw. Produktionsmittel in ausgew. Bezirken nach Dorfklassen: Amalner

| | Orig. Settl. | pro Kopf | 1888 | pro Kopf | Differenz | in % | Gruppe |
|---|---|---|---|---|---|---|---|
| Bevölkerung | 66'290 | | 97'162 | | 30'872 | 46,6 | Total |
| Viehbestand | 21'755 | 0,3 | 26'808 | 0,3 | 5'053 | 23,2 | |
| Karren | 5'275 | 0,1 | 8'005 | 0,1 | 2'730 | 51,7 | |
| Brunnen | 3'168 | 0 | 4'031 | 0 | 863 | 27,2 | |
| Bevölkerung | 38'030 | | 47'774 | | 9'744 | 25,6 | 1 |
| Viehbestand | 9'809 | 0,3 | 11'078 | 0,2 | 1'269 | 12,9 | |
| Karren | 2'744 | 0,1 | 3'710 | 0,1 | 966 | 35,2 | |
| Brunnen | 1'120 | 0 | 1'394 | 0 | 274 | 24,5 | 74 Dörfer |
| Bevölkerung | 13'413 | | 22'108 | | 8'695 | 64,8 | 2 |
| Viehbestand | 5'199 | 0,4 | 6'949 | 0,3 | 1'750 | 33,7 | |
| Karren | 1'288 | 0,1 | 1'999 | 0,1 | 711 | 55,2 | |
| Brunnen | 665 | 0 | 885 | 0 | 220 | 33,1 | 84 Dörfer |
| Bevölkerung | 3'601 | | 6'322 | | 2'721 | 75,1 | 3 |
| Viehbestand | 1'283 | 0,4 | 2'049 | 0,3 | 766 | 59,7 | |
| Karren | 273 | 0,1 | 524 | 0,1 | 251 | 91,9 | |
| Brunnen | 348 | 0,1 | 438 | 0,1 | 90 | 25,8 | 22 Dörfer |
| Bevölkerung | 4'962 | | 14'982 | | 7'020 | 88,1 | 4 |
| Viehbestand | 3'662 | 0,7 | 4'878 | 0,3 | 1'216 | 33,2 | |
| Karren | 751 | 0,2 | 1'385 | 0,1 | 634 | 84,4 | |
| Brunnen | 670 | 0,1 | 917 | 0,1 | 247 | 36,8 | 72 Dörfer |
| Bevölkerung | 2'076 | | 3'234 | | 1'158 | 55,8 | 5 |
| Viehbestand | 936 | 0,5 | 1'073 | 0,3 | 137 | 14,6 | |
| Karren | 157 | 0,1 | 220 | 0,1 | 63 | 40,1 | |
| Brunnen | 252 | 0,1 | 263 | 0,1 | 11 | 4,4 | 6 Dörfer |
| Bevölkerung | 1'208 | | 2'742 | | 1'534 | 127 | 6 |
| Viehbestand | 866 | 0,7 | 781 | 0,3 | -85 | -9,8 | |
| Karren | 62 | 0,1 | 167 | 0,1 | 105 | 169,4 | |
| Brunnen | 102 | 0,1 | 130 | 0 | 28 | 27,4 | 18 Dörfer |

Legende: Original Settlement: 1857.

Quelle: SRGB N.S., Nr. 229 (Amalner), Bombay 1889, pp. 6ff.

Tabelle A32: Landw. Produktionsmittel in ausgew. Bezirken nach Dorfklassen: Bhusaval

| | Orig. Settl. | pro Kopf | 1890 | pro Kopf | Differenz | in % | Gruppe |
|---|---|---|---|---|---|---|---|
| Bevölkerung | 64'076 | | 91'121 | | 27'045 | 42,2 | Total |
| Viehbestand | 19'249 | 0,3 | 27'114 | 0,3 | 7'865 | 40,9 | |
| Karren | 3'334 | 0,1 | 6'352 | 0,1 | 3'018 | 90,5 | |
| Brunnen | 2'866 | 0 | 3'690 | 0 | 824 | 28,8 | |
| Bevölkerung | 4'858 | | 7'404 | | 2'547 | 52,4 | 1 |
| Viehbestand | 1'494 | 0,3 | 1'697 | 0,2 | 203 | 13,6 | |
| Karren | 265 | 0,1 | 411 | 0,1 | 146 | 55,1 | |
| Brunnen | 201 | 0 | 252 | 0 | 51 | 25,4 | 7 Dörfer |
| Bevölkerung | 32'848 | | 44'316 | | 11'468 | 34,9 | 2 |
| Viehbestand | 8'882 | 0,3 | 11'906 | 0,3 | 3'024 | 34 | |
| Karren | 1'754 | 0,1 | 3'078 | 0,1 | 1'324 | 75,5 | |
| Brunnen | 1'741 | 0,1 | 2'159 | 0 | 418 | 24 | 73 Dörfer |
| Bevölkerung | 7'041 | | 10'202 | | 3'161 | 44,9 | 3 |
| Viehbestand | 2'478 | 0,4 | 3'686 | 0,4 | 1'208 | 48,7 | |
| Karren | 387 | 0,1 | 678 | 0,1 | 291 | 75,2 | |
| Brunnen | 357 | 0,1 | 484 | 0 | 127 | 35,6 | 31 Dörfer |
| Bevölkerung | 7'875 | | 10'778 | | 2'903 | 36,9 | 4 |
| Viehbestand | 2'513 | 0,3 | 3'152 | 0,3 | 639 | 25,4 | |
| Karren | 362 | 0 | 694 | 0,1 | 332 | 91,7 | |
| Brunnen | 169 | 0 | 273 | 0 | 104 | 61,5 | 43 Dörfer |
| Bevölkerung | 4'403 | | 7'441 | | 3'038 | 69 | 5 |
| Viehbestand | 1'585 | 0,4 | 2'849 | 0,4 | 1'264 | 79,7 | |
| Karren | 190 | 0 | 462 | 0,1 | 272 | 143,2 | |
| Brunnen | 183 | 0 | 231 | 0 | 48 | 26,2 | 41 Dörfer |
| Bevölkerung | 4'535 | | 7'014 | | 2'481 | 54,7 | 6 |
| Viehbestand | 1'338 | 0,3 | 2'459 | 0,4 | 1'121 | 83,8 | |
| Karren | 262 | 0,1 | 699 | 0,1 | 437 | 166,8 | |
| Brunnen | 144 | 0 | 173 | 0 | 29 | 20,1 | 13 Dörfer |
| Bevölkerung | 880 | | 1'266 | | 386 | 43,9 | 7 |
| Viehbestand | 347 | 0,4 | 408 | 0,3 | 61 | 17,6 | |
| Karren | 39 | 0 | 78 | 0,1 | 39 | 100 | |
| Brunnen | 68 | 0,1 | 97 | 0,1 | 29 | 42,6 | |
| Bevölkerung | 1'636 | | 2'700 | | 1'064 | 65 | 8 |
| Viehbestand | 612 | 0,4 | 957 | 0,4 | 345 | 56,4 | |
| Karren | 75 | 0 | 252 | 0,1 | 177 | 236 | |
| Brunnen | 3 | 0 | 21 | 0 | 18 | 600 | |

Legende: Original Settlement: 1861-62.

Quelle: SRGB N.S., Nr. 249 (Bhusaval), Bombay 1891, pp. 6ff.

Tabelle A33: Landw. Produktionsmittel in ausgew. Bezirken nach Dorfklassen: Jamner

| | Orig. Settl. | pro Kopf | 1890 | pro Kopf | Differenz | in % | Gruppe |
|---|---|---|---|---|---|---|---|
| Bevölkerung | 51'254 | | 66'580 | | 15'404 | 30,1 | Total |
| Viehbestand | 15'497 | 0,3 | 23'500 | 0,4 | 8'003 | 51,6 | |
| Karren | 2'684 | 0,1 | 4'421 | 0,1 | 1'737 | 64,7 | |
| Brunnen | 2'090 | 0 | 2'562 | 0 | 472 | 22,6 | |
| Bevölkerung | 18'161 | | 21'766 | | 3'605 | 19,8 | 1 |
| Viehbestand | 4'537 | 0,2 | 6'286 | 0,3 | 1'749 | 38,5 | |
| Karren | 1'032 | 0,1 | 1'546 | 0,1 | 514 | 49,8 | |
| Brunnen | 799 | 0 | 927 | 0 | 128 | 16 | 21 Dörfer |
| Bevölkerung | 1'579 | | 2'377 | | 798 | 50,5 | 2 |
| Viehbestand | 549 | 0,3 | 790 | 0,3 | 241 | 43,9 | |
| Karren | 107 | 0,1 | 164 | 0,1 | 57 | 53,3 | |
| Brunnen | 87 | 0,1 | 127 | 0,1 | 40 | 46 | 5 Dörfer |
| Bevölkerung | 4'941 | | 6'427 | | 1'486 | 30,1 | 3 |
| Viehbestand | 1'579 | 0,3 | 2'271 | 0,4 | 692 | 43,8 | |
| Karren | 245 | 0 | 437 | 0,1 | 192 | 78,4 | |
| Brunnen | 185 | 0 | 233 | 0 | 48 | 25,9 | 16 Dörfer |
| Bevölkerung | 14'850 | | 20'188 | | 5'338 | 35,9 | 4 |
| Viehbestand | 4'836 | 0,3 | 7'717 | 0,4 | 2'881 | 59,6 | |
| Karren | 798 | 0,1 | 1'313 | 0,1 | 515 | 64,5 | |
| Brunnen | 505 | 0 | 656 | 0 | 151 | 29,9 | 68 Dörfer |
| Bevölkerung | 1'626 | | 1'864 | | 238 | 14,6 | 5 |
| Viehbestand | 522 | 0,3 | 639 | 0,3 | 117 | 22,4 | |
| Karren | 87 | 0,1 | 138 | 0,1 | 51 | 58,6 | |
| Brunnen | 104 | 0,1 | 110 | 0,1 | 6 | 5,8 | 2 Dörfer |
| Bevölkerung | 4'305 | | 5'803 | | 1'498 | 34,8 | 6 |
| Viehbestand | 1'412 | 0,3 | 2'398 | 0,4 | 986 | 69,8 | |
| Karren | 189 | 0 | 297 | 0,1 | 108 | 57,1 | |
| Brunnen | 205 | 0 | 264 | 0 | 59 | 28,8 | 18 Dörfer |
| Bevölkerung | 5'792 | | 8'233 | | 2'441 | 42,1 | 7 |
| Viehbestand | 2'062 | 0,4 | 3'399 | 0,4 | 1'337 | 64,8 | |
| Karren | 226 | 0 | 526 | 0,1 | 300 | 132,7 | |
| Brunnen | 204 | 0 | 243 | 0 | 39 | 19,1 | 41 Dörfer |

Legende: Original Setllement: 1859/65.

Quelle: SRGB N.S., Nr. 250 (Jamner), Bombay 1891, pp. 5ff.

Tabelle A34: Landw. Produktionsmittel in ausgew. Bezirken nach Dorfklassen: Pimpalner

| | Orig. Settl. | pro Kopf | 1899 | | Differenz | in % | Gruppe |
|---|---|---|---|---|---|---|---|
| Bevölkerung | 36'940 | | 63'774 | | 26'834 | 72,6 | Total |
| Viehbestand | 9'911 | 0,3 | 21'557 | 0,3 | 11'646 | 117,5 | |
| Karren | 2'602 | 0,1 | 4'746 | 0,1 | 2'144 | 82,4 | |
| Brunnen | 230 | 0 | 472 | 0 | 242 | 105,2 | |
| Bevölkerung | 12'933 | | 20'354 | | 7'421 | 57,4 | 1 |
| Viehbestand | 2'898 | 0,2 | 4'881 | 0,2 | 1'983 | 68,4 | |
| Karren | 1'063 | 0,1 | 1'597 | 0,1 | 534 | 50 | |
| Brunnen | 50 | 0 | 105 | 0 | 55 | 110 | 33 Dörfer |
| Bevölkerung | 4'652 | | 6'882 | | 2'230 | 47,9 | 2 |
| Viehbestand | 1'517 | 0,3 | 2'448 | 0,4 | 931 | 61,4 | |
| Karren | 362 | 0,1 | 548 | 0,1 | 186 | 51,4 | |
| Brunnen | 1 | 0 | 9 | 0 | 8 | 800 | 13 Dörfer |
| Bevölkerung | 3'408 | | 5'557 | | 2'149 | 63,1 | 3 |
| Viehbestand | 951 | 0,3 | 1'806 | 0,3 | 855 | 89,9 | |
| Karren | 214 | 0,1 | 417 | 0,1 | 203 | 94,9 | |
| Brunnen | 76 | 0 | 116 | 0 | 40 | 52,6 | 12 Dörfer |
| Bevölkerung | 6'590 | | 14'245 | | 7'655 | 116,2 | 4 |
| Viehbestand | 2'104 | 0,3 | 5'296 | 0,4 | 3'192 | 151,7 | |
| Karren | 445 | 0,1 | 1'052 | 0,1 | 607 | 136,4 | |
| Brunnen | 64 | 0 | 150 | 0 | 86 | 134,4 | 38 Dörfer |
| Bevölkerung | 4'064 | | 9'636 | | 5'575 | 137,1 | 5 |
| Viehbestand | 1'145 | 0,3 | 3'723 | 0,4 | 2'578 | 225,2 | |
| Karren | 270 | 0,1 | 722 | 0,1 | 452 | 167,4 | |
| Brunnen | 38 | 0 | 91 | 0 | 53 | 139,5 | 45 Dörfer |
| Bevölkerung | 2'901 | | 4'844 | | 1'943 | 66,9 | 6 |
| Viehbestand | 778 | 0,3 | 1'988 | 0,4 | 1'210 | 155,5 | |
| Karren | 144 | 0 | 240 | 0 | 96 | 66,7 | |
| Brunnen | 1 | 0 | 1 | 0 | | | 11 Dörfer |
| Bevölkerung | 2'392 | | 2'253 | | -139 | -5,8 | 7 |
| Viehbestand | 518 | 0,2 | 1'019 | 0,5 | 501 | 96,7 | |
| Karren | 104 | 0 | 106 | 0 | 2 | 1,9 | |
| Brunnen | | | | | | | 9 Dörfer |

Legende: Original Setllement: 1869/71.

Quelle: SRGB N.S., Nr. 422 (Pimpalner), Bombay 1904, pp. 16ff.

Tabelle A35: Landw. Produktionsmittel in ausgew. Bezirken nach Dorfklassen: Sindkheda

| | Orig. Settl. | pro Kopf | 1891 | pro Kopf | Differenz | in % | Gruppe |
|---|---|---|---|---|---|---|---|
| Bevölkerung | 53'340 | | 72'670 | | 19'420 | 36,4 | Total |
| Viehbestand | 14'957 | 0,3 | 20'959 | 0,3 | 6'002 | 40,1 | |
| Karren | 4'652 | 0,1 | 7'027 | 0,1 | 2'375 | 51,1 | |
| Brunnen | 2'172 | 0 | 2'531 | 0 | 359 | 16,5 | |
| Bevölkerung | 41'332 | | 54'518 | | 13'186 | 31,9 | 1 |
| Viehbestand | 11'353 | 0,3 | 14'951 | 0,3 | 3'598 | 31,7 | |
| Karren | 3'644 | 0,1 | 5'398 | 0,1 | 1'754 | 48,1 | |
| Brunnen | 1'525 | 0 | 1'827 | 0 | 302 | 19,8 | 115 Dörfer |
| Bevölkerung | 11'718 | | 17'731 | | 6'013 | 51,3 | 2 |
| Viehbestand | 3'501 | 0,3 | 5'819 | 0,3 | 2'318 | 66,2 | |
| Karren | 975 | 0,1 | 1'584 | 0,1 | 609 | 62,5 | |
| Brunnen | 641 | 0,1 | 692 | 0 | 51 | 8 | 48 Dörfer |
| Bevölkerung | 290 | | 511 | | 221 | 76,2 | 3 |
| Viehbestand | 103 | 0,4 | 189 | 0,4 | 86 | 83,5 | |
| Karren | 33 | 0,1 | 45 | 0,1 | 12 | 36,4 | |
| Brunnen | 6 | 0 | 12 | 0 | 6 | 100 | 3 Dörfer |

Legende: Original Settlement: 1856-57.

Quelle: SRGB N.S., Nr. 273 (Sindkheda), Bombay 1893, pp. 6ff.

Tabelle A36: Preise ausgew. Agrarprodukte in versch. Bezirken Khandeshs: Amalner

| (1) Jahr | (2) Weizen | (3) Reis | (4) Bajra | (5) Jowar | (6) Salz | (7) Baumwolle |
|---|---|---|---|---|---|---|
| 1848-49 | 45 | | 60 | 85 | | |
| 1849-50 | 47 | | 55 | 97 | | |
| 1850-51 | 48 | | 45 | 68 | | |
| 1851-52 | 45 | | 51 | 56 | | |
| 1852-53 | 38 | | 51 | 56 | | |
| 1853-54 | 43 | | 55 | 68 | | |
| 1854-55 | 48 | | 66 | 64 | | |
| 1855-56 | 24 | | 51 | 42 | | |
| 1856-57 | 28 | | 45 | 53 | | |
| 1857-58 | 34 | | 45 | 42 | | |
| 1858-59 | 48 | | 47 | 50 | | |
| 1859-60 | 28 | | 42 | 52 | | |
| 1860-61 | 15 | | 34 | 45 | | |
| 1861-62 | 22 | | 25 | 24 | | |
| 1862-63 | 15 | | 21 | 24 | | |
| 1863-64 | 17 | | 16 | 21 | | |
| 1864-65 | 11 | | 22 | 19 | | |
| 1865-66 | 11 | | 16 | 20 | | |
| 1866-67 | 11 | | 22 | 22 | | |
| 1867-68 | 19 | | 32 | 28 | | |
| 1868-69 | 12 | | 15 | 26 | | |
| 1869-70 | 10 | | 21 | 24 | | |
| 1870-71 | 17 | | 21 | 21 | | |
| 1871-72 | 12 | | 13 | 13 | | |
| 1872-73 | 17 | 11 | 25 | 28 | | |
| 1873-74 | 24 | 11 | 32 | 33 | | |
| 1874-75 | 18 | | 27 | 30 | | |
| 1875-76 | 20 | | 28 | 37 | | |
| 1876-77 | 12 | | 15 | 16 | | |
| 1877-78 | 13 | 9 | 15 | 16 | | |
| 1878-79 | 9 | 7 | 11 | 11 | | |
| 1879-80 | 10 | 7 | 13 | 16 | | |
| 1880-81 | 20 | 7 | 22 | 27 | | |
| 1881-82 | 21 | 9 | 28 | 31 | | |
| 1882-83 | 17 | 9 | 19 | 19 | | |
| 1883-84 | 17 | 9 | 17 | 20 | | |
| 1884-85 | 28 | 7 | 30 | 28 | | |
| 1885-86 | 21 | 7 | 22 | 28 | | |
| 1886-87 | 15 | 7 | 22 | 28 | | |
| 1887-88 | 16 | 7 | 17 | 16 | | |
| 1888-89 | 12 | 7 | 21 | 17 | | 7 |
| 1889-90 | 14 | | 17 | 18 | | 7 |

Fortsetzung Tabelle A36

| (1) | (2) | (3) | (4) | (5) | (6) | (7) |
|---|---|---|---|---|---|---|
| Jahr | Weizen | Reis | Bajra | Jowar | Salz | Baumwolle |
| 1890-91 | 14 | | 22 | 23 | | 8 |
| 1891-92 | 12 | | 20 | 22 | | 8 |
| 1892-92 | 12 | | 21 | 21 | | 6 |
| 1893-94 | 14 | | 18 | 18 | | 6 |
| 1894-95 | 17 | | 19 | 18 | | 8 |
| 1895-96 | 17 | | 19 | 20 | | 8 |
| 1896-97 | 10 | | 13 | 13 | | 7 |
| 1897-98 | 6 | | 8 | 8 | | 7 |
| 1898-99 | 9 | | 19 | 20 | | 9 |
| 1899-00 | 9 | | 13 | 14 | | 8 |
| 1900-01 | 7 | | 9 | 9 | | 5 |
| 1901-02 | 8 | | 15 | 16 | | 6 |
| 1902-03 | 9 | | 14 | 17 | | 7 |
| 1903-04 | 11 | | 22 | 25 | | 6 |
| 1904-05 | 11 | | 19 | 19 | | 5 |
| 1905-06 | 12 | | 14 | 16 | | 7 |
| 1906-07 | 9 | | 12 | 14 | | 5 |
| 1907-08 | 9 | | 12 | 13 | | 6 |
| 1908-09 | 7 | | 9 | 10 | | 5 |
| 1909-10 | 7 | | 13 | 14 | | 5 |
| 1910-11 | 8 | | 14 | 15 | | 3 |
| 1911-12 | 9 | | 12 | 12 | | 3 |
| 1912-13 | 9 | | 9 | 10 | | 4 |
| 1913-14 | 9 | | 11 | 11 | | 3 |
| 1914-15 | 7 | | 10 | 11 | | 6 |
| 1915-16 | 7 | | 10 | 11 | | 6 |
| 1916-17 | 8 | | 10 | 14 | | 3 |
| 1917 | 8 | | 9 | 11 | | 3 |

Legende: Alle Preise in 'Seers' von 80 'Tolas' per Rupie.

Quellen: 1848-1889: SRGB, N.S., Nr. 239, App. P; 1878-1917: SRGB, N.S., Nr. 585, App. I.

Tabelle A37: Preise ausgew. Agrarprodukte in einzelnen Bezirken Khandeshs: Bhushaval

| (1) Jahr | (2) Weizen | (3) Reis | (4) Bajra | (5) Jowar | (6) Salz | (7) Baumwolle |
|---|---|---|---|---|---|---|
| 1864-65 | 14 | 7 | 14 | 26 | | |
| 1865-66 | 19 | 8 | 14 | 22 | | |
| 1866-67 | 18 | 6 | 20 | 25 | | |
| 1867-68 | 14 | | 24 | 23 | | |
| 1868-69 | 17 | 12 | 34 | 34 | | |
| 1869-70 | 14 | 7 | 22 | 18 | | |
| 1870-71 | 21 | | 24 | 28 | | |
| 1871-72 | 17 | | 24 | 27 | | |
| 1872-73 | 14 | | 17 | 16 | | |
| 1873-74 | 17 | | 22 | 31 | | |
| 1874-75 | 21 | | 38 | 27 | | |
| 1875-76 | 19 | | 34 | 31 | | |
| 1876-77 | 16 | 10 | 18 | 20 | | |
| 1877-78 | 9 | 7 | 14 | 18 | | |
| 1878-79 | 8 | 6 | 14 | 17 | | |
| 1879-80 | 9 | 7 | 14 | 13 | | |
| 1880-81 | 14 | 9 | 18 | 20 | | |
| 1881-82 | 18 | 7 | 33 | 34 | | |
| 1882-83 | 19 | | 29 | 27 | | |
| 1883-84 | 20 | | 24 | 22 | | |
| 1884-85 | 23 | 12 | 24 | 27 | | |
| 1885-86 | 21 | 9 | 22 | 22 | | |
| 1886-87 | 18 | 11 | 39 | 30 | | |
| 1887-88 | 12 | | 20 | 20 | | |
| 1888-89 | 12 | 7 | 18 | 17 | | 8 |
| 1889-90 | 14 | 7 | 29 | 23 | | 7 |
| 1890-91 | 13 | | 23 | 26 | | 7 |
| 1891-92 | 11 | | 20 | 24 | | 7 |
| 1892-92 | 11 | | 20 | 22 | | 9 |
| 1893-94 | 11 | | 19 | 19 | | 7 |
| 1894-95 | 13 | | 19 | 21 | | 9 |
| 1895 | 14 | | 21 | 22 | | 7 |
| 1896 | 11 | | 16 | 16 | | 7 |
| 1897 | 7 | | 8 | 9 | | 8 |
| 1898 | 9 | | 23 | 28 | | 9 |
| 1899 | 9 | | 14 | 16 | | 8 |
| 1900 | 7 | | 9 | 9 | | 6 |
| 1901 | 8 | | 14 | 15 | | 7 |
| 1902 | 10 | | 14 | 18 | | 8 |
| 1903 | 12 | | 18 | 20 | | 7 |
| 1904 | 11 | | 18 | 19 | | 6 |
| 1905 | 11 | | 17 | 18 | | 7 |
| 1906 | 9 | | 11 | 14 | | 5 |
| 1907 | 8 | | 11 | 13 | | 6 |
| 1908 | 6 | | 9 | 9 | | 5 |
| 1909 | 6 | | 12 | 14 | | 5 |
| 1910 | 8 | | 14 | 15 | | 4 |

Fortsetzung Tabelle A37

| (1) Jahr | (2) Weizen | (3) Reis | (4) Bajra | (5) Jowar | (6) Salz | (7) Baumwolle |
|---|---|---|---|---|---|---|
| 1911 | 9 | | 12 | 13 | | 4 |
| 1912 | 8 | | 9 | 10 | | 3 |
| 1913 | 8 | | 10 | 10 | | 4 |
| 1914 | 7 | | 10 | 11 | | 6 |
| 1915 | 7 | | 9 | 12 | | 8 |
| 1916 | 8 | | 11 | 15 | | 4 |
| 1917 | 7 | | 9 | 11 | | 3 |
| 1918 | 5 | | 5 | 6 | | 2 |
| 1919 | 4 | | 4 | 4 | | 1 |
| 1920 | | | | | | |

Legende: Alle Preise in 'Seers' von 80 'Tolas' per Rupie.

Quellen: 1854-1890: SRGB, N.S., Nr. 249, App. P; 1888-1919: SRGB, N.S., Nr. 592, App. I.

Tabelle A38: Preise ausgew. Agrarprodukte in einzelnen Bezirken Khandeshs: Chalisgaon

| (1) Jahr | (2) Weizen | (3) Reis | (4) Bajra | (5) Jowar | (6) Salz | (7) Baumwolle |
|---|---|---|---|---|---|---|
| 1895 | 15 | | 21 | 27 | | 6 |
| 1896 | 10 | | 13 | 17 | | 6 |
| 1897 | 6 | | 7 | 9 | | 7 |
| 1898 | 9 | | 18 | 21 | | 8 |
| 1899 | 9 | | 12 | 15 | | 4 |
| 1900 | 7 | | 9 | 8 | | 5 |
| 1901 | 8 | | 14 | 15 | | 6 |
| 1902 | 9 | | 17 | 19 | | 7 |
| 1903 | 11 | | 23 | 32 | | 7 |
| 1904 | 13 | | 23 | 29 | | 5 |
| 1905 | 12 | | 18 | 18 | | 6 |
| 1906 | 10 | | 14 | 14 | | 4 |
| 1907 | 9 | | 14 | 15 | | 5 |
| 1908 | 7 | | 11 | 10 | | 7 |
| 1909 | 8 | | 16 | 17 | | 5 |
| 1910 | 8 | | 17 | 19 | | 4 |
| 1911 | 10 | | 15 | 16 | | 3 |
| 1912 | 8 | | 10 | 11 | | 4 |
| 1913 | 9 | | 11 | 12 | | 4 |
| 1914 | 7 | | 11 | 13 | | 7 |
| 1915 | 7 | | 12 | 13 | | 8 |
| 1916 | 9 | | 14 | 16 | | 4 |
| 1917 | 8 | | 10 | 12 | | 4 |
| 1918 | 5 | | 5 | 6 | | |
| 1919 | 4 | | 4 | 4 | | |
| 1920 | 4 | | 6 | 6 | | |
| 1921 | 4 | | 5 | 5 | | 3 |
| 1922 | 4 | | 7 | 9 | | 3 |
| 1923 | 6 | | 8 | 11 | | 1 |

Legende: Alle Preise in 'Seers' von 80 'Tolas' per Rupie.

Quellen: 1895-1923: SRGB, N.S., Nr. 614, App. I;1878-1917: SRGB, N.S., Nr. 585, App. I.

Tabelle A39: Preise ausgew. Agrarprodukte in einzelnen Bezirken Khandeshs: Chopda

| (1) Jahr | (2) Weizen | (3) Reis | (4) Bajra | (5) Jowar | (6) Salz | (7) Baumwolle |
|---|---|---|---|---|---|---|
| 1846-47 | 57 | | 89 | 82 | | |
| 1847-48 | 41 | | 71 | 63 | | |
| 1848-49 | 43 | | 72 | 72 | | |
| 1849-50 | 40 | | 70 | 77 | | |
| 1850-51 | 57 | | 70 | 69 | | |
| 1851-52 | 53 | | 59 | 66 | | |
| 1852-53 | 49 | | 59 | 57 | | |
| 1853-54 | 57 | | 50 | 47 | | |
| 1854-55 | 38 | | 59 | 69 | | |
| 1855-56 | 24 | | 32 | 26 | | |
| 1856-57 | 28 | | 54 | 51 | | |
| 1857-58 | 31 | | 44 | 41 | | |
| 1858-59 | 34 | | 54 | 51 | | |
| 1859-60 | 31 | | 44 | 47 | | |
| 1860-61 | 19 | | 32 | 36 | | |
| 1861-62 | 16 | | 22 | 23 | | |
| 1862-63 | 14 | | 20 | 18 | | |
| 1863-64 | 13 | | 17 | 18 | | |
| 1864-65 | 11 | | 71 | 20 | | |
| 1865-66 | 13 | | 35 | 30 | | |
| 1866-67 | 14 | | 23 | 19 | | |
| 1867-68 | 21 | | 39 | 36 | | |
| 1868-69 | 12 | | 20 | 19 | | |
| 1869-70 | 11 | | 28 | 25 | | |
| 1870-71 | 20 | | 35 | 31 | | |
| 1871-72 | 14 | | 25 | 23 | | |
| 1872-73 | 18 | | 17 | 30 | | |
| 1873-74 | 23 | | 39 | 31 | | |
| 1874-75 | 20 | | 33 | 27 | | |
| 1875-76 | 21 | | 32 | 31 | | |
| 1876-77 | 14 | | 16 | 16 | | |
| 1877-78 | 14 | | 14 | 13 | | |
| 1878-79 | 9 | | 18 | 16 | | |
| 1879-80 | 14 | | 22 | 19 | | |
| 1880-81 | 20 | | 29 | 31 | | |
| 1881-82 | 20 | | 20 | 22 | | |
| 1882-83 | 17 | | 18 | 18 | | |
| 1883-84 | 22 | | 32 | 22 | | |
| 1884-85 | 24 | | 32 | 30 | | |
| 1885-86 | 20 | | 22 | 25 | | |
| 1886-87 | 20 | | 22 | 25 | | |
| 1887-88 | | | | | | |
| 1888-89 | 14 | | 15 | 16 | | 5 |
| 1889-90 | 12 | | 17 | 18 | | 6 |

Fortsetzung Tabelle A39

| (1) Jahr | (2) Weizen | (3) Reis | (4) Bajra | (5) Jowar | (6) Salz | (7) Baumwolle |
|---|---|---|---|---|---|---|
| 1890-91 | 14 | | 24 | 25 | | 7 |
| 1891-92 | 12 | | 23 | 25 | | 10 |
| 1892-92 | 13 | | 21 | 22 | | 6 |
| 1893-94 | 14 | | 18 | 18 | | 7 |
| 1894-95 | 16 | | 19 | 19 | | 8 |
| 1895 | 17 | | 22 | 22 | | 6 |
| 1896 | 10 | | 15 | 14 | | 7 |
| 1897 | 6 | | 9 | 8 | | 8 |
| 1898 | 9 | | 23 | 22 | | 9 |
| 1899 | 9 | | 13 | 13 | | 7 |
| 1900 | 7 | | 8 | 8 | | |
| 1901 | 7 | | 14 | 15 | | 6 |
| 1902 | 8 | | 14 | 15 | | 7 |
| 1903 | 8 | | 16 | 18 | | 9 |
| 1904 | 10 | | 16 | 16 | | 5 |
| 1905 | 10 | | 16 | 15 | | 6 |
| 1906 | 9 | | 13 | 13 | | 5 |
| 1907 | 8 | | 13 | 13 | | 4 |
| 1908 | 6 | | 9 | 9 | | 5 |
| 1909 | 7 | | 14 | 14 | | 5 |
| 1910 | 7 | | 13 | 13 | | 3 |
| 1911 | 9 | | 12 | 13 | | 3 |
| 1912 | 7 | | 9 | 9 | | 3 |
| 1913 | 8 | | 10 | 10 | | 4 |
| 1914 | 7 | | 10 | 11 | | 5 |
| 1915 | 7 | | 10 | 11 | | 6 |
| 1916 | 7 | | 11 | 12 | | 3 |

Legende: Alle Preise in 'Seers' von 80 'Tolas' per Rupie.

Quellen: 1846-87: SRGB, N.S., Nr. 221, App. N; 1877-1916: SRGB, N.S., Nr. 576 App. I.

Tabelle A40: Preise ausgew. Agrarprodukte in einzelnen Bezirken Khandeshs: Dhulia

| (1) Jahr | (2) Weizen | (3) Reis | (4) Bajra | (5) Jowar | (6) Salz | (7) Baumwolle |
|---|---|---|---|---|---|---|
| 1854-55 | 33 | 18 | 38 | 65 | | |
| 1855-56 | | | | | | |
| 1856-57 | 27 | 15 | 38 | | | |
| 1857-58 | 27 | 13 | 38 | | | |
| 1858-59 | 16 | 11 | 40 | | | |
| 1859-60 | 27 | 10 | 35 | | | |
| 1860-61 | 22 | 9 | 31 | 30 | | |
| 1861-62 | 16 | 12 | 19 | 23 | | |
| 1862-63 | | | | | | |
| 1863-64 | 18 | 9 | 14 | 18 | | |
| 1864-65 | 8 | 7 | 10 | 15 | | |
| 1865-66 | 12 | 12 | 15 | 25 | | |
| 1866-67 | 12 | 11 | 24 | 27 | | |
| 1867-68 | 15 | 8 | 15 | 27 | | |
| 1868-69 | 10 | 7 | 16 | 22 | | |
| 1869-70 | 10 | 7 | 16 | 22 | | |
| 1870-71 | 16 | 7 | 24 | 27 | | |
| 1871-72 | 13 | 7 | 15 | 16 | | |
| 1872-73 | 13 | 7 | 21 | 25 | | |
| 1873-74 | 15 | 7 | 22 | 27 | | |
| 1874-75 | 20 | 13 | 24 | 30 | | |
| 1875-76 | 15 | 8 | 22 | 28 | | |
| 1876-77 | 13 | 8 | 14 | 16 | | |
| 1877-78 | 9 | 5 | 11 | 13 | | |
| 1878-79 | 6 | 6 | 11 | 14 | | |
| 1879-80 | 10 | 6 | 11 | 14 | | |
| 1880-81 | 19 | 7 | 21 | 27 | | |
| 1881-82 | 18 | 7 | 22 | 27 | | |
| 1882-83 | 15 | 7 | 15 | 20 | | |
| 1883-84 | 18 | 11 | 15 | 18 | | |
| 1884-85 | 23 | 7 | 21 | 23 | | |
| 1885-86 | 16 | 7 | 17 | 25 | | |
| 1886-87 | 13 | 7 | 19 | 27 | | |
| 1887-88 | 14 | 7 | 14 | 16 | | |
| 1888-89 | | | | | | |
| 1889-90 | 12 | | 15 | 17 | | 7 |
| 1890-91 | 14 | | 21 | 25 | | 7 |
| 1891-92 | 12 | | 18 | 24 | | 8 |
| 1892-92 | 13 | | 20 | 23 | | 6 |
| 1893-94 | 14 | | 17 | 23 | | 7 |
| 1894-95 | 17 | | 18 | 22 | | 7 |
| 1895 | 18 | | 20 | 25 | | 6 |
| 1896 | 11 | | 13 | 15 | | 7 |
| 1897 | 7 | | 8 | 9 | | 7 |
| 1898 | 10 | | 19 | 23 | | 8 |
| 1899 | 9 | | 13 | 13 | | 9 |

Fortsetzung Tabelle A40

| (1) Jahr | (2) Weizen | (3) Reis | (4) Bajra | (5) Jowar | (6) Salz | (7) Baumwolle |
|---|---|---|---|---|---|---|
| 1900 | 7 | | 8 | 9 | | |
| 1901 | 8 | | 14 | 14 | | 7 |
| 1902 | 10 | | 14 | 16 | | 8 |
| 1903 | 11 | | 22 | 27 | | 7 |
| 1904 | 12 | | 20 | 22 | | 5 |
| 1905 | 12 | | 15 | 18 | | 6 |
| 1906 | 10 | | 12 | 15 | | 5 |
| 1907 | 9 | | 13 | 14 | | 6 |
| 1908 | 7 | | 10 | 10 | | 6 |
| 1909 | 7 | | 13 | 14 | | 5 |
| 1910 | 9 | | 14 | 16 | | 4 |
| 1911 | 10 | | 12 | 14 | | 4 |
| 1912 | 8 | | 9 | 11 | | 4 |
| 1913 | 9 | | 10 | 12 | | 4 |
| 1914 | 8 | | 11 | 12 | | 5 |
| 1915 | 8 | | 11 | 12 | | 6 |
| 1916 | 8 | | 11 | 13 | | 4 |
| 1917 | 7 | | 10 | 11 | | 3 |

Legende: Alle Preise in 'Seers' von 80 'Tolas' per Rupie.

Quellen: 1847-1888: SRGB, N.S., Nr. 229, App. N; 1889-1917: SRGB, N.S., Nr. 583 App. I.

Tabelle A41: Preise ausgew. Agrarprodukte in einzelnen Bezirken Khandeshs: Erandol

| (1) Jahr | (2) Weizen | (3) Reis | (4) Bajra | (5) Jowar | (6) Salz | (7) Baumwolle |
|---|---|---|---|---|---|---|
| 1848-49 | 50 | 17 | 49 | 80 | | |
| 1849-50 | 43 | 15 | 54 | 80 | | |
| 1850-51 | 38 | 17 | 43 | 46 | | |
| 1851-52 | 45 | 18 | 49 | 58 | | |
| 1852-53 | 50 | 21 | 69 | 64 | | |
| 1853-54 | 45 | 21 | 43 | 53 | | |
| 1854-55 | 40 | 26 | 58 | 64 | | |
| 1855-56 | 30 | 24 | 43 | 40 | | |
| 1856-57 | 32 | | 43 | 53 | | |
| 1857-58 | | | | | | |
| 1858-59 | 35 | 12 | 69 | 53 | | |
| 1859-60 | 37 | | 43 | 53 | | |
| 1860-61 | 22 | 36 | 31 | 35 | | |
| 1861-62 | 16 | 19 | 25 | 32 | | |
| 1862-63 | 17 | | 21 | 21 | | |
| 1863-64 | 14 | 6 | 19 | 20 | | |
| 1864-65 | 12 | | 14 | 12 | | |
| 1865-66 | 13 | | 26 | 29 | | |
| 1866-67 | 12 | | 29 | 21 | | |
| 1867-68 | 18 | 24 | 31 | 37 | | |
| 1868-69 | 9 | 7 | 12 | 13 | | |
| 1869-70 | 10 | 8 | 19 | 21 | | |
| 1870-71 | 16 | 9 | 23 | 21 | | |
| 1871-72 | 12 | 9 | 11 | 13 | | |
| 1872-73 | 14 | 10 | 23 | 26 | | |
| 1873-74 | 22 | 11 | 29 | 26 | | |
| 1874-75 | 16 | 10 | 27 | 26 | | |
| 1875-76 | 18 | 11 | 16 | 26 | | |
| 1876-77 | 12 | 9 | 12 | 13 | | |
| 1877-78 | 14 | 11 | 14 | 15 | | |
| 1878-79 | 9 | 9 | 12 | 13 | | |
| 1879-80 | 14 | 9 | 14 | 17 | | |
| 1880-81 | 19 | 11 | 20 | 21 | | |
| 1881-82 | 16 | 11 | 20 | 20 | | |
| 1882-83 | 14 | 9 | 14 | 16 | | |
| 1883-84 | 18 | 11 | 21 | 21 | | |
| 1884-85 | 22 | 10 | 23 | 26 | | |
| 1885-86 | 14 | 11 | 23 | 25 | | |
| 1886-87 | 16 | 10 | 21 | 25 | | |
| 1887-88 | 16 | 10 | 16 | 16 | | |
| 1888-89 | 14 | 7 | 15 | 15 | | 6 |
| 1889-90 | 13 | | 17 | 18 | | 7 |

Fortsetzung Tabelle A41

| (1) Jahr | (2) Weizen | (3) Reis | (4) Bajra | (5) Jowar | (6) Salz | (7) Baumwolle |
|---|---|---|---|---|---|---|
| 1890-91 | 14 | | 23 | 25 | | 6 |
| 1891-92 | 12 | | 18 | 20 | | 6 |
| 1892-92 | 12 | | 15 | 17 | | 6 |
| 1893-94 | 13 | | 17 | 18 | | 5 |
| 1894-95 | 19 | | 25 | 29 | | 8 |
| 1895 | 19 | | 23 | 22 | | 6 |
| 1896 | 11 | | 13 | 14 | | 7 |
| 1897 | 7 | | 8 | 9 | | 8 |
| 1898 | 10 | | 22 | 22 | | 8 |
| 1899 | 9 | | 13 | 14 | | 8 |
| 1900 | 7 | | 9 | 8 | | 4 |
| 1901 | 8 | | 14 | 15 | | 5 |
| 1902 | 10 | | 14 | 16 | | 6 |
| 1903 | 11 | | 20 | 24 | | 7 |
| 1904 | 10 | | 17 | 17 | | 4 |
| 1905 | 10 | | 16 | 15 | | 7 |
| 1906 | 10 | | 14 | 14 | | 9 |
| 1907 | 9 | | 13 | 13 | | |
| 1908 | 7 | | 10 | 10 | | 5 |
| 1909 | 7 | | 14 | 14 | | 4 |
| 1910 | 8 | | 15 | 15 | | 4 |
| 1911 | 9 | | 13 | 13 | | 3 |
| 1912 | 8 | | 9 | 10 | | 4 |
| 1913 | 9 | | 10 | 11 | | 4 |
| 1914 | 8 | | 12 | 12 | | 6 |
| 1915 | 7 | | 11 | 12 | | 8 |
| 1916 | 8 | | 13 | 14 | | 4 |
| 1917 | 7 | | 10 | 11 | | 3 |
| 1918 | 5 | | 5 | 5 | | 2 |

Legende: Alle Preise in 'Seers' von 80 'Tolas' per Rupie.

Quellen: 1849-89: SRGB, N.S., Nr. 239, App. P; 1889-1918: SRGB, N.S., Nr. 595, App. I.

Tabelle A42: Preise ausgew. Agrarprodukte in einzelnen Bezirken Khandeshs: Jalgaon

| (1) Jahr | (2) Weizen | (3) Reis | (4) Bajra | (5) Jowar | (6) Salz | (7) Baumwolle |
|---|---|---|---|---|---|---|
| 1854-55 | 56 | | | 64 | | |
| 1855-56 | | | | 68 | | |
| 1856-57 | 57 | | | | | |
| 1857-58 | | | | 97 | | |
| 1858-59 | 73 | | | | | |
| 1859-60 | | | | | | |
| 1860-61 | | | | 36 | | |
| 1861-62 | 30 | | | 45 | | |
| 1862-63 | 14 | | 21 | 34 | | |
| 1863-64 | 22 | | | 21 | | |
| 1864-65 | 24 | | | 24 | | |
| 1865-66 | 11 | | 14 | 14 | | |
| 1866-67 | 12 | | | 26 | | |
| 1867-68 | 16 | | | 34 | | |
| 1868-69 | 8 | | | 14 | | |
| 1869-70 | 10 | | | | | |
| 1870-71 | 18 | | | 23 | | |
| 1871-72 | | | | 16 | | |
| 1872-73 | | | | 28 | | |
| 1873-74 | 19 | | | | | |
| 1874-75 | 19 | | 30 | 34 | | |
| 1875-76 | 18 | | | | | |
| 1876-77 | 19 | | 21 | 23 | | |
| 1877-78 | 18 | | 21 | 23 | | |
| 1878-79 | 16 | | 24 | 24 | | |
| 1879-80 | 13 | | 15 | 21 | | |
| 1880-81 | 18 | | 28 | 34 | | |
| 1881-82 | 14 | | 21 | 24 | | |
| 1882-83 | 15 | | 17 | 19 | | |
| 1883-84 | 19 | | 19 | 21 | | |
| 1884-85 | 18 | | 21 | 25 | | |
| 1885-86 | 13 | | 21 | 27 | | |
| 1886-87 | 11 | | 19 | 27 | | |
| 1887-88 | 13 | | 15 | 17 | | |
| 1888-89 | 10 | | 14 | 18 | | 6 |
| 1889-90 | 14 | | 21 | 25 | | 5 |
| 1890-91 | 15 | | 22 | 25 | | 7 |
| 1891-92 | 14 | | 21 | 24 | | 8 |
| 1892-92 | 13 | | 18 | 22 | | 6 |
| 1893-94 | 14 | | 19 | 19 | | 6 |
| 1894-95 | 15 | | 18 | 19 | | 7 |
| 1895 | 16 | | 19 | 21 | | 6 |
| 1896 | 11 | | 15 | 16 | | 7 |
| 1897 | 7 | | 8 | 9 | | 7 |
| 1898 | 10 | | 20 | 24 | | 8 |
| 1899 | 10 | | 14 | 15 | | 6 |
| 1900 | 8 | | 8 | 9 | | 5 |

Fortsetzung Tabelle A42

| (1) Jahr | (2) Weizen | (3) Reis | (4) Bajra | (5) Jowar | (6) Salz | (7) Baumwolle |
|---|---|---|---|---|---|---|
| 1901 | 8 | | 15 | 15 | | 7 |
| 1902 | 10 | | 14 | 16 | | 7 |
| 1903 | 12 | | 21 | 25 | | 6 |
| 1904 | 13 | | 20 | 20 | | 5 |
| 1905 | 12 | | 17 | 18 | | 6 |
| 1906 | 10 | | 13 | 15 | | 5 |
| 1907 | 9 | | 14 | 14 | | 6 |
| 1908 | 7 | | 11 | 10 | | 5 |
| 1909 | 7 | | 14 | 14 | | 4 |
| 1910 | 9 | | 10 | 16 | | 3 |
| 1911 | 9 | | 13 | 14 | | 4 |
| 1912 | 8 | | 9 | 10 | | 4 |
| 1913 | 9 | | 11 | 11 | | 4 |
| 1914 | 8 | | 11 | 13 | | 6 |
| 1915 | 7 | | 11 | 12 | | 7 |
| 1916 | 7 | | 12 | 155 | | 3 |
| 1917 | 7 | | 10 | 11 | | 3 |
| 1918 | 5 | | 5 | 5 | | 2 |
| 1919 | 4 | | 4 | 4 | | 2 |
| 1920 | 5 | | 6 | 6 | | 4 |

Legende: Alle Preise in 'Seers' von 80 'Tolas' per Rupie.

Quellen: 1854-1890: SRGB, N.S, Nr. 249, App. P; 1888-1920: SRGB, N.S., Nr. 293, App. I.

Tabelle A43: Preise ausgew. Agrarprodukte in einzelnen Bezirken Khandeshs: Jamner

| (1) | (2) | (3) | (4) | (5) | (6) | (7) |
|---|---|---|---|---|---|---|
| Jahr | Weizen | Reis | Bajra | Jowar | Salz | Baumwolle |
| 1854-55 | 56 | 35 | 71 | 81 | | |
| 1855-56 | 26 | 15 | 35 | 36 | | |
| 1856-57 | 37 | 29 | 59 | 54 | | |
| 1857-58 | 34 | 15 | 44 | 40 | | |
| 1858-59 | 28 | 15 | 59 | 54 | | |
| 1859-60 | 30 | 16 | 59 | 54 | | |
| 1860-61 | 22 | 15 | 39 | 40 | | |
| 1861-62 | 11 | 15 | 25 | 20 | | |
| 1862-63 | 14 | 15 | 25 | 20 | | |
| 1863-64 | 14 | 11 | 22 | 21 | | |
| 1864-65 | 14 | 11 | 22 | 20 | | |
| 1865-66 | 14 | 13 | 25 | 20 | | |
| 1866-67 | 14 | 11 | 19 | 18 | | |
| 1867-68 | 14 | 11 | 19 | 18 | | |
| 1868-69 | 9 | 7 | 22 | 23 | | |
| 1869-70 | 9 | 8 | 25 | 25 | | |
| 1870-71 | 14 | 9 | 22 | 21 | | |
| 1871-72 | 13 | 11 | 16 | 16 | | |
| 1872-73 | 15 | 12 | 22 | 21 | | |
| 1873-74 | 18 | 13 | 29 | 32 | | |
| 1874-75 | 15 | 12 | 27 | 27 | | |
| 1875-76 | 13 | 10 | 35 | 40 | | |
| 1876-77 | 8 | 9 | 7 | 10 | | |
| 1877-78 | 17 | 11 | 27 | 28 | | |
| 1878-79 | 17 | 11 | 29 | 32 | | |
| 1879-80 | 16 | 11 | 31 | 28 | | |
| 1880-81 | 19 | 11 | 18 | 27 | | |
| 1881-82 | 7 | 11 | 35 | 32 | | |
| 1882-83 | 12 | 11 | 22 | 22 | | |
| 1883-84 | 19 | 11 | 20 | 22 | | |
| 1884-85 | 21 | 13 | 24 | 28 | | |
| 1885-86 | 17 | 9 | 26 | 35 | | |
| 1886-87 | 16 | 10 | 29 | 32 | | |
| 1887-88 | 15 | 10 | 18 | 18 | | |
| 1888-89 | 12 | 10 | 16 | 18 | | |
| 1889-90 | 14 | 10 | 23 | 27 | | |
| 1890-91 | 14 | | 29 | 22 | | 7 |
| 1891-92 | 13 | | 19 | 25 | | 8 |
| 1892-92 | 11 | | 20 | 22 | | 5 |
| 1893-94 | 13 | | 19 | 18 | | 8 |
| 1894-95 | 14 | | 19 | 20 | | 9 |
| 1895 | 14 | | 21 | 25 | | |
| 1896 | 11 | | 16 | 7 | | 10 |
| 1897 | 7 | | 9 | 9 | | 10 |
| 1898 | 9 | | 24 | 26 | | 11 |
| 1899 | 9 | | 15 | 17 | | 8 |
| 1900 | 7 | | 10 | 9 | | 7 |

Fortsetzung Tabelle A43

| (1) Jahr | (2) Weizen | (3) Reis | (4) Bajra | (5) Jowar | (6) Salz | (7) Baumwolle |
|---|---|---|---|---|---|---|
| 1901 | 7 | | 15 | 8 | | 10 |
| 1902 | 8 | | 15 | 18 | | 8 |
| 1903 | 10 | | 21 | 25 | | 7 |
| 1904 | 10 | | 19 | 19 | | 6 |
| 1905 | 11 | | 16 | 19 | | 8 |
| 1906 | 9 | | 14 | 16 | | 8 |
| 1907 | 9 | | 13 | 14 | | 5 |
| 1908 | 7 | | 10 | 10 | | |
| 1909 | 7 | | 16 | 16 | | 4 |
| 1910 | 8 | | 15 | 18 | | 4 |
| 1911 | 9 | | 13 | 15 | | 4 |
| 1912 | 7 | | 10 | 9 | | 5 |
| 1913 | 8 | | 10 | 10 | | |
| 1914 | 7 | | 12 | 13 | | |
| 1915 | 6 | | 11 | 11 | | |
| 1916 | 7 | | 14 | 17 | | 3 |
| 1917 | 7 | | 13 | 13 | | 3 |
| 1918 | 5 | | 5 | 5 | | 2 |
| 1919 | 4 | | 4 | 4 | | 2 |

Legende: Alle Preise in 'Seers' von 80 'Tolas' per Rupie; Angaben für 'uncleaned cotton'.
Quellen: 1854-1890: SRGB, N.S., Nr. 249, App. P; 1890-1919: SRGB, N.S., Nr. 591, App. I.

Tabelle A44: Preise ausgew. Agrarprodukte in einzelnen Bezirken Khandeshs: Pimpalner

| (1) Jahr | (2) Weizen | (3) Reis | (4) Bajra | (5) Jowar | (6) Salz | (7) Baumwolle |
|---|---|---|---|---|---|---|
| 1858-59 | 35 | 16 | 42 | 21 | | 6 |
| 1859-60 | 35 | 15 | 40 | 23 | | 7 |
| 1860-61 | 29 | 13 | 34 | 23 | | 8 |
| 1861-62 | 22 | 15 | 23 | 24 | | 8 |
| 1862-63 | 17 | 15 | 20 | 21 | | 7 |
| 1863-64 | 15 | 12 | 18 | 21 | | 6 |
| 1864-65 | 14 | 8 | 14 | 14 | | 7 |
| 1865-66 | 11 | 6 | 14 | 28 | | 8 |
| 1866-67 | 13 | 6 | 23 | 28 | | 7 |
| 1867-68 | 16 | 7 | 18 | 28 | | 8 |
| 1868-69 | 15 | 11 | 20 | 23 | | 7 |
| 1869-70 | 11 | 8 | 15 | 24 | | 6 |
| 1870-71 | 12 | 8 | 23 | 28 | | 7 |
| 1871-72 | 16 | 10 | 22 | 17 | | 9 |
| 1872-73 | 12 | 13 | 14 | 21 | | 7 |
| 1873-74 | 15 | 12 | 20 | 28 | | 8 |
| 1874-75 | 24 | 14 | 25 | 30 | | 7 |
| 1875-76 | 22 | 14 | 24 | 32 | | 8 |
| 1876-77 | 20 | 13 | 21 | 18 | | 8 |
| 1877-78 | 12 | 10 | 13 | 14 | | 5 |
| 1878-79 | 10 | 10 | 12 | 14 | | 6 |
| 1879-80 | 11 | 10 | 11 | 21 | | 7 |
| 1880-81 | 15 | 12 | 15 | 33 | | 8 |
| 1881-82 | 27 | 14 | 30 | 32 | | 8 |
| 1882-83 | 21 | 15 | 17 | 23 | | 8 |
| 1883-84 | 17 | 15 | 16 | 28 | | 8 |
| 1884-85 | 22 | 15 | 20 | 28 | | 8 |
| 1885-86 | 22 | 14 | 22 | 24 | | 7 |
| 1886-87 | 21 | 13 | 22 | 28 | | 8 |
| 1887-88 | 17 | 12 | 20 | 28 | | 8 |
| 1888-89 | 15 | 10 | 15 | 18 | | 8 |
| 1889-90 | 14 | 7 | 15 | 17 | | 8 |
| 1890-91 | 17 | 9 | 22 | 22 | | 8 |
| 1891-92 | 15 | 9 | 21 | 26 | | 8 |
| 1892-92 | 14 | 9 | 21 | 25 | | 8 |
| 1893-94 | 18 | 10 | 21 | 27 | | 8 |
| 1894-95 | 19 | 10 | 22 | 33 | | 8 |
| 1895 | 19 | 10 | 24 | 32 | | 8 |
| 1896 | 14 | 9 | 17 | 20 | | 8 |
| 1897 | 7 | 6 | 18 | 9 | | 8 |
| 1898 | 12 | 7 | 21 | 23 | | 8 |

Legende: Preise in 'Seers' von 80 'Tolas' per Rupie; Angaben für 'uncleaned cotton'.

Quellen: 1858-98: SRGB, N.S., Nr. 422, App. N.

Tabelle A45: Preise ausgew. Agrarprodukte in einzelnen Bezirken Khandeshs: Savda

| (1) Jahr | (2) Weizen | (3) Reis | (4) Bajra | (5) Jowar | (6) Salz | (7) Baumwolle |
|---|---|---|---|---|---|---|
| 1846-47 | 27 | | 30 | 29 | | |
| 1847-48 | 20 | | 88 | 85 | | |
| 1848-49 | 38 | | 85 | 85 | | |
| 1849-50 | 41 | | 69 | 63 | | |
| 1850-51 | 44 | | 68 | 65 | | |
| 1851-52 | 42 | | 68 | 60 | | |
| 1852-53 | 41 | | 57 | 55 | | |
| 1853-54 | 44 | | 48 | 46 | | |
| 1854-55 | 25 | | 28 | 30 | | |
| 1855-56 | 36 | | 67 | 55 | | |
| 1856-57 | 66 | | 85 | 82 | | |
| 1857-58 | 62 | | 90 | 82 | | |
| 1858-59 | 62 | | 80 | 82 | | |
| 1859-60 | 21 | | 37 | 36 | | |
| 1860-61 | 17 | | 26 | 25 | | |
| 1861-62 | 13 | | 21 | 18 | | |
| 1862-63 | 15 | | 21 | 20 | | |
| 1863-64 | 16 | | 18 | 19 | | |
| 1864-65 | 11 | | 21 | 18 | | |
| 1865-66 | 11 | | 21 | 20 | | |
| 1866-67 | 17 | | 35 | 36 | | |
| 1867-68 | 10 | | 16 | 17 | | |
| 1868-69 | 10 | | 21 | | | |
| 1869-70 | 13 | | 16 | | | |
| 1870-71 | 13 | | 18 | | | |
| 1871-72 | 15 | | 33 | 27 | | |
| 1872-73 | 18 | | 33 | 30 | | |
| 1873-74 | 17 | | 33 | 32 | | |
| 1874-75 | 16 | | 33 | 31 | | |
| 1875-76 | 13 | | 16 | 16 | | |
| 1876-77 | 9 | | 16 | 13 | | |
| 1877-78 | 8 | | 16 | 13 | | |
| 1878-79 | 11 | | | 16 | | |
| 1879-80 | 15 | | 31 | 36 | | |
| 1880-81 | 16 | | 28 | | | |
| 1881-82 | 15 | | 27 | 27 | | |
| 1882-83 | 14 | | 20 | 21 | | |
| 1883-84 | 17 | | 20 | 20 | | |
| 1884-85 | 21 | | 23 | 23 | | |
| 1885-86 | 18 | | 23 | 24 | | |
| 1886-87 | 13 | | 26 | 25 | | |
| 1887-88 | 12 | | 16 | 16 | | |
| 1888-89 | 14 | | 14 | 15 | | |
| 1889-90 | 13 | | 18 | 20 | | |

Legende: Alle Preise in 'Seers' von 80 'Tolas' per Rupie; Angaben für 'uncleaned cotton'.

Quellen: 1846-1887: SRGB, N.S., Nr. 221, App. N; 1854-1890: SRGB, N.S., Nr. 249, App. P.

Tabelle A46: Preise ausgew. Agrarprodukte in einzelnen Bezirken Khandeshs: Shahada

| (1) Jahr | (2) Weizen | (3) Reis | (4) Bajra | (5) Jowar | (6) Salz | (7) Baumwolle |
|---|---|---|---|---|---|---|
| 1853-54 | 26 | 20 | 29 | 46 | | |
| 1854-55 | 26 | 19 | 29 | 46 | | |
| 1855-56 | 24 | 20 | 31 | 54 | | 12 |
| 1856-57 | 26 | 19 | 29 | 46 | | 13 |
| 1857-58 | 24 | 20 | 29 | 54 | | 13 |
| 1858-59 | 26 | 19 | 31 | 54 | | 12 |
| 1859-60 | 24 | 20 | 29 | 46 | | 12 |
| 1860-61 | 23 | 16 | 29 | 36 | | 12 |
| 1861-62 | 24 | 15 | 29 | 40 | | 11 |
| 1862-63 | 21 | 16 | 31 | 36 | | 10 |
| 1863-64 | 23 | 15 | 31 | 40 | | 9 |
| 1864-65 | 21 | 15 | 29 | 36 | | 3 |
| 1865-66 | 23 | 16 | 26 | 46 | | 7 |
| 1866-67 | 18 | 11 | 24 | 38 | | 7 |
| 1867-68 | 24 | 11 | 28 | 32 | | 11 |
| 1868-69 | 18 | 11 | 22 | 25 | | 5 |
| 1869-70 | 22 | 9 | 28 | 32 | | 5 |
| 1870-71 | 15 | 9 | 22 | 29 | | 9 |
| 1871-72 | 18 | 9 | 24 | 32 | | 5 |
| 1872-73 | 27 | 9 | 31 | 38 | | 6 |
| 1873-74 | 22 | 11 | 19 | 38 | | 9 |
| 1874-75 | 22 | 11 | 22 | 38 | | 8 |
| 1875-76 | 9 | 9 | 18 | 16 | | 8 |
| 1876-77 | 10 | 9 | 14 | 16 | | 8 |
| 1877-78 | 12 | 11 | 14 | 16 | | 7 |
| 1878-79 | 14 | 11 | 22 | 23 | | 7 |
| 1879-80 | 24 | 11 | 37 | 47 | | 5 |
| 1880-81 | 20 | 11 | 31 | 38 | | 7 |
| 1881-82 | 19 | 11 | 21 | 29 | | 7 |
| 1882-83 | 24 | 11 | 28 | 39 | | 10 |
| 1883-84 | 27 | 11 | 31 | 39 | | 8 |
| 1884-85 | 20 | 10 | 28 | 32 | | 8 |
| 1885-86 | 19 | 10 | 22 | 32 | | 7 |
| 1886-87 | 23 | 10 | 21 | 29 | | 10 |
| 1887-88 | 18 | 10 | 21 | 29 | | 7 |
| 1888-89 | 19 | 10 | 21 | 29 | | 6 |
| 1889-90 | 11 | 7 | 14 | 15 | | 6 |
| 1890-91 | 17 | 7 | 22 | 22 | | 7 |
| 1891-92 | 15 | 7 | 20 | 23 | | 8 |
| 1892-92 | 14 | 8 | 18 | 25 | | 7 |
| 1893-94 | 13 | 8 | 22 | 28 | | 9 |
| 1894-95 | 22 | 7 | 21 | 26 | | 9 |

Legende: Alle Preise in 'Seers' von 80 'Tolas' per Rupie; Angaben für 'uncleaned cotton'.

Quellen: 1853-1895: SRGB, N.S., Nr. 378, App. N.

Tabelle A47: Preise ausgew. Agrarprodukte in einzelnen Bezirken Khandeshs: Shirpur

| (1) Jahr | (2) Weizen | (3) Reis | (4) Bajra | (5) Jowar | (6) Salz | (7) Baumwolle |
|---|---|---|---|---|---|---|
| 1855-56 | 16 | 8 | 26 | 25 | | 12 |
| 1856-57 | 13 | 9 | 13 | 24 | | 13 |
| 1857-58 | 8 | | 14 | 31 | | 13 |
| 1858-59 | 20 | | 25 | 25 | | 12 |
| 1859-60 | 13 | 5 | 20 | 25 | | 12 |
| 1860-61 | | 5 | 20 | 19 | | 12 |
| 1861-62 | 9 | 4 | 16 | 21 | | 11 |
| 1862-63 | 9 | 6 | 20 | 13 | | 10 |
| 1863-64 | | 6 | 20 | 13 | | 9 |
| 1864-65 | | 3 | | | | 3 |
| 1865-66 | 8 | 3 | 8 | 8 | | 7 |
| 1866-67 | 7 | 3 | 15 | 14 | | 7 |
| 1867-68 | 8 | 3 | 20 | 14 | | 11 |
| 1868-69 | 9 | 4 | 15 | 15 | | 18 |
| 1869-70 | 7 | 3 | 8 | 9 | | 6 |
| 1870-71 | 6 | 4 | 14 | 14 | | 9 |
| 1871-72 | 10 | 4 | 12 | 19 | | 7 |
| 1872-73 | 7 | 4 | 6 | 9 | | 9 |
| 1873-74 | 8 | 5 | 13 | 14 | | 11 |
| 1874-75 | 12 | 5 | 16 | 17 | | 10 |
| 1875-76 | 9 | 8 | 14 | 15 | | 10 |
| 1876-77 | | 5 | 17 | 17 | | 8 |
| 1877-78 | 4 | 4 | 7 | 7 | | 8 |
| 1878-79 | 5 | 5 | 6 | 8 | | 9 |
| 1879-80 | 7 | 5 | 6 | 8 | | 8 |
| 1880-81 | 9 | 6 | 8 | 7 | | 7 |
| 1881-82 | 8 | | 16 | 17 | | 9 |
| 1882-83 | 7 | | 11 | 15 | | 9 |
| 1883-84 | 13 | | | | | 10 |
| 1884-85 | 9 | 8 | 10 | | | 7 |
| 1885-86 | 7 | | 14 | 17 | | 7 |
| 1886-87 | 6 | 5 | 9 | 12 | | 8 |
| 1887-88 | 8 | 4 | 7 | 8 | | 8 |
| 1888-89 | 7 | 5 | 7 | 8 | | 6 |
| 1889-90 | 13 | 7 | 17 | 20 | | 6 |
| 1890-91 | 14 | 7 | 21 | 28 | | 7 |
| 1891-92 | 13 | 7 | 20 | 24 | | 8 |
| 1892-92 | 15 | 7 | 22 | 26 | | 6 |
| 1893-94 | 15 | 7 | 21 | 23 | | 8 |
| 1894-95 | 18 | 7 | 20 | 23 | | 6 |
| 1895-96 | 19 | | 23 | 27 | | 6 |
| 1896-97 | 11 | | 13 | 14 | | 6 |
| 1897-98 | 7 | | 9 | 9 | | 7 |
| 1898-99 | 8 | | 20 | 25 | | 9 |
| 1899-00 | 9 | | 13 | 15 | | 7 |
| 1900-01 | 7 | | 8 | 8 | | 6 |

Fortsetzung Tabelle A47

| (1) Jahr | (2) Weizen | (3) Reis | (4) Bajra | (5) Jowar | (6) Salz | (7) Baumwolle |
|---|---|---|---|---|---|---|
| 1901-02 | 7 | | 14 | 16 | | 7 |
| 1902-03 | 8 | | 14 | 15 | | 7 |
| 1903-04 | 9 | | 23 | 27 | | 6 |
| 1904-05 | 13 | | 21 | 24 | | 4 |
| 1905-06 | 12 | | 15 | 17 | | 6 |
| 1906-07 | 10 | | 13 | 14 | | 4 |
| 1907-08 | 9 | | 13 | 14 | | 6 |
| 1908-09 | 7 | | 9 | 10 | | 5 |
| 1909-10 | 7 | | 15 | 16 | | 5 |
| 1910-11 | 8 | | 15 | 18 | | 3 |
| 1911-12 | 10 | | 13 | 16 | | 3 |
| 1912-13 | 7 | | 8 | 9 | | 3 |
| 1913-14 | 8 | | 11 | 12 | | 3 |
| 1914-15 | 8 | | 12 | 13 | | 4 |
| 1915-16 | 7 | | 11 | 12 | | 4 |
| 1916-17 | 9 | | 13 | 15 | | 4 |

Legende: Alle Preise in 'Seers' von 80 'Tolas' per Rupie; Angaben für 'uncleaned cotton'.
Quellen: 1855-1895: SRGB, N.S., Nr. 373, App. N; 1889-1917: SRGB, N.S., Nr. 568, App. I.

Tabelle A48: Preise ausgew. Agrarprodukte in einzelnen Bezirken Khandeshs: Taloda

| (1) Jahr | (2) Weizen | (3) Reis | (4) Bajra | (5) Jowar | (6) Salz | (7) Baumwolle |
|---|---|---|---|---|---|---|
| 1853-54 | 26 | 20 | 29 | 46 | | |
| 1854-55 | 26 | 19 | 29 | 46 | | |
| 1855-56 | 24 | 20 | 31 | 54 | | |
| 1856-57 | 26 | 19 | 29 | 46 | | |
| 1857-58 | 24 | 20 | 29 | 54 | | |
| 1858-59 | 26 | 19 | 31 | 54 | | |
| 1859-60 | 24 | 20 | 29 | 46 | | |
| 1860-61 | 23 | 16 | 29 | 36 | | |
| 1861-62 | 24 | 15 | 29 | 40 | | |
| 1862-63 | 21 | 16 | 31 | 36 | | |
| 1863-64 | 23 | 15 | 31 | 40 | | |
| 1864-65 | 21 | 15 | 29 | 36 | | |
| 1865-66 | 23 | 16 | 26 | 46 | | |
| 1866-67 | 23 | 15 | 29 | 36 | | |
| 1867-68 | 23 | 16 | 29 | 40 | | |
| 1868-69 | 21 | 15 | 26 | 46 | | |
| 1869-70 | 23 | 15 | 26 | 36 | | |
| 1870-71 | 21 | 15 | 24 | 32 | | |
| 1871-72 | 19 | 11 | 21 | 21 | | |
| 1872-73 | 24 | 14 | 26 | 36 | | |
| 1873-74 | 24 | 14 | 26 | 36 | | |
| 1874-75 | 23 | 15 | 26 | 40 | | |
| 1875-76 | 20 | 16 | 21 | 23 | | |
| 1876-77 | 19 | 8 | 19 | 21 | | |
| 1877-78 | 10 | 6 | 12 | 12 | | |
| 1878-79 | 8 | 8 | 13 | 13 | | |
| 1879-80 | 11 | 8 | 11 | 10 | | |
| 1880-81 | 21 | 10 | 26 | 27 | | |
| 1881-82 | 19 | 12 | 21 | 23 | | |
| 1882-83 | 17 | 13 | 18 | 19 | | |
| 1883-84 | 28 | 10 | 21 | 27 | | |
| 1884-85 | 38 | 10 | 29 | 32 | | |
| 1885-86 | 28 | 10 | 26 | 27 | | |
| 1886-87 | 19 | 10 | 21 | 21 | | |
| 1887-88 | 19 | 10 | 21 | 21 | | |
| 1888-89 | 16 | 10 | 17 | 11 | | |
| 1889-90 | 16 | 8 | 19 | 27 | | 5 |
| 1890-91 | 19 | 9 | 19 | 20 | | 9 |
| 1891-92 | 15 | 8 | 20 | 21 | | 9 |
| 1892-92 | 16 | 8 | 20 | 21 | | 8 |
| 1893-94 | 18 | 7 | 21 | 23 | | 8 |
| 1894-95 | 21 | 7 | 20 | 24 | | 8 |
| 1895-96 | 26 | 7 | 22 | 27 | | 8 |
| 1896 | 13 | 7 | 14 | 16 | | 8 |
| 1897 | 7 | 7 | 8 | 8 | | 8 |
| 1898 | 11 | 7 | 20 | 24 | | 10 |
| 1899 | 10 | 8 | 12 | 13 | | 8 |
| 1900 | 8 | 7 | 8 | 9 | | 6 |

Fortsetzung Tabelle A48

| (1) Jahr | (2) Weizen | (3) Reis | (4) Bajra | (5) Jowar | (6) Salz | (7) Baumwolle |
|---|---|---|---|---|---|---|
| 1901 | 8 | 9 | 12 | 13 | | 9 |
| 1902 | 8 | 11 | 13 | 15 | | 8 |
| 1903 | 10 | 9 | 20 | 21 | | 7 |
| 1904 | 13 | 10 | 19 | 19 | | 6 |
| 1905 | 12 | 9 | 14 | 15 | | 6 |
| 1906 | 11 | 7 | 12 | 13 | | 5 |
| 1907 | 10 | 8 | 12 | 12 | | 6 |
| 1908 | 7 | 7 | 9 | 9 | | 5 |
| 1909 | 7 | 6 | 12 | 14 | | 2 |
| 1910 | 10 | 6 | 13 | 16 | | 2 |
| 1911 | 13 | 5 | 13 | 16 | | 4 |
| 1912 | 9 | 5 | 9 | 10 | | 3 |
| 1913 | 11 | 6 | 11 | 12 | | 6 |
| 1914 | 10 | 7 | 10 | 11 | | 9 |
| 1915 | 9 | 7 | 10 | 11 | | |
| 1916 | 11 | 7 | 13 | 18 | | |

Legende: Alle Preise in 'Seers' von 80 'Tolas' per Rupie; Angaben für 'uncleaned cotton'.

Quellen: 1853-1893: SRGB, N.S., Nr. 291, App. N; 1889-1916: SRGB, N.S., Nr. 582, App. I.

Tabelle A49: Preise ausgew. Agrarprodukte in Khandesh

| (1) Jahr | (2) Weizen | (3) Reis | (4) Bajra | (5) Jowar | (6) Salz | (7) Baumwolle |
|---|---|---|---|---|---|---|
| 1824 | 28 | 13 | | 36 | | 5 |
| 1825 | 27 | 12 | | 37 | | 5 |
| 1826 | 24 | 8 | | 38 | | 5 |
| 1827 | 25 | 14 | | 44 | | 7 |
| 1828 | 23 | 11 | | 56 | | 9 |
| 1829 | 29 | 11 | | 70 | | 7 |
| 1830 | 31 | 10 | | 45 | | 5 |
| 1831 | 32 | 14 | | 57 | | 5 |
| 1832 | 33 | 15 | | 70 | | 6 |
| 1833 | 26 | 11 | | 33 | | 5 |
| 1834 | 23 | 10 | | 35 | | 4 |
| 1835 | 22 | 12 | | 30 | | 3 |
| 1836 | 28 | 12 | | 30 | | 4 |
| 1837 | 34 | 13 | | 50 | | 4 |
| 1838 | 43 | 17 | | 59 | | 8 |
| 1839 | 27 | 11 | | 39 | | 5 |
| 1840 | 27 | 13 | | 50 | | 8 |
| 1841 | 33 | 13 | | 53 | | 6 |
| 1842 | 31 | 14 | | 46 | | 6 |
| 1843 | 31 | 15 | | 43 | | 6 |
| 1844 | 40 | 14 | | 50 | | 5 |
| 1845 | 34 | 17 | | 44 | | 4 |
| 1846 | 17 | 13 | | 18 | | 6 |
| 1847 | 19 | 12 | | 55 | | 6 |
| 1848 | 38 | 12 | | 83 | | 8 |
| 1849 | 32 | 15 | | 65 | | 8 |
| 1850 | 29 | 15 | | 41 | | 5 |
| 1851 | 30 | 14 | | 63 | | 5 |
| 1852 | 33 | 16 | | 75 | | 6 |
| 1853 | 31 | 14 | | 12 | | 5 |
| 1854 | 33 | 17 | | 82 | | 6 |
| 1855 | 30 | 16 | | 37 | | 4 |
| 1856 | 28 | 16 | | 41 | | 4 |
| 1857 | 18 | 15 | | 35 | | 4 |
| 1858 | 19 | 9 | | 27 | | 4 |
| 1859 | 17 | 8 | | 27 | | 4 |
| 1860 | 16 | 8 | | 23 | | 4 |
| 1861 | 16 | 9 | | 16 | | 4 |
| 1862 | 16 | 9 | | 25 | | 3 |
| 1863 | 15 | 6 | | 23 | | 2 |
| 1864 | 14 | 7 | | 17 | | 2 |
| 1865 | 14 | 6 | | 20 | | 2 |
| 1866 | 15 | 6 | | 27 | | 2 |
| 1867 | 14 | 7 | | 20 | | 2 |
| 1868 | 17 | 10 | | 34 | | 1 |
| 1869 | 9 | 6 | | 12 | | 1 |
| 1870 | 11 | 10 | | 21 | | 2 |

Fortsetzung Tabelle A49

| (1) Jahr | (2) Weizen | (3) Reis | (4) Bajra | (5) Jowar | (6) Salz | (7) Baumwolle |
|---|---|---|---|---|---|---|
| 1871 | 15 | 9 | | 18 | | 2 |
| 1872 | 14 | 9 | | 24 | | 2 |
| 1873 | 23 | 10 | | 29 | | 3 |
| 1874 | 19 | 10 | | 31 | | 3 |
| 1875 | 17 | 10 | | 30 | | 2 |
| 1876 | 17 | 10 | | 23 | | 2 |
| 1877 | 11 | 10 | | 13 | | 2 |
| 1878 | 8 | 7 | | 14 | | 2 |
| 1879 | 10 | 8 | | 15 | | 2 |
| 1880 | | | | | | |
| 1894 | 17 | 10 | 18 | 22 | 11 | |
| 1895 | 16 | 9 | 18 | 22 | 11 | |
| 1896 | 16 | 9 | 20 | 26 | 11 | |
| 1897 | 7 | 8 | 8 | 9 | 11 | |
| 1898 | 11 | 9 | 20 | 21 | 11 | |
| 1899 | 12 | 9 | 20 | 26 | 11 | |
| 1900 | 7 | 8 | 8 | 9 | 11 | |
| 1901 | 9 | 11 | 15 | 16 | 11 | |
| 1902 | 9 | 9 | 14 | 16 | 11 | |
| 1903 | 11 | 9 | 18 | 25 | 13 | |
| 1904 | 13 | 7 | 20 | 21 | 12 | |
| 1905 | 14 | 7 | 16 | 17 | 14 | |
| 1906 | 10 | 7 | 11 | 13 | 15 | |
| 1907 | 11 | 7 | 14 | 16 | 16 | |
| 1908 | 8 | 6 | 11 | 10 | 18 | |
| 1909 | 8 | 6 | 14 | 14 | 20 | |
| 1910 | 8 | 7 | 15 | 15 | 19 | |
| 1911 | 11 | 7 | 13 | 16 | 18 | |
| 1912 | 9 | 6 | 11 | 11 | 18 | |
| 1913 | 9 | 6 | 11 | 12 | 19 | |
| 1914 | 9 | 7 | 11 | 13 | 19 | |
| 1915 | 8 | 7 | 12 | 13 | 19 | |
| 1916 | 8 | 7 | 11 | 14 | 16 | |
| 1917 | 9 | 7 | 9 | 10 | 12 | |
| 1918 | 6 | 6 | 6 | 6 | 10 | |
| 1919 | 4 | 5 | 5 | 6 | 13 | |
| 1920 | 5 | 4 | 6 | 6 | 15 | |
| 1921 | 5 | 5 | 5 | 6 | 14 | |
| 1922 | 3 | 4 | 5 | 6 | 9 | |

Legende: Alle Preise in 'Seers' von 80 'Tolas' per Rupie; Weizen- und Reispreise für zweitbeste Qualität; 1904-1922: Durchschnitt der Werte für West- und Ost-Khandesh.

Quellen: GBP, Khandesh, 1880, 1905, 1914, 1926.

# Bibliographie


## 1. Ungedruckte Quellen

*Board of Control*:

*Board's Collections, Nr. 146'775 of 1853, Revenue Department.*

IOR F/4/2534.

## 2. Gedruckte Quellen

*Parliamentary Papers, House of Commons*:

PP, HC 1880, Vol. 52 (East India): *Report of the Indian Famine Commission, Part II, Measures of Protection and Preservation.*

### *Administration Reports* (Titel variiert):

*Report on the administration of the Bombay Presidency for the years 1860/61 - 1920/21.*

IOR V/10/278 - V/10/316

### *Census of India*:

*Census of India, Bombay Presidency, 1872, 1881, 1891, 1901, 1911, 1921.*

### *Selections from the Records of the Government of Bombay, Old and New Series (SRGB):*

*Report of Captain Wingate, Revenue Survey Commissioner, on the plan of survey and assessment most suitable to the province of Khandesh and also the instructions issued on the subject by Government, O.S., Nr. 1*, Bombay 1852.

IOR V/23/206

*Papers relative to the introduction of revised rates of assessment into the Dhoolia and Challisgaum talookas of the Khandeish Collectorate, N.S., Nr. 72*, Bombay 1863.

IOR V/23/233

*Papers relative to the introduction of revised rates of assessment into eight talookas and two pettas of the Khandeish Collectorate, N.S., Nr. 93*, Bombay 1865.

IOR V/23/243

*Papers relating to the revision of the rates of assessment on the expiration of the first settlement in the Savda taluka of the Khandesh Collectorate [including 1854-56 settlement], N.S., Nr. 186*, Bombay 1886.

IOR V/23/269

*Papers relating to the revision survey settlement of 118 villages of the Chopda taluka of the Khandesh Collectorate, N.S., Nr. 221*, Bombay 1888.

IOR V/23/275

*Papers relating to the revision survey settlement of 275½ Government villages of the Amalner taluka of the Khandesh Collectorate, N.S., Nr. 229*, Bombay 1889.

IOR V/23/276

*Papers relating to the revision survey settlement of 227 villages of the Erandol taluka of the Khandesh Collectorate, N.S., Nr. 239*, Bombay 1890.

IOR V/23/277

*Papers relating to the original survey settlement of the village of Ringangaon of the Erandol taluka of the Khandesh Collectorate, N.S., Nr. 243*, Bombay 1890.

IOR V/23/278

*Papers relating to the revision survey settlement of 237 Government villages of the Bhusaval taluka of the Khandesh Collectorate, N.S., Nr. 249*, Bombay 1891.

IOR V/23/278

*Papers relating to the revision survey settlement of 171 Government villages of the Jamner taluka of the Khandesh Collectorate [including 1864 settlement], N.S., Nr. 250*, Bombay 1891.

IOR V/23/278

*Papers relating to the revision survey settlement of the Jalgaon taluka of the Khandesh Collectorate [including 1860 settlement], N.S., Nr. 262*, Bombay 1892.

IOR V/23/279

*Papers relating to the revision survey settlement of the Pachora taluka of the Khandesh Collectorate [including 1865-69 settlement], N.S., Nr. 266*, Bombay 1893.

IOR V/23/280

*Papers relating to the revision survey settlement of the Sindkhed taluka of the Khandesh Collectorate [including 1858-69 settlement], N.S., Nr. 273*, Bombay 1893.

IOR V/23/280

*Papers relating to the revision survey settlement of the Nandurbar taluka of the Khandesh Collectorate (1895-96), N.S., Nr. 349*, Bombay 1896.

IOR V/23/288

*Papers relating to the revision survey settlement of the Chalisgaon taluka of the Khandesh Collectorate [including 1863 settlement], N.S., Nr. 350*, Bombay 1886.

IOR V/23/288

*Papers relating to the revision survey settlement of the Shirpur taluka of the Khandesh Collectorate [including 1857 settlement], N.S., Nr. 373*, Bombay 1898.

IOR V/23/290

*Papers relating to the revision survey settlement of the Dhulia taluka of the Khandesh Collectorate (1896-97) [including 1867-68 settlement], N.S., Nr. 375*, Bombay 1898.

IOR V/23/291

*Papers relating to the revision survey settlement of the Shahada taluka of the Khandesh Collectorate (1897-98) [including 1870 settlement], N.S., Nr. 378*, Bombay 1899.

IOR V/23/291

*Papers relating to the revision survey settlement of the Taloda taluka of the Khandesh Collectorate [including 1864-68 settlement], N.S., Nr. 387*, Bombay 1899.

IOR V/23/291

*Papers relating to the original survey settlement of 42 villages in the Taloda taluka of the Khandesh Collectorate, N.S., Nr. 417*, Bombay 1903.

IOR V/23/295

*Papers relating to the revision survey settlement of the Pimpalner taluka of the Khandesh Collectorate [including 1869-71 settlement], N.S., Nr. 422*, Bombay 1904.

IOR V/23/295

*Papers relating to the original survey settlement of 148 Government villages of the Nandurbar taluka (including Navapur petha), 17 Government villages of the Shirpur taluka and 11 Government villages of the Shahada taluka of the Khandesh Collectorate, N.S., Nr. 42*4, Bombay 1904.

IOR V/23/295

*Papers relating to the revision settlement of the Nandurbar taluka of the West Khandesh Collectorate, N.S., Nr. 510*, Bombay 1912.

IOR V/23/306

*Papers relating to the revision settlement of 17 villages and the second revision settlement of 108 villages of the Shirpur taluka of the West Khandesh District, N.S., Nr. 568*, Bombay 1920.

IOR V/23/313

*Papers relating to the second revision settlement of the Raver taluka of the East Khandesh District, N.S., Nr. 570*, Bombay 1920.

IOR V/23/313

*Papers relating to the second revision settlement of the Chopda taluka of the East Khandesh District, N.S., Nr. 576*, Bombay 1920.

IOR V/23/314

*Papers relating to the second revision settlement of the Shahada taluka of the West Khandesh District, N.S., Nr. 578*, Bombay 1920.

IOR V/23/314

*Papers relating to the revision settlement of the Taloda taluka of the West Khandesh District, N.S., Nr. 582*, Bombay 1921.

IOR V/23/315

*Papers relating to the second revision settlement of the Dhulia taluka of the West Khandesh District, N.S., Nr. 583*, Bombay 1921.

IOR V/23/315

*Papers relating to the second revision settlement of the Amalner and Parola talukas of the East Khandesh District, N.S., Nr. 585*, Bombay 1921.

IOR V/23/316

*Papers relating to the second revision settlement of the Jamner taluka of the East Khandesh District, N.S., Nr. 591*, Bombay 1922.

IOR V/23/317

*Papers relating to the second revision settlement of the Bhusaval taluka and Edlabad peta of the East Khandesh District, N.S., Nr. 592*, Bombay 1922.

IOR V/23/317

*Papers relating to the second revision settlement of the Erandol taluka of the East Khandesh District, N.S., Nr. 595*, Bombay 1923.

IOR V/23/317

*Papers relating to the second revision settlement of the Sindkheda taluka of the West Khandesh District, N.S., Nr. 610*, Bombay 1925.

IOR V/23/318

*Papers relating to the second revision settlement of the Chalisgaon taluka of the East Khandesh District, N.S., Nr. 614*, Bombay 1927.

IOR V/23/318

### *Departmental annual reports* (Titel und Jahr variieren):

*Annual report of the director, land records and agriculture, Bombay Presidency for the years 1885/86-1891/92. Department of land records and agriculture, Bombay Presidency*, Bombay 1886ff.

IOR V/24/59

*Season and crop report of the Bombay Presidency for the years 1903/04-1913/14. Department of land records and agriculture, Bombay Presidency*, Bombay 1904ff.

IOR V/24/76

*Administration report of the cotton department for the year 1868/69*, Bombay (ohne Jahr).

IOR V/24/433

*Administration report of the cotton department for the years 1869/70-1882/83*, Bombay (ohne Jahr)

IOR V/24/434 & IOR V/24/435

*Administration report of the cotton department for the year 1873-74*, in: *Collections to revenue despatches 1761-1785, August 31st.*

IOR L/E/3/861

*Land revenue administration report of the Bombay Presidency (including Sind) for the years 1862/63-1872/73, Revenue Department*, Bombay (ohne Jahr).

IOR V/24/2381

*Annual report of the department of land records and agriculture, Bombay Presidency for the years 1892/93-1901/02*, Bombay 1893ff.

IOR V/24/2388 & IOR V/24/2389

### *Committee and commission reports*:

*Report of the committee on the riots in Poona* ***and*** *Ahmednagar, 1875 (called riots commission report)*, Bombay 1876.

IOR V/26/313/1 & IOR V/26/313/2

### *Gazetteers*:

*District Gazetteers of the Bombay Presidency* (versch. Jahre).

### *Monographs*:

*Revenue Survey Department (Statistical Returns of the Khandesh Collectorate Revenue Survey)*, Bombay 1873.

IOR V/27/310/33

PAYAG, S.H., *Studies in Khandesh Cotton, Part I. (Memoirs of the Department of Agriculture in India. Botanical Series, Vol. XV, Nr. 1, Dec. 1927)*, Calcutta 1928.

IOL ST 35

## 3. Zeitgenössische Werke, Reiseberichte

BADEN-POWELL, B.H., 1892, *The Land-Systems of British India. Being a Manual of the Land-Tenures and of the Systems of Land Revenue Administration Prevalent in the Several Provinces, Vol. 1-3*, [repr. 1972] Oxford, New York & London.

CASSELS, Walter R., 1862, *Cotton: An Account of Its Culture in the Bombay Presidency*, Bombay.

EAMES, James Bromley, 1909, *The English in China; being an Account of the Intercourse and Relations between England and China from the Year 1600 to the Year 1843 and a Summary of later Developments*, [repr. 1974] London.

DUTT, R.C., $1906^2$, *The economic history of India, 2 vols.*, London.

ELLISION, Thomas, 1886, *The Cotton Trade of Great Britain*, [repr. 1968] London.

HUNTER, William Wilson, 1893, *The Indian Empire; its peoples, history, and products*, London.

KEATINGE. G., 1912, *Rural Economy in the Bombay Deccan*, New York, Bombay & Calcutta.

MANN, Harold H., 1917, *Land and Labour in a Deccan Village*, Oxford, London & Bombay.

MANN, James A., 1860, *The Cotton Trade of Great Britain: its Rise, Progress and Present Extent*, [repr. 1968] London.

ROYLE, Forbes J., 1851, *On the culture and commerce of cotton in India and elsewhere; with an account of the experiments made by the Hon. East India Company up to the present time*, London.

## 4. Darstellungen

ALBERTINI, Rudolf v., 1985², *Europäische Kolonialherrschaft: 1880-1940*, Stuttgart.

ALBERTINI, Rudolf v., 1970, *Moderne Kolonialgeschichte* (Neue Wissenschaftliche Bibliothek 39), Köln & Berlin.

BATES, C.N., 1984, *The Sub-Regional Dynamic of Economic Change: Dependency and Deveopment in Central India: 1820-1930*, (Conference Paper, SSRC / Third World Economic History and Development Conference, Leicester, 14.-16. Sept., unpubl.)

BATES, C.N.,1985, *Regional Dependence and Rural Development in Central India: 1820-1930*, Ph.D., Cambridge.

BOSERUP, Esther, 1965, *The Conditions of Agrarian Change under Population Pressure*, London.

BOXER, Charles R., 1965, *The Portuguese Seaborne Empire, 1415-1825*, London & New York.

BOXER, Charles R., 1966², *The Dutch Seaborne Empire: 1600-1800*, London.

BRAUDEL, Fernand, 1987a, *Sozialgeschichte des 15.-18. Jahrhunderts. Der Alltag*, Zürich (Ex Libris).

BRAUDEL, Fernand, 1987b, *Sozialgeschichte des 15.-18. Jahrhunderts. Der Handel*, Zürich (Ex Libris).

BRAUDEL, Fernand, 1988, *Sozialgeschichte des 15.-18. Jahrhunderts. Aufbruch zur Weltwirtschaft*, Zürich (Ex Libris).

*Cambridge Economic History of India*, The, 1982-3, hrsg. v. Tapan Raychaudhuri & Irfan Habib, Dharma Kumar, 2 vols., Cambridge.

CHARLESWORTH, Neil, 1985, *Peasants and Imperial Rule. Agriculture and Agrarian Society in the Bombay Presidency, 1850-1935*, Cambridge.

CHAUDHURI, K.N., Hrsg., 1971, *The Economic Development of India under the East India Company, 1814-1858: A Selection of Contemporary Writings*, Cambridge.

CHAUDHURI, K.N., 1978, *The Trading World of Asia and the East India Company: 1660-1760*, Cambridge.

CHAUDHURI, K.N. et al., Hrsg., 1979, *Economy and Society in Indian Economic and Social History*, Oxford.

CHOKSEY, R.D., 1955, *Economic Life in the Bombay Deccan (1818-1939)*, Bombay & Calcutta.

CHOKSEY, R.D., 1960, *Economic Life in the Bombay Konkan (1818-1939)*, Bombay & New York.

CHOKSEY, R.D., 1963, *Economic Life in the Bombay Karnatak (1818-1939)*, Bombay.

CHOKSEY, R.D., 1968, *Economic Life in the Bombay Gujarat (1800-1939)*, London.

DANTWALA, M.L., 1937, *Marketing of Raw Cotton in India*, Bombay.

DAS GUPTA, Ashin, 1979, *Indian Merchants and the Decline of Surat: c. 1700-1750* (Beiträge zur Südasienforschung 40), Wiesbaden.

DAVIS, Ralph, 1972, *The Rise of the English Shipping Industry in the Seventeenth and Eighteenth Centuries*, London.

DAVIS, Ralph, 1979, *The Industrial Revolution and British Overseas Trade*, Leicester.

DAVIS, Kingsley, 1951, *The Population of India and Pakistan*, Princeton.

DEWEY, C.J. et al., Hrsg., 1978, *The Imperial Impact: Studies in the Economic History of Africa and India*, London.

DEWEY, C.J. et al., Hrsg., 1979, *Economy and Society: Essays in Indian Economic and Social History*, Oxford.

DUTT, Romesh, 1906², *The Economic History of India, 2 vols.*, London.

EDWARDS, Michael M., 1967, *The Growth of the British Cotton Trade: 1780-1815*, Manchester.

FARNIE, Douglas Anthony, 1979, *The English Cotton Industry and the World Market: 1815-1896*, Oxford.

FURBER, Holden, 1951², *John Company at Work: A Study of European Expansion in India in the Late Eighteenth Century*, Oxford (Mass.).

FURBER, Holden, 1976, *Rival Empires of Trade in the Orient: 1600-1800*, Oxford.

GLAMANN, Kristof, 1981², *Dutch-Asiatic Trade: 1620-1740*, Kopenhagen.

GREENBERG, Michael, 1951, *British Trade and the Opening of China: 1800-42*, Cambridge.

GUHA, Summit, 1981, *The Agrarin Economy of the Bombay Deccan, 1818-1941*, Ph.D., Cambridge.

HARNETTY, Peter, 1972, *Imperialism and Free Trade: Lancashire and India in the mid-nineteenth century*, Manchester.

HERRESTHAL, Max, 1976, *Die landschaftsräumliche Gliederung des indischen Subkontinents* (Arbeiten aus dem geographischen Institut der Universität des Saarlandes 23), Saarbrücken.

KANITKAR, N.V., 1960², *Dry Farming in India*, Dehli.

KELLER, Werner, 1977, *Strukturen der Unterentwicklung, Indien 1757-1914. Eine Fallstudie über abhängige Reproduktion*, Diss., Zürich.

KUMAR, Ravindar, 1968, *Western India in the Nineteenth Century. A Study in the Social History of Maharashtra*, London.

LEUR, J.C., van, 1955, *Indonesian Trade and Society*, Deen Haag.

MCALPIN, Michelle Burge, 1973, *The Impact of Railroads on Agriculture in India, 1860-1900: A Case Study of Cotton Cultivation*, Ph.D., Wisconsin.

MCALPIN, Michelle Burge, 1983, *Subject to Famine: Food Crisis and Economic Change in Western India, 1860-1920*, New Jersey.

MUKHERJEE, Ramkrishna, 1974, *The Rise and Fall of the East India Company: A Sociological Appraisal*, New York & London.

PHILIPS, C.H. & WAINWRIGHT, M.D., Hrsg., 1976, *Indian Society and the Beginning of Modernization: c. 1830-1850*, London.

ROBB, Peter, Hrsg., 1983, *Rural India. Land, Power and Society under British Rule* (Collected Papers on South Asia 6), London & New Dehli.

ROTHERMUND, Dietmar, 1970, *Die historische Analyse des Bodenrechts als eine Grundlage für das Verständnis gegenwärtiger Agrarprobleme, dargestellt am Beispiel Indiens*, in: R. v. Albertini, Hrsg., *Moderne Kolonialgeschichte*, Köln & Berlin 1970.

ROTHERMUND, Dietmar, 1978, *Europa und Asien im Zeitalter des Merkantilismus* (Erträge der Forschung 80), Wiesbaden.

ROTHERMUND, Dietmar, 1985, *Indiens wirtschaftliche Entwicklung: Von der Kolonialherrschaft bis zur Gegenwart* (UNI-Taschenbücher 1378), Paderborn.

SAUL, S.B., 1960, *Studies in British Overseas Trade, 1870-1914*, Liverpool.

SPATE, O.H.K., 1957², *India and Pakistan. A General and Regional Geography*, London.

SPEAR, Percival, 1972, *India. A Modern History*, Ann Arbor (Michigan).

SPECKER, Konrad, 1984, *Weber im Wettbewerb. Das Schicksal des südindischen Textilhandwerks im 19. Jahrhundert*, Diss., Wiesbaden.

STEENSGARD, Niels, 1974, *The Asian Trade Revolution of the Seventeenth Century - The East India Company and the Decline of the Caravan Trade*, Chicago & London.

STOCKES, Eric, 1979, *The Peasant and the Raj. Studies in Agrarian Society and Peasant Rebellion in Colonial India* (Cambridge South Asian Studies 23), Cambridge.

THORNER, Daniel, 1965², *Land and Labour in India*, Bombay.

YOUNGSON, A.J., Hrsg., 1972, *Economic Development in the Long-Run*, London.

## 5. Zeitschriftenartikel, Aufsätze, Buchbesprechungen

ARNOLD, David, 1985, *Subject to Famine: Food Crisis and Economic Change in Western India, 1860-1920, by Michelle Burge McAlpin*, in: JPS 12.

BANAJI, J., 1972, *For a Theory of Colonial Modes of Production*, in: EPW 52.

BATES, C.N., 1985, *Regional Dependence and Rural Development in Central India: The Pivotal Role of Migrant Labour*, in: MAS 19.

BRADY, Eugene A., 1963, *A Reconsideration of the Lancashire Cotton Famine*, in: AH 37.

CHARLESWORTH, Neil, 1978, *Rich Peasant and Poor Peasant in late Nineteenth-Century Maharashtra*, in: C.J. Dewey, Hrsg., *The Imperial Impact: Studies in the Economic History of Africa and India*, London 1978.

CHARLESWORTH, Neil, 1979, *Trends in the Agrucultural Performance of an Indian Province: The Bombay Presidency, 1900-1920*, in: K.N. Chaudhuri et al., Hrsg., *Economy and Society. Essays in Indian Economic and Social History*, Oxford 1979.

CHARLESWORTH, Neil, 1983, *The Origins of Fragmentation of Landholdings in British India: A Comparative Examination*, in: P. Robb, Hrsg., *Rural India. Land, Power and Society under British Rule*, London 1983.

CHATTOPADHYAY, P., 1980, *Mode of Production in Indian Agriculture: An Afterword*, in: EPW, June 1980 (Review of Agriculture).

CHAUDHURI, K.N., 1966, *India's Foreign Trade and the Cessation of the East India Company's Trading Activities: 1828-40*, in: EHR 2nd Series 19.

CHAUDHURI, K.N., 1968, *India's International Economy in the Nineteenth Century: A Historical Survey*, in: MAS 2.

CHAUDHURI, K.N., 1982, *Foreign Trade: European Trade with India, in: CEHI I*, Cambridge.

CHAUDHURI, K.N., 1983, *Foreign Trade and Balance of Payments: 1757- 1947, in: CEHI II*, Cambridge.

CHUNG, Tan, 1974, *The Britain-China-India Trade Triangle: 1771-1840*, in: IESHR 11.

DAS GUPTA, A., 1983, *Foreign Trade: Indian Merchants and the Trade in the Indian Ocean, in: CEHI II*, Cambridge.

DAVIS, Ralph, 1954, *English Foreign Trade: 1660-1700*, in: EHR 2nd Series 7.

DAVIS, Ralph, 1962, *English Foreign Trade: 1700-1774*, in: EHR 2nd Series 15.

DIVEKAR, V.D., 1983, *Regional Economy. Western India, in: CEHI II*, Cambridge.

GUHA, Amalendu, 1972, *Raw Cotton of Western India. Output, Transport and Marketing: 1750-1850*, in: IESHR 9.

GUHA, Summit, 1987, *The land market in upland Maharashtra, c. 1820-1960*, in: IESHR 24 (2)

HABIB, Irfan, 1975, *Colonization of the Indian Economy: 1757-1900*, in: SS 3.

HAMID, Naved, 1982, *Dispossesion and Differentiation of the Peasantry in the Punjab During Colonial Rule*, in: JPS 10 (1).

HARNETTY, Peter, 1970, *The Cotton Improvement Program in India: 1865-1875*, in: AH 44 (4).

HARNETTY, Peter, 1971, *Cotton Exports and Indian Agriculture: 1861-1870*, in: EHR 2nd Series 24.

HARNETTY, Peter, 1977, *Changes in the agrarian structure of the central provinces of India: 1861-1920*, in: *Proceedings of the 7th Conference of the International Association of Historians of Asia*, Bangkok.

HARNETTY, Peter, 1977a, *Crop Trends in the Central Provinces of India: 1861-1921*, in: MAS 2.

HURD, John II, 1975, *Railways and Expansion of Markets in India 1861-1921*, in: EEH 12.

HURD John M., 1983, *Irrigation and Railways. Railways, in: CEHI II*, Cambridge.

JHIRAD, J.F.M., 1968, *The Khandesh Survey Riots of 1852. Government Policy and Rural Society in Western India*, in: JRAS, parts 3 & 4.

KRISHNAMURTY, Sunanda, 1987, *Real Wages of Agricultural Labourers in the Bombay Deccan, 1874-1922*, in: IESHR 24.

KUMAR, Ravindar, 1965, *The Deccan Riots of 1875*, in: JAS 24.

KUMAR, Ravindar, 1968, *The Rise of the Rich Peasant in Western India,* in: *Soundings of Modern South Asian History*, hrsg. v. D.A. Low, London.

MACPHERSON, W.J., 1955, *Investment in Indian Railways: 1847-1875*, in: EHR 2nd Series 8.

MACPHERSON, W.J., 1968, *The Rise of the Rich Peasant in Western India*, in: D.A. Low, Hrsg., *Soundings in Modern South Asian History*, London.

MACPHERSON, W.J., 1972, *The Economic Development of India under the British Crown: 1858-1947*, in: A.J. Youngson, Hrsg., *Economic Development in the Long-Run*, London.

MCALPIN, Michelle Burge, 1974, *Railroads, Prices and Peasant Rationality: India 1860-1900*, in: JEH 34.

MCALPIN, Michelle Burge, 1975, *The Effects of Expansion of Markets on Rural Income Distribution in Nineteenth Century India*, in: EEH 12.

MCALPIN, Michelle Burge, 1975a, *Railroads, Cultivation Patterns and Foodgrain Availability: India 1860-1900*, in: IESHR 12.

MCALPIN, Michelle Burge, 1979, *Dearth, Famine, and Risk. The Changing of Crop Failures in Western India: 1870-1920*, in: JEH 39.

MCALPIN, Michelle Burge, 1980, *The Impact of Trade on Agricultural Development: Bombay Presidency 1855-1920*, in: EEH 17.

MCALPIN, Michelle Burge, 1983, *Price Movements and Fluctuations in Economic Activity (1860-1947)*, in: *CEHI II*, Cambridge.

MISHRA, Satish Chandra, 1982, *Commercialisation, Peasant Differentiation and Merchant Capital in Late Nineteenth Century Bombay and Punjab*, in: JPS 10.

MISHRA, Satish Chandra, 1985, *Agricultural Trends in Bombay Presidency 1900-1920: The Illusion of Growth*, in: MAS 19.

OMVEDT, Gail, 1980; *Migration in Colonial India: The Articulation of Feudalism and Capitalism by the Colonial State*, in: JPS 7.

PATANIK, V., 1972, *On the Mode of Production in Indian Agriculture: A Reply*, in: EPW, Sept. 1972 (Review of Agriculture).

PRAKASH, Shri, 1985, *Models of Peasant Differentiation and Aspects of Agrarian Economy in Colonial India*, in: MAS 19 (3).

RICHARDS, J.F., 1981, *The Indian Empire and Peasant Production of Opium in the Nineteenth Century*, in: MAS 15.

ROTHERMUND, Dietmar, 1977, *A Survey of Rural Migration and Land Reclamation in India, 1885*, in: JPS 4 (3).

STOKES, Eric, 1976, *The Land Revenue System of the North-Western Provinces and Bombay Deccan (1830-1860): Ideology and the Offical Mind*, in: C.H. Philips & M.D. Wainwright, Hrsg., *Indian Society and the Beginnings of Modernization, c. 1830-1850*, London.

THORNER, Daniel, 1951, *Great Britain and the Development of Indian Railways*, in: JEH 11.

VICZIANY, M., 1979, *Bombay Merchants and Structural Changes in the Export Community, 1850 to 1880*, in: K.N. Chaudhuri & Clive J. Dewey, Hrsg., *Essays in Indian Economy and Social History*, New Dehlli 1979.

## 6. Bibliographische Werke, Handbücher

*Bibliography of Asian Studies*, 1956, Ann Arbor.

*Dissertation Abstracts International; abstracts of dissertations available on microfilm or as xerographic reproduction: A. The humanities and social sciences.* Ann Arbor, Mich. 1960ff (Verschiedene Jahrgänge).

*Doctoral Dissertations on Asia. An Annotated Bibliographical Journal of Current International Research*, hrsg. von F.J. Shulman.

*Handbuch der Dritten Welt*, hrsg. v. D. Nohlen & F. Nuscheler, *Bd. 1: Unterentwicklung und Entwicklung. Theorien-Strategien-Indikatoren; Bd. 7: Südasien und Südostasien. Unterentwicklung und Entwicklung*, Ludwigsburg 1983[2].

*Index to Theses: with Abstracts: Accepted for Higher Degress by the Universities of Great Britain and Ireland and the Council for National Accademic Awards*, hrsg. von G.M. Paterson et al., London.

KULKE, H. et al., 1982, *Indische Geschichte vom Altertum bis zur Gegenwart: Literaturbericht über neuere Veröffentlichungen* (Historische Zeitschrift, Sonderheft 10), München.

LANCASTER, Joan C., 1966, *A guide to lists and catalogues of the India Office Rcords*, London.

LANCASTER, Joan C., 1970, *The India Office Records*, in: Archives 9.

*List of official publications (other than confidential) issued by departments of the Governments of India and local Governments and administrations. Various series, 1892-1944.*

IOR V/25/2/1-32

SCHOLBERG, Henry, 1970, *The District Gazetteers of British India: A Bibliography* (Bibliotheca Asiatica 3), Zug.

SUTTON, S.C., 1971$^2$, *A Guide to the India Office Library: with a note on the India Office Records*, London.

## Bildnachweis

Die Photographie auf dem Umschlag sowie die Bilder 1-8 stammen aus dem Archiv der Volkart AG, Winterthur (Schweiz).